978 3945098080

AF091043

Herzschlagfinale

Band 2 von
Herzbauchgefühl

Subina Giuletti

Impressum

Dast Verlag
Kirschäckerstraße 25
96052 Bamberg
dast-verlag@t-online.de
0951-994980

Bibliografische Information der Deutschen Bibliothek
Die Deutsche Bibliothek verzeichnet diese Publikation in der Deutschen Nationalbibliografie; detaillierte bibliografische Daten sind im Internet über www.dnb.ddb.de abrufbar.

Published by
Dast-Verlag
Kirschäckerstraße 25
96052 Bamberg
Erste Auflage März 2016
Coverbild: fotolia
Covergestaltung und Konzept: Frank Nowotny, Bamberg; Jana Mänz, Großbothen

Der Inhalt des Buches basiert auf einer erfundenen Geschichte.

Internet: www.subina-giuletti.de
E-Mail: info@subina-giuletti.de

Druck: www.druckterminal.de
KDD Kompetenzzentrum Digital-Druck GmbH
Leopoldstraße 68 * D-90439 Nürnberg

Remove the veil
You will find your Beloved within
In every heart the Lord dwells
Therefore speak no bitter words.
The One, who listens within you
Also listens within everybody else.

— Kabir

Letzte Seiten aus Herzbauchgefühl

Ben saß stumm neben mir auf dem Boden, den Rücken gegen die Couch gelehnt. Ab und zu hatte er im Feuer gestochert, uns Wein nachgeschenkt oder mir eine Decke über meine Beine gelegt, wenn ich trotz des Feuers zu frieren schien. Mein Blick schweifte zu ihm. Er lächelte gequält. Dann stand er auf und legte Musik auf. Sanfte Klänge füllten den Raum. Als er mir nochmals Wein nachschenken wollte, wehrte ich ab. Irgendwie war ich selbst im Nachhinein erschüttert von diesem Abschied von meiner Mom. Ich hatte sie – mit der kurzen Ausnahme an der verpatzten Hochzeit – dreizehn Jahre lang nicht gesehen. Ben schwieg immer noch.

Die Stimmung war vollgeladen mit der damaligen Atmosphäre und weckte Fluchtimpulse in mir.

»Ich glaube, ich gehe schlafen«, sagte ich mit zugeschnürter Kehle.

»Oh, nein, bitte bleib … noch ein bisschen … bitte. Komm her.«

Er öffnete seine Arme. Zögernd sah ich ihn an. Dann gab ich mir einen Ruck und setzte mich mit dem Rücken an seinen breiten Brustkorb gelehnt. Seine Arme schlossen sich um mich und sein Kinn sank auf meine Schulter. Automatisch fasste ich mit meiner Hand nach oben und strich über sein seidiges Haar, fuhr mit meinen Fingern in seinen Nacken.

Er drückte sein Gesicht an meinen Hals. Seine Arme schlossen sich noch fester um mich. Ich hörte, was er nicht sagte, hörte, wie er versuchte, mich zu trösten, und doch keine Worte fand. Seine ganze Ausstrahlung verriet mir, wie entsetzt er von meiner Erzählung war.

»Gab es eigentlich feste Beziehungen in deinem Leben?«, fragte er mich plötzlich leise.

»Ja, klar gab es die.«

Ich starrte ins Feuer. Sein Schweigen war auffordernd. Aber etwas in mir sträubte sich dagegen.

»Das erzähle ich dir morgen«, murmelte ich. »Den ganzen Rest. Ich kann nicht mehr, Ben.«

Sein Körper, die Art, wie er mich hielt, machten mich nervös. Er ließ mich absolut nicht kalt, ich reagierte auf ihn. Aber das wollte ich nicht, so löste ich mich von ihm und legte mich vor das Feuer. Ben war mir eindeutig zu sexy und zwischen seinen Beinen zu sitzen war nicht förderlich für meine Gemütsverfassung. Außerdem war ich furchtbar müde, gefrustet von meiner eigenen Geschichte und in einer sonderbaren Stimmung. Keiner von uns sagte etwas.

Ich schlief ein. Wachte auf, weil er mich streichelte. Er hatte sich zu mir gesellt, lag auf dem Rücken, mit offenen, nachdenklichen Augen und ich halb auf ihm drauf, meinen Kopf auf seiner Schulter, mein Arm umfasste seinem Brustkorb. Instinktiv hatte ich mich im Schlaf an ihn gekuschelt. Eine Hand von ihm strich über meinen Arm, der auf ihm lag, die andere über den Stoff des T-Shirts an meinem Rücken. Da erwischte er mit einem Finger das Shirt und es zog sich etwas hoch. Mit dem nächsten Mal, da seine Hand nach unten glitt, bekam er meine Haut zu spüren und seine Finger legten sich erst zögernd, dann bewusst auf meinen unteren Rücken. Seine Hand war unsagbar warm. Ich hielt die Augen geschlossen, nur, um das noch mehr zu spüren. Instinktiv schob ich mich näher an ihn heran, drückte meinen Kopf in seine Schulter, ließ auch meine Hand unter sein T-Shirt gleiten und sie, so wie er, einfach auf seinem Bauch liegen. Er seufzte leise und dieses kleine Seufzen machte mich glücklich. Alles mit ihm war so intensiv, jedes kleine Ding, jede kleine Bewegung, jeder Finger, den ich von ihm spürte – und es musste nicht mehr sein. Meine Mundwinkel bogen sich unwillkürlich leicht nach oben.

Das Feuer war heruntergebrannt. Es wurde merklich kühler ohne die prasselnde Wärme. Der See war aufgewühlt von einem stürmischen Wind, das Wasser klatschte wild gegen eine Mauer draußen und der Wind strich immer heftiger durch die Bäume.

»Es kommt ein Sturm«, murmelte Ben. »Das spüre ich.«

Ich sagte nichts. Mochte er kommen, der Sturm. Ich lag sicher neben ihm. Nach einer Weile stützte ich mich auf.

»Danke, Ben«, murmelte ich. »Danke fürs Zuhören.«

Er antwortete nicht. Stattdessen legte er seine große Hand an meine Wange, drehte mich auf den Rücken, fuhr mit der Hand hinter meinen Nacken. Ich schloss die Augen, spürte, wie sein Haar über mein Gesicht glitt, als er seine Wange an meine legte und sein Mund mein Ohr berührte, als wolle er mir etwas zuflüstern. Er holte kurz Luft, aber blieb stumm. Ich genoss seine Nähe, seine Hand an meinem Hals.

Beide waren wir unglaublich müde, als wären wir einen Marathon gelaufen und fast wäre ich wieder eingeschlafen, hätte er mich nicht sanft gerüttelt.

»Du musst ins Bett, Greta.«

»Hm«, murmelte ich. »Bin sogar dafür zu müde.«

Ich rappelte mich hoch, ging zuerst ins Bad, unter die Dusche, hatte den Eindruck, mit dem heißen Wasser einen Großteil der alten Erinnerungen abzuspülen, und fühlte mich zum ersten Mal richtig sauber. Leichter als sonst. Mit einem Handtuch umwickelt schaute ich dann zu ihm ins Zimmer – er hatte verständlicherweise das mit dem King Size Bett gewählt.

»Bin fertig!«, verkündete ich. »Bad ist frei.«

»Okay, danke …«, erwiderte er gedankenverloren. Er erhob sich, sah nach draußen, auf die vom Wind geschüttelten Bäume und die rasch vorbeiziehenden Wolken. Ich hatte mich schon abgewandt, da sagte er unvermittelt:

»Greta? Schläfst du heute bei mir?«

London tauchte vor meinem Auge auf, das, was er gesagt hatte, bevor wir zu unserer Reise aufgebrochen waren:

»… ich will nur, dass du weißt, dass alles, was passiert, von dir und mir gewollt sein soll – und dass es nur in dieser Auszeit existieren kann … jetzt brauchst du aber eine Menge Spontaneität auf diese Ansage, was?«

Mein Blick verdunkelte sich und er wusste genau, woran ich dachte. Zu meiner Überraschung rötete sich sein Gesicht.

»Das kann ich ziemlich spontan beantworten«, antwortete ich mit einem Lächeln, aber es war nicht ganz frei von Wehmut. »Ja, ich bleibe sehr gern bei dir.«

***

Es war kühl im Raum. Ich kuschelte mich in die Daunen, hörte der Natur zu, dem Sturm, den Ben angekündigt hatte und der nun durch die Bäume jagte, das Wasser aufpeitschte und die massive Hütte erst recht zu einer Zuflucht machte. Als Ben sich zu mir legte und mich in seine Arme nahm, war deutlich zu spüren, dass er in dieser Nacht meine Nähe mehr brauchte, als ich die seine, dass meine Erlebnisse hart gewesen sein mochten, aber sie schienen mehr oder weniger bewältigt.

Die seinen waren es nicht.

»Du bist wie eine Puppe«, flüsterte er in mein Ohr und zog mich an sich. »So zartgliedrig.«

»Danke, dass du nicht dünn sagst«, murmelte ich. Er erregte mich. Er erregte mich mehr, als mir lieb war. Und doch spürte ich genau, dass er keinen Sex wollte. Er war wie ein Kind, das Schutz brauchte – und seine Verletzlichkeit rührte mich.

Sanft senkten sich meine Lippen auf seinen nackten Oberkörper. Küssten ihn, wo sie gerade hinkamen, seine Haut, seine Augen, seinen Mund. Ich streichelte sein Gesicht, und ein tiefes Gefühl flammte auf, brach sich Bahn, eines, das ich noch nie in dieser Stärke gefühlt hatte, das durch jede Pore, jede Zelle drang und mir Worte auf die Zunge legte, die besser ausgesprochen werden sollten. Die nicht für eine Auszeit geeignet waren.

Sie hingen in der Luft wie ein Transparent.

Die Episode mit Paulina nach der Biologiestunde kam mir in den Sinn, jene Sekunden, in denen ich genau gespürt hatte, was sie hatte sagen wollen, ohne dass Worte nötig gewesen wären. An der Art, wie Ben mich umarmte, merkte ich, dass es auch zwischen uns keiner Worte bedurfte. Er wusste, was ich nicht sagte. Und es würde die Auszeit überdauern. Ob er wollte oder nicht.

Aber keiner von uns wusste, wo uns das hinführen würde.

Ausklang

Der Sturm tobte die ganze Nacht, ich war schnell eingeschlafen in der Geborgenheit von Bens großem Körper, aber immer wieder aufgewacht, weil er mich streichelte. Ich gab ihm manchmal Zeichen, zu mehr bereit zu sein, zog mich dann wieder zurück, weil ich mir nicht sicher war, und merkte, ihm ging es genauso. Obwohl er zeitweise fühlbar erregt war, ließ er sich auf nichts ein. Wir lagen einfach zusammen und spürten unsere Erregung, spürten uns – und das war schön.

Ben war stets vor mir wach. Immer. Anfangs hatte ich mir darüber keine Gedanken gemacht, vor allem weil ich lange schlief. Aber nach ein paar Tagen in der Hütte wachte ich bereits um sieben Uhr auf, dann um sechs … und als ich in dieser Nacht schließlich um vier Uhr die Augen aufschlug, lag Ben nicht neben mir. Ich stand auf, um ein Glas Wasser zu trinken, da sah ich ihn im Wohnzimmer in der Lotusstellung sitzen. Kein Haar bewegte sich an ihm. Er meditierte und war vollkommen versunken. Er strahlte eine solche Tiefe und Ruhe aus, dass ich mich am liebsten dazugesetzt hätte. Auf Zehenspitzen ging ich wieder zurück ins Bett.

***

Am nächsten Morgen schien die Sonne, bescherte uns einen strahlenden Herbsttag und wir nutzten das Wetter zum Wandern. Die frische Luft tat gut. Wir redeten die erste Zeit gar nichts, liefen durch die prächtige Natur, freuten uns über die Sonne, das Plätschern und Gurgeln der vielen kleinen Bäche auf unserem Weg.

Gegen Mittag machten wir Rast.

Ben breitete eine Decke auf die Erde und ich packte Sandwiches und Tee aus. Gegen einen riesigen Baumstumpf gelehnt hielten wir unsere Gesichter in die Sonne.

»Greta?«, ließ er sich plötzlich vernehmen. »Bin ich eigentlich der Erste, dem du das erzählt hast?«

»Ja, bist du.«

»Warum? Du hast doch Freunde? Und du hattest doch Partner?«

»Paulina und meine Freundinnen aus der Schule kennen einen Teil, aber wir sehen uns nicht sehr oft. Paulina ist viel unterwegs. Und da ich so viel gearbeitet habe, waren meine engsten Freunde auch gleichzeitig Mitarbeiter. Leute, die mir unterstellt waren … na ja, das ist der Teil, der dir noch fehlt.«

Ich verfiel in Schweigen. Tobias … Ben … die Dinge hatten sich verschoben. Schneller, als mir guttat. Schneller, als meine Seele mitkam.

»Warum hast du mit deinen Partnern nicht darüber gesprochen?«

»Weil … weil ich eher damit beschäftigt war, es geheim zu halten. So etwas hängt man nicht an die große Glocke.«

»Aber sie liebten dich doch! Dann …« Er stockte kurz und fuhr mit gequetschter Stimme fort: »Dann sollte es doch egal sein. Ich meine, wollten sie dir nicht helfen?«

Ich starrte ihn mit großen Augen an. Unter diesem Aspekt hatte ich meine Liaisons noch nie gesehen.

»Mir helfen?«, fragte ich verdutzt. »Weshalb hätten sie das tun sollen?«

Nun war er es, der mich verständnislos anstarrte.

»Warum sie das … meinst du das jetzt gerade ernst?«

»Ähm … ja?«

»Einfach, weil sie dich lieben? Ist die Basis für eine Beziehung nicht Ehrlichkeit und Vertrauen und …«

»Ja, schon«, unterbrach ich ihn. »Ich habe ja auch nie gelogen, nur hat sich niemand dafür interessiert und mir war das ganz recht. Ich denke, sobald sie davon erfahren hätten, wäre es sowieso aus gewesen.«

Nun schaute Ben total schockiert und ich musste leicht lachen.

»Guck doch nicht so!«, rief ich bitterer, als ich wollte. »Das ist Tatsache.«

»Nein«, widersprach er und lief leicht rot an. »Das kann ich nicht glauben. Wenn man jemanden liebt, dann liebt man die Person, aber doch nicht dessen Image.«

»Oh, Ben«, seufzte ich. »Manchmal denke ich, dass du trotz deiner Lebenserfahrung noch herrlich grün hinter den Ohren bist. Du hast keine Ahnung. Wirklich, keine Ahnung.«

Er lachte ungläubig. »Was soll das jetzt?«, fragte er leicht verärgert. »Vielleicht hattest du einfach nicht die richtigen Partner, wenn es anders war.«

»Ja, kann auch sein«, erwiderte ich geknickt und dachte an Tobias. »Vielleicht.«

Missmutig rupfte ich Grashalme aus und zerkleinerte sie.

»Niemand will mit so jemandem wie mir zusammen sein«, sagte ich dann so leise, dass er es kaum verstand. »Das ist einfach so.«

»Das ist *nicht* so«, dementierte er energisch und setzte sich aus seiner halb liegenden Stellung auf. »Das kann nicht sein. Wenn man sich liebt, dann …«

»Was man halt so unter Liebe versteht«, fuhr ich ihm in die Parade und klang schon wieder bitter.

»Greta, bitte sag nicht, dass dein Leben ab diesem Moment, als du endlich bei deiner Oma warst, nicht besser wurde!«

»Doch«, antwortete ich. »Natürlich wurde es besser. Es war eine schöne Zeit … das Leben auf dem Land. Es war eine einzige Offenbarung. Das Leben in einer Familie war für mich eine Offenbarung. Tante Annetts mütterliche Art, Onkel Horsts gute Laune, seine Dauerfreude, die Spritzigkeit der Familie … das färbte langsam auf mich ab. Es belebte mich. Es war ein Gegengewicht, das ich dringend brauchte, und ich bin dankbar dafür. Unendlich dankbar. Aber die Zeit bei ihnen war kurz. Es waren gerade mal zwei Jahre.«

»Und danach?«, fragte er und ich seufzte tief.

»Ach, du willst einfach alles wissen, was?«

»Genau«, grinste er. »Alles! Schieß los!«

»Okay, für dich … Ich bin an meiner alten Schule geblieben, wollte nicht mehr wechseln in dieser Phase und hatte mir Verschiedenes vorgenommen. Zum Beispiel, mein Abi mit 1,3 zu machen, gepackt habe ich 1,5, das hat mich natürlich geärgert. Nach langem Überlegen beschloss ich, BWL zu studieren, und Frau Dr. Steiger fiel aus allen Wolken, als sie das hörte.«

»Greta!«, sagte sie. »Mach was mit Sprachen! Germanistik oder Literatur! Du hast das Zeug dazu!«

»Oder Tanz, Choreografie, Theater … etwas Kreatives, das passt zu dir!«, schaltete sich mein Sportlehrer ein, der hinzugekommen war.

»Aber das ist brotlose Kunst! Damit kann man keine Karriere machen – ich will etwas Handfestes!«

»Karriere heißt, das zu tun, wozu man sich berufen fühlt.« Frau Dr. Steiger hatte ein leichtes Lächeln auf dem Gesicht. »Gib dir

Zeit, Greta. Ich habe dir schon mal gesagt, finde heraus, was du wirklich willst, und beschäftige dich mit dir selbst.«

Ihre Worte hatte ich im Ohr, dennoch war mein Streben auf das Naheliegende ausgerichtet und das war: mir eine neue, eine sichere Welt zu schaffen. Das war meine Berufung. Die Vergangenheit endgültig zu löschen.

Fürs Studium zog ich weit weg und sah deswegen auch meine Verwandtschaft nicht mehr oft. Ich lernte Julian kennen, mit dem ich einen Teil meiner Studienzeit verbrachte, aber er war mir zu lasch, zu schnell zufrieden, hatte für meine ehrgeizigen Pläne kein Verständnis – ich zog die Reißleine. Es war mir alles zu eng, das Bündel zu schnell geschnürt.

Gerit war anders. Er war aufstrebend und ehrgeizig, was mir gut gefiel. Er sah aus wie ein Model, stammte aus einem guten Elternhaus, war sportlich, wir hatten eine tolle Zeit miteinander. Mit ihm verbrachte ich das zweite Drittel meines Studiengangs.

Aber dann begann er immer öfter darüber zu mosern, dass ich zu viel lernte, dass ich die vorlesungsfreie Zeit mit Praktika vollstopfte, wollte mit mir dauernd in Urlaub fahren und sagte:

»Hey, Schatz, der Ernst des Lebens geht doch früh genug los, genieß doch die Studienzeit!«

»Vom Genießen kriegt man keinen Job«, erwiderte ich und lächelte ihn etwas gequält an, weil ich gerade inmitten meiner Seminararbeit steckte. Nervös spielte ich mit dem Stift, sah auf die Uhr, während Gerit mir klarmachte, dass der Sinn des Lebens doch nicht nur aus Lernen und Arbeiten bestünde. Ich seufzte innerlich auf. Hatte ich ihm nicht erzählt, dass ich ein Stipendium anstrebte? Ich wollte den Master an einer Elite-Uni machen und hängte mich Tag und Nacht dafür rein.

Ich verfehlte das Stipendium um wenige Punkte, so wenige Punkte, dass ich mich einmal mehr vom Leben verkohlt fühlte. Tagelang war ich schlecht drauf und schwor mir, das niemals wieder geschehen zu lassen – mit dem Ergebnis, mich beim Master noch mehr reinzuknien. Zwischen Gerit und mir kam es immer häufiger zum Streit, ich merkte, wie ich mich in die Bibliothek zum Lernen zurückzog, um meine Ruhe zu haben – genau wie bei Mom. Da ließ ich ihn gehen.

Und Rolf ... Rolf trug für sein Leben gern Anzüge, teure, maßgeschneiderte. Er fuhr einen Mercedes SL, aber letztendlich hat das auch nicht geholfen. Er hat sich so auf dem Vermögen seines

Vaters ausgeruht - das gefiel mir überhaupt nicht. Jedenfalls wurde mir irgendwann jede Beziehung lästig.«

Ben saß mit angewinkelten Beinen, die Arme um die Knie geschlungen vor mir.

»Und keiner von ihnen kannte deine Geschichte?«, fragte er ungläubig.

»Sie ist nicht so, dass man damit hausieren geht«, antwortete ich und setzte mich auf. »Das weißt du ja jetzt. Ich weiß nicht, wie sie reagiert hätten. Beziehungsweise … ich kann mir's denken.«

Mein Mund schloss sich und meine Lippen pressten sich aufeinander. Ben wartete ein Weilchen, dann legte er seinen Zeigefinger unter mein Kinn und sah mir mit einem ernsten Lächeln in die Augen.

»Da ist noch was«, sagte er sanft. »Und das will ich auch hören.«

Ich stöhnte: »Oh, Ben! Du bist zu sensibel!«

Auffordernd hielt er Blickkontakt. Ich seufzte und runzelte die Stirn.

»Okay, aber ich mache es kurz, okay? Ganz kurz.«

»Wenn du nichts auslässt.«

Ich dachte an das Desaster im Frühling, suchte einen Anfang - und fand keinen. Blieb stumm.

»Hattest du etwa vier Jahre lang keinen Partner?«, hakte er schließlich nach.

»Richtig. Ich hatte ein paar Jahre keinen. Nach Rolf. Um ehrlich zu sein: Ich habe nichts vermisst. Ich hatte meinen Job, meine Leute um mich herum, das war prima. Ich beschloss vorerst, alleine zu bleiben, bis ich mich beruflich etabliert hatte. Meine Güte, ich war vierundzwanzig, da muss man nicht gebunden sein. Ich fing bei Wagner an. Und lernte mein Team kennen …«

In knappen Worten erzählte ich von meinem Vertriebsleben, das Ben etliche Lacher entlockte.

»Ja«, schloss ich. »Es war eine herrliche Zeit – vorbei. Wie alles andere. Und dass meine Vergangenheit immer noch lebendig ist, merke ich an Situationen wie der in der Sauna. Ich scheine für Männer einfach …«

Ich brach ab und mein Blick wandte sich den bizarren Hügeln zu.

»Und das, was du eigentlich erzählen wolltest …«, fing Ben wieder an. »… das, was ich hören wollte … es fehlt immer noch.«

Ich sah ihn nicht an.

»Greta.«

Wieder seufzte ich.

»Ach, Ben. Das ist nicht so einfach. Es ist noch sehr frisch« Ich hob den Kopf nur leicht, starrte auf das Gras zu meinen Füßen. »Ich dachte, ich sei beziehungsunfähig. Manchmal hatte ich Sorge, dass auch das ein Erbe meiner Mutter war, wenn ich auch weit davon entfernt war, promiskuitiv zu sein. Dafür war mir Sex zu zeitraubend. Ich meine, ich mag ihn, aber ich … ich will nicht so sein wie Mom, die nur das im Kopf hatte. Die Episode mit Marcel hatte mir ja gezeigt, wohin Leidenschaft führt. Und so hat mein Hirn irgendwann mal angefangen, alles rational zu betrachten. Diese ganze Knutscherei, das Streicheln, ja, es ist schön … und ja, es führt auch zum Höhepunkt, aber zu einem Höhepunkt, der vielleicht drei, vier, fünf Sekunden dauert. Fünf Sekunden! Was sind fünf Sekunden im Leben eines Menschen? Nichts! Verstehst du, Ben?«

Bens Blick an dieser Stelle werde ich nie vergessen. Es war ein Blick, der so voll war von unterschiedlichen Gefühlen, die ich nicht deuten konnte, dass ich für Sekunden mit meiner Erzählung nicht weitermachen konnte. Nur mit Mühe riss ich mich von seinen Augen, seinem Gesicht, los.

»Tatsache war, dass ich Glück von Beginn an anders definierte. Anders einordnete. Es musste woanders liegen. Nicht im Sex, nicht im Orgasmus. Und auch nicht in Partnern. Auch nicht in Geld und Karriere. Ich bin nicht umsonst jahrelang mit tief infizierten Esoterikern wie Theo und Mona zusammen gewesen, um das nicht zu wissen. Dass das Glück nicht im Außen liegt, nicht im Materiellen, nicht in Faktoren, die verschwinden können, die nicht ewig sind, und all das. Ja, trotzdem fühle ich mich in einer luxuriösen Umgebung nun mal wohler als im Sozialbau. Eine grandiose Natur um mich herum macht mich froher als eine Betonwüste. Und ich will kein schlechtes Gewissen haben, weil ich in einem solchen Rahmen leben möchte. Denn wenn ich mich zu einem Leben zwinge, das nicht zu mir passt, bin ich doch auch weit weg von Glückseligkeit!«

Ben schluckte bei meinen Worten. Mit angezogenen Knien saß ich auf der Decke und wagte einen kurzen Blick zu ihm.

Morgen, dachte ich, morgen will ich wissen, was mit dir los ist. Ich will wissen, wer du bist, Ben McArran, und was dieser Blick da vorhin bedeutete.

»Greta«, sagte Ben. »Es fehlt immer noch. Du weichst aus. Du hast mir immer noch nicht alles erzählt. Du hast gesagt, du warst vorerst allein.«

»Du hörst wirklich sehr genau zu. Ja … da war noch jemand. Tobias. Wir waren eineinhalb Jahre zusammen. Und er wollte mich heiraten.«

»Und du wolltest nicht.«

»Doch, ich wollte auch.«

»Das klingt doch gut?«

»Ja, klingt, als ob es ein Jackpot wäre, nicht?«, erwiderte ich sarkastisch und wandte mich Ben zu. »Und stell dir vor: Wir waren am Standesamt … sogar *im* Standesamt! Wir standen direkt vor dem Beamten! Und da ist meine Mom aufgetaucht. Nach dreizehn Jahren stand sie plötzlich inmitten dieser feinen Gesellschaft und hat allen klargemacht, wo ich herkomme. Und Tobis Mutter hat kurz davor herausgefunden, dass mein Vater ein Kleinkrimineller ist.«

Bestürzt sah mich Ben an. Ich sah mit brennenden Augen zurück.

»Als der Standesbeamte Tobias gefragt hat, ob er mich zur Frau will, hat er *Nein* gesagt«, presste ich heraus. »Er hat Nein gesagt, Ben. Vor allen Leuten. Er hat mich komplett abgelehnt. Er wollte mich nicht mehr. So, jetzt weißt du's!«

Mit schamrotem Gesicht sprang ich auf und lief Richtung Hütte.

Oh, Mann, ich hätte es nicht erzählen sollen! Ich fühlte mich, als sei es gestern passiert! Seit Tobias hätte mir doch erst recht klar sein müssen, wie abschreckend meine Herkunft auf andere wirkte! Parkow war zwar nicht mein Vater, aber über meinen richtigen wusste ich ja auch nichts! Vielleicht war er noch etwas Schlimmeres als ein Kleinkrimineller! Vielleicht lebte er irgendwo in den indischen Slums! Vielleicht lebte er überhaupt nicht mehr! Und bevor ich nicht wusste, wer er war und ob es ihn gab, würde ich niemandem davon erzählen. Und Ben schon gar nicht. Mit diesem Teil der Geschichte wäre ich nämlich auch noch ein uneheliches Kind. Das volle Programm. Nein, das musste nicht sein.

Der jüngste Teil meiner Vergangenheit war wieder lebendig. Auch Tobias. Ich sah ihn vor mir stehen, seine lieben braunen Augen, damals, als er mich gerettet hatte … die vielen schönen Momente, die wir gehabt hatten … wie würde er reagieren, wenn er erfuhr, dass mein Vater nicht Parkow, sondern jemand anderes war? Hätten wir dann eine Chance gehabt? Wollte ich eine?

Und was war mit Ben? In mir fühlte ich vor allem die Angst vor einer erneuten Zurückweisung, vor neuem Schmerz.

Verdrossen stapfte ich den Weg entlang, da hörte ich Ben hinter mir. Er schloss auf und nahm mich schweigend an die Hand. Er lief langsamer als ich.

Zwangsläufig drosselte ich mein Tempo. Und kam ein bisschen zur Ruhe.

***

Abends kochten wir zusammen und beschlossen einen Film zu schauen. Ich war froh, dass ich meine Geschichte hinter mir hatte. Doch so begierig ich auf die seine war, so klar war es, dass er sie mir nicht gleich im Anschluss erzählen würde. Wir brauchten wohl beide erst mal Abstand von meinen Erzählungen. Und so bohrte ich nicht nach, und er machte auch keinen Anfang.

Aber er zog mich an sich, als ich mich neben ihn auf die Couch setzte, als sei es das Natürlichste der Welt, und ich kuschelte mich an ihn, als sei es das Natürlichste der Welt. Er schien diesen Körperkontakt zu genießen, streichelte mich oft, aber mehr passierte nicht. Er wirkte unentschlossen. Beide waren wir unentschlossen. Beide waren wir mehr in unsere Gedanken vertieft als bei der Handlung des Filmes.

Auszeit

Der Sturm hatte ziemliches Chaos angerichtet und Ben schaute sich die Bescherung an, als wir am nächsten Morgen wieder unterwegs waren.

»Das muss weggeschafft werden«, murmelte er, machte sich Notizen in sein Smartphone, knipste umgekippte Bäume und verwüstete Waldstücke. Und auf meinen verwunderten Blick:

»Ich muss das Chris zeigen, dem gehören die Hütte und das Land. Wer die Hütte bewohnt, kümmert sich auch um solche Dinge.«

Sobald wir wieder Netz hatten, piepte sein Handy ununterbrochen und er bekam eine Nachricht nach der anderen.

»Ach du Schande«, sagte er, als er sie gelesen hatte. »Ende nächster Woche ist die Bude hier voll, Greta. Meine Freunde kommen, wie angekündigt.«

»Wie viele sind es denn?«, fragte ich.

»Also, Brian, das ist mein engster Freund, dann Jamie, Eddie, Ethan, Chris und Finley.«

»Sechs Leute! Da müssen wir ganz schön was einkaufen, um die sattzukriegen!«

»Ja, mit der Ruhe ist es dann vorbei. Das sollten wir noch nutzen, nicht?«

Er legte den Arm um mich, wieder wirkte er unschlüssig, er küsste mich nicht, obwohl ich das Gefühl hatte, er würde es gerne tun. Vielleicht hatte ich einfach schon zu viel erzählt. Vielleicht hatte ich mir mit meiner Bloßlegung gerade etwas Wunderschönes vergeigt. Tobias hatte ja auch mit meiner Vergangenheit und Herkunft nicht leben wollen. Außerdem, das mit Ben kam alles viel zu schnell. Tobias geisterte nach wie vor in meinem Kopf herum. Vielleicht konnte ich ihn zurückgewinnen? Wollte ich das? Ich schob das alles weg.

Es war Auszeit. Und hier war Ben. Ben, der ohnehin nur in der Auszeit existent sein wollte. Einerseits wollte ich jede Sekunde mit ihm genießen, weil die Zeit mit ihm wunderschön war, andererseits wollte ich mich nicht an etwas hängen, was mir doch wieder genommen wurde. Doch der erste Wunsch gewann.

***

Wir waren nun schon über zwei Wochen zusammen und die Zeit mit ihm war schön und auf ihre Weise sorglos, umso mehr, da er nun alles von mir kannte und ich das erste Mal in meinem Leben kein Versteck spielen musste. Ich empfand das auf gewisse Weise befreiend.

Wir redeten viel und die Gespräche mit ihm waren nicht einfach. Er arbeitete die Themen in einer mir ungewohnten Weise auf und forderte dabei nicht nur meinen Verstand, sondern auch meinen Stolz – und damit mein Ego. Das fiel mir nicht leicht, hatte ich mich doch mein ganzes Leben lang bemüht, alles zu tun, um meiner Vergangenheit zu entfliehen. Auf seine Frage, warum ich so dringend noch mehr Erfolg wollte, sagte ich:

»Ich will unbedingt beweisen, dass Meaney nicht recht hat, will nicht dieses miese Gefühl der Minderwertigkeit, nur wegen meiner Mutter …«

»Das ist wohl genau das Thema«, meinte er.

Zweifelnd sah ich ihn an. »Was meinst du?«

»Na ja, das liegt deiner Sucht nach Erfolg zugrunde.«

»Ich bin nicht süchtig«, entgegnete ich trotzig. »Mir ist das nun mal wichtig. Und alles Weitere ist Küchenpsychologie. Ich komme aus ärmlichen Verhältnissen, in die ich nie wieder will. Erfolg sorgt genau dafür und macht, dass ich mich gut fühle. Es macht Spaß, sich dafür anzustrengen. Ohne diese Einstellung versumpft man im Leben. Und ich mag das Gefühl, wenn der Erfolg kommt, wenn du spürst, jetzt hast du ihn gleich! Es ist ein Spiel … ein spannendes, aufregendes Spiel, verstehst du?«

»Aber es ist für dich kein Spiel, Greta«, sagte er ernst. »Es ist dir todernst damit. Denn wenn du keinen Erfolg hast, zweifelst du an dir. Dann kommen all deine eigentlich zu bearbeitenden Mangelgefühle hoch. Aus einem Spiel kann man aussteigen. Man kann sagen, okay, habe verloren, hat trotzdem Spaß gemacht. Du fängst ohne zu zögern, mit Neugier und Freude, das Nächste an. Man hängt nicht so dran. Aber für dich ist Erfolg kein Spiel, sondern ein Überlebensprinzip.«

»Aber die Welt besteht aus diesem Spiel, Erfolg zu haben oder nicht«, erklärte ich. »Auch, wenn dir das nicht passt. Jeder fordert von dir Erfolg, egal, was du tust. Jeder Chef will das. Sie stellen dich deswegen ein.«

»Bist du sicher? Sie stellen dich ein, damit du deine Arbeit gut machst. Das ist Erfolg. Aber wenn du selbst jemand bist, der nur Erfolg haben will, dann wirst du auch solche Chefs haben, die nur das von dir fordern, nicht? Das ist der Witz«.

»Für mich hatte Gott schon immer einen schwarzen Humor«, grummelte ich. »Und einen undurchsichtigen dazu.«

»Aber das ist ganz und gar nicht so«, antwortete er. »Er macht es eigentlich sehr einfach. Er – oder reden wir doch einfach von deinem Herzen, das finde ich passender – also dein Herz will, dass du erkennst, was wirklich wichtig ist. Und ich glaube, dass die Umstände, die einem im Leben widerfahren, dafür da sind, herauszufinden, was das ist. Das klingt zwar hart, aber macht Sinn.«

»Ich weiß nicht«, trotzte ich. »Wenn ich mich anstrenge, will ich den Gegenwert dafür. Wenn mir etwas wichtig ist, warum kommt dann Gott oder mein Herz und sagt: Es sollte dir aber was anderes wichtig sein? Warum will es nicht, was ich will, wenn es mich doch liebt? Und warum machen mich immer nur diese Ekel-Typen an? Als ob ich ein Schild auf der Brust trage: minderwertig! Umsonst zu haben! Warum wird mir alles immer wieder weggenommen? Warum muss ich so eine Mutter haben? Vor allem: Warum kann sie mir noch immer in mein Leben pfuschen? Wenn sie nicht wäre, wäre ich jetzt mit Tobias verheiratet! Warum gibt es nicht auch für mich einfach mal ein Happy End?«

Mit jeder Frage war ich grantiger geworden, verdammte ich noch mehr dieses Leben, das paradoxerweise ein Eigenleben zu haben schien.

»Ohne Erfolg kann ich meinen Lebensunterhalt nicht bestreiten«, fuhr ich bitter fort. »… mir nicht das leisten, was ich mir nun mal leisten will. So ist das nun mal. Ich weiß, was ich will, und ich versuche, mir das zu verschaffen. Was ist daran schlimm?«

»Nichts«, antwortete Ben. »Nur, dass du dein Glück daran hängst. Und dass du alles krampfhaft festhalten willst … und unglücklich bist, wenn es nicht auf die Weise geschieht, die du dir so vorgestellt hast. Dein Jackpot - wie du so schön sagst - und das kommt daher, weil du deine Hausaufgaben nicht machst und dein Zimmer nicht aufräumst. Du wirfst nur eine Decke drüber!«

»Also bist du der Meinung, dass es doch geht?«, fragte ich hoffnungsvoll. »Trotz Meaney? Trotz der Prägung? Wenn ich brav bin und mein Zimmer aufräume?«

Ben musste lachen ob meiner Hartnäckigkeit. Wir saßen uns im Schneidersitz gegenüber und auch, wenn Ben nicht das sagte, was mir gefiel, genoss ich es, mit ihm zu diskutieren. Ich war ehrlich interessiert, eine Antwort zu finden, und er wusste das.

»Welche Hausaufgaben sind das?«, wollte ich wissen. »Und sag mir bitte nicht, ich müsste den Gedanken an Erfolg loslassen.«

»Nein, das sag ich dir ganz sicher nicht, weil das nur ein Trick vom Ego ist. Weil sich dann die Leute bemühen loszulassen, aber nur als Mittel, doch Erfolg oder eine Person oder was weiß ich zu bekommen. Ich lasse meinen Kinderwunsch los, damit ich endlich schwanger werde … nee, das hat ja mit Loslassen nichts zu tun. Und trotzdem … das Leben kann so schön sein, für den, der nicht alles will!«

»Hm … aber welche Hausaufgaben gibst du mir auf?«

Er blickte zu mir, seine Augen blitzten wie so oft, und einmal mehr fiel mir auf, wie schön sein Gesicht war, wie schön der Ausdruck in seinen Augen. Und der veränderte sich gerade, er wurde geradezu zärtlich und fast erwartete ich, dass er mit seiner Hand über meine Wange strich - aber er tat es nicht.

»Du bist nicht minderwertig«, sagte er leise. »Darum solltest du dich als Erstes kümmern.«

»Aber Ben, ich weiß, dass ich es nicht bin«, antwortete ich. »Und doch reagieren die Menschen so auf mich.«

»Kann es sein, dass deine Angst durchscheint, dass andere so über dich denken könnten?«, fragte er zurück. »Schau, du bist so fleißig dabei, dir und allen zu beweisen, dass es nicht so ist. Das müsstest du nicht, wenn du zu hundert Prozent von dir überzeugt wärst. Aber das bist du nicht. Du hast Angst, dass die Leute entdecken, wer du wirklich bist. Beziehungsweise wer deine Eltern sind. Du willst nicht durch sie definiert werden, aber du tust es selbst. Du definierst dich als deine Vergangenheit, als alles, was du erlebt hast. Du schaffst dir damit eine Identität, die dich leiden lässt, die dir ein schlechtes Gefühl gibt und das schwappt dann über. Die Leute spüren das. Und ich wüsste nicht, wie du das ändern willst, indem du am Außen herumschraubst. Denn alles, was passiert, ist, dass die Menschen deine Bemühungen instinktiv als das erkennen, was sie sind: den verzweifelten Wunsch, anerkannt zu sein. Also muss es wohl einen Grund geben, warum sie es besser nicht tun sollten – und sie gehen auf die Suche. Du weißt genau, wer sucht, der findet. Wenn du einen Menschen durch einen Filter anschaust, wirst du immer das bestätigt bekommen, was du sehen willst. So funktioniert unsere Welt nun mal.«

Ich biss mir auf die Lippen. Seine Sätze trafen mich. Dennoch haperte es für mich an der Umsetzung.

»Das kommt noch«, antwortete er auf meine Frage. »Der erste Schritt ist die Erkenntnis, der zweite der Wunsch, es zu ändern. Dann kommt etwas ganz Delikates ins Spiel.«

»Was denn?«

Aber er antwortete nicht darauf, zumindest nicht gleich.

»Eine Frage noch, Greta …«

Inzwischen hatten wir uns auf ein paar Felsen gesetzt und er stocherte mit einem abgebrochenen Ast auf dem Boden herum. »Als du mir von deiner Kür erzählt hast, von diesem Gefühl, das du am Ende hattest … diesem Einssein … hast du eine Erklärung dafür?«

Nachdenklich, weil er dieses scheinbar nebensächliche Detail herauspickte, sagte ich:

»Um ehrlich zu sein, ich habe oft darüber nachgedacht. Einmal war es das Gefühl, trainiert, mich angestrengt zu haben … andererseits weiß ich, dass das nur das Fundament war und etwas anderes mich getragen hat. Das ist das, was ich mir für mein Leben wünsche: dass es so mühelos geht. Ja, gut, natürlich kostet das Training Mühe, sich etwas beizubringen, macht ja auch Freude. Aber die Kür selbst war irgendwie mühelos, verstehst du, was ich meine? Es war, als wäre ich getanzt worden, als hätte etwas meinen Körper genutzt, das zu tun. Ich habe trainiert und damit die Voraussetzung geschaffen und dann … oh, warte … ich glaube, ich weiß, was du meinst!«

Mit leuchtenden Augen sah ich ihn an. »Ich weiß, was du meinst! Sich anstrengen ist das, was man selbst tun kann, eben die Voraussetzung schaffen, und danach muss man es irgendetwas oder irgendwem überlassen.«

Überrascht lächelte er mich an.

»Wow, Greta, das ist …«, er räusperte sich »Ja, das habe ich tatsächlich gemeint. Du hast es perfekt ausgedrückt!«

Er schien selbst in Gedanken versunken und ein wenig hatte ich das Gefühl, dass diese Erkenntnis auch ihn betraf, dass sie ihn zumindest nicht kalt ließ.

»Das findet man in allen Dingen«, fuhr er nachdenklich fort, »den Balanceakt zwischen eigener Anstrengung und diesem

Delikaten, das ich angesprochen habe … das ist Gnade«, vollendete er kurz und sah auf die Grashalme vor uns.

»Ja, Gnade ist ein seltsames Wort«, hakte ich ein und wollte ihm die Verlegenheit nehmen »Wer will schon von Gnade abhängig sein? Es hört sich so willkürlich an. Oder eher launisch. Oder arrogant.«

Er lachte leicht und warf mir einen interessierten Blick zu. »Hast du dich damit schon beschäftigt?«

»Ja, durch Mona und Theo. Sie sagen, es sind die zwei Schwingen, mit denen man durch das Leben gleitet. Eigenes Bemühen und Gnade. Sie haben mir auch mal einen interessanten Ausspruch mitgegeben: ›Gnade folgt dem Bemühen‹. Das hat mich lange nicht losgelassen.«

Ben schien nun umso gefesselter zu sein, er hatte sich mir nun voll zugewandt.

»Und was ist bei deinen Überlegungen herausgekommen?«

»Zuerst hat mich der Satz abgestoßen. Wer will schon, dass jemand gnädig zu einem ist? Aber dann dachte ich, wenn es wirklich die eigene Anstrengung ist, die Gnade hervorruft, dann habe ich es ja doch wieder in der Hand, verstehst du? Trotzdem hört es sich für mich so an, als ob ich mich mit Anstrengung bei Gott einschleimen muss, damit er mir dieses oder jenes gnädig gewährt. Irgendwie kriege ich auch das Gefühl nicht los, dass Gott und ich nicht dasselbe wollen. Und vor allem weiß ich nicht, was der Kerl von mir erwartet! Ist das der Sinn des Lebens? Herauszufinden, was Gott von mir will? Das, was du gesagt hast … herausfinden, was wirklich wichtig ist? Das ist so der Teil, der mir gegen den Strich geht. Diese ganz Frommen, die in die Kirche rennen und alles mögliche machen, nur damit ihnen Gott wohlgesonnen ist … ich weiß nicht, damit kann ich mich nicht anfreunden.«

Unwillkürlich musste Ben grinsen.

»Vielleicht hast du der Gnade zu wenig Platz in deinem Leben gegeben. Vielleicht definierst du Glück einfach zu eng.«

»Wie meinst du das?«, fragte ich zurück. »Alles, was ich tun kann ist, mich anzustrengen. Ich habe meinen Part also erfüllt. Was ist mit dem anderen? Wer erfüllt den? Wenn es Gott ist, ist er ziemlich träge. Jedenfalls hat er nicht einen Bruchteil an Gegenleistung gebracht!«

»Das kann man sehen, wie man will … Ich finde, du hast viel erreicht! Was ich meine, ist, dass du keinen Platz für

Überraschungen in deinem Leben lässt, weil du alles so verplanst! Ich hoffe mal, dass Gott mehr Fantasie hat als wir. Oder anders ausgedrückt … wenn du einen Plan hast, und denkst, der ist genau der Richtige für dich, siehst aber nicht das große Bild und Gott will dich zu dem besseren Plan leiten, dann muss er nun mal deine alten Pläne durchkreuzen, um …«

»Tja, das sieht mir eben nach schwarzem Humor aus«, fiel ich ihm ins Wort, »wenn seine Fantasie darin besteht, mir solche Brocken vor die Füße zu werfen! Da ich hätte echt gut drauf verzichten können!«

»Nein, die Fantasie Gottes besteht einfach darin, sich dir bemerkbar zu machen. Und weil das mit deinen Vorstellungen überhaupt nicht übereinstimmt, empfindest du seine Hinweise als Katastrophe – was sie de facto nicht sein müssen.«

Ben stockte kurz und sein Gesicht rötete sich ein wenig. Wieder hatte ich das Gefühl, er hätte das eher zu sich als zu mir gesagt.

»Ähm, warte, meinst du etwa, das, was ich erlebt habe, sind keine Katastrophen?«

»Stell dir vor, du wärst mit dem sonnigen Gemüt von Onkel Horst auf die Welt gekommen. Hättest du über deine Mutter lachen können? Wie schlimm wäre die Situation dann für dich gewesen?«

Puff. Das saß. Meine Mutter mit Humor sehen? Ich hatte das Bild von ihr im Kopf, wie mit ihrem verkniffenen Gesicht am Tisch gesessen war, wie wir zusammen Fotoalben durchblätterten, hörte ihr frustriertes Seufzen, ihr Verlangen nach Freiheit … spürte den demütigenden Tritt, den sie mir gegeben hatte … und patsch. Das war's. Meine Gesichtszüge verhärteten sich. Wie hatte sie mich weggewünscht! und wie um Gottes willen sollte man darüber lachen können?

»Greta«, sagte da Ben zu mir, der mein Mienenspiel beobachtet und richtig gedeutet hatte. »Stopp mal an der Stelle. Versuche, anders über diese Situation zu denken.«

»Wie denn?«, fauchte ich und die alte Verletzung brach ungehindert auf. »Mom wollte mich immer nur loshaben! Da gibt es nicht viele andere Gedanken zu denken!«

»Hey«, sagte er sehr sanft, sehr behutsam. Er legte einen Finger unter mein Kinn und zwang mich, ihn anzusehen.

»Sie hat dir das gegeben, wozu sie in der Lage war. Sie ist zumindest nicht gegangen, so wie dein Vater.«

»Ihre Gegenwart war nicht sehr erheiternd. Und am Schluss hat sie gesagt: Hau ab!«, knurrte ich. Mein Hals war wie zugeschnürt.

Da legte Ben sanft den Arm um mich. Seinen großen, starken Arm und einmal mehr fühlte ich mich wie ein Kind, ein trotziges Kind. Steif saß ich neben ihm. Er versuchte, mich an sich zu drücken, ich ließ es nicht zu. Ich zitterte. Aber er ließ dennoch seinen Arm leicht auf meiner Schulter, gab mir Wärme und sie tat mir gut.

»Ist das dein wahres Mangelgefühl?« Seine Stimme war sehr leise. »… dass du Liebe suchst? Ihre Liebe? Und dir gleichzeitig sagst, du willst sie ja gar nicht? Dass du meinst, du müsstest etwas tun, damit dich jemand liebt? Etwas sein? Reich sein? Erfolg haben?«

»Ist mir schon klar, dass das Kompensation ist«, brachte ich heiser hervor. »Nützt mir nur nichts. Ist irgendwie einzementiert. Ich bin eben ein Rattenkind.«

»Du bist kein Rattenkind! Niemand ist das! Oh, Mann … diese Studie! Ich denke nicht, dass du sie so einfach auf dich umschreiben kannst«, sagte er ernst. »Denn wir Menschen sind die einzigen Lebewesen, die sich selbst erkennen können. Wir sind die Einzigen, die Bewusstsein haben und tiefer als ihre Gedanken gehen können. Und das ist deine Chance. Unser aller Chance! Zu erkennen, dass wir nicht dieser Körper sind und auch nicht unsere Umstände … und auch nicht diese minderwertigen Gedanken da in dir, die dich all das erleben lassen. Nicht du bist minderwertig, deine Gedanken sind es. Um die musst du dich kümmern.«

»Aber die Umstände prägen mich und verhindern, dass ich dieses Bewusstsein spüre«, sagte ich grätig und auch genervt. »Mich um die Gedanken kümmern! Wie geht das?«

»Sie untersuchen. Wie tief hast du denn bis jetzt gegraben? Du bist nur bis zu deinem Mangelgefühl gekommen und hast erkannt, dass du es durch Fülle im Außen beheben willst. Das ist die Decke, die du über den Unrat wirfst. Schau dir den Unrat an.«

»Und was ist der Unrat?«

»Das, was du mir erzählt hast! Warum willst du Erfolg? Nein … nicht gleich antworten. Denk nach. Du hast gesagt, du brauchst ihn, um dich gut zu fühlen. Aber was heißt dieses ›sich gut fühlen‹? Du willst glücklich sein, nicht? Das ist es doch. Eigentlich willst du doch nur glücklich sein und dein Kopf gaukelt dir nun vor, Erfolg und viel Geld wären die Lösung.«

»Es lebt sich damit auf jeden Fall bedeutend einfacher«, murmelte ich ein bisschen verzweifelt, denn im Grunde lief es ja immer wieder darauf hinaus, dass Erfolg überflüssig ist, wenn man innerlich erfüllt wäre … aber ich wollte nun mal beides! Das sagte ich auch Ben.

»Wie kann man auf etwas verzichten, was man nun mal so unbedingt will?«

»Greta«, antwortete er, ging in die Hocke, legte seine Arme auf meine Beine und sah mich konzentriert an. »Niemand will dir nehmen, was du dir wünschst. Aber was du nicht verstehst, ist, dass du nicht bekommst, was du willst, solange du dieses tiefe Gefühl der Wertlosigkeit nicht bearbeitet hast. Und diese Wertlosigkeit kannst du nur beseitigen, wenn du siehst, wer du wirklich bist. Das kannst du wiederum nur dann sehen, wenn du nach innen gehst. Du schaust immer nur auf das Bild im Spiegel und kämpfst darum, das Bild zu ändern, aber was soll dir der Spiegel denn zurückwerfen, wenn nicht dein Inneres? Er kann nur das spiegeln, was vor ihm steht – und da steht jemand mit ungelösten Blockaden und dem tief verankerten Gefühl, nichts wert zu sein. Du hast schon so viel erreicht in deinem Leben! Aber immer meinst du, noch besser werden zu müssen! Nie erkennst du dich selbst an, aber du erwartest von anderen, dass sie es tun! Bist du einmal stolz auf dich gewesen? Nein! Du jagst weiter! Dein Ego sagt dir: Es muss mehr werden, du hast noch nicht genug, es reicht nicht. Du schaust auf das, was du nicht hast, auf das, was du noch erreichen willst, und löst nicht das, was es dir so schwermacht, es überhaupt zu bekommen! Und dann wunderst du dich, dass sich das Bild, sprich, das Außen nicht ändert? Du willst den Jackpot? Du hast ihn längst und siehst ihn nicht, weil du ihn an der falschen Stelle suchst. Solange du glaubst, du bist nichts wert, wirst du immer Umstände und Menschen anziehen, die dir das beweisen. Du hast selbst gesagt, die Welt ist ein Spiegel. Wenn du nicht magst, was du siehst, macht es wenig Sinn, den Spiegel zu zerbrechen.«

Ich war verstummt. Eine Weile schwiegen wir beide. Dann sagte ich:

»Ich hätte es doch auch mit Tobias lösen können. Er war der erste Ritter in meinem Leben, der erste, der mich verteidigt hat, der mir zu Hilfe kam, der mehr in mir sah als nur Freiwild. Und genau er hat mich am Ende am meisten gedemütigt …« Ich seufzte. »Aber ich verstehe, was du meinst. Es ist im Grunde dasselbe.«

»Spinoza hat mal gesagt: ›Jede Erscheinung beweist ihre Notwendigkeit durch ihr Dasein‹«, sagte Ben sanft. »Die Dinge auf der Welt, in deinem Leben … sie geschehen nur für dich. Kann es sein, dass du das, was du für schlecht hältst, einfach noch nicht klar genug siehst?«

»Ja, aber was denn?«, fragte ich verzweifelt. »Was sehe ich noch nicht klar genug? Ich sehe, dass meine Mom mit jedem schläft, der ihr über den Weg läuft, ich sehe, dass sie mir mein Glück nicht gönnt. Es ist Tatsache, dass der Staat meine Zukunft kaputtgemacht hat und der Mann, der gesagt hat, er liebt mich, mich nun doch nicht liebt, weil ich eine Mutter habe, die nicht seinen Vorstellungen entspricht!«

»Sorry, Kleines«, unterbrach er mich. »Du denkst, dass es so ist, aber verdammt noch mal, das sind deine eigenen Balken im Auge! Das sind Schmutzflecken auf der Brille oder der Fensterscheibe, durch die du schaust! Du wirst das Bild nicht ändern, wenn du diesen Schmutz nicht beseitigst, verstehst du?«

»Aber es fällt mir schwer«, antwortete ich. »Es ist für mich sogar ein Paradox, denn, wenn ich darüber nachdenke, wenn ich versuche, in die Tiefe zu gehen, dann kommt mir immer mein Geist in die Quere. Der ist doch eingefärbt … weißt du, was ich meine? Das Paradox besteht für mich darin, dass ich mit einem falsch eingestellten Geist meinen Geist ändern soll … das geht irgendwie nicht in mich rein.«

»Ach, Perlchen!« Ben lachte. »Das hast du gut gesagt, ich habe lange nicht mehr mit jemanden so tief geredet wie mit dir! Ich genieße das, ehrlich!«

Er grinste mich an und ich stierte finster zurück, was ihn noch mehr zum Lachen brachte. Er setzte sich wieder neben mich, schwungvoll, legte seinen Arm erneut um meine Schulter und drückte mich.

»Du bist süß, weißt du das? Dazu gibt es übrigens einen wunderbaren Satz aus dem Yoga Vasishta: ›Cut the mind with the mind‹ … besiege den Geist mit dem Geist. Ja, es scheint ein Paradox, aber letztlich kann man den Geist ja erziehen, zum Beispiel mit Dingen wie ›sich nach innen wenden‹…«

»Sag ruhig Mediation dazu«, unterbrach ich ihn. »Das ist mir nicht fremd.«

»Oh, sehr gut«, lächelte er, wieder ein wenig überrascht. »Das macht es mir leichter!«

»Ja, du wirst es nicht glauben, ich habe sogar ziemlich viele Bücher darüber gelesen … und auch mal mit diesem blutrünstigen Epos angefangen … dieser Bhagavad Gita, in der Krishna seinen Schüler Arjuna dazu bringt, all seine Verwandten abzuschlachten, und ihm in vielen blumigen Versen erklärt, dass das rechtens sei.«

Diesmal prustete Ben laut heraus.

»Coole Interpretation! Und die Meditation?«

»Na ja, war nix. Ich setze mich hin und es passiert nichts. Meistens nicht. Ich habe es aufgegeben. Das ist nicht mein Ding.«

»Es muss ja auch nichts passieren. Das ist ein großes Hindernis, das zu glauben. Sie ist ja nichts weiter als eine Innenschau. Und was siehst du? All deine Gedanken, die dich belasten. Um die geht es. Kannst du dir die ganz neutral anschauen? Ohne Bewertung?«

»Ohne Bewertung? Hab ich noch nie so versucht.«

»Dann tu's einfach mal. Wenn du das Fenster reinigst, durch das du die Welt siehst, dann muss auch der Putzlappen sauber sein. Verstehst du, was ich sagen will? Es nützt nichts, mit einem schmutzigen Tuch ein verschmutztes Fenster zu putzen. Du verschmierst den Dreck nur noch mehr – und das tun viele Menschen. Anstatt dass die Dinge klarer werden, werden sie noch undurchsichtiger und verwirrender und sie erkennen gar nichts mehr. Das ist oft der Moment, in dem viele aufgeben.«

»Und das saubere Tuch ist ein sauberer Geist?«

»Genau.«

»Und wie krieg ich den gewaschen? Gibt's einen Intensiv-Reiniger? Oder vielleicht am besten ein Turbowaschprogramm? Ich will das loshaben, weißt du. Am besten gestern. Damit ich endlich wieder erfolgreich sein kann! Und bleibe!«

Ben lachte. »Okay, Miss Unverbesserlich! Ja, sicher, man kann alles Mögliche machen … ich denke, da muss jeder das finden, was zu ihm passt. Aber eine gute Methode ist nun mal Meditation, das ist die Erfahrung, die ich gemacht habe.«

»Hm. Da wären wir wieder. Es dreht sich ein bisschen im Kreis, findest du nicht? Denn genau das funktioniert aufgrund der vielen Gedanken nicht, die ich nun mal im Kopf habe. Es dauert keine Minute … und schon sind sie da und ich folge ihnen. Es ist ein ewiger Kampf.«

»Ja, eben, den solltest du aufgeben. Ohne Gedanken hättest du doch nichts zu bearbeiten. Du brauchst sie.«

»Aber es heißt doch immer, man solle einen gedankenfreien Zustand anstreben?«

»Das ist ein Endzustand, der kommt, wenn man sich um die bestehenden Gedanken gekümmert hat. Aber die meisten, die mit Meditation anfangen, wollen sozusagen in der ersten Klasse schon das Abitur schreiben. Das überfordert natürlich die meisten und so sagen sie, es funktioniere nicht. Meditation ist ein Prozess, auf den man sich einlassen muss. In den wenigsten Fällen kommt ein sofortiges Umschalten.«

»Hm«, machte ich. »Eine Spontanerleuchtung wäre bedeutend zeitsparender.«

»Wer weiß?«, gluckste er, »was da alles noch auf dich zukommt, wenn du den Weg erst mal einschlägst. Bisher hast du den Grund für deine Gedanken noch nicht geändert. Du bist der Ursprung, nur du kannst was ändern.«

»Ja, genau das macht mir Angst.«

»Was denn?«, grinste er mich an und knuddelte mich wieder. Ich boxte leicht zurück und er schlang zufrieden den Arm um mich.

»Na ja, dass ich dann freiwillig in Lumpen und in einer baufälligen Hütte mit Plumpsklo wohne, aber dafür erleuchtet bin, wie dieser Guru, von dem Theo mir erzählt hat, der auf einem Misthaufen lebt … was mache ich dann mit meinen Abendkleidern?«

Ben lachte lauthals.

»Meine Güte«, sagte er. »Fürwahr! Ein echtes Problem!«

»Genau!«, grinste ich, löste mich aus seinem Arm, sprang auf und drehte mich mit ausgebreiteten Armen vor ihm im Kreis:

»Weißt du, das hier … diese Gegend, die Hütte, die Natur … dieses einfache Leben ist einfach wunderschön! Aber es ist auch wunderschön, mal im Abendkleid essen zu gehen und in einer noblen Umgebung zu sein. Ich brauche das nicht immer. Aber ich finde, wenn Gott uns schon so viel Vielfalt schenkt, warum sollten wir das nicht genießen?«

Irgendwie war die Ansage wohl nicht ganz so prickelnd für Ben. Seine Augen verdunkelten sich etwas, sein Lachen war nicht mehr ganz so offen, aber zu meiner Überraschung ergriff er wieder meine Hand und ließ sie nicht mehr los. Hand in Hand gingen wir zur Hütte zurück. Auch das war ein schönes Gefühl. Ein Herzbauchgefühl. Es kam mir sehr natürlich vor.

Nachts dachte ich über seine Worte nach. Noch tiefer graben. Dieses Gespräch war für mich trotzdem schwammig und theoretisch. Ich wusste ja, woher so manche Gedanken kamen, ich dies oder jenes dachte. Die Vergewaltigung … das Leben mit Mom … Ich hatte versucht, anders darüber zu denken, aber das war mir nie gelungen. Denn früher oder später, in einem schwachen Moment, sprich, wenn es mir mal nicht so gut ging, waren alle schlechten Gedanken wieder da - und mit ihnen alle Minderwertigkeitskomplexe, der ganze Schmerz und alle Wut.

***

Beide genossen wir unsere Auszeit, und jedem von uns war sehr wohl bewusst, dass es eine war. Was mich anging: Ich liebte jede Sekunde. Die Zeit mit Ben war herrlich.

Wir lebten in den Tag hinein, fuhren mit dem Auto durch die Gegend, hielten, wo es uns gefiel, liefen an rauen Küsten und einsamen Stränden entlang und wärmten uns in gemütlichen Pubs wieder auf. Es war eine Freiheit, die ich mir bisher versagt, eine Art zu leben, die ich mir nie gegönnt hatte. Klar, ich hätte das nicht ewig machen können, aber hier mit Ben … oder könnte ich es? Gerade mit Ben? Zum ersten Mal konnte ich meine Mutter verstehen. Ihre Sehnsucht nach dieser Sorglosigkeit, zu tun, was einem gerade einfiel, bar jeder Pflicht und Last und jedem Erfolgsdruck, dafür beseelt von Glück, Erfüllung und Frieden. Ich dachte an Bens Satz: Die Welt kann so schön sein für den, der nicht alles will. Ich dachte auch darüber nach, wie es mir ginge, wenn nicht der Gedanke an Erfolg in meinem Kopf wäre. Mit einem etwas mulmigen Gefühl wurde mir klar, dass es nur dieser Gedanke war, der mir Stress bereitete und dass ich ohne ihn mein Leben gelassener angehen könnte.

Das, was ich hier mit Ben spürte, war Friede und Spaß am Leben, das tiefe Wissen, dass das hier gut war. Weiter wollte ich nicht denken.

Ich wusste nur: Die Tage mit Ben waren göttlich.

Noch nie habe ich so viel gelacht wie in jener Zeit. Wir spielten Fangen an einsamen Stränden, ich tanzte ihm im Sand eine improvisierte Kür vor. Wir bauten Sandburgen wie die kleinen Kinder und erfanden Geschichten über die Geheimgänge, die natürlich nicht fehlen durften. Wir badeten im eiskalten Meer, wobei er ungeniert auf meine Brust starrte, die von der Kälte scharf konturiert war, und auf andere Teile, die ihn eigentlich nichts angingen, worauf ich das gleiche mit ihm machte, sein Körper wie ein Automat reagierte und er als Reaktion darauf wieder ins kalte Wasser sprang. Wir spielten uns gegenseitig unsere Lieblingsmusik vor, (er liebte unter anderem Gerry Rafferty und zu meiner Freude die Beatles), wir sangen zusammen im Auto, kochten oft zusammen, was ich besonders genoss, weil er nicht zu den Männern gehörte, die in der Küche nur im Weg standen. Er hatte richtig was drauf.

»Wo hast du das denn gelernt?«, hatte ich erstaunt gefragt, als ich das erste Mal mitbekam, wie er in Affengeschwindigkeit eine Zwiebel und eine Gurke zerkleinerte. »Das ist ja professionell!«

»Bei meinem Work-and-Travel Aufenthalt in Australien. Da habe ich in einem Fast Food-Restaurant gejobbt und ich weiß nicht wie viel Zwiebeln am Tag geschnitten.«

»Du erstaunst mich immer mehr«, lächelte ich. »Ich fand es schon immer erotisch, zusammen zu kochen. Du bist der Erste, mit dem ich das tun kann.«

»Ja, du für mich auch«, rutschte es ihm heraus. »Die meisten, die ich kannte, haben sich lieber was bestellt.«

»Hat dich das gestört?«

Sein Blick war in der Vergangenheit, als er antwortete:

»Bei manchen war es ein Detail, die Beziehung nicht zu vertiefen, aber bei denen, die mir was bedeuteten, war es egal, ob sie kochen konnten oder nicht.«

Ich wartete. Vielleicht sagte er ja endlich mal ein bisschen mehr? Sein Blick war abwesend. Aber als er sich mir zuwandte, sah ich Schmerz in seinen Augen und mein Herz sank unwillkürlich nach unten. Es schien wohl jemanden zu geben, dem er nachtrauerte. Und vielleicht war das noch ganz frisch, weil er nicht darüber reden wollte. In einer plötzlichen Regung ging ich auf ihn zu und schlang einen Arm um ihn.

»Ich wünschte, ich könnte den Schmerz heilen, den du in dir hast«, sagte ich. Er lachte leicht, fast verwundert und ich sah zu ihm hoch. Sein Lachen verebbte, als ich hinzufügte:

»Gibst du mir die Chance? Du musst ohnehin noch deine Geschichte erzählen.«

Da legte er seine Arme um mich und wir standen minutenlang umschlungen in der Küche, bevor wir uns wieder voneinander lösten und uns wortlos unseren Zwiebeln und Avocados widmeten. Keiner von uns sagte mehr ein Wort.

Und so blöd es klingt: Ich war vollkommen zufrieden damit, dass er neben mir stand und Zwiebeln zerkleinerte.

Wir berührten uns, umarmten uns, gingen häufig Hand in Hand. Ich saß oft zwischen seinen Beinen, an seinen Oberkörper gelehnt, während er die Arme um mich schlang, wenn wir irgendwo rasteten oder uns einen Film ansahen. Abends gingen wir zum Essen in einen Pub oder lasen vor dem Kamin, tranken Tee oder Wein. Manchmal kuschelten wir uns vor dem Feuer aneinander … aber sonst passierte nichts. Beide hielten wir uns zurück, beide vermieden wir einen Kuss, vielleicht hatten wir beide Angst vor … ja, vor uns.

***

Nachdenklich betrachtete ich ihn, wie so oft in diesen Tagen: Wie er mit dem Haken die Glut aufstocherte, das Feuer wieder zum Lodern brachte, seine witzige Art zu reden, sein Lachen, sein glänzendes Haar, seinen kraftvollen Gang. Er war geschmeidig trotz seiner Größe. Jeden Morgen sah ich ihn Yoga-Übungen ausführen und die Schönheit, das Fließen seiner Bewegungen, faszinierte mich. Ich fragte ihn, ob ich mal mitmachen könnte, und er stimmte zu. Mit seiner ihm eigenen Geduld zeigte er mir die Bergstellung, den Morgengruß und die zwei Positionen des Kriegers. Das frühere Geräteturnen und meine Konstitution machten mir die Übungen leicht und Ben war begeistert. Als ich im Krieger stand, stellte er sich hinter mich, korrigierte sacht mein gebeugtes Knie, nahm die Fingerspitzen meiner ausgebreiteten Arme in seine Hände und justierte sie in eine perfekte Stellung.

»Wundervoll«, murmelte er bewundernd. »Einfach perfekt.«

Danach machten wir eine kurze Abfolge zusammen. Die Bergstellung, den Morgengruß, den Krieger. Wir waren völlig synchron in den Bewegungen, atmeten zusammen. Ich spürte seinen in der Position gespannten Körper neben mir in einer Intensität, die mich schwindeln ließ. Ich weiß nicht, wie es ihm dabei erging.

Beide waren wir still. Beide waren wir erfüllt, in der Stellung verharrend, unser Gesicht der aufgehenden Sonne zugewandt.

Als wir die Yogamatten einrollten, trafen sich unsere Blicke und eine sonderbare Stimmung machte sich breit. Ich glaube, wir dachten beide dasselbe. Wir hatten nur noch einen Tag für uns allein. Unsere Zweisamkeit hatte ein Verfallsdatum.

***

Noch einmal gingen wir wandern. Ben kannte so viele Wege weitab von der Zivilisation und lief im Wald umher, als würde er hier leben. Als ich ihn darauf ansprach, verriet er mir, dass er für seinen Freund Chris oft Arbeiten erledigte.

»Wie passt das zu einem BWL-Studium?«, fragte ich. »Du hast mir übrigens deine Geschichte immer noch nicht erzählt.«

Ich hatte ihn in den letzten Tagen hin und wieder erfolglos angestupst und als er erneut nicht darauf reagierte, rief ich:

»Ben! Du hast es mir versprochen!«

»Das halte ich auch, ganz sicher, Greta«, antwortete er ernst. »Gib mir noch ein bisschen Zeit.«

»So viel haben wir nicht mehr«, antwortete ich.

Fast panisch dachte ich daran, dass nach der Woche mit seinen Kumpels ja schon Indien anstand. Dass sich unsere Wege am Flughafen Heathrow oder, wenn er mitflog, in Mumbai trennen würden.

Ich betrachtete ihn, als er vor mir herging, seine große Gestalt, sein ruhiges Wesen, seinen Mund, aus dem ich schon so viele tröstende Worte gehört hatte. Ich mochte seine so feine Art, mir immer die Hand zu reichen, wenn wir über einen kleinen Bach sprangen, mir überall die Tür zu öffnen, den Vortritt zu lassen, mir stets schwere Sachen abzunehmen … und mir wurde weh ums Herz.

Das Wetter war besser als erhofft für diese Jahreszeit. Wie so oft hatten wir einen Rucksack mit Proviant dabei und ließen uns an einem idyllischen Plätzchen nieder.

Schweigend schenkte mir Ben Tee ein und drückte mir den warmen Becher in die Hand.

»Ich würde dich gern noch was fragen«, begann er. »Nach dieser Kür … du hast gesagt, dass das etwas war, was du unbedingt wieder fühlen wolltest.«

Nachdenklich nahm ich einen Schluck. Seltsam, dass er das schon wieder aufgriff.

»Ja«, sagte ich schließlich. »Jetzt, wo du es ansprichst, wird mir klar, dass ich in allen weiteren Aktionen meines Lebens dieses Gefühl gesucht habe. Es war einfach so vollkommen. Es hat nichts gefehlt, gar nichts. Ich glaube, wenn ich danach gestorben wäre, hätte ich geglaubt, ein erfülltes Leben gehabt zu haben. Ist das nicht komisch?«

Ben lächelte und erwiderte dann ernst: »Nein. Das ist nicht komisch.«

Er verfiel in Schweigen und auch ich hing meinen Gedanken nach. Da sagte er:

»Ich möchte dir was zeigen«, und stand auf. »Lass die Sachen hier … hier kommt nichts weg. Nimm nur deine Jacke mit.«

Neugierig folgte ich ihm. Er lief in den Wald hinein auf einem kaum ausgetretenen Pfad, der kaum zu erkennen war, aber Ben ging mit schlafwandlerischer Sicherheit voran, hob, Gentlemen, der er war, Zweige von Bäumen hoch, die im Weg hingen, bis ich aufgeschlossen hatte, wies mich auf Wurzeln und Steine im Boden hin. Es ging immer tiefer in den Wald hinein.

Die Bäume standen nun dichter, die Sonne schaffte es nur stellenweise durch die dichten Zweige und der Boden war mit vom Sturm abgebrochenen Zweigen, Nadeln und Laub übersät. Mich wunderte, dass Ben die Orientierung nicht verlor. Wir wanderten mindestens zehn Minuten quer durch den Wald. Doch mit einem Mal – wieder bog er Zweige von zwei eng nebeneinanderstehenden Bäumen zur Seite – standen wir auf einer überirdisch schönen Lichtung, auf die die Strahlen der Mittagssonne von oben wie in eine Kathedrale einfielen. Geblendet von so viel Schönheit, blieb ich abrupt stehen. Smaragdgrünes, zentimeterdickes Moos überzog den Boden, überzog Steine, Äste und Wurzeln, formte sanfte, grüne Wellen, die das Sonnenlicht mit einem zauberhaften, unwirklichen Glanz versah. Die Bäume ringsum waren uralt und einzelne wilde Heckenrosen und Hortensien, ein paar Felsbrocken, ebenso dick mit Moos überwuchert, vervollständigten ein geradezu mystisches Bild.

Sprachlos stand ich am Rande dieses Refugiums, während Ben schon ein paar Schritte hineingegangen war. Eine magische, greifbare Stille lag über diesem Teil des Waldes, eine Stille, die in mich drang, mich vollständig übernahm. Ich sah, wie Ben seine Jacke faltete und auf die Erde legte. Wortlos setzte er sich darauf und schloss die Augen, leise tat ich es ihm nach. Sowie ich mich auf der Jacke niederließ, ergriff mich die Stille umso mehr.

Ruhe überkam mich. Nie gekannter Frieden. Leise Freude, grundlos, sprudelte sanft nach oben und breitete sich in meinem Körper aus. Es war, als ob Balsam mein ganzes Sein überzog, mein Herz, meinen Körper, innen, außen, alles. Es war so schön und so intensiv und es tat so gut, dass ich am liebsten geweint hätte. Ein kühles Feuer umspielte meine Herzgegend, es brannte ohne Hitze, machte mein Herz weit und groß und ich versank in dieser Empfindung. Nach einer Weile begann es an meinem Kopf zu prickeln und brennen … es wurde immer stärker und ich fasste mit meiner Hand dahin, aber es hörte nicht auf. Wie von einem Faden gezogen glitt meine Hand wieder auf meinen Schoß zurück und ich tauchte ein in eine nie gekannte Welt voller Freude und Glück.

Es pulste und pulste, Welle über Welle zog durch mich hindurch und es war so voll, so durchdringend, dass ich meinte, jede Sekunde zu explodieren und mich in meine Bestandteile aufzulösen. Auf einmal gab es ein kleines Plopp an meinen Kopf, als ob sich der Korken einer Flasche öffnete, und tatsächlich wich etwas aus dieser Öffnung. Es war nur ein Empfinden, aber aus diesem Austritt kam etwas heraus, das fühlte ich deutlich. Irgendetwas floss, schwebte über meinem Kopf, und obwohl ich die Augen geschlossen hatte, wusste ich, dass es die Form einer perfekten Lotusblume hatte. Ich lächelte. Oh, das war so schön! Es war so sanft! Es war … ja, das war vollkommen! Es war Frieden, es war Glückseligkeit, untermalt von einer Freude, die wie ein munter plätschernder Bach alles in meinem Inneren erfrischte. Ich hing in diesem Zustand wie in einer Hängematte und hatte das Gefühl, endlich regenerieren zu können. Nichts zu wollen, nichts zu müssen, nur zu sein. Unwillkürlich bogen sich meine Mundwinkel nach oben. Fühlte mich unendlich leicht und glitt doch tiefer und tiefer, wie ein Felsbrocken, der die Wasseroberfläche durchstoßen hatte, der langsam auf den Grund sank und in der ewigen Tiefsee zur Ruhe kam.

Druck an meiner Schulter … ein Rütteln und Schütteln … das verschwand nicht … eine leise Stimme … sagte was … Mit Mühe öffnete ich die Augen. Verschwommen merkte ich: Ben stand vor mir und bedeutete mir, aufzustehen. Warum? Warum jetzt schon? Wir hatten uns doch gerade erst gesetzt! Verwirrt stolperte ich hinter ihm her, konnte kaum laufen, stolperte über Wurzeln, stieß mich an Bäumen. Zweimal fiel ich fast hin. Schließlich nahm Ben meinen Arm, stützte mich, bugsierte mich aus dem Wald hinaus und wir standen wieder auf der Wiese. Da war die Decke mit unseren Rucksäcken. Die Sonne war am Untergehen, aber das bemerkte ich nicht. Mir war benommen zumute und ich hatte unendliche Mühe, die Augen offenzuhalten.

»Ich kann nicht«, murmelte ich und ließ mich auf die Decke sinken. »Ich …«

Sobald ich saß, gab ich dem Drang, die Augen schließen zu wollen, nach und versank erneut. Wohin auch immer. Es war wie ein Jahrhundertschlaf, ich schwamm in etwas so Schönem, dass ich nie, nie, nie mehr auftauchen wollte.

***

Von oben sah ich, wie Ben mich heimführte, in die Hütte, mich ins Bett brachte, mir über das Gesicht strich, ein Gesicht, das nicht meines sein konnte. Es hatte sich vollständig verändert. Es lag ein Ausdruck darin, den ich noch nie gesehen hatte. Es schien vollständig in Licht getaucht, schien berauscht, transparent, es war vollständig glücklich. Überhaupt … da war so viel Licht! Überall war Licht! Die ganze Welt war Licht! Alles schimmerte, glänzte, funkelte. Ein Lachen kam aus meinem Mund. Ich schwamm auf einer Welle der Glückseligkeit.

Irgendwann wurde es schwarz um mich herum und endlich schlief ich ein.

Es war tief in der Nacht, als ich aufwachte. Der Mond schien zum Fenster herein. Zum ersten Mal fühlte ich meinen Körper wieder, fühlte ich mich in der alten Identifikation. Und doch war alles anders. Ich sah mich um. Das Mondlicht erhellte diffus die Konturen der wenigen Gegenstände im Raum, aber über allem lag ein unirdisches Glimmen, alles vibrierte sanft, leuchtete … und da … da lag Ben. Er war da. Neben mir. Er schlief. Um ihn herum sah ich einen massiven Glanz, wie eine goldene Hülle. Staunend fasste ich mit dem Finger danach, da bewegte er sich und das Leuchten verschwand. Was hieß: Meine Augen konnten es nicht mehr sehen, aber ich wusste, es war noch da. Das Faszinierende war: Ich musste nur an diesen Elfenwald denken, in den mich Ben heute geführt hatte, und schon konnte ich erneut diesen überirdischen Zustand fühlen. Ich verstand das nicht. Auf einmal kamen mir Theos Worte wieder in den Sinn: »Das ist etwas, was der Verstand nicht greifen kann. Also brauchst du ihn nicht dafür. Lass ihn einfach weg.«

Ja, es war einfach. Das alles hier war jenseits des Verstandes. Ohne den hinderlichen Kopf konnte ich voll abheben. Ich genoss dieses Schweben, genoss es, Ben anzuschauen und das Licht um ihn herum. Ich war nur noch am Staunen, wie schön alles war.

Er war aufgewacht, hatte sich auf seinen Arm gestützt und beobachtete mich. Wir brauchten keine Worte, dennoch lag Verwunderung in seinem Blick, zuckte er ein wenig zusammen, als er meinen Blick bemerkte. Warum? Wieder hob sich mein Finger und bewegte sich auf seinen Mund zu, fuhr die Konturen seiner Lippen nach, dann legte ich mich zu ihm, kuschelte mich an seinen breiten Körper. O ja, das fühlte sich richtig an. Sein Mund landete auf meinem Hals, ich drehte mich ein wenig zu ihm. Sein Arm fuhr um meine Taille, seine Hände umfassen meinen Kopf, seine Lippen trafen auf die meinen und zum ersten Mal küsste er mich. Ich fiel und fiel und fiel. Endlos.

***

Ich wachte auf, als eine helle Sonne ins Zimmer schien. Mein Blick glitt auf die linke Seite des Bettes. Ben war schon aufgestanden. Mit Staunen dachte ich über den gestrigen Tag nach. Über dieses mystische Erlebnis im Elfenwald und den intensivsten Kuss meines Lebens.

Es war bei diesem Kuss geblieben und auch das war eine Empfindung, die ich nicht so genau einordnen konnte. Dieser Tag hatte uns verändert und ich vermutete, dass wir beide erst mal damit zurechtkommen mussten.

Morgen kamen seine Freunde. Dem Frieden würde Trubel weichen, aber ich hätte alles dafür gegeben, mit Ben weiter allein zu sein. Mit ihm zusammen zu sein.

Hätte alles dafür gegeben, der Auszeit das Aus zu nehmen.

***

»Wie läuft das in den nächsten Tagen?«, fragte ich. »Was habt ihr vor? Störe ich auch nicht? Ich kann auch für die restliche Zeit in ein Hotel gehen. Bist du sicher, dass Chris nichts dagegen hat, wenn ich hier bin?«

»Aber Greta, warum sollte er? Du bekochst uns doch sogar!«

»Okay, das ist ein Argument. Das mache ich gerne. Und ansonsten?«

»Ansonsten will ich dich hier haben«, sagte er, ohne mich anzuschauen. »Wir machen es uns gemütlich. Wir schauen ein paar Filme, wir essen, wir trinken … alles easy, mach dir keinen Stress.«

»Wunderbar, dann lass uns einkaufen gehen!«, erwiderte ich. »Da fällt mir ein … ich werde bei dir schlafen müssen, Ben. Wenn sechs Leute kommen, sind die drei Gästezimmer belegt.«

»Ähm, ach ja, okay. Stimmt.«

Er schien nicht sehr erfreut. Unsicher sagte ich:

»Dann packe ich meine Sachen zu dir rüber?«

»Ja, natürlich. Warte, ich helfe dir.«

Zusammen räumten wir meinen Schrank aus. Ben trug die Kleider, von denen ich noch keines gebraucht hatte – und auch nicht brauchen würde – in sein Zimmer. Sacht strich seine große Hand über das schwarz-silberne Abendkleid.

»Ein schönes Teil«, bemerkte er.

»Ja, es ist mein Lieblingskleid.«

»Du siehst bestimmt toll darin aus.«

»Hm«, machte ich.

Ben war verändert. Er wirkte nervöser und das machte auch mich nervös. Nein, es machte mich unruhig. Ich wollte endlich wissen, was ihn umtrieb.

***

Das Einkaufen machte dann wieder Spaß. Der Wagen war bis an den Rand voll mit Lebensmitteln und wir blödelten so viel herum, dass die Leute über uns zu lachen begannen.

»Mann, wie viele Kinder habt ihr zuhause?«, fragte uns einer. »Mindestens vier, was?«

»Sechs«, antwortete Ben ernst. »Und einer schlimmer als der andere.«

»Meine Güte! Sechs! Wie haben Sie die denn rausgebracht?«, staunte der Mann. »Sie sind so dünn!«

»Sie ist zierlich«, korrigierte Ben und legte seinen Arm um meine Schulter. Ich musste grinsen.

»Ich und Kinder!«, kicherte ich, als der Typ weg war. »Wenn der wüsste! Meaney wäre wohl der Erste, der mir abraten würde!«

Ben lachte nicht mit. Wir standen beim Obst und er sagte kein Wort mehr. Aber als wir alles im Wagen verstaut hatten und ich einsteigen wollte, hielt er mich zurück.

»Greta«, sagte er mit ernstem Blick. »Egal, wo es dich im Leben noch hintreiben wird – und ich hoffe, es treibt dich in eine glückliche Ehe mit Kindern – dann mach dir eines bewusst: Meaneys Studie ist nicht das Amen in der Kirche. Du kannst jederzeit den Kreislauf durchbrechen.«

Ich starrte ihn an. Irgendetwas störte mich gewaltig an seinen Worten. Noch einmal beugte er sich zu mir hinunter und ich hoffte heftig auf einen Kuss, doch nichts geschah. Seine Hand nestelte nur ein Haar von meiner Wange.

»Durchbrich den Kreislauf. Versprich mir das.«

Ich antwortete nicht. Fühlte mich mit einem Mal mies und wusste nicht warum.

Erst in der Nacht fiel es mir ein. Es war, weil in seinen Sätzen nicht die geringste Andeutung gelegen war, ich könne den Kreislauf mit ihm durchbrechen. Wie seine Lebensplanung auch war – ich kam darin nicht vor.

Friends

Und dann kamen sie. Sie waren schon laut, bevor sie im Haus waren. Ich meinte, sie schon einen Kilometer von der Hütte entfernt zu hören, so laut johlten und sangen sie. Zwei Pick-ups fuhren die enge Straße entlang und parkten an der Seite auf dem Feldweg. Sechs Männer zwischen dreißig und fünfunddreißig stiegen aus und stürzten sich mit Freudengeheul auf Ben, der beide Beine in die Erde stemmen musste, um nicht umzufallen.

»McArran! Du hast uns gefehlt! Wir haben dich derbe vermisst!«, schrie Brian, den mir Ben schon als typischen Rotschopf geschildert hatte. Er sah witzig aus mit den Sommersprossen im Gesicht, der hellen Haut, den lustigen, braunen Knopfaugen und dem wirklich feuerroten Haar.

Finley und Jamie, die etwas Ruhigeren, umarmten Ben lange und innig, während Chris, Ethan, Brian und Eddie wie Indianer um Ben herumsprangen und ihn mit Fragen bombardierten.

»Oh, Mann! Wir sind so froh! Wie kommt's!? Das ist ja traumhaft, dass es mit der Hütte klappt … haben ja nicht mehr dran geglaubt … und schöne Grüße von deinem Dad, deiner Mom … sie freuen sich auch, dass du in Schottland bist …«

Ben lachte und war sichtlich gerührt, er hatte seine Arme um zwei seiner Kumpels gelegt und erzählte ihnen wohl gerade etwas. Sie lachten laut auf und schlugen sich auf die Schenkel. Ich stand am Eingang und wartete die stürmische Begrüßungszeremonie ab. Ben sagte etwas zu ihnen und ich hörte ein:

»Fuck, Alter, im Ernst?«

»Du hast echt … Mann, was hast du dir denn dabei gedacht?«

»Ja, Dude, kannst dich drauf verlassen … wenn du meinst …«

Diese Brocken drangen zu mir, aber ich konnte mir keinen Reim darauf machen. Schließlich holten sie ihr Gepäck aus den Jeeps und wandten sich mir zu.

»Jungs … das ist Greta«, stellte mich Ben vor. »Und macht bloß keine schlüpfrigen Bemerkungen – sie ist ein anständiges Mädchen und ungehobelte Jungs wie euch nicht gewohnt! Greta, das sind Jamie, Eddie … das wird dein größter Fan, er liebt Pasta! Finley, Ethan … ein absoluter Schwerenöter, vor dem musst du dich in Acht nehmen, Chris, mein Studienkollege, mit dem ich die Schweiz unsicher gemacht habe, und, tja … und hier der unverschämteste Mensch auf Gottes Erdboden: Brian.«

Sie lachten alle und gaben mir brav die Hand, schlugen mir auf die Schulter und stürmten die Hütte.

»Habt ihr schon Hunger?«, rief ich ihnen hinterher. Ein mehrstimmiger Chor erschallte. Lächelnd schaltete ich den Ofen ein. Ich hatte zwei Auflaufformen mit Lasagne gemacht, dazu gab es Baguette, Salat und Rotwein.

»Trinken die das überhaupt?«, fragte ich Ben. »Oder lieber Whisky oder Bier?«

»Nee … zum Essen ist Rotwein okay«, antwortete er. Seine Augen leuchteten, er wirkte irgendwie anders. Auch seine Redeweise war, seit seine Freunde eingetroffen waren, flapsiger und lockerer. Es zeigte mir eine weitere Seite an Ben, die ich mochte. Er wirkte wie ein lässiger Womanizer … der er wohl sonst auch war.

***

Meine Bedenken, dass es mit der Ruhe vorbei sein würde, wurden vollauf bestätigt. Die Jungs – es waren mehr Jungs als Männer – lachten in einem fort, rissen ständig Witze, sangen schottische Volkslieder, brachten mir als Dankeschön fürs Kochen schon vor dem Essen ein Ständchen und stießen so fest mit den Rotweingläsern an, dass ich dachte, sie würden zerbrechen.

Von Beginn an war die Stimmung ganz weit oben und wich die folgenden Tage nicht mehr davon ab. Sie erzählten sich Schwänke aus ihrer Jugend und ich hörte begierig zu, in der Hoffnung etwas über Ben zu erfahren. Und das war nicht wenig. So wie es aussah, war er der erklärte Rudelführer, von allen der beste Freund und hatte es faustdick hinter den Ohren. Sie berichteten von einer Schandtat nach der anderen. Ich kringelte mich vor Lachen und wusste schon mal eines: Seine Eltern mussten Nerven wie Drahtseile gehabt haben, und das sagte ich ihm auch.

»Seine Eltern!«, rief Brian. »Das sind die besten Menschen der Welt, sonst hätten die den Kerl hier in ein Heim gesteckt, wo er hingehört!«

»Aber sein Dad war immer so felsenfest hinter ihm gestanden … wisst ihr noch …«

Und schon ging es wieder los. Ich sah auf die Uhr. Sie hatten mir beim Abräumen geholfen, die Küche war sauber. Ich hatte Apfel Tarte mit Vanilleeis zum Nachtisch gemacht, was sie zu einem weiteren Ständchen veranlasst hatte. Danach waren die Männer zum Whisky übergegangen und Richtung Kaminfeuer gewandert.

»Ich verkrümle mich dann mal«, sagte ich lächelnd. »Damit ihr ungehindert über Bens weitere Schandtaten lästern könnt …«

»Ja, wir füllen ihn ab, damit er dich heute Nacht in Ruhe lässt!«

»Keine Sorge, Ben ist hochanständig«, erwiderte ich und griff nach meinem Buch.

»McArran und anständig!«, johlte Finley. »Das ist ja mal was ganz Neues! Seit wann lässt der denn was anbr…«

Ein Stoß in die Rippen beendete seine Ansage, und plötzlich waren alle still und verlegen.

Verwirrt sah ich mich um, sah in Bens versteinertes Gesicht.

Mein Blick wanderte von ihm zu Finley, aber keiner sprach mehr ein Wort.

»Ja, ähm … dann … gute Nacht«, sagte ich und verschwand. Ich gebe zu: Ich ließ die Tür zuklappen und machte sie, so leise ich konnte, wieder auf.

»Ben«, hörte ich Brian beunruhigt sagen. »Das bedeutet aber nicht das, was wir befürchten, oder? Hast du immer noch vor, diesen …«

Den Rest konnte ich nicht hören. Ben hatte sie angewiesen, das Thema zu wechseln.

Mehr denn je wollte ich seine Geschichte hören. Inzwischen brannte uns ja auch die Zeit unter den Nägeln.

***

Die Tage mit den Männern wurden wunderschön. Sie nahmen mich auf, als ob ich schon immer dazu gehört hätte. Jeden Abend saß ich mit ihnen zusammen, was nicht das war, was ich erwartet hatte. Ich hatte geglaubt, die Abende allein im Zimmer zu verbringen und sie sich selbst zu überlassen. Aber sie bestanden darauf, dass ich überall dabei war, und das fand ich klasse. Ein bisschen erinnerten sie mich an meine Vertriebsmannschaft und ich dachte so manches Mal wehmütig an die Gaudi, die wir immer gehabt hatten, und erzählte davon in der Männerrunde. Sie lachten sich schief über unsere Erlebnisse und mein Team und Ethan sagte:

»Wenn du mal wieder einen Laden aufmachst, lass es mich wissen! Ich bin dabei!«

Dann sangen sie wieder und witzelten und blödelten – oder wir sangen zusammen. Eddie und Jamie spielten Gitarre und es war traumhaft schön, am Kaminfeuer zu sitzen und alle möglichen Songs zu schmettern. Die Jungs waren einfach herzerfrischend, und wie Ben verband mich mit Brian am meisten.

Aber nach einer gewissen Weile ließ ich sie trotzdem unter sich und ging zu Bett.

Ja – und Ben war leider anständiger als mir lieb war.

***

Nie hätte ich gedacht, dass mir diese Zeit so viel geben würde. Die Jungs waren solche Kumpels und so zuvorkommend und witzig, dass ich ihre Gegenwart jede Sekunde genoss.

Der Morgen fing schon an mit einem lärmenden Mammutfrühstück, das bis in den späten Vormittag dauerte. Danach räumten wir gemeinsam ab und unternahmen etwas. Etwa eine halbe Stunde von der Hütte entfernt gab es einen Pferdeverleih und so ritten wir am Meer entlang. Ich saß hinter Ben und galoppierte mit ihm über den menschenleeren Strand, die anderen hinterher.

Wir aßen Scones in einem kleinen, süßen Städtchen, das aussah, als sei es in den Dornröschenschlaf versunken, so altmodisch waren noch die Straßen, die gusseisernen oder vergoldeten Schilder an den kleinen Läden, die uralt wirkenden Pubs.

Wir veranstalteten Spieleabende und kringelten uns oft vor Lachen, wenn es um Sprachspiele wie Tabu ging oder Schokoladenessen oder Teamspiele, in denen wir zwei oder drei Gruppen bildeten. Ben war zu meiner Überraschung äußerst ambitioniert, und als er und ich beim Begriffe-Raten besonders knapp gewonnen hatten, rissen wir beide vor Freude die Arme hoch, und umarmten uns. Ben schwang mich jubelnd und seine Kumpels foppend durch das Wohnzimmer. Als er mich endlich absetzte, hielt er mich weiterhin im Arm und erklärte, wo er seinen Gewinn, ein Abendessen, einlösen wollte, damit es sich auch lohne. Das Geschrei war groß, das Gelächter auch, was mir aber immer wieder auffiel, war, wie oft die Jungs zu Ben und mir schauten. Oder bildete ich mir das ein?

Unsere Gewohnheiten, die wir während unserer gemeinsamen Zeit entwickelt hatten, ließen uns auch in dieser Phase nicht los. Ben und ich zogen uns gegenseitig auf, wir blödelten herum, berührten uns immer wieder mal, legten den Arm um den anderen. Manchmal stupste mich Ben an der Nase, wenn ich etwas für ihn Witziges tat, oder er knuddelte mich, strich mir ab und an eine Strähne aus dem Gesicht. Aber sobald wir mit den Jungs zusammen waren, versuchte er, sich zurückzunehmen.

Ein andermal sangen wir Lieder an einem Lagerfeuer, das wir vor der Hütte entzündet hatten, genau die Songs, die Mom auch geliebt hatte. Bob Dylans *Forever young*, *Knocking on heavens door*, *Seasons in the sun*, *Yesterday* …

Unsere Gesichter glühten von der Hitze und hinten am Rücken wurde es einem kalt, sodass wir uns nach einer Zeit Decken holten. Eddie und Jamie spielten Gitarre. Es war einfach wunderschön. Jeder durfte sich einen Song wünschen, denn die beiden konnten einfach alles auf der Gitarre spielen. Irgendwann machten wir uns einen Jux draus, Lieder zu suchen, die sie unmöglich kennen konnten. Als die Reihe an mir war, wünschte ich mir von den Beatles *Here, there and everywhere*. Ich sang den Song zusammen mit Ben, der ihn neben Eddie als Einziger kannte, und ich schmolz mit dem Song dahin. Mit Ben zu singen war ein Erlebnis für sich. Der Song, unsere Stimmen in der Nacht, das prasselnde Feuer … es war ein tolles Gefühl in dieser Gemeinschaft. Ich mochte seine Freunde sehr, jeden Einzelnen von ihnen, und immer öfter musste ich an Mom denken, an das, was sie wohl erlebt hatte … und an das, was sie aufgegeben hatte.

Ich versorgte alle mit Essen und Getränken, sie waren höchst dankbar dafür und unglaublich aufmerksam und höflich. Meine Bedenken, als einzige Frau in einem fest eingeschworenen Männerhaufen zu stören, hatten sich komplett zerschlagen. Bens Trupp war einer der nettesten und fröhlichsten, die ich je kennengelernt hatte. Und nicht nur das. Sie mochten mich auch und zeigten mir das ungeschminkt, gingen locker und liebevoll mit mir um, halfen in der Küche, trugen Holz herein und gingen einkaufen.

Und jetzt, hier am Lagerfeuer, die schottischen Highlands um uns, die klare Bergluft in der Nase, den Funken nachsehend, die vom Feuer weg sprühten, sah ich in diese Gesichter und ein Schwall von Liebe wallte in mir auf und trat nach außen. Das war ein wunderbares Leben und für mich hätte es ewig so weitergehen können.

Ich merkte, dass auch Ben immer wieder zu mir herschaute, den Arm um mich legte, wenn es mich fröstelte oder mich an sich zog. Aber … er blieb anständig. Anständiger sogar noch als sonst. Mehr noch, sobald einer seiner Freunde zu uns her sah, nahm er den Arm oft wieder weg. Die Kühle der Nacht drang dann wieder an meinen Rücken und ich vermisste ihn. Den Arm, den ganzen Kerl.

Obwohl er jede Nacht neben mir lag, hätte er mir ferner nicht sein können.

***

»Wir brauchen schon wieder frisches Obst und Gemüse«, seufzte ich und schloss den Kühlschrank. »Unglaublich, was sieben Männer so verputzen!«

»Schneewittchen und die sieben Zwerge!«, kicherte Finley. »Oh, Mann, ist euch das schon aufgefallen? Hoffentlich kommt kein Prinz und holt dich wieder ab. Wir verhungern sonst!«

»Das tun wir auch so, wenn wir nicht einkaufen gehen«, stellte ich fest.

»Das trifft sich gut, heute ist Markt!«, rief Eddie. »Warst du schon mal auf einem schottischen Markt, Greta?«

Ich schüttelte den Kopf.

»Na, dann komm! Es wird dir gefallen!«

Wir gingen alle zusammen, entschlossen uns, in der Stadt Mittag zu essen und Kaffee zu trinken, und einer von ihnen hatte die Idee, die nächsten Tage einen Filmabend zu veranstalten, was mich dazu brachte, Sachen für Fingerfood einzukaufen. Ja, ein Filmabend, das klang gut! Vielleicht … vielleicht konnte ich mich ja neben Ben setzen. Mit ihm auf der Couch kuscheln und sich einen Film reinziehen, das war für mich gerade das erstrebenswerteste Unterfangen überhaupt.

***

Der Markt war wirklich süß, es gab so viele Spezialitäten, wenn ich auch vor dem Nationalgericht der Schotten, Haggis (Schafsmagen!), zurückschreckte. Aber ich hatte schottischen Honig in der Hand und dort drüben gab es frischgefangenen Lachs.

Nicht diesen hellorangen wie bei uns, von Fischen, die keine Muskeln ausbilden konnten, weil man ihnen kaum Lebensraum ließ, sondern richtig schönen dunklen Lachs. Doch immer öfter fühlte ich Abscheu davor, getötete Tiere zu essen. So zögerte ich.

»Das wäre doch was für dich, Greta«, ermunterte mich Jamie. »Ein bisschen Lachs, statt ständig nur Gemüse … du bist so dünn!«

»Sie ist zierlich«, protestierte Ben mit gerunzelter Stirn, der neben uns stand. Ich lächelte und packte weiter biologisch angebautes Gemüse und Obst in meinen Korb.

Daneben wurden eine Unmenge an Handwerkssachen feilgeboten, vor allem: Kaschmir. Es gab eine Riesenauswahl an Schals, Handschuhen, trendigen Mützen, Pullover und Jacken. Ich nahm einen silbergrauen Kaschmirschal in die Hand, der selbst für dieses kleine, schottische Kaff, in dem wir uns befanden, teuer war. Ich wollte nicht wissen, was ich in Deutschland dafür bezahlt hätte. Hin- und hergerissen stand ich beim Händler, der mir freundlich erklärte, woher die Wolle kam, dass sie mit Herz und Können verarbeitet wurde … Trotzdem – er kostete viel und ich legte ihn zurück, mich mit dem Gedanken tröstend, dass ich ihn in Indien sowieso nicht würde brauchen können. Und darüber hinaus wollte ich nicht denken.

Ben und Brian gesellten sich zu mir und fragten, ob ich fertig sei.

Ich warf dem Händler einen bedauernden Blick zu und legte den Schal zurück.

»Ist doch ein bisschen zu´teuer für mich …«, sagte ich zu ihm. Er lächelte freundlich.

»Du hast doch gut verdient«, wunderte sich Brian. »Nach allem, was ich gehört habe.«

»Habe ich auch. Aber ich bin eben sparsam. Ich brauche den Schal nicht zwingend. Vor allem nicht in Indien.«

»Da sind die Nächte um diese Jahreszeit sehr kalt«, informierte mich Ben. »Im Oktober endet der Monsun und der Frühling beginnt. Nachts und morgens ist es oft fast frostig, erst ab acht, neun Uhr wird es heiß. Du brauchst auf jeden Fall warme Sachen.«

»Oh, okay«, gab ich erstaunt zurück und warf noch einen Blick auf den Schal. »Ich habe Pullis dabei, das reicht.«

Ich wollte nicht daran denken, dass es nur noch vier Tage bis zur Reise nach Indien waren.

***

Nachdem wir unsere Lebensmittel eingeladen und etwas Kleines zu Mittag gegessen hatten, suchten wir gemeinsam einen Filmverleih auf. Unsere kleine Meute wanderte lärmend und witzelnd in das Geschäft, und es fühlte sich einfach herrlich an, inmitten dieser Gemeinschaft zu sein. Wir machten alles zusammen – das hatte ich so noch nie gehabt, auch nicht auf der Arbeit, denn, wenn ich nach Hause gekommen war, war ich alleine gewesen. So genoss ich es, mit den Männern zusammen die Filme zu inspizieren, und natürlich wurde die Auswahl zu einem großen Geschrei. Die Männer tendierten zu Action, sie wollten Mission Impossible und Avengers und Gott weiß was sehen, während ich mich bei den romantischen Komödien aufhielt.

»Welchen Film möchtest du, Greta?«, fragten sie mich.

»Hier! Ein deutscher Film! Bully Herbig! Er heißt ›Buddy‹! Den wollte ich schon immer mal anschauen.«

»Und worum geht es da?«

»Um einen durchgeknallten Typen, der plötzlich einen Schutzengel hat und …«

Großes Aufstöhnen antwortete mir. Die Männer zogen allesamt Schnuten, aber Brian und Ben bestanden auf Gleichberechtigung und so wanderte der Film in die Tasche.

Zuhause bereitete ich das Essen vor und ging danach nach draußen, um die letzten Sonnenstrahlen zu genießen. Ich wäre so gern noch einmal zu dieser Lichtung gewandert, aber dazu brauchte ich Ben. Alleine würde ich sie nie wiederfinden.

Nachdenklich setzte ich mich auf den Holzstoß und schloss die Augen. Nach einer Weile bemerkte ich eine Bewegung neben mir. Ben hatte sich zu mir gesetzt. Ich lächelte.

»Wie geht es dir, Ben?«, fragte ich.

»Gut.«

»Wirklich? Du wirkst manchmal sehr in dich gekehrt. Belastet dich etwas?«

»Nein, gar nicht. Im Gegenteil! Ich wollte dir sagen, wie schön ich es finde, dass du mit meinen Freunden so gut zurechtkommst.«

»Die sind ja auch super! Sie sind irgendwie wie Familie, findest du nicht?«

Er nickte. Sagte nichts. Wir waren beide stumm. Es war ein beredtes Schweigen, beide hatten wir das Herz voll und brachten nichts davon heraus.

»Meinst du, wir finden noch mal Gelegenheit, zu dieser Lichtung zu gehen?«, fragte ich schließlich. »Und eine, in der du mir deine Geschichte erzählst? Das bist du mir noch schuldig, Ben McArran.«

Er schwieg.

»Ben?«

Er sah mich an und in seinem Blick lag eine ganze Welt. Ein ganzes Leben. Sein Leben. So viele unterschiedliche Gefühle, dass ich mich vollkommen in seinen Augen verlor. Ich las von Sehnsucht und Leid, Unentschlossenheit … und Zweifel. Auf all das konnte ich mir keinen Reim machen.

»Wann wirst du nach Indien fliegen, Ben?«

»Wahrscheinlich zwei, drei Wochen nach dir.«

»Okay … und … wohin genau fliegst du? Vielleicht …«

»Hey, da seid ihr ja, ihr zwei!« Brian stand vor uns. »Sag mal, Greta, hast du noch von diesem Aprikosending übrig, das du gestern zum Nachtisch gemacht hast?«

Wir gingen zum Haus zurück und ich stellte die Reste des Kuchens auf den Tisch. Die beiden Männer waren vor der Tür stehen geblieben und unterhielten sich leise … sie wurden etwas lauter … klangen irgendwie erregt … Brian sogar fast wütend.

Beunruhigt sah ich hinaus. Bens Gesicht war bleich. Brian drehte sich um, er wirkte total frustriert und kam herein, traktierte zornig die Kaffeemaschine und ließ sich einen Kaffee raus. Ich leistete ihm keine Gesellschaft. Mir war nicht danach. Ich ging in unser Schlafzimmer und sah aus dem Fenster. Ben war verschwunden.

***

Zum Abendessen war er wieder hier. Schweigsamer als sonst, was jedem auffiel. Ich war froh, dass uns die Filme ablenkten.

Die Männer hielten brav die Sache mit Bully Herbig durch und äußerten hinterher gönnerhaft, sie fänden den Film gar nicht mal so schlecht.

»Oh, ihr Männer«, seufzte ich. »Ihr habt keinen Sinn für Subtiles! Das ist so süß, dass er ständig an der Liebe seines Lebens vorbeiläuft und sein Schutzengel ihm seine Traumfrau geradezu vor die Füße schubst … und er es nicht spannt! Ach, und dieser Heiratsantrag am Flughafen!«

»Das ist voll kitschig!« Chris lachte. »Mensch Greta, du bist ja eine richtige Frau!«

»Ja, dass du das auch schon gespannt hast …«, ließ sich Ben vernehmen. »Sie bekocht dich jeden Tag? Hallo??«

»Ach Chris!«, rief ich. »Wir müssen dir noch die Fotos von dem Wald zeigen! Ben, du hast doch so viele gemacht?«

»Welche Fotos?«

»Na, die von dem verwüsteten Waldstück!«

»Häh?«, machte Chris. »Verwüstetes Waldstück? Das wart aber nicht ihr, oder?« Er zwinkerte übertrieben mit den Augen.

»Warte, ich habe auch ein paar geschossen.« Ich rief die Bilder auf und zeigte sie ihm.

»Und wieso zeigst du mir das?«, fragte Chris verständnislos.

»Weil … das aufgeräumt werden muss?« Mein Blick war ebenso verständnislos wie der seine.

»Ach, du meinst …«

»Mensch Chris«, schaltete sich Ben ein und klapste ihm auf den Hinterkopf. »Du bist wirklich nicht der Sohn deines Vaters. Der hätte gleich gewusst, was zu tun wäre! Wenn der Wald verwüstet wurde, muss er aufgeräumt werden. Fertig.«

»Ja, ach so«, erwiderte Chris, aber schien angepisst.

»Soll ich dir die Bilder schicken?«, fragte ich.

»Ähm … ja, okay, schieb sie mal rüber. Ich werde sie meinem Vater mailen.«

Mit Blick auf Ben stand Chris auf und verließ den Raum. Über irgendwas war er sauer, ich wusste nur nicht über was.

Als ich im Bett lag, nahm ich noch mal mein Handy zur Hand. Immer öfter musste ich an meine alte Crew denken. Ich hatte keine Ahnung, was sie jetzt machten, und mit etwas schlechtem Gewissen verschickte ich über WhatsApp-Nachrichten an alle. Vor allem an Torsten:

»Hi, Torsten, was macht der Rollstuhl? Gibt viel zu erzählen. Hoffe, du hast einen guten Rotwein in der Camargue. Und hoffe, sie ist auch im Spätherbst noch schön?«

Die Antwort kam postwendend.

»Gretel! Wo bist du! Heißt das, du kommst?« Ein geifernder Smiley glotzte mich an. Unwillkürlich musste ich lachen.

»Ja, ich würde dich gern sehen.«

»Wann?«

»Weiß noch nicht. In ein paar Wochen … ich melde mich.«

Tobias Kontaktdaten hatte ich gelöscht. Aber in meinem Rechner hatte ich sie noch. Einer spontanen Regung folgend stand ich auf, holte mir den Laptop ins Bett, den ich seit Wochen nicht angerührt hatte, und rief meine E-Mails auf. Der Abwesenheitsassistent war eingeschaltet, aber die Mails waren ja trotzdem im Postfach.

Eine Sturzflut an Spam und Nachrichten sprudelte mir entgegen. Ich löschte alles Unnötige … und da - tatsächlich – als hätte ich es geahnt – da war er.

Tobias. Zwei Mails.

Ich sah auf die Tür des Zimmers, die einen Spalt offenstand. Draußen lärmten die Jungs. Es war alles noch in vollem Gange und Ben würde sicher nicht reinkommen. Ich schloss die Tür. Ich brauchte Ruhe für diese Mail.

***

»Liebe Greta, mein Engel«, stand in der einen. »Deine Mutter war heute bei mir. Sie hat mir alles erzählt … sie hat mir so vieles erzählt. Bitte lass uns reden. Ich vermisse dich.«

Mir wurde heiß. Mir wurde kalt. Ich sah auf das Datum. Eine Woche nach meiner Abreise.

Und eine weitere Woche später, eine längere Mail:

»Liebe Greta,

kennst du das Gefühl, wenn du einen schrecklichen Fehler gemacht hast und nicht weißt, wie du ihn je wieder gutmachen kannst? Ich nehme an, du kannst dich nicht in meine Lage versetzen. So mies habe ich mich noch nie in meinem Leben gefühlt. Es gibt auch keine Entschuldigung dafür. Ich weiß nicht, welcher Teufel mich geritten hat, warum ich mit so viel Blindheit geschlagen war, dass ich nicht merkte, welchen Schatz ich da habe gehen lassen. Ich kann es mir nicht verzeihen. Ich kann dir nur sagen: Es tut mir unendlich leid. Und ich will dich zurück. In diesen Wochen ohne dich bin ich fast wahnsinnig geworden. Du fehlst mir in jeder Sekunde und ich vermisse dich schrecklich. Bitte lass uns reden. Wo immer du auch bist, komm zurück. Bitte. Bitte gib uns noch eine Chance.

Ich liebe dich.«

Hektisch klappte ich den Laptop zu. Meine Gefühle fuhren Achterbahn.

***

Als Ben ins Zimmer kam, stellte ich mich schlafend. Aber ich war unruhig, mein Kopf voller Fragen, ich wälzte mich von einer Seite zur nächsten. Ben atmete bald gleichmäßig neben mir und ich musste mich beherrschen, ihn nicht anzufassen. Körperliche Anziehung wollte ich auf gar keinen Fall als Grundlage für irgendetwas hernehmen. Körperliche Anziehung hatte ich damals auch bei Marcel gespürt – und wohin hatte mich das gebracht? Damals hatte ich über diesen sexuellen, heißen Gefühlen meine Kontrolle verloren und es teuer bezahlt.

Aber Ben war nicht Marcel. Ben war mir in diesen Tagen so nah gekommen, wie noch nie ein Mann zuvor. Das Leben mit ihm war so natürlich und fließend. Mit Mühe rief ich mir ins Gedächtnis: Greta, du bist gerade mal dreieinhalb Wochen mit ihm zusammen – unter einer Käseglocke! Du weißt noch nicht einmal, wer er ist! Aber in dieser kurzen Zeit war so viel passiert, mit uns war so viel passiert. Nein, mit mir war so viel passiert. Ob es bei ihm auch so war? Meine Gedanken rotierten, an Schlaf war nicht zu denken.

Ich drehte mich auf den Bauch. Mein Laptop lag auf dem Boden und ich konnte nicht anders … meine Arme langten nach unten und ich klappte ihn erneut auf.

»Komm zurück … ich liebe dich.« und »Deine Mutter war heute bei mir.«

Dieses Bild brachte ich nicht in meinen Kopf.

Meine Mom hatte mit ihm geredet. Mom war bei ihm gewesen. Die gelbe Gestalt. Er hatte sie von ganz nah gesehen. Er hatte mit ihr gesprochen! Und doch wollte er mich zurück? Was hatte sie ihm erzählt?

Mein Blick fiel auf Ben und mein Herz wurde unwillkürlich weich und schmerzte zugleich unsäglich. Ben wollte mich nur für seine Auszeit. Tobias für ein Leben. Ich schloss den Rechner und stand auf. Ging ins Bad und setzte mich auf den Toilettendeckel. Erst als ich ein Geräusch hörte und mutmaßte, dass einer der Jungs ebenfalls hier reinkommen wollte, erhob ich mich und schlich wieder ins Bett. Der Laptop war kaum zu sehen, er lag fast unter dem Bett. Ich musste wohl dagegen gestoßen sein, als ich aufgestanden war. Leise verstaute ich ihn in seiner Hülle.

Sobald ich im Bett lag, griff Ben nach mir. Er machte die Augen nicht auf, aber seine Hände zogen mich fest und fordernd an sich. So, als wolle er sagen: Du gehörst zu mir. Und zu niemandem sonst. Sein Herz schien mir etwas zuzuschreien.

Aber sein Mund blieb stumm.

Präludium

»Nimm dir mal für übermorgen nichts vor«, sagte Ben am nächsten Tag zu mir. »Ich habe eine Überraschung für dich!«

»Eine Überraschung!«, freute ich mich. »Wie schön!«

»Und nicht nachbohren«, ermahnte er mich gleich hinterher. »Sonst ist es keine mehr!«

»Gehen wir wieder zu dieser Lichtung?«, fragte ich aufgeregt. »Oh, bitte, das wäre herrlich!«

Er lächelte ein »Typisch-Frau«-Lächeln.

»Ich habe doch gesagt - nicht nachfragen, du Göre!«

»Ach, na, dann … also gut. Ich lass mich überraschen!« Ich lächelte ihn an. Mit brennenden Augen sah er zurück. Das machte mich aus irgendeinem Grund hoffnungsfroh und so fuhr ich fort: »Mögen deine Jungs Risotto? Ich mache nämlich ein richtig gutes … nicht so ein Touristen-Risotto, sondern ein echtes mit …«

»Wenn Whisky drin ist, essen die alles, das weißt du doch«, schmunzelte Ben.

Ich kicherte und plötzlich umfing er mich und drückte mir einen Kuss auf die Nase. Dann einen auf die Stirn – und dann einen sanften, zärtlichen auf den Mund. Meine Arme umfassten seine Taille, ich legte meinen Kopf auf seinen Oberkörper und schloss die Augen. Weiß der Geier, woher diese Anwandlung kam - ich war glücklich darüber. Und weiter wollte ich gar nicht denken.

»Ach ja, und wegen übermorgen …«, informierte mich Ben. »Keine Jeans – hast du ein hübsches Kleid?«

»Ob ich ein hübsches …? Klar habe ich! Wie hübsch soll es denn sein?«

»Na ja, halt ein bisschen was Elegantes, das reicht schon. Wir besuchen ein paar alte Freunde und die sind etwas … hm … auf Etikette bedacht.«

»Na, sicher, geht klar, ich freue mich!«

Alles, was mein Hirn abspeicherte, war die Tatsache, dass ich während der Fahrt allein mit ihm sein würde. Mein Herz schlug Purzelbäume. Einen nach dem anderen.

***

»Im Ort gibt es heute einen DJ!«, informierte uns Eddie, als wir beim Frühstück saßen. »In der Lagerhalle draußen am Hafen! Wir könnten doch mal tanzen gehen!«

»Das ist ein Ding! Das machen wir!« Alle waren begeistert und sofort dabei.

»Greta, dann musst du heute Abend nichts kochen, wir essen im Pub!«, ließ sich Ben vernehmen. »Ist ne gute Idee!«

Ich lächelte nur halb. Die Zeit verstrich, alle meine Versuche, ihn zum Reden zu animieren oder mal überhaupt eine stille Stunde gemeinsam zu verbringen, waren fehlgeschlagen. Ob die Fahrt, die er geplant hatte, dazu dienen würde, mir seine Geschichte zu erzählen, war fraglich. Es waren nur noch wenige Tage bis zu meinem Flug.

Da schrie Ethan laut auf und wir schauten ihn alle entsetzt an. Er stand da mit dem Smartphone in der Hand und starrte auf das Display.

»YEEESSS!!!«, rief er und griff sich, immer noch das Display fixierend ins Haar. »Leute! Alle mal herhören! Wir haben den Auftrag an Land gezogen, von dem ich euch erzählt habe! Das muss gefeiert werden! Das sind Millionen für die Firma! Ihr seid alle eingeladen!«

»Also, wenn es euch nichts ausmacht, bleibe ich heute zu Hause«, erklärte ich.

Ein vielstimmiger Protest antwortete mir, sie duldeten keine Widerrede. Ich müsse mit! Das könne ich mir nicht entgehen lassen, ich würde was verpassen … es muss gefeiert werden! Sie gaben keine Ruhe und am Ende saßen wir doch wieder alle zusammen in den Autos und fuhren Richtung Lagerhalle.

***

Laute Musik dröhnte uns entgegen und diesmal wünschte ich mir wirklich, zu Hause geblieben zu sein, mir war überhaupt nicht nach Halligalli und Lärm. Aber dafür war es nun zu spät. Der unverheiratete Teil von Bens Gang stürmte auch gleich die Tanzfläche, machte Mädchen an, während Brian, Ben, Jamie und ich uns an den Tresen setzen und Getränke bestellten.

Auch Ben schien sich nicht wohlzufühlen. Am Nachmittag hatte es wieder einen kurzen Disput zwischen ihm und Brian gegeben. Zum ersten Mal, seit die Jungs hier waren, war Ben nicht gut drauf.

Ein doppelter Whisky stand vor ihm, das sah ihm gar nicht ähnlich, normalerweise hielt er sich mit Alkohol sehr zurück. Er unterhielt sich mit Jamie, während ich auf dem Barhocker saß, von meinem Rotwein nippte und den anderen beim Tanzen zusah.

»Greta!«, schrie Ethan, als er nach einer halben Stunde an die Bar kam und durstig ein Bier hinunterschüttete. »Komm, tanz doch mit!«

Lachend schüttelte ich den Kopf. »Nee, ich bleibe lieber hier … aber lasst euch nicht aufhalten!« Mein Blick ging zu Ben. »Und du auch nicht!«

Aber Ben schaute finster und kippte seinen Whisky nach hinten.

»Los! Komm mit! Das tut gut!«, rief Ethan trotz meiner Worte und zog an meiner Hand.

»Ethan, warte, warte, warte! Ich kann nicht tanzen … erspar mir das!«

»Du kannst nicht …« Sprachlos starrte er mich an. »Du kannst nicht tanzen? Ist das dein Ernst?«

»Lass sie«, sagte Ben und bestellte sich den nächsten Whisky.

»Ja, mein voller!«, antwortete ich Ethan. »Das Einzige, was ich könnte, wäre ein Walzer, den habe ich mal geübt …« Ich verstummte.

»Na, dann erst recht!« Ethan versuchte wieder, mich vom Barhocker runterzuziehen. »Ich bring's dir bei!«

»Mann, Ethan, du hast doch gehört … sie will nicht!«, ließ sich Ben erneut vernehmen und kippte den Whisky hinter die Binde. Aber Ethan war einfach grandioser Laune, zog weiter an meinem Arm und beteuerte, mir das Tanzen innerhalb von Minuten beibringen zu können.

»Doch nicht hier vor allen Leuten!«, wehrte ich ab, ohne auf Ben zu achten. »Außerdem … das ist überhaupt nicht meine Musik, was die auflegen!«

Der DJ hatte auf Rock 'n' Roll gewechselt – was Ethan total aus dem Häuschen brachte, weil er genau das liebte und ehe ich mich versah, stand ich mit ihm am Rand der Tanzfläche und er zeigte mir den Grundschritt. Der war nun nicht so schwer und so hüpfte ich mit ihm herum und gewann zusehend Spaß an der Sache. Er schrie in mein Ohr, dass er sogar die akrobatischen Teile beim Rock'n' Roll draufhätte, und meine Augen leuchteten.

»Akrobatik?«, wollte ich wissen. »Was genau muss ich da machen?«

Ethan erklärte es mir und ich fragte ihn, ob wir das mal probieren könnten. Wir fingen an mit einer Figur, bei der ich gestreckt zwischen seinen Beinen durchrutschen musste und mit Griffwechsel wieder von ihm auf der anderen Seite hochgezogen wurde. Das fiel mir leicht, es gelang tatsächlich gleich beim zweiten Mal. Wir waren beide begeistert, dass das so mühelos klappte. Und schon erklärte mir Ethan die nächste Figur:

Halbe Drehung, danach mit gegrätschten Beinen auf seine Hüfte und wieder zurückspringen. Das war einfach und auch das funktionierte super und wir jubelten beide über unser Können.

»Wie geht's weiter?«, schrie ich in sein Ohr.

»Das ist zu hart für einen Anfänger … dazu müsste ich dich in den Handstand stemmen!«, brüllte er in mein Ohr.

»Lass es uns versuchen!«, brüllte ich zurück. Ethans Augen leuchteten.

»Traust du dir das zu?«

»Wenn du mich hältst?«

Ethan war nicht so kräftig wie Ben, und auch nicht so groß. Aber er war muskulös und ich hatte Vertrauen, dass er mein Gewicht würde stemmen können.

»Okay!«, rief er. »Dein Fliegengewicht hebe ich! Außerdem nutzen wir den Schwung! Also los!«

Ich tanzte den Grundschritt und er gab mir mit den Augen Zeichen für den Start der Figur. Und so rutschte ich durch seine Beine, er griff um, packte mich um die Mitte, meine Beine flogen um seine Hüften, schwangen zurück, nahmen wieder Schwung. Ich versuchte, mich mit seiner Hilfe in den Handstand zu stemmen. Es gelang nicht und ich fiel halb auf ihn drauf.

»Oh, Ethan! Sorry!«, lachte ich »Aber fast hätten wir's geschafft!«

»Noch mal! Beim nächsten Mal klappt es!«, strahlte er, voll im Fieber. »Wenn du es oben bist, springst du einfach am Schluss einfach nach hinten weg. Traust du dich das?«

Ich nickte und wir gingen das Ganze erneut an. Grundschritt, durch die Beine schwingen, grätschen, die Hände auf seine Schultern, hochschwingen – und ich war im Handstand. Ich juchzte schon, während ich oben stand, mein Gesicht an Ethans verschwitzten fast anstieß und ich danach mit Schwung nach hinten absprang und sicher auf dem Bretterboden landete.

»Juhuuu!«, schrie Ethan und wirbelte mich herum. »Noch mal! Und jetzt versuche ich dich mal über den Rücken abzurollen!«

»Nein, warte, ich könnte doch einen Überschlag versuchen? Macht man das nicht so?«

»Oh, Mann, Greta, das ist ja turbomäßig!«

Inzwischen brauchten wir für unsere Kunststückchen ziemlich viel Platz, und um uns herum hatte sich ein Kreis gebildet, der uns anfeuerte. Ethan erklärte mir, wie er sich den Überschlag dachte, ich müsse von hinten mit den Füßen an seine Hüften springen und er würde mich dann nach vorne überschlagen lassen.

Ich lachte und schrie gegen den Lärm an. Aber er hörte nicht, was ich sagte, und beugte sich nah zu mir, um meine Worte zu verstehen, und ich schrie in sein Ohr:

»Ein letztes Mal, dann brauche ich dringend was zu trinken!«

Er nickte glücklich und wir setzten zu unserer Figur an. Der Kreis umstehender Leute klatschte begeistert im Rhythmus mit und johlte schon im Voraus. Sie waren genauso gespannt wie Ethan und ich, ob wir es schaffen würden. Ich sprang hoch, klemmte die Füße an seine Seiten, er bog meinen Oberkörper über seinen Kopf, ich schwang die Beine nach oben und machte einen Schrittüberschlag über seinen Kopf und - Bämm! Ich kam auf der anderen Seite auf – und stand! Die Zuschauer pfiffen und klatschten enthusiastisch, Ethan lachte, drückte mich an sich, verbeugte sich, schob mich in die Menge, die für mich applaudierte – da riss mich jemand so brutal am Arm, dass ich fast gefallen wäre, hätte mich nicht ebendieser Arm gleichzeitig gehalten. Ein angetrunkener Ben stand vor mir und zischte mir ins Gesicht:

»Und? Macht's Spaß? Springst du jetzt buchstäblich auf den Millionendeal von Ethan an?«

Meine Gesichtszüge entgleisten. Sprachlos starrte ich ihn an, konnte nicht glauben, was ich hörte. Seine Augen waren rot unterlaufen und sein Griff tat weh.

»Hätte ich wissen müssen, dass dich das anmacht!«, fauchte er mich an. »Du … du … «

Sämtliches Blut wich aus meinem Gesicht und mit seinen Worten stürzte etwas in mir zusammen. Meine Schultern sackten nach unten. Ich wehrte mich nicht mehr gegen seinen Griff.

»Du … *was*?«, sagte ich leise und er verstand es trotz der lauten Musik. Seine Augen verdunkelten sich, als er in die meinen sah, als wäre ihm jetzt erst bewusst, was er da von sich gegeben hatte. Um seinen Mund zuckte es.

Neugierig sahen uns die Leute an, aber ich riss mich los und lief nach draußen. Durch das große Fenster nahm ich noch im Augenwinkel wahr, wie Ethan und die anderen wütend über Ben herfielen, der dastand wie ein begossener Pudel. Ethan fauchte ihm etwas ins Gesicht, das ihn zurückzucken ließ. Und auch Brian und die anderen, die nah genug gewesen waren, machten deutlich, was sie von der Szene hielten.

Ich wandte mich ab. Kopflos lief ich in die Nacht.

Jetzt wusste ich sicher, dass es nicht gut gewesen war, ihm meine Geschichte erzählt zu haben. Mein Herz krampfte sich zusammen. Es war nicht gut gewesen, nicht gut gewesen! Wieder war es passiert! Wieder hatte mich meine Vergangenheit eingeholt! Und noch dazu mit Ben! Mein Herz schmerzte unsäglich und ich hätte am liebsten laut geschrien.

Ich lief und lief und erst, als ich anfing zu frieren, erst, als ich merkte, dass ich meine Jacke noch im Pub hatte, als sich langsam mein Kopf wieder einschaltete und ich darüber nachdachte, im nächsten B&B einzuchecken, beendete eine stark geschminkte Grufti-Type abrupt meine Flucht. Hinter ihm tauchte noch eine andere schräge Gestalt auf. Zu Tode erschrocken drehte ich mich um und wollte wieder in die Gegenrichtung. Ein Messer blitzte vor meinen Augen auf. Ich zuckte zurück. Ich war umzingelt.

***

»Sag mal, brennt's bei dir?«, schrie Ethan. »Was soll das?«

»Was fingerst du an Greta rum?«, schrie Ben zurück. »Hast du ne Ahnung, was sie alles durchgemacht hat? Und du … du …«

»Hast du ne Ahnung, was für ein Arschloch du geworden bist?«, ätzte Ethan zurück. »Du siehst ja nicht mehr klar!«

»Hey, Ben, er hat nicht an ihr herumgefingert. Er hat mit ihr getanzt«, stellte Finley richtig und versuchte, Ruhe in die Situation zu bringen.

»Genau«, ließ sich Eddie vernehmen. »*Du* hast *sie* scheiße behandelt. Vor allen Leuten! Sie hatte nur ein bisschen Spaß, den du ihr nicht gegönnt hast!«

»Wie kannst du mit Greta nur so umgehen?«, machte ihn auch Jamie an. »Mann! Was ist mit dir passiert, McArran?«

»Leute, das sollte jetzt nicht vorrangig unser Problem sein«, mischte sich Brian beunruhigt ein. »Greta ist weg!«

Ben hatte die Angriffe über sich ergehen lassen und langsam drang das Geschehen durch seinen Suff. Sein Herz pumpte. Er wusste nicht, was in ihn gefahren war, er war einfach schrecklich durcheinander. Brians Satz war es, der ihn wachrüttelte.

»Was heißt das, sie ist weg?«, fragte er alarmiert.

»Sie ist rausgelaufen! Und wir sind hier nicht in der allerbesten Ecke!«

Einer der Gäste deutete mit dem Finger durch die Scheibe.

»Sie ist nach links«, sagte er. »Nicht gut.«

Die Männer sahen sich an, schnappten sich die Jacken und draußen waren sie.

»Eddie, Jamie, macht die Autos startklar«, kommandierte Ben. Sein Herz klopfte wild, nein, es stach. Heftig.

»Folgt uns, solange ihr könnt.«

∗∗∗

Das Messer war vor meiner Nase, blinkte gefährlich kalt und scharf, instinktiv wich ich noch weiter zurück und stieß an den Grufti.

»Ich habe kein Geld«, stammelte ich und fühlte, wie mein Herz in meinem Hals pochte, statt in meinem Brustkorb. Sie hatten mich um die Ecke gezogen, in eine kleine Seitengasse, nicht einzusehen von der Hauptstraße. Drei Männer standen um mich herum, und ich versuchte mich unauffällig in die Richtung zu drehen, in die ich laufen musste … wenn ich laufen konnte.

»Du bist n' Touri … die ham immer Geld«, konstatierte der mit dem Messer und kaute lässig auf irgendetwas in seinem Mund. Fiebrig suchte ich nach Fluchtmöglichkeiten. Sie standen nicht zu nah … wenn ich schnell genug war, könnte ich durch die Lücke schlüpfen. Aber mein Blick verriet mich. Der Messertyp stellte sich breiter hin und nickte mit dem Kopf seinen Kumpanen zu, es ihm gleichzutun.

»Aber … ich habe wirklich kein Geld. Ich habe meine Jacke in der Kneipe vergessen … und …«

Wieder gab der Anführer den anderen mit dem Kopf ein knappes Zeichen. In der nächsten Sekunde hatte einer meinen rechten Arm schmerzhaft nach hinten gedreht und mich an sich gepresst. Der zweite fasste in meine Hosentaschen, hinten und vorne, zog den Stoff raus, ließ ihn demonstrativ draußen hängen.

»Chef … wirklich nichts.«

57

»Gut«, sagte der und kam näher, sein Messer vor meinen Augen hin und herdrehend. »Dann nehmen wir eben dich.«

Ich schloss die Augen. Es hatte wohl so kommen müssen. Irgendwie schien das mein Schicksal zu sein. Aber noch wollte ich nicht aufgeben und hieb meinen Absatz auf den Fuß desjenigen, der mich festhielt. Mein lächerlicher Angriff hatte kaum Wirkung. Der Typ hatte Sicherheitsschuhe an. Die Einzige, die vor Schmerz aufschrie, weil sich mein Arm noch mehr verdrehte, war ich und im nächsten Moment hatte ich das Messer an der Kehle.

Eine weitere Sekunde später klirrte es auf den Boden.

Etwas Wütendes war herangewalzt und schlug unbeherrscht zu. Ein Körper sackte vor mir zusammen, die anderen nahmen die Beine in die Hand und rannten davon.

Ben war da, zog den Typen, dem er den Kinnhaken verpasst hatte, am Kragen wieder hoch und wollte erneut zuschlagen. Brian fiel ihm in den Arm.

»Nicht, Ben, lass gut sein, los, wir hauen ab!«

Die Autos fuhren vor die Seitengasse, die Jungs rissen die Türen und gestikulierten, wir mögen endlich kommen. Ich stand an die Hauswand gepresst und Ben griff nach mir. Ungehalten schlug ich seine Hand weg. Ich wollte nicht von ihm berührt werden, nicht nachdem, was er gesagt hatte. Da legte Brian den Arm um mich und führte mich zum Auto. Widerwillig fügte ich mich, froh, dass Ben ins andere Auto stieg. Brian saß neben mir und hielt mich im Arm.

»Bist du okay?«

Ich antwortete nicht.

Stumm fuhr ich mit ihnen nach Hause. Die Stimmung war zum ersten Mal unterirdisch.

***

Ben verschwand sofort im Bad. Die Jungs vergewisserten sich, dass es mir gut ging und ich keinen Schock erlitten hatte. Ich war wie eingefroren, die Szene in der Disco hatte mich mehr erschüttert als der Rest. Aber alles in allem, war es wie eine perfide Zusammenfassung meines Lebens.

Ich holte meinen Laptop und ein Buch aus dem Zimmer und legte mich mit einer Decke auf die Couch im Wohnzimmer. Starrte an die Decke. Irgendwie, so fand ich, endete alles so. Irgendwann liegt man irgendwo und starrte Wände an. Wie so oft in meinem Leben war meine Kehle verstopft und ich war es müde, über die Dinge nachzudenken. Mutlos zog ich die Decke über meinen Kopf und versuchte zu schlafen.

Nach etwa zehn Minuten hörte ich Geräusche und Brian setzte sich zu mir.

»Greta?«, flüsterte er. »Bist du wach?«

Vorsichtig zog er die Decke von meinem Kopf und ich rutschte ein wenig höher, um ihn anzusehen. Brian sah mehr als besorgt aus.

»Nimm's ihm nicht übel«, sagte er verlegen. »Er ist … normalerweise ist er nie so.«

Ich seufzte tief.

»Ja, kann ich mir schon denken. Aber zu mir sind die Kerle immer so. Selbst ein Ben McArran, der normalerweise nie so ist. Und kaum renne ich aus der Kneipe, treffe ich schon auf die nächsten.«

»Greta … das darfst du nicht denken.«

»Brian, was soll ich sonst denken?«

»Weißt du …«, sagte er zögernd. »Ich glaube, Ben war … es hat ihm nicht gepasst, dass du mit Ethan …«

»Ach, komm«, unterbrach ich. »Er hat klar gesagt, was er gedacht hat.«

Meine Stimme wankte bei diesen Worten und ich drehte mich weg, zog die Decke wieder über meinen Kopf. »Lass mich einfach schlafen, okay?«

Brian presste die Lippen zusammen. Er überlegte, ob er noch was sagen sollte, dann entschloss er sich dagegen und stand auf.

»Okay«, murmelte er leise. »Gute Nacht, Greta.«

Als er gegangen war, liefen mir zum ersten Mal an diesem Abend Tränen die Wangen hinunter. Ich konnte nicht schlafen. Nach einer Weile setzte ich mich auf und wischte sie mir ab. Mein Blick fiel auf meinen Laptop.

Tobias. Ich liebe dich. Lass uns reden.

Was sollte das alles? War das ein Zeichen? Stumm starrte ich aus dem Fenster. Vielleicht sollte ich einfach nach Hause fliegen. Aber … ich wollte nicht. Ich hatte noch drei Tage. Mit Ben. Obwohl das heute so schrecklich gelaufen war, wollte ich keine Sekunde mit ihm missen. Ich konnte nicht weg. Es ging einfach nicht.

Ich stand auf und ging ins Bad, kam an unserer Schlafzimmertür vorbei. Sie war einen Spalt offen und es brannte ein schwaches Licht. Ben saß auf dem Bett und spielte, in einer Jogginghose und mit einem T-Shirt bekleidet, das Knie angezogen, gedankenverloren mit einem Stift. Doch der Ausdruck in seinem Gesicht, ließ mich innehalten, rührte schwer an mein Herz. Er war tief unglücklich und gerade lief eine einzelne Träne seine Wange hinab. Mein Herz wurde weich und ehe ich nachdenken konnte, hatte es das Kommando übernommen. Es schluckte jedweden Stolz, jeden Schmerz und alle Bedenken, die der Kopf ihm entgegenschleuderte. Wie viel hatte Ben mir in diesen Wochen gegeben! Wie schön war die Zeit mit ihm gewesen! Mit einem Mal wusste ich mit Bestimmtheit, dass er seine Worte nicht so gemeint hatte. Warum auch immer er sie gesagt hatte - er dachte nicht so von mir. Dessen war ich mir plötzlich sicher. Es musste einen anderen Grund geben, warum er heute so reagiert hatte.

Leise schlüpfte ich durch den Spalt, schloss die Tür und lehnte mich dagegen. Ben sah mich an. Sein Blick war unbeschreiblich und verursachte in diesem Augenblick nur einen einzigen Gedanken in meinem Kopf: Was gäbe ich dafür, dich glücklich zu sehen!

Dieser Blick – war er hoffnungsvoll? – ruhte auf mir, seine Augen waren rot.

»Greta«, sagte er gepresst. »Ich … es … es tut mir …«

Bevor er zu Ende reden konnte, war ich zu ihm gelaufen, legte meinen Finger auf seine Lippen, löschte das Licht und nahm ihn in den Arm. Der Stift fiel auf den Boden und Ben presste seinen Kopf an meine Brust. Er weinte und ich wusste genau, es war nicht nur wegen der Szene heute. Ich wusste genau, dass die nur ein Auslöser für den eigentlichen Schmerz in seinem Herzen war.

Wie oft hatte er mich während meiner Geschichte gehalten, wie oft mich getröstet! Nun wollte ich ihm all das zurückgeben.

»Es tut mir so leid«, flüsterte er in mein T-Shirt.

»Das muss es nicht, Ben«, wisperte ich in sein Haar. »Wirklich nicht. Es ist alles gut. Leg dich hin. Du bist müde. Du musst schlafen.«

»Bleibst du? Bei mir?«

»Ja, natürlich bleibe ich.«

Und Ben streckte sich aus, dankbar, aufatmend, fast verwundert. Ich schlang meine Arme um ihn und küsste ihn auf die Stirn, strich ihm übers Haar, hielt ihn einfach fest. Er seufzte leise, entspannte sich. Hielt mit seiner Hand meinen Arm fest, den ich über seinen Brustkorb liegen hatte, als ob er sichergehen wolle, dass ich nachts nicht davonlief. Dann schlief er ein – mit einem winzigen Lächeln auf dem Gesicht.

Kapitulation

Ich wachte auf mit meinem Kopf auf Bens Brust. Mir kam es vor, als ob wir uns keinen Zentimeter bewegt und die ganze Nacht so verbracht hätten. Verschlafen sah ich zu ihm hoch. Er war wach.

»Morgen! Wie geht es dir?«, fragte ich und stupste ihn an der Nase.

»Meine Hand tut weh«, ließ er mich wissen und lächelte leicht.

»Ist sie blau? Ich glaube, ich habe noch irgendwo eine Arnikasalbe.«

Ich setzte mich auf meine Fersen, nahm seine große Hand und begutachtete sie. Ben beobachtete mich und ich lächelte ihn an.

»Ich habe mich noch gar nicht für meine Rettung bedankt«, murmelte ich.

»Du bist mir nicht böse?«, fragte er verwundert.

»Nein, Ben, überhaupt nicht.«

Ich verstummte. Die Fortsetzung hätte gelautet: Wie könnte ich? Ich liebe dich doch. Aber das wollte, durfte ich nicht denken, so fuhr mein Blick zur Uhr und ich erschrak.

»Oh, Gott! Ich bin viel zu spät dran! Ich muss Frühstück machen!«

Ich wollte aus dem Bett springen, aber er hielt mich fest. Beide sahen wir uns an, konnten unsere Blicke nicht voneinander lösen. Er lag da so lässig in seinem T-Shirt, den Boxershorts, den verstrubbelten Haaren – er sah unverzeihlich sexy aus, vom Ausdruck seiner Augen ganz zu schweigen. Eine Welle von Mutwillen überkam mich. Dem Impuls folgend setzte ich mich rittlings auf seinen Bauch, rutschte bewusst ein bisschen nach unten, fuhr sanft mit meinem Unterleib über den Stoff seiner Boxershorts, legte sacht meine Hände auf seine Brust, und fühlte mit Befriedigung, wie er reagierte. Ben sog die Luft ein.

Dann erhob ich mich langsam in den Vierfüßlerstand, wohl wissend, dass mein Pyjamaoberteil in dieser Stellung ziemlichen Einblick gewährte, packte seine Hände und führte sie nach oben, neben seinen Kopf, stützte mich darauf und beugte mich langsam über ihn … näherte mein Gesicht dem seinen, bis unsere Lippen sich fast berührten. Doch dann drehte ich unvermittelt ab und hauchte ihm einen Kuss auf seinen Hals, dorthin, wo die Ader pochte, fuhr mit dem Mund hoch zu seinem Ohr, keuchte leise hinein, hörte sein leises »Greta … nicht …«,und spürte die leichte Bewegung seines Unterleibs. Ich knabberte ganz sanft an seinem Ohrläppchen. Ben reagierte unweigerlich, er keuchte leicht, sein Unterleib bewegte sich stärker und er wollte mich mit beiden Händen packen, aber die hielt ich ja fest. Ich sah ihn an und sein Blick war so schön … und so voll. Mit meinem Mund fuhr ich seinen Brustkorb entlang, nach unten, langsam, an den Nabel, an den Rand der Boxershorts. Ich genoss jede Zelle seiner Haut, oh, er war anbetungswürdig! Ich genoss seine leichten Bewegungen, genoss es, dass er all dies zuließ. Mein Mund glitt noch weiter nach unten, sein besten Teil war nur noch durch den Stoff von mir getrennt. Ich hauchte heiße Luft hinein und Ben bäumte sich mit einem Laut auf – mir entgegen. In der gleichen Sekunde ließ ich ihn los, sprang behände aus dem Bett und betrachtete süffisant den expandierten, unteren Teil seines Körpers.

»Oh, du Luder!«, schrie er, als er meine Absicht erkannte und war schneller auf den Füßen, als mir lieb war. Seine Arme haschten nach mir und verfehlten mich um ein paar Zentimeter. Lachend und kreischend stürzte ich aus der Tür, rannte zum Bad, er hinterher. Tür auf, rumms! Ich war drin. Ben war draußen.

»Ätsch! Ich war schon wieder schneller als du, McArran!«, rief ich durch das Holz.

»Warte nur, bis du rauskommst!«, drohte er mir. »Dann kannst du was erleben!«

»Tatsächlich? Na, endlich! Hört sich ja vielversprechend an!«

Ich lachte mich kringelig und widmete mich schließlich meiner Morgenhygiene.

Ben verharrte für Sekunden lächelnd vor der Tür, die Hände auf dem Holz. Als er sich schließlich umdrehte, gewahrte er Brian, Jamie und Eddie in der Küche, die ihn unisono angrinsten.

Bens Lächeln verschwand abrupt und er verkrümelte sich eiligst wieder ins Schlafzimmer.

***

Diesmal hatten die Jungs den Tisch gedeckt. Sie waren deutlich erleichtert, die Couch leer vorgefunden zu haben. Freundlich lachten sie mich an und sagten, diesmal wollten sie mich verwöhnen, nachdem ich schon so oft Frühstück für sie gemacht hätte. Dann kam Ben und auch ihn begrüßten sie ohne irgendwelche Vorwürfe oder Ressentiments. Im Gegenteil, sie witzelten über seine gestrige Aktion und über den Verlauf des Abends, zumindest dem Teil im Tanzlokal.

»Oh, Mann, Greta, bin so froh, dass dir nichts passiert ist«, sagte Brian und legte den Arm um mich. »Das wäre richtig schlimm gewesen.«

Sein Blick ging zu Ben. Der sah auf seine Kaffeetasse.

***

Am nächsten Tag war ich wie gewohnt die Erste, die wach war, und lud den Tisch voll. Wir würden ja nicht mehr lange hier sein und das Essen musste weg.

Brian kam herein, sah den Tisch und schmatzte mir einen Kuss auf die Wange.

»Ach, Greta, du bist die Beste! Hast du Kaffee?«

»Klar doch! Sag mal, weißt du, was Ben heute vorhat?«

»Du wirst doch nicht ernsthaft von mir erwarten, dass ich dir das verrate?«

Ich musste lachen. Brian war so süß mit seinem Rotschopf. Wie Ben mochte auch ich ihn am liebsten von allen. Und gerade strahlte er mich an wie ein Honigkuchenpferd.

»Hätte ja sein können, dass du in dieser Hinsicht mit mir sympathisierst!«

»Tja, eigentlich schon, aber Ben hat mir Schläge angedroht …« Er wedelte mit den Händen vor seinem gespielt schmerzverzerrten Gesicht. »… und der kann zuhauen, das weißt du ja!«

Ich schmunzelte und bändigte meine Neugier.

So stieg ich unter die Dusche, wusch mein Haar, schminkte mich, griff seit Langem mal wieder zu einer Handtasche statt einem Rucksack und fühlte mich in meinem Etuikleid und den Jimmy Choo Schuhen völlig verkleidet. Ich musste lächeln – nach so kurzer Zeit!

»Verflixt, Greta!«, rief Jamie, als er mich sah. »Wow! Du wirkst vollkommen anders!«

Ich drehte mich lachend vor ihm. »Ja, unglaublich, was ein bisschen Schminke ausmacht, was?«

»In dem Jogginganzug kommt deine Figur gar nicht so rüber!«, staunte Jamie. »Wusste gar nicht, dass du einen so bombastischen Hintern hast!«

»Jamie!«, ertönte Bens Stimme. »Benimm dich!«

» … und diese Wespentaille!«, fuhr Jamie ungerührt fort, als habe er nichts gehört. » … außerdem hast du voll schöne Ti …«

»Jamie!«

»Bei dir passt ja alles zusammen!« Begeistert musterte mich Jamie, während ich zum Kühlschrank ging und ihn öffnete.

»Dich würde ich gerne mal im Bikini oder noch weniger …«

Patsch! Ben war aus dem Zimmer gekommen, versetzte ihm einen leichten Schlag auf den Hinterkopf und schaute ihn finster an. Aber statt sich zu beschweren, grinste Jamie geradezu glücklich.

»Wo ist Brian? Und Eddie?«, wollte ich wissen mit Blick in den Kühlschrank. »Ich habe euch Cookies gebacken. Die könnt ihr zum Nachtisch essen und im Kühlschrank habe ich …«

Ich schaute auf.

»Ben! Ja, du liebe Zeit! Was … was ist das denn?«

»Wonach sieht es denn aus?«, fragte er mit gerunzelter Stirn zurück. »Hast du geglaubt, ich habe nur linksgestrickte Pullis und Hoodies im Schrank?«

»Genau das habe ich geglaubt!«, antwortete ich verblüfft und Jamie lachte sich einen ab. Ben trug ein Jackett, eine Stoffhose, Hemd und Lederschuhe – und die Wirkung war enorm. Einmal mehr fiel mir seine gerade Haltung auf, sein Gesicht, der stets gepflegte Bart … ich fürchte, mir stand der Mund offen.

Ben konnte sich ein Lächeln nicht verkneifen. »Übrigens, Jamie hat recht: Du siehst sensationell aus, Greta.«

»Du auch!« Wir lächelten uns an.

Ich werde nie Jamies Gesichtsausdruck vergessen, als Ben mir seinen Arm bot und wir gemeinsam das Haus verließen. Aus der Mischung aus Zufriedenheit, Hoffnung und Spannung konnte ich mir absolut keinen Reim machen. Genau genommen war Jamies Blick so vielfältig, dass mich dessen Analyse die ersten Minuten der Fahrt vollauf beschäftigte.

Aber dann lenkten mich Ben, sein neues Erscheinungsbild und die atemberaubende, sich ständig verändernde Landschaft ab. Im Grunde war sie im wahrsten Sinne des Wortes unfassbar und Ben freute sich sichtlich über meine nicht abnehmende Begeisterung bezüglich seines Landes.

»Wohin fahren wir?«, fragte ich. »Wo wohnen deine Freunde?«

»In der Nähe von Fort William«, antwortete er. »Ich glaube, du wirst sie mögen.«

»Wir sind zum Tee eingeladen?«, fragte ich und sah auf die Uhr. »Wird ein bisschen früh, nicht? Es ist doch erst zwei, wenn wir ankommen.«

»Macht nix. Die sind nicht so konventionell.«

»Hast du nicht gesagt, die sind auf Etikette bedacht?«

»Aber nicht in Bezug auf Zeit.«

»Oh, gut«, seufzte ich. »Nach all den unkonventionellen Tagen habe ich keine Lust auf Stil und Etikette.«

»Hast du Geschmack am wilden Leben gefunden?«, lächelte er.

»Ich habe Geschmack am Leben mit dir gefunden«, wollte ich antworten. Aber stattdessen fragte ich ihn:

»Sag mal, Ben, du hast gesagt, dass du für ein Familienunternehmen gearbeitet hast … aber was hast du eigentlich für die Zukunft vor? Ich meine, du hast an einer Elite-Uni studiert, du warst bei McKinsey, du könntest jeden Job dieser Welt haben. Und da ich dich nun ein bisschen kenne, weiß ich auch, dass du jeden Job der Welt bewältigen könntest, aber wo treibt es dich hin?«

»Warum fragst du das?«

»Weil es mich interessiert.«

»Ich meine, warum interessiert es dich?«

»Weil *du* mich interessierst? Weil ich viel von mir erzählt habe? Weil du mich inzwischen besser kennst als ich dich?«

Er schwieg eine Zeit lang.

»Ich … ich bin nicht so für das Materielle, Greta«, sagte er dann. »Das weißt du. Deswegen war auch McKinsey nichts auf Dauer.«

»Ja, das weiß ich. Aber das war ja auch nicht meine Frage.«

Als er schwieg, bohrte ich weiter:

»Wir sind zum ersten Mal seit Tagen wieder alleine. Haben wir Zeit, dass du mir deine Geschichte erzählst?«

»Wenn es sich ergibt …«

Auf diese vage Antwort gab ich einen unwilligen Laut von mir, und eilig setzte er hinzu:

»… und sollte es das nicht, gehen wir morgen zur Lichtung. Da erfährst du es ganz sicher. Ist das okay?«

»Das ist okay«, erklärte ich zufrieden. »Sehr okay. Die Lichtung und deine Geschichte – besser geht's nicht!«

»Wart's ab« Sein Lächeln war verkniffen. »Vielleicht ist ja meine Geschichte alles andere als schön.«

»Das ist mir egal. Wenn ich dich nur besser kennenlerne.«

Diesmal lächelte er ein echtes, gerührtes Lächeln und legte seine große Hand auf mein Bein.

»Dieser Tag, der gehört uns«, sagte er. »Heute denken wir nicht an die Zukunft, okay? Heute genießen wir nur. Ich hoffe, dass dir meine Überraschung gefällt.«

***

Wir waren in Fort William angekommen. Er bog in eine Seitenstraße ein und fuhr einen langen Weg durch einen wunderschön angelegten Park. »Inverlochy Castle«, las ich auf einem vorbeihuschenden Schild und neugierig erblickte ich Weiher, Rasenflächen, bemooste Waldstücke, die Mauern eines walled gardens. Dann tauchte ein altehrwürdiges Schloss vor uns auf. Ich sog die Luft ein. Hier wohnten seine Freunde? Ben fuhr nicht auf den Parkplatz, sondern direkt vor den Eingang, wo er mit einer alltäglich wirkenden Selbstverständlichkeit den Wagen einfach stehenließ. Galant ging er um den Wagen herum und öffnete mir die Tür.

Ich kletterte heraus, ein livrierter Mensch begrüßte uns formvollendet, hielt uns die Eingangstür auf. Okay, das war also ein Hotel. Ich trat in eine edle Halle, wo ein grauhaariger Mann an einem riesigen Schreibtisch saß. Mit leuchtenden Augen stand er auf und begrüßte uns. Mich zuerst mit einer kleinen Verbeugung, danach strahlte er Ben an.

»Mr. McArran!«, rief er. »Wie schön, Sie zu sehen! Wir haben alles auf Wunsch arrangiert.«

»Vielen Dank«, erwiderte Ben knapp und nickte ihm zu. Plötzlich war ich eingeschüchtert. Das alles hier roch nach altem Adel, nach langer Tradition, nach einer Welt, die mir fremd war. Und Ben … auch Ben wirkte anders. Noch eindrucksvoller, als er ohnehin schon war. Er schien mit all dem hier vertraut, das war spürbar. Aber es gab wenig Zeit zum Nachdenken.

Der Concierge ging voraus und führte uns in ein urgemütliches großes Foyer mit dicken Plüschsesseln und Couchen und zwei riesigen Kaminen, in denen meterhoch Feuer prasselte. Zielsicher steuerte er auf zwei Ohrensessel zu, die, mit einem kleinen Tisch dazwischen, in angenehmer Nähe zu einem dieser Kamine standen.

»Bitte lassen Sie uns wissen, wenn etwas fehlt«, sagte er und entfernte sich diskret. Sprachlos registrierte ich einen Eiskübel mit Champagner sowie eine Auswahl an exquisitem Fingerfood, Mini Sandwiches, Obsttörtchen und dem klassischen englischen Tee.

»Madam«, lächelte Ben und verbeugte sich knapp. »Darf ich bitten? It's teatime.«

»Das heißt, die Freunde waren erfunden? Wir sind für uns?«

»Yep.«

Überwältigt ließ ich mich in die dicken Polster sinken. Jemand schenkte den Champagner ein und Ben stieß mit mir an.

»Auf das Jetzt«, sagte er und sah mir in die Augen.

»Auf uns«, antwortete ich. »Möge das Beste für jeden von uns geschehen.«

Ben trank. Er sah mich an. Er lächelte. Seine Augen blitzten, er küsste sanft und innig meine Hand. Wir unterhielten uns über die Tage mit den Jungs, über Dinge, die wir erlebt hatten, ein Wort gab das andere, alles floss. Leise Musik perlte durch die Räume. Es war traumhaft schön hier und ich genoss jede Sekunde, vor allem Ben.

Aber die eigentliche Überraschung folgte noch. Als wir nach dem Tee aufstanden und ich wieder nach draußen gehen wollte, hielt er mich zurück und führte mich an der Hand die mit dickem Teppich belegte breite Treppe hoch. Er schien sich hier auszukennen und meine Verwirrung wurde größer. Schließlich öffnete er mit einer Karte eine Tür und ließ mich in eine fantastische, luxuriöse Suite eintreten. Fassungslos sah ich mich um: Ein riesiges Bett mit unzähligen Kissen und dicken Samtvorhängen sprang mir ins Auge, ein großes Wohnzimmer, ein modernes Bad mit allem Komfort … und am Kleiderschrank hing mein schwarz-silbernes Abendkleid.

»Ben …«, flüsterte ich. »Was … was wird das?« Mein Herz pochte wie verrückt.

Er sah mich an, mit einem unbeschreiblichen Blick, hungrig, sehnsüchtig … in seinen Augen stand so viel, so unendlich viel, und ich wollte wissen, was das war: Ich öffnete meinen Mund, da klopfte es an der Tür und Ben öffnete. Ein Kellner kam dienstbeflissen herein, stellte den Eisbehälter mit dem Champagner auf den Tisch, zwei frische Gläser dazu, die er sogleich befüllte.

Ben nahm die zwei Gläser – trug er einen Ring am kleinen Finger? Seit wann das denn? – und drückte mir eines davon in die Hand.

»Ben, ich bin schon betrunken«, murmelte ich. »Das willst du doch sicher nicht.«

»Nein, Greta«, erwiderte er leise. »Das will ich nicht. Ich will, dass du mit allen Sinnen hier bist. Heute Nacht. Hier bei mir. Mit mir. Wenn du es auch willst.«

O mein Gott, es lag so eine Sehnsucht in seiner Stimme! So stark, dass sie mich schwach machte, mir Hoffnung machte … Mir schoss das Blut in den Kopf, ich wich leicht zurück, an die Wand, dorthin, wo das Kleid hing, und umklammerte mein Glas.

»Erinnerst du dich an das, was ich damals gesagt habe?«, fragte er sanft. Er war näher gekommen, stützte eine Hand am Schrank ab, stand dicht vor mir, sah auf mich herunter. Aber dieser Blick … sein Blick sagte mir, dass er diesen Satz nicht aussprechen und am liebsten löschen würde. Dass er ihn nur der Form halber sagte, weil er unsicher war.

»Ich weiß es leider auswendig«, flüsterte ich. »… dass es von mir und von dir gewollt sein muss … und … dass es nur in dieser Auszeit existieren kann.«

Wir schwiegen beide. Der letzte Halbsatz machte mich nicht froh und doch drängte mich alles zu ihm hin, drängte alle Bedenken weg. Mein Kopf mochte nicht wirklich über die Folgen nachdenken. Meine Sinne, mein Herz spielten verrückt und ich starrte auf sein Hemd, ein weißes Hemd diesmal, ein dünnes weißes Hemd, das mir verriet, wie auch sein Herz pochte. Ein Herz, das aufgeregt war, das Angst hatte, und ich sah weiter hoch in sein Gesicht, das gerötet war - nicht vom Alkohol, nicht von dem bisschen Champagner. In seinen Augen stand Sehnsucht, Liebe, Wehmut und … Zweifel. Worüber? Ob das hier richtig war? Es war ein Zweifel, der mich krank machte, den ich nicht sehen wollte.

Entschlossen trank ich einen Schluck, stellte mein Glas ab, nahm ihm seines aus der Hand, stieß ihn gegen das Bett. Seine Beine gaben nach, als seine Kniekehlen die Bettkante berührten. Er saß vor mir und ich drängte mich an ihn, nahm seinen Kopf in meine Hände und presste meinen Mund auf den seinen. Sobald unsere Lippen sich berührten, war es wieder da. Dieses Fallen, das Gefühl, das Bewusstsein zu verlieren, es war wie ein geschlossener Kontakt, in dem ein Strom zu kreisen begann, ein reißender Strom, der mir, der ihm alle Sinne raubte. Er keuchte, spürbar warf er alle Bedenken über Bord und ergab sich in die Situation, küsste mich mit einer Leidenschaft, einer Intensität, die alles in mir entflammte.

Ich drängte ihn weiter aufs Bett, aber er löste sich von mir. Ich stand vor ihm, zitternd vor Verlangen nach ihm, und er begann mich mit hingebungsvoller Konzentration auszuziehen. Öffnete den Reißverschluss am Rücken, fuhr mit dem Finger meine Wirbelsäule entlang, dass ich erschauerte, schob sacht den Stoff über meine Schultern, strich über meine Haut, zog den BH nach unten, sodass der Stoff meine Brust nach oben drückte. Er betrachtete jeden Zentimeter, den er freilegte, ließ das Kleid über meine Hüften fallen, aber er tat es nicht, um mich zu erregen, er tat es, weil er diesen Akt zelebrierte, weil er alles, was er sah, bewunderte. Er packte mich aus wie ein Geschenk, legte mich danach, als sei ich eine Feder, aufs Bett, berührte flüchtig erogene Zonen, drückte hier, presste da, bis ich fast wahnsinnig vor Verlangen wurde.

Oh du lieber Himmel, was war der Mann sexy! Die Muskeln arbeiteten unter seinem breiten Brustkorb, als er sein Hemd auszog. Allein diese Bewegung war so harmonisch und in sich vollkommen, dass ich ihn am liebsten angefallen hätte und mich beim Zuschauen schon unwillkürlich aufbäumte. Ben agierte alles andere als hektisch. Mit nacktem Oberkörper stand er vor dem Fenster, starrte hinaus, ein undefinierbares Glitzern im Blick. Ich hätte nicht sagen können, was es ausdrückte, ich wusste nur: Es war kein lüsternes, gieriges Glitzern, wie ich es sonst in den Augen der Männer gesehen, den Partnern meiner Mom, meinen eigenen, die ich verlassen hatte. Es war intensiv, es war bewusst. Es war die Ruhe, die Konzentration vor dem Sturm.

Ben wandte sich mir zu. Ich saß an das Rückenteil des Bettes gelehnt und sah ihn unverwandt an. Ein zärtliches Lächeln erschien auf seinem Gesicht und er kniete sich, nur noch mit der Hose bekleidet, auf die Bettkante, schlang einen Arm um meine Taille, zog mich zu sich hin und küsste mich mit zärtlicher, konzentrierter Leidenschaft. Widerstandslos öffnete sich mein Mund, so wie sich ihm mein ganzer Körper öffnete, in einer mir nie gekannten Bereitschaft – nicht nur mein Körper – einfach alles, was mich ausmachte, meine Seele, mein Herz, jede Zelle verschmolz in diesem Kuss mit ihm, raubte mir den Verstand und jeden Gedanken.

Ich hatte das noch nie bei einem Mann so erlebt. Leidenschaft, ja, auch Zärtlichkeit und bei Tobias oft Behutsamkeit, ehrliches Bemühen … aber noch nie eine solch intensive Hingabe an den anderen. Ben wollte mich nicht aufpeitschen und mir Lust verschaffen – er verschenkte sich an mich und das rührte mich zutiefst. Es war eine für mich unbekannte Basis für das, was man Sex nannte. Es war gebend, nicht fordernd. Er spielte auf mir wie auf einem Instrument, brachte mich zum Klingen, genoss die Töne, genoss die Bewegungen, ließ sich so vorbehaltlos auf mich ein, dass ich zeitweise meine jeweiligen Körperteile nicht mehr orten konnte. Sein kräftiger Körper lag auf mir, unter mir, neben mir und ich hatte das Empfinden, etwas zu verlieren, wenn er von mir abrollte. Fühlte, wie er mit den Händen über meinen Körper fuhr, meine Haut, meine Brust streichelte, die Brustwarze in den Mund nahm, seine Hand sich der erogenen Zone zwischen den Beinen näherte. Ich glühte, brannte … fühlte ihn überall … und doch … plötzlich switchte etwas in mir um, ungewollt. Ich wehrte mich dagegen und konnte es doch nicht verhindern: Meine Perspektive wechselte. Das Bett war wieder ein Bett, es gab wieder zwei Körper, und etwas in mir übernahm selbstsicher und routiniert die Kontrolle. Mein Kopf war eingeschaltet, begutachtete die Situation und befand: »Sex. Ziel: Orgasmus.«

Ich war noch immer erregt, aber anders als vorher. War es anfänglich ein Zusammenspiel gewesen, empfand ich uns nun als getrennt.

Ich streichelte Ben weiter und er mich. Meine Erregung wuchs noch immer, doch jetzt wollte sie zu einem Abschluss kommen. Meine Hände reagierten versiert, mein Körper tat die richtigen Dinge. Ich packte Bens Gesicht mit beiden Händen und küsste ihn leidenschaftlich, fast verzweifelt, rieb meinen Körper an dem seinen, schlang ein Bein um seine Hüften, schuf eine Öffnung für ihn, drängte mein Becken gegen seins, bot mich an. Er hatte keine Chance, er war aufs Höchste erregt. Ich spürte, er war an der Kante … nur noch ein paar Sekunden, dann …

Ein Schrei entfuhr mir. Ben hatte meine beiden Hände gepackt, nach oben gerissen, mich auf den Rücken geworfen und drückte meinen sich wehrenden, Körper mühelos nach unten. Mein Herz schlug gegen meine Rippen. Verwirrt sah ich ihn an. Seine blitzenden Augen bohrten sich in die meinen, wir keuchten beide, sein Gesicht war nur Zentimeter von meinem entfernt, mein Körper stand total unter Spannung, wehrte sich gegen die Kraft, die ihn hielt, aber ich war noch immer unter Feuer. In verlangenden Bewegungen bäumte sich mein Oberkörper ihm entgegen, Erfüllung fordernd und doch spürte ich, dass ich mich verweigerte, dass ich die Kontrolle behalten wollte, spürte ich Trotz und Widerstand. Ben hielt mich fest, mit seinem Körper, mit seinen Augen. Stumm starrte ich in seinen aufmerksamen, forschenden Blick.

»Greta«, sagte er leise. »Lass los. Das ist kein Kampf.«

»Du hältst mich doch fest«, krächzte ich. Aber ich ahnte, was er meinte. Er hielt nun meine beiden Handgelenke mit einer Hand zusammen und ließ die freie auf meine Hüfte gleiten. Ein Keuchen entfuhr mir.

»Komm zu mir zurück«, wisperte er. »Lass es fließen.«

Aber ich lag wie ein gespannter Bogen unter ihm. Bereit für den Angriff. Auf was? Auf wen? Bereit, so erkannte ich plötzlich, für den Abschluss. Jene drei oder fünf Sekunden, mit dem nachfolgenden Gefühl, dass diese den Aufwand gar nicht wert gewesen waren. Ich befand mich in Habachtstellung, um nicht diese Leidenschaft zuzulassen, die mich meiner Mutter gleichsetzte und mein Inneres war entschlossen, nie mehr die Kontrolle zu verlieren. Aber Ben ließ sich nicht kontrollieren und schon gar nicht beim Sex. Hilflos suchten meine Augen die seinen. In seinem Blick lag unendliches Verständnis, unendliche Sehnsucht, die Aussage, dass er mich nur nehmen würde, wenn ich ihm mein uneingeschränktes Einverständnis gäbe - und das hatte er noch nicht. Mit dieser Erkenntnis sprang ein Funke über, buchstäblich, von ihm zu mir. Ich sah ihn blitzen, den Funken. Meine Lippen zuckten, ich sog die Luft ein, hielt sie in meinen Lungen.

»Hab keine Angst«, flüsterte er. Noch immer lagen wir erstarrt, gespannt und unter heißer Glut.

»Ich … habe keine Angst«, presste ich hervor. Ein winziges, ernstes Lächeln stahl sich in seine Augen. Oh ja, ja, er wusste alles von mir! Ich spürte, wie der Schweiß aus meinen Poren brach. Immer noch war ich steif, verspannt, verstand es nicht – er war doch nicht der erste Mann! Und es war Ben!

»Atme!«, befahl er. »Lass dich fallen!«

Ja, wenn das so einfach wäre! Die Zeit stand still, Ben wartete, hielt Blickkontakt - da atmete ich aus – und fiel.

Die Spannung wich aus meinem Körper wie die Luft aus einem Ballon, er wurde weich, er wurde Wachs, er verlor komplett die Kontrolle. Ich verlor die Kontrolle. Zum ersten Mal in meinem Leben verlor ich komplett die Kontrolle über das, was war und was kommen sollte, über meinen Körper, die Gegenwart und Zukunft, einfach alles – ohne die geringste Ahnung zu haben, wohin mich das treiben würde. Und genau in diesem Moment, als der Widerstand brach, flammte das Bewusstsein eines tiefen, nie gekannten Vertrauens in mir auf. Nicht zu Ben, nicht zu mir, nein, zu etwas, was tief in mir verborgen lag. Und dieses Etwas übernahm die Führung.

Ich verging vor Lust, konnte nicht denken, es gab keinen geistigen Kampf mehr. Alles ergab sich, alles war richtig, alles floss, und das tat so gut, oh, Jesus, es tat so gut! Es gab nur noch Gefühl, nur noch Empfinden, nur noch uns.

Mir schoss in den Kopf, dass Ben, obwohl er voll auf seine Kosten kam, gab, statt zu nehmen.

Es war nicht dieses »ich bringe dich auf 180, Baby-Ding«, das ich sonst gewohnt war. Ben genoss einfach alles, was er tat – für sich. Er genoss meine Bewegungen, meinen Mund, meine Brüste, mein Haar, meine Hände … für sich … und genau das machte aus diesem Akt etwas Hohes, etwas so Intensives, wie ich es noch nie zuvor gespürt hatte.

Wir schwangen gemeinsam hoch, halb bewusstlos, genießend, mein Gesicht, alles an mir glühte. Aber Ben spielte mit mir, virtuos, tat tausend Dinge, die ihn erregten, mich erregten, aber er nahm mich nicht … lange nicht, als ob er es nie vorhätte, als ob das einen Schlusspunkt setzen würde, vor dem er sich scheute. Doch das Feuer zwischen uns loderte so hoch, dass wir beide wussten, dass es nicht mehr lange dauern würde. Ben war eine absolute Naturgewalt. Ich keuchte und stöhnte, drängte meinen Körper an den seinen, spürte seine Zunge in meinem Mund, seinen Bart auf meinem Gesicht, seine Haut an der meinen. Ich hielt es fast nicht mehr aus – und gerade darin lag eine unglaubliche Schönheit. Ich spürte es, weil Ben es spürte, und als er endlich, endlich in mich eindrang, explodierten wir beide in einer nie gekannten Ekstase, von der ich noch nicht einmal im Entferntesten sagen konnte, wie lange sie dauerte. Vom Empfinden her: ewig. Sie hallt noch heute in mir nach.

***

Ich dachte oft an diesen Moment zurück.

Dies war nicht nur eines der intensivsten Erlebnisse in meinem bisherigen Leben, es war auch das erste, das mir klarmachte, was es bedeutete, zu vertrauen, sich hinzugeben, zu fließen. Es ließ mich erahnen, mit welchem Widerstand ich den Dingen in meinem Leben und dem Leben selbst gegenüberstand. Als sei das Leben ein Kampfpartner und nicht der Freund, der es eigentlich war. Und was passieren konnte, wenn ich losließ. Es war so viel tiefer als das Gefühl bei der Kür. Aber es entsprang der gleichen Quelle.

Vollkommen erschöpft lag ich in Bens Armen, vollkommen erfüllt, vollkommen glücklich. Ben ließ mich nicht los. Er grub sein Gesicht in mein Haar und ich drehte mich in seinen Armen zu ihm hin. Unsere beiden Herzen pochten. Es war ein so rundes, tiefes, hohes Gefühl. Für mich war etwas Heiliges geschehen und fast hätte ich geweint. Ich schloss die Augen.

Beim besten Willen konnte ich mir nicht mehr vorstellen, wie das in zwei Tagen werden sollte … wenn Ben mich zum Flughafen bringen würde. Um mich war es restlos geschehen.

***

Wir waren eingeschlafen und als ich aufwachte, lag Ben nicht neben mir. Ich hörte ihn im Bad und vermisste seine Präsenz schon auf die wenigen Meter. Mein Blick ging zur Uhr. Halb sieben. Zum Schrank. Neben meinem Abendkleid hing ein Smoking. Da kam Ben aus dem Bad.

»Ich habe uns einen Tisch bestellt«, erklärte er, als ich ihn fragte. »Im Bad ist alles, was du brauchst.«

Und tatsächlich – es war alles da, selbst die richtige Unterwäsche hatte er eingepackt, den Klebe-BH, der für das Kleid nötig war, weil es einen tiefen Rückenausschnitt hatte. Woher wusste er das alles?

»Was glaubst du denn, ich bin doch nicht von gestern!«, sagte er fast beleidigt.

»Ehrlich, wenn mir das einer gesagt hätte, als ich dich das erste Mal gesehen habe … mit diesem knielangen, linksgestrickten …«

»Also, der hat's dir angetan, was?«

»Er war sehr prägend, ja«, lachte ich. »Manche sehen ja im Jackett verkleidet aus, aber du wirkst irgendwie verkleidet in diesem Strickteil. Ich brauche eine halbe Stunde … ist das okay?«

»Nimm dir Zeit«, erwiderte er und in seinen Augen lag ein zärtlicher, glücklicher Ausdruck. Einer, der mir das Herz in der Brust hüpfen ließ. Er war glücklich! Er stand vor mir, nass, die Hüften mit einem Handtuch umwickelt und wir starrten uns an. Mir wurde schon wieder schwach in den Knien und ich ging einen Schritt auf ihn zu und löste sein Handtuch.

»Wie viel Zeit?«, murmelte ich. Meine Hände machten sich selbstständig und Ben reagierte unweigerlich. Innerhalb der nächsten Sekunden lagen wir schon wieder auf dem Bett und knutschten wie Teenager. Seine Hände waren zart und sanft und liebkosten meinen Körper, gaben mir so sehr zu verstehen, dass er mochte, was er fühlte. Ich konnte mich nicht dagegen wehren, schon wieder zu fallen und mich ihm zu überlassen. Und auch er hatte das Bedürfnis nach Körperkontakt, nach Zärtlichkeit, nach diesem Rausch, den wir zusammen erlebt hatten und der nur zusammen möglich gewesen war. Allein die Art, wie er mich küsste, wie seine Hände durch mein Haar glitten, sie meinen Körper an seinen pressten, vermittelten mir seinen unendlichen Genuss, seine Intensität, seine Freude, mich zu spüren. Uns zu spüren.

Er löste sich von mir, schweren Herzens, und ich fühlte mich ohne ihn nicht mehr vollständig.

»Ich würde am liebsten in dich hineinkriechen«, flüsterte ich, als meine Hände erneut seinen Körper berührten. »Komm her … können wir nicht das Abendessen canceln?«

Mit einem unbeschreiblichen Lächeln strich er mir das wirre Haar aus dem Gesicht.

»Ich will dich in diesem Kleid da sehen«, flüsterte er zurück. »Und ich will mit dir heute alles genießen – alles. Ich will, dass du meine Prinzessin bist.«

Mir verschlug es die Sprache. Ich kniete auf dem Bett und zog ihn an mich, meine Hände fuhren um seine Taille, legten sich auf seinen Po, drückten ihn an mich. Er beugte sich erneut zu mir herunter und küsste mich in totaler Erregung. Ehe ich mich versehen konnte, ging buchstäblich die Leidenschaft mit ihm durch und er nahm mich erneut. War er vorher schon eine Naturgewalt gewesen, wurde er jetzt zum Orkan und riss mich mit, dass es mir schier den Atem raubte. Das war noch mal ein anderer Ben, ein fordernder, schonungsloser, einer, der den Mann voll auslebte. Er war wild und heftig. Ich fühlte ihn tief in meinem Unterleib und konnte es nur noch zulassen, seine Stöße, seine Stärke, seine ungezügelte Leidenschaft. Es war hart an der Grenze zum Schmerz und doch verschmolzen wir wie vorhin, zuckten, pulsierten, gab es diesen Blitz in meinem Kopf, der durch meinen Körper schoss und alles auslöschte. Schweißnass krallte ich mich an ihn, fast schockiert von seiner Wildheit. Er sah es in meinem Gesicht, als er sich von mir löste und langsam aus seiner Ekstase auftauchte.

»Hab ich dir wehgetan?«, fragte er beunruhigt.

»O ja, das hast du«, antwortete ich und mein Gesicht war ein einziger Ausdruck von Genuss, denn er lachte erleichtert, als er mich mit einer unfassbaren Zärtlichkeit und diesem Glitzern in den Augen ansah und mit einer Hand übers Gesicht und durchs Haar fuhr.

Ich hatte meine Hände auf seinem Hintern und wollte ihn nicht gehen lassen.

»Wir kommen zu spät«, raunte er und küsste mich sanft. »Weil du mir absolut keine Ruhe lässt … du unersättliches Weib.«

»Wer lässt hier wem keine Ruhe?«, murmelte ich und rollte ihn auf den Rücken. »Schau, ich muss doch nur mit dem Finger ein bisschen hier … oder mit meiner Hand ein wenig da … ach, du je! Schon wieder! Siehst du! Ich mach doch gar nichts … aber du …«

»Gott … Greta … hör auf … oh bitte …!«

Leise lachend löste er sich erneut von mir, während ich lüstern auf seinen Unterleib starrte.

»Schaffst du's in der halben Stunde?«

Ich nickte und seufzte: »Wenn es unbedingt sein muss … ich hätte dich aber gern als Dessert. Und als Hauptgang. Und wenn ich mir's recht überlege, eigentlich auch als Vorspeise. Wobei mir die Reihenfolge echt egal ist.«

Ben brach in Lachen aus und kam, obwohl er schon auf dem Weg zum Kleiderschrank gewesen war, noch mal zu mir zurück.

»Du bist so süß, weißt du das?«, flüsterte er. »Du bist einfach absolut göttlich! Und … es war wirklich nicht zu heftig? Ich habe dir wirklich nicht wehgetan?«

»Doch, habe ich doch gesagt! Könntest du mir vielleicht noch mal wehtun? Ganz kurz nur?«

Ich versuchte, ihn zu greifen, aber lachend und mit einem Kopfschütteln verschwand er dann doch ganz schnell im Bad, bevor ihm wieder irgendwelche Leidenschaften in die Quere kamen. Ich seufzte tief und ließ mich nach hinten in die Kissen fallen. Ich fühlte mich vollkommen erfüllt.

Ben zog sich an und ging nach unten, während ich die luxuriöse Umgebung genoss, mich schminkte, in die High Heels und das Kleid stieg und schließlich meine Clutch nahm.

Mein Gesicht glühte noch immer von ihm, ich spürte ihn an jeder Stelle meines Körpers, hatte das Gefühl meine Brust, meine Lippen wären geschwollen. Hatte das Gefühl, ich wäre eine Schale, die er zum Klingen gebracht hatte und deren Vibration noch immer nachhallte.

Als ich in den Spiegel sah, warf er mir ein bisher unentdecktes Gesicht zurück, ich sah anders aus als sonst. Satt, gelöst – und voll. Zum ersten Mal in meinem Leben.

***

Als Ben mich kommen sah, stand er auf, stellte sich an den Fuß der Treppe und reichte mir für die letzten Stufen die Hand. Er sah fantastisch aus in seinem Smoking und er wirkte gleichzeitig vertraut und fremd auf mich. Diese Lässigkeit, die mir am ersten Tag am Flughafen aufgefallen war, seine Noblesse kam nun voll zur Geltung. Er trug sein Haar offen, seine Haut war ganz leicht vom Feuer (oder wovon auch immer) gerötet und seine Augen blitzten bewundernd und zärtlich auf, als er mich in Empfang nahm, mich an sich zog und mir zuflüsterte:

»Du siehst aus wie eine Prinzessin. Atemberaubend!«

»Und du wie ein Prinz«, wisperte ich zurück und drückte ihm einen sanften Kuss auf die Wange.

Prinzessin – genauso fühlte ich mich. Das Ambiente, die wunderschöne Atmosphäre in diesem Hotel, vor allem aber die Art, wie Ben sich gab, so liebevoll, glücklich und offen, einfach wie ein frisch verliebter Mann, ließ mein Herz auf eine Weise schlagen, die jenseits von allem Bekannten war. Ja, Ben schien glücklich zu sein und erstaunt stellte ich fest, dass das Schönste von allem war.

Wie so üblich in Großbritannien nahmen wir unseren Aperitif vor dem Kamin ein, Ben stöberte in der dicken Weinkarte und beriet sich mit dem Sommelier, einem fröhlichen Menschen im

Frack, auf eine Weise, die mir klarmachte, dass er richtig Ahnung hatte. Eine Viertelstunde später brachte der Sommelier eine verstaubte Flasche, deren Belag er erst abwischte, als er vor uns stand, sodass Ben das Etikett prüfen konnte.

Und als er uns wiederum ein paar Minuten später eröffnete, dass unser Tisch fertig sei, und wir aufstanden, um Richtung Speisesaal zu gehen, eilte erneut ein Bediensteter mit erhobenen Händen auf uns, besser gesagt, auf Ben zu, als wolle er ihn umarmen. Erstaunt bemerkte ich, wie Ben den Mann finster anblickte, woraufhin der seine Arme abrupt fallen ließ, sich räusperte, die Hacken zusammenstieß, und formvollendet sagte:

»Mr. McArran … darf ich Sie zu Ihrem Tisch geleiten?«

Ben sah ihn fast arrogant mit einem »Pass auf, was du sagst!« an, was den Mann vor uns noch dienstbeflissener machte.

»Dürfte ich Sie bitten, mir zu folgen?«

»Ben«, flüsterte ich auf Deutsch. »Die kennen dich hier. Du musst nicht Versteck spielen. Das rieche ich zehn Meter gegen den Wind. Wie kannst du dir das alles leisten? Der Rotwein ist ich weiß nicht wie viele Jahre alt!«

Von meinen Geschäftsreisen wusste ich, dass eine solche Flasche gut und gern mal über tausend Euro und mehr kosten konnte – den Preis für eine Suite in diesem Hotel wollte ich gar nicht erst wissen.

»Ja, gut möglich, dass der eine oder andere mich kennt«, raunte er mir leichtfüßig zu. »Wir hatten so einige Meetings von McKinsey hier, und eine Jahresendfeier. Habe alles ich organisiert. Die sind mir heute noch dankbar für den Riesenumsatz, den ich ihnen vermittelt habe.«

»Du stürzt dich aber nicht meinetwegen in die roten Zahlen, weil du das hier machst?«, bohrte ich nach, als wir im exquisiten Speiseraum Platz genommen hatten.

»Ich habe mit dem spitzen Bleistift gerechnet«, erklärte er mit ernster Miene. »… und nachdem die Jungs auch was mit dazu gegeben haben …«

»Was?«, rief ich empört. »Du hast mit den Jungs … du hast …?!«

Er kicherte. »Ach Quatsch, das war ein Witz! Natürlich wissen sie, wo wir sind, ich meine, sie haben ja das Zeugs alles hierhergefahren, aber sonst … alles ist gut, Greta.«

»Ich kann die Hälfte übernehmen«, bot ich an.

»Willst du mich jetzt beleidigen?«, fragte er ruhig. Er sagte es in einer Haltung, die mir jede weitere Widerrede verbot.

»Nein, Ben«, antwortete ich. »Entschuldige, es ist nur … du wirkst so anders als der Mann im Strickpulli, den ich vor vier Wochen kennengelernt habe … und wie du weißt, bin ich nicht die Frau, die sich gerne aushalten lässt … oder von einem Mann abhängig sein will. Du bist einer der wenigen, die das anders sehen!«

»Ähm … ich sehe das nicht unbedingt anders«, widersprach er vorsichtig. »Ich sagte nur, dass es nicht schön ist, wenn Frauen des Geldes wegen heiraten, aber ich fände es wunderbar, für eine Frau zu sorgen, wenn ich nicht zurzeit andere Pläne hätte …«

»Und was heißt das?«

»Na ja, Familie finde ich schön.«

»Nein, ich meine die anderen Pläne. Welche hast du, Ben?«

Plötzlich erschien mir die Frage dringend. Plötzlich wollte ich wieder mit ihm allein sein, in diesem wunderbaren Bett verschwinden und seinen wunderbaren Körper spüren und all die wunderbaren Dinge wieder tun und noch mehr dazu. Und gerade kamen mir ganz viele wunderbare Fantasien in meinen Kopf, die jede Zelle in mir lichterloh in Brand setzten.

»Weißt du, dass ich dir jeden Gedanken von den Augen ablesen kann?«

Mit zärtlicher Erheiterung sah Ben mich an.

»Ich hoffe, das ist nur, weil du dasselbe denkst!«

»Um die Wahrheit zu sagen: Ich kann es kaum erwarten!«

Wir lachten beide und er nahm meine Hand, spielte mit meinen Fingern.

»Es war so wunderschön, Greta«, sagte er leise. »So wunderschön, es war … für mich war es schlicht vollkommen … mit dir.«

Ich lächelte leicht, verzaubert von seinen Worten, verzaubert von ihm, von diesem ganz anderen Ben, der trotz der Intimität so nobel und … ja, irgendwie autoritär wirkte. Wir schwiegen eine Weile. Jeder in seine eigenen Gedanken versunken. Dann sagte ich:

»Warum hast du andere Pläne, wenn du doch Familie und Heirat so schön findest?«

»Tja, das ist das Ding mit den lang gehegten Entscheidungen, die man irgendwann mal wahr machen möchte.«

Es klang ein wenig ironisch. Aufmerksam musterte ich ihn – und stutzte. Nein, sein Gesichtsausdruck war nicht ironisch, er war zweifelnd.

»Wäre nicht hier und jetzt eine gute Gelegenheit darüber zu reden?«, hakte ich nach. »Nicht nur das Warum, sondern auch das Was?«

»Das möchte ich trotzdem in einem anderen Rahmen sagen, nicht hier. Das hier ist zu schön.«

Das verstand ich. Ich hätte ja meine Erlebnisse auch nicht hier ausbreiten wollen – nein, nicht hier. Er hatte recht: Dazu war das Arrangement einfach zu zauberhaft und ich wollte es genauso genießen wie er. Ich grinste ihn an und sagte:

»Aber morgen bist du dran, McArran!«

»Ja, morgen verrate ich dir alles!«

Er lächelte etwas schief zurück und sein Blick verlor sich in einer mir unbekannten Zukunft oder Vergangenheit. Ich beobachtete ihn.

»Jedenfalls scheint dein Plan nicht das beste Ziel zu sein«, stellte ich leichthin fest. »Deinem Innenleben zufolge. Eigentlich scheint es sogar ein dummes Ziel zu sein. Du solltest das alles nochmals gründlich überdenken.«

»Wie bitte?«

Mit aufgerissenen Augen starrte er mich an.

»Wie … wie meinst du das?«, fragte er verblüfft nach.

»Ganz ehrlich, Ben, das spürt ein Blinder, dass es das nicht sein kann.«

»Dass … was nicht sein kann!? Du weißt doch gar nicht, worum es geht!«

»Nein, das weiß ich nicht. Aber was immer du da vorhast – es ist keine Herzbauchgefühl-Entscheidung. Du fühlst dich ja komplett unwohl damit! Und das schon seit ich dich kenne! Wieso spannst du das nicht, du Elite-Abgänger?«

Damit stand ich auf und bewegte mich in Richtung Toiletten. Im Vorbeigehen erhaschte ich Bens entgleiste Gesichtszüge im Spiegel. Aber ich gab nicht so viel drauf. Morgen würde ich endlich wissen, wer er war – und was er vorhatte. Und vorher wollte ich ihn nach allen Regeln der Kunst … und das am besten so bald wie möglich … und so oft wie möglich … ach herrje! Ich war so lüstern! Was machte dieser Mensch nur mit mir?

Das Essen war köstlich, der Wein exquisit, aber wir verzichteten trotzdem beide auf das Dessert.

**

Am nächsten Morgen war uns ein wunderbares Frühstück im Inverlochy Castle mit Blick auf den dunklen See und die raue Landschaft vergönnt. Sahniger Kaffee, frische Früchte, eine herrliche Aussicht – danach saßen wir wieder im Wagen und fuhren Richtung Hütte. Ich weiß nicht, wie oft wir es in dieser Nacht getan hatten, aber es war jedes Mal erfüllend gewesen, jedes Mal anders, und das beste Gefühl war, einzuschlafen in dem Bewusstsein, neben ihm aufzuwachen und immer noch in seinen Armen zu liegen. Ja, ich konnte es drehen und wenden, wie ich wollte: Ich war restlos in ihn verliebt und wollte das Gespenst ›Auszeit‹ aus meinem Kopf bekommen, das drohend über all dem Schönen schwang.

Es regnete leicht.

»Hm«, meinte ich. »Ich hoffe, es hört wieder auf. Wir wollen doch heute zur Lichtung.«

Ben nickte. »Ja«, sagte er. »Das müssen wir. Unbedingt. Das wird Zeit.«

Sein Handy piepte ein paar Mal, aber da er fuhr, ließ er es liegen.

Eine halbe Stunde später kamen wir an der Hütte an und holten unsere Taschen aus dem Wagen.

Brian stand an der Tür und erwartete uns schon. Aber statt uns mit dem anzüglichen Grinsen zu begrüßen, mit dem ich gerechnet hatte, war er unvermutet ernst und drängend.

»Ben«, sagte er. »Hast du deine Nachrichten gecheckt?«

»Mach ich gleich.«

»Mach es jetzt.«

Und als Ben ihn anblickte: »Es ist dringend.«

Eine weitere halbe Stunde später war Ben verschwunden. Sein Vater hatte einen Herzinfarkt erlitten und er war auf dem Weg zu ihm. Es ging alles so schnell, so überstürzt, ich sehe ihn noch, wie er packt, wie er alles in seinen Koffer wirft, noch einmal zurückkommt, mich ansieht, mit einem schmerzlichen Blick, mir einen heftigen, verzweifelten Kuss gibt … und fort war er.

**

Das Haus war leer ohne ihn. Mein Herz tat weh und war in Aufruhr. Morgen ging mein Flug nach Mumbai. Und nicht Ben, sondern Brian würde mich zum Flughafen bringen. Mir wurde bewusst: Ben war ein Jackpot für mich. Egal, wer er war. Egal, ob er Geld hatte oder linksgestrickte Pullis trug. Ich vermisste ihn seit der Sekunde, in der er das Haus verlassen hatte. Ja, er war ein Jackpot, aber bisher hatte ich noch nie einen gewonnen.

Auf einmal stürzte meine Vergangenheit und gerade die jüngsten Erlebnisse, Tobias, der verlorene Job und jetzt auch noch Ben, mit Wucht auf mich ein.

O mein Gott, es war so verdammt leer ohne ihn! Von Ben kam keine Nachricht. Auch nicht am nächsten Tag.

Die Auszeit war vorbei.

***

Der Flug war lang und öde. Im Flugzeug schwärmten alle möglichen Gedanken wie Hornissen in meinem Kopf umher, neue und alte, die Gedanken, die ich vier Wochen lang weggeschoben hatte. Du brauchst einen Job! Du musst von vorne anfangen … musst dich der Realität stellen. Mach dir bloß keine Hoffnungen! Aber Ben wird sich doch melden, ganz sicher! Nein, wird er nicht. Es war eine Auszeit, schon vergessen? Du solltest mit Tobias reden. Warum fliegst du überhaupt nach Indien? Such dir einen Job! Oh, Gott, ich wollte doch auch meinen Vater suchen! Greta, du hast keinen Plan!

Theo und Mona hatten mir eine genaue Beschreibung geschickt, wie ich am besten vom Flughafen in Mumbai in ihr abgelegenes Kloster kam.

»Du musst dem Fahrer mit deinem Handy navigieren«, hatten sie geschrieben. »Die tun so, als wüssten sie, wo das ist, aber die wissen das definitiv nicht. Gib ihm niemals vorher Geld, auch, wenn er das von dir will. Und lass ihn streng nach deinen Anweisungen fahren, sonst kurvt er dich nur in Mumbai herum und lädt dich an einem Hotel ab, das einem Kumpel von ihm gehört …«

Unzählige weitere Tipps folgten und ich war zwar dankbar für jeden einzelnen, aber auch gestresst von diesem ganz anderen Abschnitt meines Lebens. Ich hatte Mühe, mich darauf einzustellen.

Trotz der Tipps wurde es anstrengend und nervtötend. Der Fahrer fuhr, wie er wollte, und tat so, als ob er mich nicht verstand. Erst nach einer Stunde und als ich ihm androhte auszusteigen, hatte ich das Gefühl, dass er sich endlich nach meinem GPS zu richten geruhte. Ich sah aus dem Fenster. Wir fuhren auf einer vierspurigen Stadtautobahn. Auf dem Mittelstreifen lagen Menschen auf der Erde, auf Pappschachteln, unter Plastiktüten und -planen. Sie machten Feuer, schliefen, aßen da, lebten dort. Kinder turnten gefährlich nah am Rand des Streifens herum und die Fahrweise der Inder war nicht angetan, meine Nerven zu beruhigen. Dieses Gehupe! Dieser Lärm! Pick-ups, vollgeladen mit Menschen, passierten unseren Weg, Roller, auf denen drei Leute saßen, kurvten rechts und links an uns vorbei. In der ersten Stunde glaubte ich jede Minute, wir würden ein Kind überfahren. Aber endlich kamen wir aus der Stadt heraus, fuhren auf ländlicheren Wegen, die mit irrsinnigen Schlaglöchern versehen waren. Rechts und links des Weges verbrannten die Inder Gummireifen und es stank gotterbärmlich.

Es fing an zu regnen, nein zu schütten! Die Gewalt des Monsunregens erschwerte die Fahrt zusätzlich. Wir kamen nur noch im Schneckentempo voran und ich gewann den Eindruck, dass es dem Fahrer zu viel wurde und er mich am liebsten aus dem Taxi geworfen hätte. Nach einem Streitgespräch und vielen, vielen Umwegen erreichte ich mit drei Stunden Verspätung endlich mein Ziel. Der Ashram lag vor mir.

Wütend starrte mich der Fahrer an, als ich ihm das Geld gab, vermutlich, weil ihm das Trinkgeld zu wenig war und er den langen Weg wieder zurückfahren musste. Der Regen war so stark, dass sich die Wagentür kaum öffnen ließ. Ich war mit den Nerven am Ende und wollte nur noch zu Theo und Mona. Nein, eigentlich wollte ich zu Ben. Eigentlich wollte ich gar nicht mehr hier sein! Ich wollte in die Highlands zurück!

Die Stimmung der letzten vier Wochen war komplett dahin. Aber wieder machte ich mir mit zugeschnürter Kehle klar: Es war eine Auszeit gewesen. Ben hatte das so oft betont. Er hatte es, so wurde mir schmerzhaft bewusst, bis zum letzten Tag betont.

Nun war ich in Indien. Ich musste mich wieder auf mein Leben konzentrieren. Ohne ihn.

***

»Tja«, sagte ich zu Jyoti. »Und den kleinen Rest kennst du. Danach hast du mich aufgenommen und jetzt bin ich hier.«

Sie schwieg. Ihre Augen ruhten auf mir, ihr dunkler Blick. Und auf einmal wusste ich sicher, dass hier, hier bei ihr, die Uhren noch mal völlig anders ticken würden.

Woher ich das wusste? Keine Ahnung. Es war ein sehr dichtes, sicheres Herzbauchgefühl. Und ich ahnte auch, dass es mit ihr und durch sie ein Finale geben würde. Nur wie das aussah, das wusste ich nicht.

Der Ashram

Eine andere Welt

»Puh«, machte Jyoti und lachte. »Jackpot!«

Ich verstand nicht, warum sie lachte. Mir war gerade gar nicht danach. Überhaupt hatte sie oft genug während meiner Geschichte losgewiehert, was mich ziemlich irritiert hatte.

Als ich zum Beispiel über das Desaster am Standesamt berichtete, nahm ihr Gesicht einen gespannt-amüsierten Ausdruck an, als ob ich gerade die beste Anekdote meines Lebens erzählte. Und sowie ich ihr eröffnet hatte, dass Tobias »Nein« gesagt hatte, gab sie einen geradezu erfreuten Juchzer von sich, klatschte in die Hände und rief:

»Göttlich, was das Leben für Geschichten schreibt, was?«

Entgeistert schaute ich sie an.

»Wie bitte?«

»Na, der war vielleicht mutig! Hättest du dich das getraut? Oder lieber die Hochzeit vollzogen, um den Schein zu wahren, und dich erst danach scheiden lassen?«

Mit noch immer offenem Mund starrte ich sie an. Meinte sie die Frage gerade ernst? Aber ja! Sie sah mich interessiert, mit leuchtenden Augen und auf Antwort wartend an.

»Ähm …«, brachte ich heraus. »Ich …«

Ihre Frage stürzte mich in Aufruhr. Hätte ich die Hochzeit vollzogen und mich hinterher … »Moment mal«, wehrte ich mich. »Ich hätte die Hochzeit vollzogen, weil ich mit dem Mann zusammen bleiben wollte! Und er … er …«

»Ach, komm schon«, sagte sie wegwerfend. »Wenn es so kam, brauchtest du es so. Warst du nicht neugierig, was das Schicksal für dich bereithält, nachdem es so charmant deine Pläne durchkreuzt hat?«

Ehrlich, ich wusste nicht, ob sie mich kräftig verkohlte oder tatsächlich meinte, was sie sagte.

»Charmant? Jyoti, alles, was recht ist, aber …«

»Ist das Leben nicht herrlich? Weil du dich wegen deiner Mom und deiner Herkunft ablehnst, war er so freundlich, dir den Spiegel vorzuhalten«, schmunzelte sie nicht ohne Wärme. »Ein netter Mensch. Was hätte er sonst tun sollen? Wie gut, dass er so mutig war! Das erspart dir sicher viel Ärger!«

Mir stand der Mund offen. Immer noch kicherte sie und sah in diesem Moment aus wie ein frecher Teenager, was mir nicht unbedingt Vertrauen schenkte.

»Ich würde eher sagen, es hat mir viel Ärger *bereitet*! Ich stand vor den Leuten wie der letzte Depp! Ich will gar nicht wissen, wie die sich danach die Mäuler zerrissen haben!«

»Ach!«, meinte sie ehrlich verdutzt. »Ist das deine erste Sorge? Was waren denn das für Gäste? Wolltest du deinen schönsten Tag nicht mit Menschen feiern, die dir wohlgesonnen sind und sich mit dir freuen?«

»Doch, natürlich, aber …«

»Na, dann hatten doch alle bestimmt Mitgefühl mit dir.«

Auch diese Worte ließen mich innehalten. Ja, das stimmte, ich hatte viel Mitgefühl erfahren. Mona, Theo, Helena, Wagner … Ich war verwirrt, aber mein Kopf völlig auf Abwehrstellung justiert, und so machte ich mir klar, dass ich hier mit einer Inderin saß, die vom Leben im Westen keine Ahnung hatte.

Verhalten erzählte ich ihr, mich auf weitere Lachsalven gefasst machend, den Rest der Geschichte. Die Wochen mit Ben, das abrupte Ende und ihr Gesicht blieb nach wie vor heiter. Sie schien von meinem Drama kein bisschen beeindruckt.

In Sekundenschnelle revidierte ich meinen ersten Eindruck von ihr, sie sei so besonders mitfühlend, saß nun sauer auf ihrer Couch und schob den längst kalten Chai von mir.

Jyoti beobachtete mich neugierig.

»So eine tolle Geschichte!«, sagte sie, als hätte ich ein Happy End präsentiert. »Und nun bist du hier, um deine Freunde zu sehen? Warum?«

»Das ist eine Frage, die ich nicht wirklich beantworten kann«, antwortete ich gereizt. »Ich habe einfach den Flug gebucht. Wahrscheinlich wäre es sinnvoller gewesen, mir einen Job in Deutschland zu suchen, statt die Zeit zu vertun.«

»Dann hättest du doch Schottland nie kennengelernt und auch nicht Ben!«

»Ja, eben! Vielleicht ginge es mir dann besser«, erwiderte ich trübselig. Der Gedanke an Ben hob meine Stimmung nicht gerade. Sie beäugte mich so neugierig, als sei ich ein seltenes Tier.

»Unglaublich«, meinte sie und schüttelte den Kopf.

»Was?«

»Wie undankbar du bist! Da lernst du einen so tollen Mann kennen und hast so tolle Erlebnisse mit ihm … er zeigt dir Schottland, lädt dich in ein Schloss ein, ist mit dir auf diese Lichtung gegangen – das war bestimmt sein geheimer Ort! – und du sagst, du hättest ihn am liebsten nie kennengelernt?«

Ich war wie vor den Kopf gestoßen. Verflixt, sie hatte recht! Hätte ich wirklich auf all das verzichten wollen? Noch dazu wirkte Jyoti in diesem Moment zum ersten Mal streng und sie hatte sich in einer Klarheit geäußert, die mir ihre natürliche Autorität und eine unerschütterliche Sicherheit offenbarten. Durch all das drang ihre sprudelnde Freude, die die Welt in ein humoriges Licht zu tauchen schien, die wie Kohlensäure nach außen spritzte und alles benetzte, ganz von allein und ohne die Absicht, jemand bestimmten treffen zu wollen.

Da Freude mich schon immer fasziniert hatte, war nun ich diejenige, die sie interessiert musterte.

»Tut mir leid«, murmelte ich schließlich geknickt und sah zum Fenster hinaus. »Ich vermisse ihn einfach. Ich vermisse ihn schrecklich. Ich würde gern wissen, wo er ist und was er denkt. Mein Herz tut so weh. Und wenn etwas wehtut, dann wünscht man sich das eben weg. Aber du hast recht. Ich möchte keine Sekunde mit ihm missen.«

»Wen vermisst du denn?«, fragte sie neugierig. »Auch Tobias oder nur Ben?«

»Ben«, sagte ich leise. »Aber das hat wohl wenig Hoffnung …«

»Dann war es noch besser, dass Tobias ›Nein‹ gesagt hat, nicht?«, unterbrach sie mich mit einem leichten Lächeln. »Ben ist eine solche Perle in deiner Erinnerung. Die Zeit mit ihm wird immer ein wunderbares Kleinod sein.«

Ihre Worte stachen in meiner Brust.

»Aber ich will nicht, dass er nur eine Erinnerung bleibt! Warum musste das so enden?«, begehrte ich erstickt auf. »Warum musste ich wieder am Jackpot vorbeischrammen? Verstehst du, das nervt mich!«

»Du bist zu voreilig mit deinen Schlüssen.« Sie klang in diesen Sekunden weder amüsiert, noch waren Grübchen in ihren Wangen zu sehen. Sie war sogar sehr ernst. »Du weißt doch noch gar nicht, was Gott mit dir vorhat!«

Diese Worte waren mir alles andere als ein Trost, im Gegenteil, sie brachten in mir ein Fass voller Unmut und Frust zum Überlaufen.

»Aber ich will nicht, dass Gott etwas mit mir vorhat!«, rief ich finster. »Er soll mich in Ruhe lassen! Er soll mir nicht ständig in meine Pläne funken! Ich will mein Leben selbst in die Hand nehmen und steuern dürfen!«

»Aber das kannst du doch … das eine schließt das andere doch nicht aus.«

»Warum sollen wir dann auf ihn hören? Warum erschafft er so viel Leid? … und überhaupt … davon ausgehend, dass Gott alles erschaffen hat …« Ich redete mich in Rage. »…warum lässt er dann *uns* leiden? Warum leidet *Gott* nicht für das, was er erschaffen hat?«

Mit großen Augen sah Jyoti mich an, bar jedes Verständnisses und sagte erst mal gar nichts. In der kläglichen Annahme, sie endlich schachmatt gesetzt zu haben, kam ihre Antwort in Form einer Frage:

»Und was glaubst du, wer *du* bist?«

Das verschlug mir die Sprache.

Ich habe ihre Worte heute noch im Ohr, die dunkle Stimme, diese Verwunderung, getränkt mit einem Hauch von Belustigung:

»And who do you think you are?«

»*Du* bist doch der Schöpfer deiner Welt. *Du* bist doch das allerhöchste Selbst«, sagte sie leise und beugte sich etwas vor. »Ist das nicht der Grund, warum du hier bist? Dass du das lebst und erkennst?«

Unsere Augen trafen sich und ihr Blick war sengend heiß. Ich brachte keinen Ton hervor.

»Und was Ben angeht«, fuhr sie fort. »Weder weißt du, ob er ein Jackpot ist, noch, ob du daran vorbeigeschrammt bist. Wieso verurteilst du die Situation, obwohl du deren Ausgang noch gar nicht kennst? Warum holst du nicht das Gute aus dem Geschehenen heraus? Kann es sein, dass du dir allein dadurch Chancen verbaust, weil du sie vor lauter Engstirnigkeit nicht siehst? Weil du nur einen Weg, eine Vorstellung im Kopf hast? Eine Vorstellung, die dir ständig nur zu sagen scheint, was du verloren, und nicht, was du gewonnen hast? Kann es sein, dass du nicht offen bist für die Vielfalt des Lebens? Siehst du nicht, dass in der Ungewissheit, die du so verdammst, eben diese Vielfalt liegt? Und tausend Chancen, die dich zum Glück führen könnten?«

Das war nur ein Teil ihrer vielen noch folgenden Fragen, die mich komplett aus dem Konzept warfen. Sie tat das so oft, bis ich keines mehr hatte. Und irgendwann, sehr viel später, erkannte ich, dass das die Grundlage für den Heilungsprozess war: das Aufgeben jedes Konzeptes, jeder Vorstellung, jeder Meinung darüber, wie denn das Leben zu laufen hätte.

***

Mit der größten Selbstverständlichkeit ergriff Jyoti danach das Kommando und ich überließ es ihr, als sei auch dies das Normalste der Welt. Warum, weiß ich nicht. Ich dachte noch nicht einmal darüber nach. Es war natürlich, dass sie die Führung übernahm, und natürlich, dass ich sie akzeptierte.

Eigentlich hatte ich lediglich eine Übernachtungsmöglichkeit bei ihr gebucht, eigentlich wollte ich doch Mona und Theo sehen, eigentlich wollte ich Pläne für den Rückflug machen, weil mich nichts wirklich hier in Indien hielt.

Aber Jyoti schob mir eine Liste hin und hatte offensichtlich einen festen Plan.

So schickte sie mich am nächsten Tag in das kleine Dorf, wo es einen Schneider und Kleiderhändler gab, der Punjabis verkaufte. Ich suchte mir sieben Stück aus. Gedeckte Farben wie Grau und Schwarz waren nicht zu haben und so musste ich auf das zurückgreifen, was sie im Laden angeboten wurde: Gelb, orange, rosa, fuchsia, grün … mit Grummeln dachte ich an Mom und an die Ironie des Schicksals, die mich jetzt zwang, bunte Farben zu tragen.

Aber erstaunlicherweise fühlte ich mich wohl darin. Die Stoffe waren leicht und luftig und vor allem, so erklärte mir Jyoti, gut fürs Meditieren, weil nichts einengte. Die Verkäuferin versuchte mir danach noch einen Sari aufzuschwatzen und legte ungefragt einen glänzenden Stoffballen nach dem anderen auf den Ladentisch. Schließlich war es mir peinlich, dauernd Nein sagen zu müssen und ich entschied mich für eine grünblaue Seide, dessen Farbverlauf mich ein wenig an mein altes Trikot erinnerte. Die Ladeninhaberin war überglücklich, nahm Maß für das Oberteil, das aus der langen Stoffbahn, aus der ein Sari ja besteht, herausgeschnitten wurde, und versprach mir zu zeigen, wie man ihn faltete und trug.

Danach kaufte ich eine kleine Decke und einen Schal aus leichter Wolle fürs Meditieren und ging zurück zu Jyotis Haus.

Sie hatte mich lange schlafen lassen und es hatte gutgetan. Langsam erwachten meine Lebensgeister wieder und ich nahm die delikate, geradezu erhabene Atmosphäre in ihrem perfekt sauberen Häuschen wahr. Es war, als läge ein Schimmer über jedem Gegenstand und die Sonne, die hereinkam, machte alles zusätzlich freundlich und hell.

Am späten Nachmittag ließ sie mich meinen Rucksack packen … mit den neu erworbenen Meditationssachen und einer Flasche Wasser.

»Wir wandern ein bisschen«, meinte sie. »Beim Laufen sind die Gedanken beweglicher. Ich zeige dir, wo die Meister der letzten Generationen begraben liegen.«

Die Sonne stach vom Himmel. Wegen der letzten Monsunregenfälle war die Luftfeuchtigkeit sehr hoch und Jyoti schritt mit kräftigen Schritten zügig voran. Es war anstrengend, mit ihr Schritt zu halten, und ich konzentrierte mich darauf, nicht zu weit zurückzubleiben. Noch dazu fing sie während des Laufens ein Gespräch an.

»Was hast du denn mit deinem Leben jetzt so vor?«, wollte sie wissen.

»Zunächst möchte ich gerne meine Freunde hier treffen und danach wieder zurückfahren … mir einen Job suchen und meine Ziele erneut angehen«, erklärte ich.

»Welche Ziele denn?«

»Geld verdienen, Karriere machen, mir ein gutes Leben aufbauen.«

Und Ben suchen, dachte ich bei mir.

»Was?«, rief Jyoti verdattert und blieb stehen. »Du hast dasselbe noch mal vor? Bist du nicht hierhergekommen, um das zu lösen, was dich bislang unglücklich gemacht hat?«

»Ähm, eigentlich ist das nicht der Grund, warum ich hier bin«, erwiderte ich unsicher. »Ich meine, klar will ich glücklich sein, aber …«

»Dann ist das doch das Naheliegendste!«, unterbrach sie mich. »Da bist du hier in einer besonderen Gegend und machst nichts draus? Das Leben hat dich hierhergeführt und du willst wieder nach Hause fahren und alles wiederholen? Das heißt, du hast dein Auto in den Schlamm gefahren, und alles, was dir dazu einfällt, ist, ein bisschen Pause zu machen und dann umso mehr Gas zu geben? Macht ihr das im Westen öfter so?«

»Und was soll ich deiner Meinung nach tun?«, antwortete ich, erneut konsterniert über diesen so fordernden Gesprächsbeginn.

»Was muss man denn tun, wenn man den Karren in den Dreck gefahren hat?«

»*Ich*? Nur, um das mal klarzustellen: Ich habe keinen Karren in den Dreck gefahren!«

»Wer sonst, wenn nicht du? Es war doch dein Leben, von dem du mir die letzten zwei Tage erzählt hast, und nicht das eines anderen, oder?«

Der Schalk blitzte in ihren Augen und sie war wie so oft amüsiert. Vielleicht über meine Dummheit, wer weiß.

»Hör mal«, verteidigte ich mich missmutig, »wenn es nach mir gegangen wäre, wäre ich jetzt verheiratet und würde eine Menge Geld verdienen!«

Ich verstummte abrupt. Der erste Teil der Aussage hatte an Bedeutung verloren seit Ben. Und umso gewichtiger war Jyotis nächster Satz.

»Es geht ja nach dir, nach wem denn sonst? Du jammerst, obwohl du noch gar keinen Überblick hast! Du schaffst nur noch mehr Ballast mit diesen Gedanken, statt die Hände leer zu machen.«

Mir fiel dazu nichts Sinnvolles ein, also schwieg ich.

»Und wer weiß, wovor es dich bewahrt hat, dass Tobias ›Nein‹ gesagt hat«, erklärte sie und legte ihre leichte Hand auf meinen Rücken. »Wie hätte das gehen sollen? Du warst dabei, zwei Fulltime-Jobs zu machen, und er auch. Vielleicht wäre der Frust nach einem Jahr noch viel größer gewesen als jetzt. Vertrau doch mal. Vertrau doch, dass du die Dinge lösen kannst«.

»Jyoti, ich weiß nicht, wie«, sagte ich mutlos und von ihren Worten betroffen. »Ich habe schon so viel versucht.«

»Was würdest du gern lösen wollen?«, fragte sie mich. »Wo siehst du denn das größte Problem?«

»Ja, wenn, dann würde ich gerne verstehen, warum ich nicht bekomme, was ich will! Warum sich alles im letzten Moment in nichts auflöst!«, platzte es aus mir heraus.

»Und was willst du?«

»Dass das Leben einfach mal leicht läuft? Dass man nicht immer so kämpfen muss? Dass es mir nicht immer wieder die Dinge, die ich aufbaue, wegnimmt? Dass es das Leben mal gut mit mir meint?«

Völlig verständnislos sah sie mich an.

»Aber das tut es doch!«, rief sie. »Dein Leben ist so reich!«

»Ja, aber dieses letzte Quäntchen fehlt immer, verstehst du? Es stürzt alles immer wieder in sich zusammen. Ich will wirklich nicht undankbar sein … aber ja … vielleicht ist es wirklich dieser Jackpot, auf den ich hoffe.«

»Aber wie sieht der genau aus? Dein Leben war doch bisher voller Jackpots!«

»Nein, das war es nicht! Die Jackpots sind komplett ausgeblieben!«

»Uff! Das ist ja, als ob du dauernd nur Asche auf alles streust und sagst: Das ist schlecht … und das war nicht gut genug … und das hier hätte besser laufen sollen …« Sie wackelte mit dem Kopf. »Hast du nicht Geld verdient? Waren deine Erlebnisse mit Ben nicht schön? Sind deine Kollegen und die Erfolge, die du hattest, auch nichts wert? Wer ist es denn, der die Dinge wertvoll oder wertlos macht?«

Ich stutzte und blieb stehen.

»Aber mir kommt es so vor, als hätte ich sechs Richtige auf dem Zettel, nur um festzustellen, dass ich mich getäuscht habe!«

Wieder rief ich mir ins Gedächtnis, dass sie eine Inderin war, die unser westliches Leben nicht kannte und unter ganz anderen Bedingungen lebte. Sie musste es ja schon als Jackpot empfinden, wenn man mal im Abendkleid Champagner trank!

»Und außerdem«, fuhr ich fort »…will ich einen Jackpot, der bleibt, der nicht wieder geht! Letztlich ist es so, dass ich keinen Job mehr habe – was nicht das Thema ist. Ich meine, ich finde schon wieder was. Aber ich hatte mich so gut hochgearbeitet und dann zerschellt es. Ich finde einen Mann -– und er heiratet mich nicht!«

»Ja, aber dafür hast du doch gleich den Nächsten kennengelernt. Und was für einen Wonneproppen! Wo ist das Problem?«

»Dass der auch weg ist! Wir hatten nur vier Wochen!«

»Du urteilst zu vorschnell«, tadelte sie mich. »Du kannst doch noch gar nicht wissen, wie diese Episode endet. Aber du könntest jetzt schon das Schöne daraus extrahieren. Das hilft dir eher im Leben zurechtzukommen als das Gerede über einen Jackpot, das in dir nur Mangel produziert. Und du könntest einfach neugierig bleiben … zum Beispiel auf die Vielfalt Gottes … oder des Lebens, was dasselbe ist. Und dir nicht ständig selbst die Stimmung so verderben.«

»Das fällt mir wirklich sehr schwer«, sagte ich frustriert. »Schau, wenn dir jemand vor vielen Leuten sagt, dass er dich nicht will … das tut weh. Das kann keiner ändern.«

»Und warum akzeptierst du es nicht einfach?«

»Was?«

»… dass es wehtut. Es tut weh. Ja, okay. Aber ist es dir möglich, einen Schritt zurückzutreten und sich das Gefühl anzuschauen? Möchtest du das nicht einfach mal versuchen, Greta?«

Verständnislos sah ich sie an und sie fuhr fort:

»Ich meine, kannst du dich nicht einfach mal so stehen lassen – mitsamt deinem schlechten Gefühl?«

»Aber … tue ich das nicht?«

»Nein, du wehrst dich dagegen. Und das macht den eigentlichen Schmerz aus. Das macht ihn zur Dauereinrichtung.«

»Willst du damit sagen, das Sich-Wehren gegen einen miesen Gedanken ist schlimmer als der miese Gedanke selbst?«

»Ja!« Jyoti war erfreut. »Genau so ist es. Es ist dieser Gedanke, dass du den Gedanken nicht haben sollst, der geheilt werden muss, nicht dein Herz. So viele Menschen sagen, sie müssten ihre Seele oder ihr Herz heilen. Aber es ist nur dieser Gedanke, der Heilung bedarf, denn er ist es, der Entfremdung verursacht. Dein Herz ist immer gesund.«

»Und wie werde ich einen Gedanken los?«, fragte ich noch mutloser. »Das ist mir noch nie gelungen. Eher ist es so, dass er sich noch verstärkt, je mehr ich mich dagegen wehre.«

Jyoti lachte.

»Sagte ich doch! Genauso läuft das. Du kannst deine Gedanken nicht loswerden. Oder deine Gefühle. Du hast sie nun mal. Und sich dagegen wehren oder in der Meditation versuchen, frei davon zu werden, ist ein ewiger Kampf. Das missverstehen die Leute so oft.«

»Ja, genau das verstehe ich gerade auch nicht«, gab ich zu. »Ist der gedankenfreie Zustand nicht das Ziel der Meditation?«

»Gedankenfrei heißt, dass man von den Gedanken frei ist. Nicht frei von Gedanken. Das ist ein großer Unterschied.«

Eine leichte Ahnung kam in mir hoch. Wieder sah sie mich mit diesem verständnisvollen Lächeln an, das zwischen Schmunzeln und Lachen angesiedelt war.

»Das erinnert mich an eine Geschichte«, sagte sie. »Da liefen zwei Männer an einem Fluss entlang und plötzlich sah der eine von ihnen ein kostbares Bärenfell auf dem Wasser treiben. Er sprang hinein und wollte es herausholen. Aber als er das Fell packte, merkte er, dass es kein Fell, sondern ein lebendiger Bär war. Sein Freund sah vom Ufer aus zu und schrie: ›Warum lässt du denn nicht los? Lass doch den Bären los! ‹, worauf der Mann zurück schrie: ›Das will ich ja! Aber der Bär lässt mich nicht los!‹«

Ich lachte wacklig.

»Ja, das ist es! Die Gedanken lassen mich nicht los!«

»Und das müssen sie auch nicht«, antwortete sie. »Es ist nur wichtig, zu erkennen, dass ein Gedanke ein Gedanke ist. Unter Milliarden von Gedanken. Warum pickst du die raus, die dir wehtun?«

»Weiß ich nicht«, sagte ich ehrlich. »Ich weiß nicht, warum wir … oder ich … so zum Schmerz neigen.«

»Das ist nichts anderes als eine Konditionierung«, erwiderte sie. »Schau, unsere Meinungen, Überzeugungen, Neigungen und Abneigungen, unsere Reaktionen und Wahrnehmungen sind Teil früherer Programmierungen. Wir glauben, das komme alles aus unserem Inneren, es käme von uns, aber das stimmt nicht. Meistens ist dieses Wissen von anderen entliehen. Und von dieser Konditionierung müssen wir uns befreien.«

Meaney zuckte durch meinen Kopf.

»Und das geht?«, fragte ich leise. »Kann man sich davon befreien?«

»Ja, dafür sind wir hier. Und das geht nur mit Disziplin.«

Sie beobachtete meinen Gesichtsausdruck und deutete ihn richtig. Sie brach wieder mal in Lachen aus.

»Ein unschönes Wort, ich weiß«, feixte sie. »Ich weiß genau, was du denkst! Aber ich meine nicht die militärische Disziplin oder die mancher Menschen, die ihren Geist malträtieren, weil der Geist eben tut, was er tut: Er produziert Gedanken, das ist sein Job! Nein, das meine ich nicht.«

»Was dann?«, fragte ich, inzwischen mehr als bereit, mich zu öffnen, für das, was sie mir bot.

»Im Yoga bedeutet Disziplin ›Reinigung‹. Dich eben von diesen Konditionierungen zu befreien, damit du auf deine Quelle stößt, auf die Energie, die dich geschaffen hat.«

»Aber was mache ich mit den Gedanken und Gefühlen in mir?«

»In der Bhagavad Gita steht ein hilfreicher Vers«, antwortete sie: *»Dem Weisen, der Yoga erlangen will, wird Handeln als Mittel genannt; Für den, der den Yoga schon erlangt hat, wird Stille als das Mittel genannt.* Kannst du das verstehen?«

»So ein bisschen. Ich muss also etwas tun, weil ich noch nicht so weit bin?«

»Ja, das hat dir Ben schon gesagt. ›Cut the mind with the mind‹«. Und als ich daraufhin nichts sagte, meinte sie:

»Wie wäre es, wenn du zum Beispiel dein Leben mal ohne diese irrationale Business-Flight-Präsidentensuite-Upgrade-Hoffnung leben würdest? Machst du dir damit nicht selbst unnötigen Stress?«

»Ich wünsche es mir halt. Das ist auch so ein Ding. Es wäre einfach schön, wenn es passiert.«

»Aber warum sollte das Leben dich upgraden? Das wäre doch die komplett falsche Botschaft!«

»Warum ist das eine falsche Botschaft?« Verblüfft starrte ich sie an.

»Weil *du* dich nicht upgradest. Weil du aus einem Mangelgefühl heraus Erfolg willst und dich dann wunderst, dass am Ende nur wieder Mangel übrig bleibt. Weil du dich schlecht fühlst wegen deiner Herkunft und dich selbst ablehnst und dich darüber ärgerst, wenn die Leute das auch tun. Weil du Dinge festhalten willst und dein Leben damit nicht fließen lässt. Weil du dauernd Angst hast, es könnte dir wieder schlecht gehen. Voila! Dein Spiegel. Deswegen wäre es die falsche Botschaft.«

Wieder war sie stehen geblieben und ihr schwarzer Blick traf mich. Sie schien durch mich hindurchzusehen, dahin, wo ich nicht hinsehen konnte, und ihre Augen waren wie ein Brunnen, in den ich fiel.

»Schau, du hältst den Spiegel für die Realität. Du hast das Bild darin erschaffen – und jetzt schreist du das Spiegelbild an.«

»Das verstehe ich nicht so ganz«, gab ich zu. »Ich meine, ich weiß, dass Gedanken sich materialisieren, daher war ich ja von Beginn an damit beschäftigt, mir Persönlichkeitsseminare reinzuziehen und mich im positiven Denken zu üben.«

»Tja, besonders nachhaltig scheint das nicht gewesen zu sein«, konstatierte sie trocken.

Wir liefen durch ein kleines Dorf. Bettler saßen zuhauf am Straßenrand, mit freundlichen Gesichtern, zahnlosem Lächeln.

Danach ging es stetig bergauf, bis wir an einer kleinen Hütte angekommen waren, die halb verfallen auf einem Hügel stand.

»Hier wurde sehr oft meditiert«, sagte sie. »Spürst du die Energie?«

Ich spürte nichts. Wahrscheinlich war ich zu sehr in meinen Gedanken gefangen. Wir setzten uns mit dem Rücken an die Mauer, in den Schatten eines Mangobaumes, und packten ein paar Sandwiches aus.

»Warum war es nicht nachhaltig?«, hakte ich nach.

»Weil selbst deine positiven Gedanken aus Angst geboren sind. Wie kann man positiv denken, wenn man gleichzeitig Angst vor etwas hat?«, fragte sie mich und die Grübchen in ihren Wangen vertieften sich.

»Wie soll ich meine Ängste besiegen, wenn nicht mit positiven Gedanken?«, gab ich zurück. »Das ist das, was ich gemacht habe. Ich habe viele, viele gute Gedanken in die Waagschale gelegt. Tag für Tag – und was hat es mir gebracht? Nichts!!«

Sie gab einen schnalzenden Laut von sich.

»Greta, du weißt sehr gut, dass es dir was gebracht hat. Du hast doch Dinge erreicht! Aber hast du sie auch geschätzt? Voller Dankbarkeit? Wie hast du dich denn gefühlt, als der Senior vor der Tür stand?«

»Müde«, antwortete ich spontan. »Irgendwie auch trotzig. So nach dem Motto: Leben, jetzt gib mir endlich, was ich will.«

»Und was hast du dem Leben gegeben?«, fragte sie sanft zurück.

»Meinen vollen Einsatz!«

»Oder deine Angst. Deine Verzweiflung«, stellte sie ungerührt fest. »Eben das, was deinem Gerenne zugrunde lag.«

»Ist es denn falsch, etwas zu wollen?«, fragte ich frustriert. »Ich meine, ich weiß, dass es immer heißt, echtes Glück brauche keine äußeren Bedingungen, aber ich möchte nun mal einen bestimmten Rahmen. Was tue ich, wenn das, was ich zu meinem Glück brauche, nicht da ist?«

»Dann brauchst du es nicht, um glücklich zu sein.«

»Ach Jyoti, das hört sich schrecklich an. Es ist doch so, dass ich unglücklich bin, *weil* ich nicht habe, was ich brauche.«

»Nein, du bist unglücklich, weil du meinst, etwas zu brauchen, was du nicht hast.«

»Okay«, sagte ich ein wenig genervt. »Das heißt, dass ich darauf verzichten soll?«

»Nein, nicht ganz. Du musst nicht darauf verzichten, du solltest nur versuchen, schon ohne das glücklich zu sein. Du solltest dich von dem Gedanken trennen, dass es etwas zu deinem Glück beiträgt.«

»Aber das tut es! Wenn ich etwas will … sagen wir mal ein Ziel, das ich erreichen will … oder …« Ich räusperte mich. »… eine Person, die …«

»Die du liebst«, half sie mir und hatte schon wieder dieses Lachen im Gesicht, das mir nach und nach jede Scheu nahm.

»Ja«, atmete ich aus. »Genau. Und wenn ich das will und nicht habe … dann bin ich nicht glücklich.«

»Ja, das sind die falschen Gedanken dieser Welt«, sagte sie seufzend. »Aber falschen Gedanken muss man nicht glauben.«

»Es ist kein falscher Gedanke. Es ist eher ein Wunsch, eine Sehnsucht … etwas, wonach mein Herz ruft.«

»Das ist vollkommener Quatsch«, erwiderte sie. »Das denken die Leute immer … dass es ihr Herz ist, das danach ruft. Aber dein Herz *ist* glücklich. Jetzt schon. Es braucht gar nichts.«

Völlig verwirrt starrte ich sie an. »Das verstehe ich nicht«, gab ich zu.

»Es ist ganz einfach. Wenn du etwas brauchst, wirklich brauchst, dann kommt es zu dir. Alles, was du brauchtest, ist zu dir gekommen. Du musst das nur erkennen, statt es zu verdammen. *Für den, der Vollkommenheit will, ist Handeln das Mittel* … und du hast gehandelt. Das war doch gut!«

»Aber es ist nicht herausgekommen, was ich wollte«, wiederholte ich. »Trotz der positiven Gedanken an das Ergebnis. Und wie habe ich versucht, mich selbst positiv zu beeinflussen!«

»Ja, und es hat ein Teilergebnis gebracht, das du noch nicht einmal anerkennst. Und dann wirbeln die Gedanken nur so in deinem Kopf herum: Ich muss noch mehr positiv denken! Ich muss noch dies und das schaffen! Wenn ich erst mal … und so weiter. Aber letztendlich erhöhst du doch nur deine Gedankenflut. So nach dem Motto: Ich habe Angst! Nein, ich darf keine Angst haben! Es wird alles gut! Es wird doch nicht gut! Was ist denn jetzt schon wieder passiert … du meine Güte, was für ein Gejaule! Du musst ja ganz müde davon sein!«

Betroffen sah ich sie an und ungewollt schossen mir tatsächlich die Gedanken in den Kopf, die ich während der Beziehung mit Tobias genährt hatte: Hoffentlich findet er nie heraus, woher ich komme. Hoffentlich kommt er nie mit Mom in Berührung. Nun, er hatte es nicht nur herausgefunden, auch Mom war mit ihm in Berührung gekommen. Und Tobias hatte genauso reagiert, wie ich befürchtet hatte.

Und als Ben so überstürzt hatte abreisen müssen: Hoffentlich ist das nicht wieder eine Geschichte, in der mir das Leben nur kurz die Zuckerstange hingehalten hat.

Nein, das wollte ich nicht wahr werden lassen! Ich wollte einen Ausweg aus diesem Denken. Schnell! Denn Ben war mir wichtig – und ach, waren die Gedanken schon wieder: Ich hatte Angst, dass etwas Schönes an mir vorbeisegelte, ohne dass ich die Chance hatte, es zu fangen.

»Ja, aber was soll ich tun?«, fragte ich hilflos. »Ich möchte einfach anders leben als meine Mom und …«

»Na ja, viel Unterschied ist da nicht – im Wesentlichen«, schockierte sie mich erneut. »Deine Mutter suchte Glück im Sex und einer darin vermeintlichen Freiheit, du suchst Glück im Erfolg und einer darin vermeintlichen Freiheit. Wo ist der Unterschied? Nur weil du das äußere Objekt geändert hast, meinst du, du wärst besser? In welcher Hinsicht? Und wohin hat dich denn deine Einstellung letztendlich gebracht?«

Ich schwieg eine Weile. Dann sagte ich trotzig:

»Hierher. Zu dir. Ich suche nach Antworten. Das ist doch schon mal was.«

Ihr Gesichtsausdruck wurde weich.

»Ja«, lächelte sie. »Das ist sogar sehr viel.«

»Trotzdem«, fing ich wieder an und atmete tief ein. »Diese Angst, dass mir das Schicksal dauernd eine reinwürgt und ich nichts dagegen tun kann, macht mich wahnsinnig! Es frustriert mich!«

»Greta«, sagte sie daraufhin sanft: »… ich provoziere dich ganz bewusst. Aber ich möchte, dass du eines weißt: Das, was du in deinem Leben erreicht hast, *ist* gut. Du hast dir eine gute Umgebung geschaffen. Du bist fleißig … du arbeitest, auch an dir, du hast die Gelegenheiten in deinem Leben alle ergriffen. Dein Trainer … deine Lehrerin … du hast die Botschaften gehört und umgesetzt. Du möchtest anderen Menschen helfen, das zurückzugeben, was du bekommen hast, und du bemühst dich, positiv zu denken und zu handeln. Das ist alles sehr, sehr gut.«

»Habe ich letztlich doch zu wenig positive Gedanken gehabt?«

Jyoti wackelte mit dem Kopf.

»Gute Gedanken sind ein Anfang«, unterbrach sie mich. »Aber sich all der Gefühle im Inneren bewusst zu werden – das ist die wahre Freiheit.«

»Jyoti, ich bin mir meiner Gefühle bewusst und manche machen mich nicht froh. Dieses Bewusstsein hilft mir nicht weiter.«

»Aber das ist doch genau der Weg!«, lachte sie überrascht. »In deiner Antwort liegt doch schon die Lösung! Du sagst, die Gefühle, die du hast, machen dich nicht froh! Da liegt doch alles auf dem Silbertablett! Welche Gefühle sind das?«

»Frust und Wut«, antwortete ich. »Auf das Leben. Weil es mir nicht gönnt, was ich will.«

Sie legte den Arm um mich und Hitze durchströmte mich, als ob mein Blut kochen würde. Der Schweiß lief mir auf einmal in Bächen den Rücken hinab. Ich spürte, wie mein Körper diese Hitze absonderte, und es war mir peinlich, weil mein Punjabi feucht wurde. Aber Jyoti schien sich nicht daran zu stören.

»Eines solltest du an dieser Stelle auf jeden Fall schon mal verinnerlichen, Greta. Das Leben gönnt dir alles! Es gönnt dir dein ganzes Glück! Gott hat die Welt nicht dafür erschaffen, damit du nur in ihr lebst, sondern dass du dein Glück darin findest. Kannst du dir das einfach mal zu Herzen nehmen? Dieses Vertrauen zu haben, dass das Leben nicht dein Feind, sondern dein Freund ist? Dass auch die Gefühle, die du in dir hast, deine Freunde sind und nichts, was du bekämpfen musst? Weil sie dir zeigen, was dein Projektor, dein Geist produziert? Welche Filmrolle er abspielt? Deine momentanen Gefühle sind das, was gesendet wird. Wenn du also etwas anderes auf die Leinwand deines Lebens projizieren willst, musst du dich um den Projektor kümmern. Und wenn du dir deiner Gefühle nicht wirklich bewusst bist, kommt eben das raus, was du reingegeben hast. Was ist bisher herausgekommen? Das weißt du selbst. Darüber hast du dich ja eben beschwert.«

Ich blieb stumm, die allgegenwärtige Frage nach der Umsetzung in meinem Kopf. Jyoti griff indes von einer anderen Ecke aus an:

»Schau«, sagte sie behutsam. »Es gibt ein Gesetz im Leben und das heißt: Sobald man etwas oder jemandem hinterherrennt, läuft es vor einem davon«.

»Das habe ich aber anders gelernt« erwiderte ich.

»Aha – und wie? In der Praxis oder der Theorie?«

»Beides«, beharrte ich und wurde rot. »Wenn man etwas will, muss man es verfolgen. Wie soll ich es sonst erreichen?«

»Und du hast alles erreicht, was du wolltest? Dann ist doch alles gut.«

Puff. Schon wieder Schachmatt! Verflixt, das ging so schnell bei ihr! So langsam revidierte ich meine Ansicht über Inderinnen, die vom Westen keine Ahnung hatten.

»Ja, gut, ich hab's vergeigt«, grummelte ich und sah sie verstört an. »Es ist mir zwischen den Fingern zerronnen. Das ist die Wahrheit. Und der muss ich mich wohl stellen. Das ist auch ein Gefühl in meinem Inneren. Das Gefühl, versagt zu haben. Das Gefühl, echten, dauerhaften Erfolg, echtes, dauerhaftes Glück nicht wert zu sein.«

»Oh«, machte sie und legte instinktiv ihre Hand auf meinen Arm. »Oh, wie ehrlich! Und wie traurig! Du bist doch das Großartigste, das Gott je erschaffen hat.«

Nun vollkommen verwirrt sah ich sie an.

»Ist das nicht gewaltige Ego-Inflation?«

»Nein, weil jeder Mensch das Großartigste ist, was Gott erschaffen hat.«

»Was heißt das? Dass jeder sich großartig fühlen sollte, egal, was seine Umstände ihm gerade sagen?«

»Ja«, sagte sie unumwunden. »Hervorragend! Du kannst die Umstände nutzen, solltest dich aber nicht mit ihnen identifizieren.«

Nun lächelte sie mich an. Ihre Hand lag inzwischen auf meinem Knie und auch das entwickelte eine enorme Hitze. So langsam wurde sie mir unheimlich.

»Das ist die einzige Basis, von der aus es weitergehen kann«, erklärte sie. »An die eigene Großartigkeit zu glauben. Es gibt Milliarden Arten von Glück, und doch gibt es nur eines.«

Vollständig durcheinander wartete ich auf Erklärung.

»Das einzig wahre und echte Glück ist dein Herz«, erläuterte sie mir ernst. »Dein Inneres. Diese Energie, die alles erschafft. Wir in Indien nennen sie Shakti. Und diese Shakti hat zum Universum, zu deinem Leben, zu dir, dieselbe Beziehung wie Strom zu elektrischen Geräten. Diese Quelle zu spüren, aus ihr zu leben. Das ist das Ziel.«

»Aber es kommen so viele andere Kräfte dazwischen«, warf ich ein.

»Nein, das stimmt nicht«, erwiderte sie sehr bestimmt. »Das ist die erste Täuschung: der Glaube an zwei oder mehrere Kräfte. Es gibt nur eine. Deine Quelle, dein Herz, dein Inneres, dein Selbst, dein Gott. Nur die Wege, die zu ihm führen, sind so individuell wie jeder Mensch auf dieser Welt. Und auch die Art, wie man dieses Glück lebt, ist so individuell, wie es Sandkörner auf der Welt gibt. Aber die Quelle ist immer die gleiche. Kannst du dem ein bisschen folgen?«

Ich nickte.

»Das Endziel ist das innere Glück, das Glück, das keine Bedingungen braucht, das unabhängig ist von Umständen, Situationen, Personen, Gewinn, Verlust und was es nicht alles an Ablenkungen in der Welt gibt. Verstehst du das?«

Eindringlich sah sie mich an, ich spürte, dass sie deutlich meinen Widerstand erkannte.

»Wie gesagt«, hakte ich ein. »Ich will auf gewisse Dinge nicht verzichten. Ich will einen bestimmten Rahmen, den Mann, den ich liebe und der mich liebt … und immer, wenn ich davon höre, dass es ein unabhängiges Glück gibt, fühle ich mich schlecht, weil man alles andere nicht haben können sollen dürfte.«

Sie lachte laut auf.

»O ja«, seufzte sie. »Das liebe Ego!«

»Was hat das Ego damit zu tun?«

»Weil es das Ego ist, das dich geißelt. Diese Energie in dir hat keine Meinung über die Dinge und sie verurteilt nichts. Sie verurteilt auch dich nicht. Wie sollte sie!? Das macht alles das Ego. Es türmt schlechte Gefühle zu einem Berg auf, indem es sagt: Du solltest aber nicht … du hast schon wieder … wie kannst du bloß …! Aber wie vorhin erwähnt: Alle Gefühle, die du hast, führen dich zu diesem Glück. Das ist das große Missverständnis in dieser Welt. Die Menschen verurteilen sich für ihre Gedanken und Gefühle, dabei sind sie der Weg in ihr Inneres, denn sie sagen ihnen, wo der Schuh drückt. Deshalb ist es nicht gut, wenn du deine Ängste und negativen Gefühle wegschiebst. Nein, du sollst sie dir anschauen, du sollst sie dir bewusst machen – und auflösen. Das machen wir mal die nächsten Tage, okay?«

Wieder nickte ich, gefangen in der Ausstrahlung ihrer Klarheit und der Wärme, die trotz der ernsten Worte durchdrang, sich in ihren Grübchen und dem Zwinkern in ihren Augen ausdrückte. Jyoti war personifizierte Lebensfreude, etwas, was mich unwiderstehlich anzog.

»Alles, was wir tun, ist, dich wieder zu deiner Quelle zu bringen«, erklärte sie mir. »Oder wie Ben es so schön gesagt hat: Mit einem sauberen Putztuch den Spiegel reinigen, damit sich deine Quelle wieder im Außen spiegeln kann. Und je mehr du diese Quelle nährst, umso ergiebiger wird sie, umso mehr erschließt sie sich dir. Das ist das Faszinierende daran. Schau, wenn du nur eine Wasserpfütze hast und davon Wasser schöpfst, dann ist die irgendwann mal leer. So geht es Menschen, die dauernd nur dem Außen hinterherrennen und ihr Glück nur dort suchen. Ich habe in einem Buch den wunderschönen Satz gelesen: ›Vergnügen ist der Versuch, sich mit etwas anzufüllen, Freude ist das, was du bist‹ [3]«.

»Das hört sich schön an«, sagte ich und merkte, dass ich einen Kloß im Hals hatte. Wie oft hatte ich Freude an anderen bewundert und sie nicht in mir gefunden. Ich erkannte, dass diese Sehnsucht tiefer ging, als mir bewusst war.

Wie immer beobachtete mich Jyoti. Als ob sie ein Arzt wäre, der mir verschiedene Medikamente verabreichte und deren Wirkung studierte.

»Warum kann man diese Quelle nicht mehr spüren?«, fragte ich. »Warum geht das verloren?«

»Sie ist ja nicht verloren«, sagte sie vergnügt. »Stell dir einen Brunnen vor, von dem Menschen jeden Morgen kühles, glasklares Wasser aus der Tiefe der Erde holen, angereichert mit allem, was sie brauchen – eine Quelle der Reinheit. Aber wenn niemand mehr kommt, um von dieser Quelle zu trinken, was passiert dann mit dem Brunnen? Er bleibt frisch, keine Frage … bis zum ersten Vorfall oder Unfall. Vielleicht fällt ein Zweig hinein und niemand entfernt ihn. Oder jemand meint, den Brunnen als Abfalleimer benutzen zu können, und wirft seinen Müll hinein … es gibt immer einen Anfang für so etwas. Und diese Anfänge sind manchmal gewöhnlich, manchmal dramatisch. Aber hat einmal diese Verschmutzung stattgefunden, dann geht alles sehr schnell. Wenn der Ast nicht aus dem Wasser genommen wird, wird das Wasser brackig. Dann ekeln sich die Menschen vor dem Brunnenwasser und sie gehen woanders hin, um ihren Durst zu stillen.

Was immer auch der Grund für die Kontamination war, sobald der Verschmutzungsprozess eingesetzt hat, ist es schwierig, diesen zu stoppen und rückgängig zu machen. Es ist einfacher, die Quelle sauber zu halten. Frag dich selbst: Wie oft hast du deine eigene Quelle negiert und sie im Stich gelassen? Wie sehr hast du nach anderen Quellen gesucht, die sich doch nach und nach erschöpft haben und ausgetrocknet sind? Nun hast du Angst vor all dem

Unrat, den du erst beseitigen musst, um an das klare Wasser zu kommen. Fakt ist: Das klare Wasser ist immer noch da. In den Tiefen ist das Wasser rein.

Wenn du endlich wieder anfängst, dich um deine Quelle zu kümmern, wenn du endlich deinen eigenen Wert erkennst, wenn du wissen willst, wer du eigentlich bist, dann inflationierst du damit nicht dein Ego, nein, du zeigst endlich echte Wertschätzung für dich. Dieses Gefühl der Fülle ist endlos. Du hast es gespürt. Bei deiner Kür, auf der Lichtung, mit Ben. Gott gibt dir Fingerzeige, er sieht deine Sehnsucht und sein Mitgefühl ist unvorstellbar groß. Er hilft dir. Dauernd. Aber du musst es auch sehen, statt darüber zu jammern, dass angeblich wieder etwas schiefgelaufen ist. Aber nun bist du hier, und alles ist gut.«

Ich atmete tief aus nach dieser so langen Erklärung und lehnte mich an sie. Ja, ich war hier. Und ja, es war gut. Endlich gab ich nach.

Nirantara

Jyoti forderte mich jeden Tag. Wir unternahmen viele Dinge miteinander, an die ich für immer und ewig dankbar zurückdenken werde. Sie brachte mich zu den heißen Quellen, in denen eine Menge an bedeutenden Menschen gebadet haben soll, und wieder fragte sie mich, ob ich etwas spüre. Aber außer, dass das Wasser herrlich warm und entspannend war und ich bei Baden Blick auf einen gigantischen Sonnenaufgang hatte, spürte ich natürlich wieder mal gar nichts.

Doch in der Nacht tat mir auf einmal mein Rücken furchtbar weh und immer wieder durchfluteten mich Hitzewellen, was ich allerdings nicht in Zusammenhang mit dem Bad brachte.

Jyoti gab mir ein wenig Zeit, das erste Gespräch zu verdauen, und ich war dankbar dafür.

Gemeinsam besuchten wir eine Zeremonie zum Todestag einer ihrer Heiligen. Ich beobachtete das bunte Ritual, roch den Weihrauch, beobachtete die Priester, die synchron ihre Palmwedel schwangen, lauschte den Klängen des Muschelhorns und der riesigen Pauke, deren Schläge bis in die Eingeweide drangen, und saß zufrieden auf meiner Matte in einem Tempel, während kleine Kinder um mich herumsprangen, die so zierlich und schmal waren, dass ich sie am liebsten geknuddelt hätte.

Sie waren so wie ich, als ich klein gewesen war, bis auf die Augenfarbe. Ich sprach keines an, obwohl sie mich neugierig anstarrten. Auch die indischen Frauen schauten zu mir und deuteten auf die Kinder, so als wollten sie sagen: Halt doch mal eines! Ich lächelte und begnügte mich damit, sie zu beobachten. Ja, sie waren süß mit ihren riesigen braunen Augen – und doch war da eine Barriere.

Eines aber, ein kleines Mädchen, blieb hartnäckig an mir dran. Sie hüpfte um mich herum und tippte mich mit dem Zeigefinger an, um danach wieder kichernd zurückzuspringen. Ich fühlte mich nicht ganz wohl, weil ich nicht wusste, wie man mit Kindern umging. Aber da war sie schon wieder. Ihr kleiner Finger landete auf meiner Schulter und instinktiv haschte ich mit der Hand nach ihr. Sie schrie vergnügt auf und lachte. Beim nächsten Mal berührte sie mich mit der ganzen Hand, sprang zurück, immer und immer wieder, während ich versuchte, sie zu fangen. Es war ein Spiel, aber es kam der Moment, da erwischte ich ihr kleines Händchen. Ich hatte sie, und statt sich zu wehren, wie ich das erwartet hätte, lachte sie freudig auf und setzte sich einfach auf meinen Schoß, als wäre ich ihr Thron. Zufrieden kuschelte sie ihren kleinen Rücken an meinen Oberkörper und baute meine Hände und Arme wie einen Sicherheitsgurt um ihren schmalen Körper. Es war ein seltsames Gefühl, diese Kleine da auf meinen Beinen, ihr Vertrauen zu spüren, ihren zartgliedrigen Körper an meinem. Ich warf der Mutter einen unsicheren Blick zu, aber die war mit ihren anderen Kindern beschäftigt und wohl froh, dass ich ihr eines abgenommen hatte.

Die Zeremonie begann und alle wurden still. Tiefe Flötentöne füllten den Raum.

Verwundert, verwirrt sah ich auf diesen rabenschwarzen Schopf, das kleine zierliche Wesen, das sich so vertrauensvoll an mich kuschelte und konnte nicht anders: Meine Arme schlangen sich ein bisschen fester um diesen Körper. Das Mädchen wandte leicht den Kopf zu mir und lächelte. Ich drückte ihr instinktiv einen Kuss auf das Haar und sie wandte sich wieder nach vorn. Mir war, als hielte ich mich selbst im Arm, und ein Schwall von Liebe wallte plötzlich in mir hoch. Liebe für mich. Für die kleine Greta, die ich damals gewesen war, und die so dringend nach ein bisschen Wärme gesucht hatte. Und mir wurde klar, dass ich noch nie auf diese Weise mit mir selbst umgegangen war.

***

Es war schön in diesem ländlichen Teil Indiens, es war magisch mit Jyoti, und meine Gedanken gingen oft zu meiner Mom und ihrer Sehnsucht nach dieser Fülle und dem bunten Leben. Sie gingen auch zu meinem unbekannten Dad, der irgendwo in diesem Land saß und nicht wusste, dass ich ihm vielleicht näher war, als er ahnte.

Es war auch wunderbar, mit Jyoti unterwegs zu sein. Sie zeigte mir, wie man sich in einem Tempel verhielt, was es mit den Ritualen auf sich hatte, wie man mit dem Prasad umging, das einem der Priester nach der Zeremonie, ähnlich der Hostie bei der Eucharistie-Feier, in die Hand drückte, und das oft aus gekochtem Brei bestand. Die riesige Statue eines Heiligen stand im Hintergrund und Jyoti machte mir klar, dass das Prasad von ihm käme.

»Das bringt Segen und Glück!«, lächelte sie. »Wenn man Prasad von einem Heiligen bekommt! Und wenn es ein Stein ist, den er nach dir wirft!«

»Aber er ist doch schon gestorben!«

»Heilige sterben nie!«, antwortete sie. »Und wir auch nicht! Er hat doch nur seinen Körper verlassen.«

Jyoti war immer gut gelaunt, mehr noch, sie hatte eine solch unbändige Lebenslust in sich, dass mir meine eigene Einstellung dagegen richtig kränklich vorkam. Sie lachte eigentlich immer. Für sie gab es nur Freude im Leben, kein Gut oder Schlecht, alles war gleich. Unweigerlich begann mich das zu formen, ich merkte deutlich einen Paradigmenwechsel. Jeden Tag fand ich weitere Facetten, die ungewohnt für mich waren, und Jyoti griff immer wieder Themen auf, die ich angesprochen hatte. Sie vergaß nie etwas und kaute es so lange durch, bis aller Extrakt herausgeholt, bis es leicht zu schlucken war und mein Sein verlassen konnte. Es war ein perfekter Verdauungsvorgang und ich merkte, wie wichtig das Kauen war – der Teil, der mir manchmal gar nicht leichtfiel, weil er den einen oder anderen bitteren Geschmack verursachte.

So erkundigte sie sich nach meinem Gefühl, versagt zu haben, das ich am ersten Tag angesprochen hatte.

»Warum hast du dieses Gefühl?«

»Weil ich etwas wollte und es nicht erreicht habe. So einfach.«

»Das verstehe ich nicht. Wenn du von A nach C willst und nur B erreichst, bist du kein Versager. Vielleicht müsstest du nur erkennen, dass B besser ist als C? Oder Erfolg anders definieren?«

»Und wie?«

»Indem du die Dinge nicht nach gut oder schlecht bewertest. Das macht nur dein Ego, damit du in ihm gefangen bleibst … lass sie einfach so, wie sie sind.«

»Jyoti, ganz ehrlich, das mit dem Ego ist mir bislang noch immer suspekt und die andere Frage ist: Wie kommt man mit einer solchen Einstellung im Leben zurecht? Wie kann man sich weiterentwickeln, wenn man die Dinge stehen lässt und abwartet?«

»Weil das Stehenlassen dir erlaubt, es anzuschauen. Genau anzuschauen. Das heißt doch nicht, dass man nicht sein Bestes geben kann. Im Gegenteil. Du kannst dich doch nur weiterentwickeln und dein Bestes geben, wenn du deine Situation durchschaust und verstanden hast.«

»Okay«, sagte ich nachdenklich. »Das klingt logisch.«

»Das Beste geben ist eine gute Grundeinstellung«, antwortete Jyoti. »Du solltest in allem, was du tust, Perfektion ansteuern. Weil jedes Projekt, das dir obliegt, das verdient hat. Du willst deinen Charakter verbessern? Mach es, so gut du kannst. Du hast eine Aufgabe bekommen? Mach sie bestmöglich. Ob du nun Hausfrau bist oder Vertriebsdirektor, Schuster, Banker, Lehrer oder was auch immer: Gib dein Bestes. Mach die Dinge, die du tust, exzellent. Und vor allem: Genieße den Prozess, während du das tust, denn sonst verpasst du das Leben. Dieser Prozess *ist* das Leben. Aber die meisten verlieren über dem Erfolgsgedanken nicht nur die Freude am Tun, es geht ihnen auch die Schönheit des Prozesses verloren. Ich sage nicht, dass es schlecht ist, ein Ziel zu haben oder Erfolg haben zu wollen. Aber wenn du frei wärst von dem Gedanken an Erfolg bei deiner Arbeit oder dem, was du gerade eben tust, würdest du die Schönheit in den Dingen deutlicher sehen. Du wärst präziser und du füllst alles mit einer delikaten Energie. Dann hast du an jedem Ding Freude, auch an den Herausforderungen, weil es Spaß macht, sie zu lösen, und weil es ja auch dein Job ist. Das ist wahrer Erfolg. Es geht nicht darum, einer Zahl oder einem Effekt, den du erreichen willst, die Schönheit des Weges zu opfern. Selbst, wenn die Zahl vielleicht am Ende nicht die ist, die du wolltest, wärst du von tiefer Zufriedenheit erfüllt. Dann würdest du das in die Welt geben statt Angst, Unruhe und Hast.«

Ich wurde rot und musste auf einmal an mein Sexualverhalten denken. War es da nicht genauso? Ich konnte den Prozess nicht wirklich genießen, weil der Orgasmus entscheidend war. Ach, mit dieser Einstellung hatte ich so viel verloren! Wie oft hatte ich gedacht, dass diese paar Sekunden doch so billig waren! Erst mit Ben war es anders gewesen. Und wie hatte der den Prozess genossen! Er hatte jedes Detail ausgekostet, für ihn war tatsächlich der Weg das Ziel gewesen. Er hatte sich so sehr an mich verschenkt. Und weil er das getan hatte, hatte auch ich es tun können. Meine Sehnsucht nach ihm brach erneut auf. Diese Nacht war mit ihm so schön gewesen! Sie hatte mein Leben verändert.

Zufriedenheit zeichnete Jyotis Gesicht. »Okay. Ich sehe, du hast verstanden.«

Ich wurde rot. Verflixt! Woher wusste sie, welche Gedanken ich im Kopf hatte? Jyoti lachte leise und diesmal sah sie aus wie eine ältere, weise Frau.

»Du hattest noch eine Frage«, schmunzelte sie. »Das Ego.«

»Ja«, sagte ich und atmete tief ein. »Erklär mir doch bitte, wie ich es loswerde.«

»Du stürmst ja ganz schön voran! Also, fall nicht um, aber das Ego wirst du nicht los, Greta. Das Ego verlässt dich nicht. Es wandelt sich nur. Es erkennt seine Quelle, das ist alles. Die Leute meinen immer, wenn sie erleuchtet sind, hätten sie keine Persönlichkeit mehr, dann schwimmen sie nur noch im Nirwana, weiß der Kuckuck, welche Ideen ihnen da vorschweben. Aber letztlich sind es Ideen von etwas, was es nicht gibt.«

»Ähm … warte mal … es gibt keine Erleuchtung?«

»Nicht in dem Sinn. Es gibt eigentlich nur einen Wechsel der Perspektive. Von der kleinen zur großen Sicht, sonst nichts. Du bringst dem Leben keinerlei Widerstand mehr entgegen, du fließt in ständiger Freude, egal, was passiert, und du fühlst dich sicher. Eigentlich lebst du erst, wenn du in diesem Zustand bist. Aber du kannst nicht danach streben, weil du ihn schon hast. Du kannst ihn nur wiederentdecken und das wirst du nicht im Außen. Daher besteht die einzige Möglichkeit darin, sich nach innen zu wenden.«

»Hab ich oft genug versucht«, entgegnete ich verdrießlich. »Ich schaffe es noch nicht einmal für ein paar Sekunden, meine Gedanken zu zähmen …«

»Vergiss das doch einfach«, sagte sie energisch. »Das ist dein Hindernis. Du strebst nach Erleuchtung. Vergiss dieses Ziel. Setz dich einfach hin und genieße dein Innenleben. Gedanken sind doch wunderbar. Sie kommen aus deiner Quelle. Wenn du sie beobachtest, werden sie zu deinem Freund. Du kämpfst ja gegen alles in dir! Gegen deine Gedanken, gegen deine Gefühle … du magst nicht, wie du bist, du willst dein Leben ständig schöner haben … du bringst allem Widerstand entgegen. Was soll dir denn dein Leben spiegeln, wenn nicht das? Widerstand. Du widersetzt dich dem Leben, also widersetzt es sich dir.«

»Um ehrlich zu sein, kann ich nicht wirklich etwas damit anfangen«, entgegnete ich. »Ich weiß nicht, wie ich sonst im Leben zurechtkommen soll, wenn nicht durch Ehrgeiz und Vorwärtskommen. Das Leben käme mir überdies witzlos vor ohne Anreiz. Das macht doch Leben auch aus, nicht!? Sich ein Ziel zu setzen, es zu erreichen … sich darüber freuen …«

»Eben, wenn du das aus reiner Freude tun würdest, wäre alles okay. Aber das verdirbst du dir, weil du es so ernst nimmst. Das mit deiner Mutter zum Beispiel. Dabei könnte auch das ein Spiel sein.«

Ich stieß einen Laut aus und sah sie ungläubig an, während sie ungerührt weitermachte:

»Du hast doch das Experiment von Meaney erwähnt … und du hast gehört, dass man den Kreislauf durchbrechen kann.«

»Indem man andere Umstände für die Rattenkinder geschaffen hat. Das ist nicht jedem Menschen vergönnt. Bei mir war es zu spät, die Prägungsphase vorbei.«

»Doch, das ist jedem Menschen vergönnt. Denn wie du schon erkannt hast, haben wir einen freien Willen. Gerade redest du dir den größten Mist ein! Dein Geist ist wie formbarer Ton – er formt sich nach deinem Willen. Und Muster sind dazu da, sie aufzulösen. Aber was tust du? Du rennst Dingen hinterher, von denen du meinst, sie machen dich glücklich, statt dich darum zu kümmern, warum du sie tust. Du machst wirklich genau dasselbe wie deine Mutter und merkst es noch nicht einmal.«

»Aber sie hat sich schon mal nicht um eine Lösung bemüht!«, rief ich gereizt. »Sie hat nicht einmal den Versuch unternommen, sich zu ändern!«

»Mag sein. Aber *du* bist es doch, die das erkannt hat – und *du* willst aus dem Kreislauf ausbrechen. Warum prangerst du dann deine Mutter an und jammerst über eine Vergangenheit, die du nicht ändern kannst? Meinst du, so ausbrechen zu können? Und noch mal: Hat das deine Mutter nicht auch versucht? Einerseits ausbrechen zu wollen, andererseits an einer Vergangenheit zu hängen, an der sie festhält und die umgekehrt natürlich dann auch sie festhält?«

Mit großen Augen starrte ich sie an.

»Du hältst auch schön deine Vergangenheit fest und klebst an ihr«, fuhr sie fort. In ihren Augen blitzte der Schalk. Ich hatte den Eindruck – egal, welche Tragödie ich ihr erzählen würde, sie würde immer etwas Humorvolles oder Aufmunterndes darin finden.

»Du erzählst dauernd die gleiche Geschichte. Deine Mutter, deine Mutter! Sie ist an allem schuld. Gleichzeitig versuchst du, dir mit Erfolg eine Freiheit zu erkaufen, während die Vergangenheit wie ein Klotz an deinem Bein hängt, weil du sie ständig nährst. Logisch, dass du immer wieder auf deine Vergangenheit zurückgeworfen wirst. Die musst du dir erst mal anschauen, bevor du weitermachen kannst.«

»Und dann hätte ich den Erfolg, den ich mir wünsche?«

»Dann hast du den Erfolg, der dich glücklich macht.«

Ich verzog das Gesicht. Ich mochte solche Antworten nicht. Ich wollte, dass es so war, wie ich mir das wünschte und vorstellte – und nicht anders.

Jyoti spannte natürlich wieder mal genau, was in mir vorging.

»Schau, das ist Ego«, erklärte sie. »Es hat Vorstellungen, die dich weiterhetzen. Betrachte das Ego wie deine Gedanken. Die wirst du ja auch nicht los. Aber du kannst frei von ihnen werden. Lass es fließen, Greta. Das Leben ist *Nirantara* - constant unbroken flow. *Nirantara*. Ein steter, ununterbrochener Fluss. Spring rein! Gott trägt dich! Du bist doch dein Universum. Du bist dein Gott. Wenn Menschen sich selbst ablehnen, lehnen sie Gott ab. Dann fühlen sie sich von Gott getrennt, von ihm im Stich gelassen. Das ist wirklich ein Witz, nicht? Das ist der größte kosmische Witz aller Zeiten! Und der älteste! Dummerweise auch der hartnäckigste! Sie wollen sich von sich selbst trennen! Der absolut beste Witz im Universum! Erinnerst du dich, als ich dir sagte, die Energie, also Gott, oder wie auch immer, hat die gleiche Beziehung zu dir wie Strom zu elektrischen Geräten? Nun stell dir vor: Der Mixer, der nur durch Strom betrieben werden kann, sagt über den Strom: ›Wer bist du schon! Ich habe dich noch nie gesehen! Du hast dich mir noch nie gezeigt! Ich glaube nicht an dich! Dich gibt es doch gar nicht! Ich kann das alleine! Ich will mit dir nichts zu tun haben! Und brauchen tu ich dich schon gar nicht! Und noch besser: Du funkst mir dauernd in mein Leben! Du bestrafst mich!‹«

Jyoti lachte laut, ihr Gelächter ging in einen handfesten Lachkrampf über.

»Dabei kann der Mixer nicht einen Millimeter an Umdrehung machen ohne Strom!« Sie kreischte fast vor Lachen. »Oder niemand auch nur einen Schritt tun ohne diese Energie! Denn erst, wenn der Mixer läuft, zeigt sich doch die Energie!«

Sie schüttete sich aus vor Lachen und ich lachte verwirrt und nur halb mit, weil mir gerade etliche Kronleuchter aufgingen und ich doch Mühe hatte, das zu fassen.

»Verstehst du?«, rief sie. »Der Mixer hat vollkommen vergessen, was ihn lebendig macht! So wie die Menschen ihre Quelle vergessen haben - und sie verleugnen. Dabei sind sie nichts anderes als das.«

»Jyoti, warte ... du sagst, Gott bin ich? Wie kann das sein? Dann gäbe es doch viele Götter auf dieser Welt!«

»Gott ist ja auch die pure Vielfalt! Oder das Selbst, wie du es halt nennen magst.«

»Aber …«

»Wie siehst du denn Gott?«, fragte sie amüsiert. »Was ist er für dich?«

»Na ja, bisher irgendetwas Undefinierbares, etwas, das ich nicht einschätzen kann. Jemand, der mir dauernd klarmacht, dass ich etwas falsch gemacht habe … der mich bewertet und mich maßregelt. Im Grunde mag ich diese Aussagen ›Gott zeigt dir … oder das Leben zeigt dir‹ überhaupt nicht. Gott ist jemand, der etwas von mir will, was ich nicht unbedingt will. Dann macht er mir auf unangenehme Weise klar, dass ich meinen und nicht seinen Weg gegangen bin und vor allem: dass mein Weg der schlechtere ist, ohne mir aber zu sagen, was richtig gewesen wäre!«

Jyoti lachte sich schief über meine Worte, auch über die Art, wie ich sie sagte, weil ich immer grummeliger geworden war – und richtig sauer.

»Schau, Greta, so wie du meinst, dass Gott mit dir umgeht, so gehst du mit dir selbst um. So behandelst du dich selbst. Findest du es nicht grausam, wie du mit dir umspringst? Gott oder dein hohes Selbst, würde so etwas nie tun. Er hätte dir nie gesagt, dass du wertlos bist, er hätte dir nie gesagt, dass du versagt hast. Das, was du beschreibst, ist das Ego.«

»Oh«, sagte ich schwach. »Das wäre ziemlich erleichternd.«

»Genau. Das Ego bewertet dich, beurteilt dich, motzt dich an, kritisiert dich, richtet über dich, macht dir dauernd klar, dass es mit dir nicht einverstanden ist … kommt dir das bekannt vor?«

»Sehr«, nickte ich. »Ja, das sind die Gefühle, die ich oft habe.«

»Das gute alte Ego, das Gott spielt!«, lachte Jyoti. »Das die Meinung vertritt, es sei ein allmächtiges Individuum. Aber das Ego hat furchtbare Angst, du könntest herausfinden, dass das nicht stimmt. Und so beschäftigt es dich mit allen möglichen negativen Gefühlen, damit du kräftig abgelenkt bist … und klagt dich obendrein noch dafür an, dass du sie hast. Noch ein kosmischer Witz!«

»Über den würde ich auch gerne lachen können«, sagte ich überfordert.

»Das wirst du auch! Du wirst dich schief lachen über das, was dein Ego fabriziert, nur, damit du nicht erkennst, wer du wirklich bist! Damit du nicht an die Quelle kommst! Lauter Bretter und

Barrieren hängt es auf! Lauter Schilder, auf denen steht: Verboten! Betreten auf eigene Gefahr! Danger! Tod! Du wirst alles verlieren! Du wirst im Urwald auf dem Baum leben, wenn du diesen Weg wählst! Du wirst die Welt nicht mehr genießen können!«

Wieder lachte sie sich halb tot. »Ist das nicht kurios? Dabei hast du doch deine Welt erschaffen! Wieso solltest du nicht mehr darin leben? Weshalb auf das Schöne verzichten? Aber das Ego nährt sich nun mal von Angst.«

Fasziniert schaute ich sie an, weil sie das alles durchschaute und es so plastisch machte.

Sie beugte sich zu mir und ihr Körper war wie ein Heizofen. Die Sonne schien heiß, aber sie war nichts zu der Hitze, die Jyoti auf mich abstrahlte, die mich versengte, alte Gedanken zu verbrennen schien. Ihre dunklen Augen tauchten mit einem ewigen Lächeln in die meinen und hielten sie fest.

»Das Selbst, dein Gott, dein Herz«, sagte sie mit Nachdruck, »bestraft dich nie. Nie würde es das tun. Das sind alles Tricks von deinem Ego, damit du weiter Angst hast, damit du auf es hörst und nicht auf die liebevolle Stimme in deinem Inneren, die dir ständig und ohne Unterbrechung zuflüstert: Ich liebe dich. Ich liebe dich, egal, was du tust, egal, welche Rolle du spielst, egal, wer du bist, was du erreichst oder was du dir wünschst, welche Gedanken du hast und welche Gefühle. Ich liebe dich, denn ich bin du. Ich bin in dich verliebt, in dich, weil du meine Schöpfung bist! Und alles, was du willst, will ich auch. Weil ich dich liebe. Ich lasse dich all diese Wege und Umwege gehen … weil ich dich liebe. Wenn du meinst, dir sagen zu müssen, dass du schlecht bist, dass du nicht gut genug bist, wenn du woanders suchst … dann gehe ich alle diese Wege mit dir. Ich mache alles mit, egal, wie viel Leid sie bedeuten, egal, welche Erlebnisse du auf deinen Wegen hast … ich werde dich nie verlassen – wie könnte ich? Ich *bin* du. Ich habe dich erschaffen, du hast mich erschaffen, wir sind eins. Wir sind untrennbar. Ich wünsche mir nur eines: Dass du begreifst, dass du bereits alles hast, wonach du suchst. Du musst mich nur anschauen, mich nur wahrnehmen und du hast alles erreicht. Glück, Freude, Liebe, alles, was du dir wünschst, hast du in dir. Hier bin ich und warte bis in alle Ewigkeit, dass du mich wahrnimmst. Bis du endlich nicht mehr auf die Stimme, diesen entfremdeten Gedanken in dir hörst, der dir sagt, du seist nicht gut genug, der dir sagt, es gibt mich nicht. Wenn es dich gibt, gibt es auch mich. Weder kannst du dich von mir trennen noch ich mich von dir. Wenn du nach innen schaust, wirst du mich sehen. Du wirst mich erkennen und damit erkennst du dich. Darauf warte ich. Und ich warte gern, ich warte voller Liebe, voller Geduld, bis du so weit bist, denn ich habe alle Zeit der Welt und ich gebe dir alle Zeit der Welt. Und weißt du, warum? Weil ich dich unendlich liebe.«

Mein Herz tat einen Riesensprung – ich konnte es fühlen. Etwas war mit ihren Worten passiert. Unsere Augen waren nach wie vor ineinander gefangen, ich konnte meinen Blick nicht von ihr lösen. Sie war es, die schließlich ihre langen Wimpern senkte.

Schließlich stand sie auf, klopfte den Staub von ihrem Punjabi, blickte auf mich hinunter und reichte mir ihre Hand. Ich ergriff sie und erhob mich. Schweigend machten wir uns auf den Heimweg. Wir sprachen kein Wort mehr. Ich glaube, ich konnte noch nicht einmal mehr denken.

Es war, als hätte sie eine Öffnung geschaffen, in die weitere Weisheiten und Erkenntnisse einsickern konnten. Als ob sie die verzweifelten Warnschilder meines Egos entfernt hätte, damit ich endlich meinen Weg gehen konnte.

***

Das Leben zu nehmen, wie es kommt, ohne es mit vorgefertigten Meinungen zu überschütten, war nicht leicht für mich. Es war das Ungewohnteste überhaupt. Ich erkannte, wie oft ich allem meine Vorstellung überstülpte.

Das fing bei alltäglichen Dingen wie der Tatsache an, dass Moskitos im Zimmer summten (was sie nicht sollten), ich durch das ungewohnte Essen Blähungen bekam (was ich mir ebenso wegwünschte), bis hin zu der Erkenntnis, mich schrecklich nach Ben zu sehnen (der bei mir sein sollte) und der sich, außer einer kurzen Nachricht, dass mit seinem Dad alles glimpflich abgelaufen sei und alles okay wäre, auf meine Anfragen nicht mehr gemeldet hatte (gar nicht gut).

Jyotis Empfehlung nach sollte ich Dinge einfach mal so stehen lassen. Das konnte ich nicht, weil mein Geist ganz anders erzogen war: Er wollte es immer anders haben. Und mit Staunen erkannte ich, dass es das war, was jede Menge Frust erzeugte. Es ständig anders haben zu wollen.

Erschrocken und entsetzt wurde mir klar, wie feindselig ich dem Leben im Grunde gegenüberstand. Ja, das Leben war ein Feind, der es nicht gut mit mir meinte, den ich bekämpfen musste. Das Leben war ein wildes Tier. Die ganze Welt war ein wildes Tier, das gezähmt und gebändigt werden musste, dem ich nicht trauen konnte, das unberechenbar war, das mich anfiel und mir Schmerzen zufügte, sobald ich lockerließ, sobald ich ihm auch nur einmal den Rücken wandte. Nie war mir bewusst geworden, dass ich mir damit mein eigenes aggressives und stacheliges Universum schuf. Das Ego … diese Stimme in meinem Kopf … diese angsterzeugende Maschine … wie konnte ich sie stoppen?

»Schau«, sagte Jyoti an einer Stelle zu mir. »Du musst eines verstehen: Wir leben nicht in Reaktion auf die Herausforderungen dieser Welt – wir erschaffen sie.«

»Das ist genau das, woran ich verzweifle«, erklärte ich ihr. »Einerseits heißt es, man erschafft sich sein eigenes Universum. Mit seinen Gedanken. Wenn ich aber versuche, diese zu steuern, kommt trotzdem nur Mist raus. Warum?«

»Ja, das ist so mit deinem Selbst, dieser Energie. Sie ist unendlich mächtig und du kannst alles mit ihr erreichen, aber sie lässt sich auch nicht manipulieren. Sie hat einen Zweck: dich zum Glück zu führen. Zum echten Glück. Du solltest sie also nicht steuern wollen, sondern zulassen. *Nirantara*, Greta. Aber unser Kopf, unser Ego hat seine eigene Vorstellung von Glück und zudem sind unsere Gedanken von Erinnerungen und falschen Vorstellungen überlagert. Die Äste, die irgendwann mal in den Brunnen gefallen sind. Das Ego will, dass du von ihm abhängig bist. Es interveniert sofort und erbarmungslos. Kennst du die Geschichte von dem himmlischen Wesen, das die Welt zum ersten Mal besucht?« [6]

»Nein, bisher nicht.«

»Also, das himmlische Wesen kam auf die Erde, in einen großen Wald, wo es ein Geschöpf mit tausend Armen und tausend Beinen vorfand, dessen Glieder ständig in Aufruhr waren und für keine Sekunde ruhig blieben. Nicht für einen Moment konnte es still sitzen. Noch dazu hielt es in einer seiner vielen Hände einen Knüppel, der mit Sporen bestückt war. Das Geschöpf schlug sich damit selbst, immer und immer wieder. Mit jedem Schlag schrie es auf in Schmerz und Angst: ›Bitte schlag mich nicht! Bitte, bitte, schlag mich nicht!‹ Um den Schlägen zu entgehen, die es mit seiner eigenen Hand verursachte, rannte es hierhin und dorthin, mal in die eine, dann in die andere Richtung. Es war so verängstigt, dass es gar nicht darauf achtete, wohin es ging, und schließlich fiel es in einen tiefen Brunnen. Ach, es brauchte lange, um wieder herauszukommen! Als es das endlich geschafft hatte, saß es zitternd und erschöpft am Rand des Schachts. Doch sobald es sich wieder einigermaßen erholt hatte, stand es auf und schlug sich erneut mit seiner grässlichen Waffe. Als nächstes rannte es in einen Hain aus Bananenstauden, zwitschernden Vögeln, Blumen und einem kleinen Bach, aber es hatte kein Auge dafür. Es war völlig blind vor Angst und Selbsthass, es rannte einfach herum, schreiend und weinend und schlug sich selbst. Mit sehr viel Mitgefühl versuchte das himmlische Wesen dieses Geschöpf zu beruhigen. ›Bleib ruhig‹, sagte es. ›Atme tief durch … warum schlägst du dich selbst? Wovor läufst du davon? Wo willst du hin?‹. Doch das Geschöpf hörte nicht auf die Worte des himmlischen Wesens. Es sah nicht das gütige Lächeln, nicht die Liebe und das Mitgefühl in dessen Augen. Stattdessen glaubte es, das Wesen sei ein Eindringling und bedrohe es: ›Geh weg!‹, schrie es.

Schließlich kam ein Weiser, der in einer Höhle in der Nähe meditiert hatte, heraus und erkannte die Situation. Erklärend sagte er zu dem fassungslosen himmlischen Wesen: ›Schau, das hier ist der Planet Erde. Und das Geschöpf, das du gerade trösten möchtest, ist nichts anderes als der Geist. Der Geist mit seinen unzähligen Kreationen, die er ständig und endlos produziert und sich immer selbst damit bestraft … diese unzähligen Arme und Beine, die du siehst, sind nichts als die Neigungen des Geistes.‹ Das himmlische Wesen nickte verständnisvoll – und verschwand.«

Nachdenklich schwieg ich nach dieser Geschichte. Es war so wahr. Auch ich schlug mich andauernd selbst. Zum ersten Mal empfand ich Mitgefühl für meine Seele.

»Lass die Worte wirken«, bat Jyoti sanft. »Fang einfach an, dich auf dein Selbst zu konzentrieren statt auf das Ego. Denn das ist eine Hydra: Je mehr du es bekämpfst, desto mehr Tentakel und Köpfe bildet es aus. Die Lösung heißt vorerst: Alles willkommen heißen, was kommt.«

»O Gott«, stieß ich hervor. »Das ist eine echt verdammt schwierige Aufgabe für mich. Die Realität ist gerade gar nicht so, dass ich ihr einen Willkommensgruß gönnen würde.«

»Schaffst du schon. Fang an, deine Realität zu lieben. Wenn du nur erst mal aufhörst, dich zu wehren und mit deinem Spiegelbild zu kämpfen, kommst du zur Ruhe. Wenn du anfängst, dein Leben zu lieben, mit dem, was es dir gerade bietet, bist du mit Gott vereint und fühlst keine Trennung. Erkenne, dass dein Leben und du eine Einheit bist. Wie kannst du auf dich selbst böse sein?«

»Na ja, das geht sehr gut«, lächelte ich gequält. »Es ist das, was wir alle machen, nicht? ... fast alle«, setzte ich mit Blick auf sie hinzu.

»Eben. Mit deinen Gedanken. Sieh sie dir an. Geißeln sie dich? Und wenn du einen negativen Gedanken hast – geißelst du dich dann dafür, dass du ihn gedacht hast? Und geißelst du dich dann hernach dafür, dass du dich gegeißelt hast?«

Ich musste lachen. »Hört sich ziemlich paranoid an, nicht?«

»Das ist es auch. Sieh auf dein Selbst. Das ist die Lösung und sie ist ganz einfach. Du musst dich dafür noch nicht einmal auf eine Matte setzen und die Augen schließen. Das ganze Leben ist Meditation. Denn was du auch tust, was auch geschieht, es ist der Wille deiner eigenen Energie in dir drin. Wenn du einen Fuß vor den anderen setzt, bist das nicht du, sondern die Energie in dir, die das möglich macht. Begreifst du das? Du hast nie etwas getan, was du dir selbst zuschreiben könntest. Es ist immer diese Energie. Also, wenn du etwas geschafft hast, war das Potenzial in dir, dein Herz, dein inneres Kind, nenn, es wie du willst. Aber dann kommt das Ego und sagt: Ich war es. Und das ist die Trennung. Wahre Demut hingegen ist: einfach diese Energie anzuerkennen. Und ihr zu vertrauen.«

»Warte mal Jyoti, nur, damit ich das auch richtig verstehe ... womit identifiziert sich denn das Ego?«

»Na ja, als dein Körper, als die Person, die du bist, als deine Gedanken ... dabei sind das nur Auswirkungen des Selbst. Wenn du zum Beispiel deinen Körper als Produkt des Selbst siehst, wäre alles okay. Du würdest seine Schönheit sehen können. Aber das Ego identifiziert sich mit dem Produkt, macht dich glauben, du seist nur dieses. Es fängt an, daran herum zu kritteln – und das Gejammer hört nie auf. Wenn du das verstehst, hast du eine Riesenhürde übersprungen. Wenn du weißt und anerkennst, dass du ohnehin nie auch nur einen Schritt ohne diese Energie tun könntest, bist du durch. Aber dein Ego möchte unbedingt etwas sein und schreit: Ich! Ich! Ich! Ich habe das geschafft! Gar nichts hat es geschafft. Denn wenn die Energie nicht da wäre, gäbe es gar nichts - auch kein Ego. Es nährt sich ja paradoxerweise davon. Und das Ego will immer etwas. Es ist nie zufrieden. Das ist der Zustand des Egos: Unzufriedenheit mit allem, was ist. Und Gott ist: Zufriedenheit, Erfülltheit mit allem, was ist. Gott ist dein Leben. Gott ist das, was du Wirklichkeit nennst.«

Ich senkte den Kopf. Erkannte, wenn ich mich gegen die Wirklichkeit wehrte, wehrte ich mich gegen mich selbst. Es ging nicht darum, im Spiegel zu finden, was nicht gut war. Es ging darum, zu sehen, dass alles in dem Spiegel *ich* war. Und dass ich es nicht besser machte, wenn ich das verdammte, mich darüber aufregte und noch mehr negative Glaubensmuster erschuf. Und dass ich die Einzige war, die dem ein Ende bereiten konnte.

Schweigend wanderten wir durch die staubigen Straßen zurück zu ihrem Haus. Ich hatte längst nicht alles begriffen, was sie mir gesagt hatte, aber ich erahnte die Wahrheit. Und ich hatte das tiefe Empfinden, sie bereite mich mit diesen intensiven und fordernden Gesprächen auf etwas vor. Doch sie gab mir Zeit und Verständnis. Das war das Allerschönste.

***

Ich dachte viel nach in diesen Tagen. Hatte viele Fragen. Und endlich jemanden, dem ich sie stellen konnte.

Mittlerweile war ich schon über eine Woche bei ihr und genoss das sehr. Jyoti war immer heiter und quirlig, gesegnet mit dieser überbordenden Freude. Oft beobachtete ich sie unauffällig, wie ich so oft Menschen beobachtet hatte, um herauszufinden, was das Geheimnis ihrer Freude war. Bei Jyoti saß sie so tief. Man hätte sagen können, sie fand immer einen Anlass, sich zu freuen, aber eher war es so, dass selbst steter Anlass für Freude war. Sie war voll in Kontakt mit dieser unerschöpflichen Quelle, das wurde mir mehr und mehr bewusst.

»Ach«, sagte ich an einer Stelle zu ihr. »Ich wünschte, ich wäre wie du, Jyoti. Du bist für mich so rund. Du bist der erste Mensch, dem ich begegne, der vollkommen zu sein scheint.«

Da sagte sie ernst – und ihre Antwort werde ich nie vergessen:

»Greta, wenn du jemanden zu sehr bewunderst, dann schätzt du dich selbst zu gering ein. Alles, was du an anderen siehst, trägst du in dir, sonst könntest du diese Eigenschaften gar nicht erkennen. Möchtest du nicht schon allein deshalb die guten Dinge in dir sehen? In dir und in allen anderen Menschen? Du hilfst dir damit so viel mehr.«

Gute Dinge in den Menschen sehen. In mir. Das war nicht leicht. Immer nur hatte ich nach Fehlern und Mängeln gesucht, um sie ausmerzen zu können. Auch bei Mom. Bei nächster Gelegenheit – wir zupften gerade Unkraut in Jyotis Garten – fragte ich sie:

»Wie gehe ich mit Menschen um, die ich nicht mag und bei denen ich spüre, sie tun mir nicht gut? Vor allem, wenn du sagst, sie sind mein Spiegel … habe ich dann all das Schlechte in mir?«

Sie harkte Erde auf, konzentriert, absorbiert in ihre Arbeit und ich wartete. Wenn sie in etwas versunken war, machte sie das erst zu Ende, bevor sie sich danach mit der gleichen Hingabe der nächsten Aufgabe widmete. Fasziniert wurde mir bewusst, wie sie ihre Energie, ihre Liebe in jede Tätigkeit gab und wie diese Verhaltensweise perfekte Dinge erschuf. Ein perfektes Mittagessen, eine Pflanze, die wuchs und gedieh, ein perfekt sauberes Haus. Perfekte Gespräche. Schließlich wandte sie sich mir zu:

»Der Spiegel zeigt dir, dass du dich aus irgendeinem Grund mit diesen schlechten Eigenschaften zu identifizieren scheinst. Warum sprechen sie dich an? Du hast Angst davor, so zu sein. Du denkst, du bist so. Zumindest teilweise. Versteckt, innendrin fühlst dich nicht in Ordnung. Damit ziehst du solche Leute an. Könnte das sein?«

Ich nickte nachdenklich.

»Wenn du vollkommen davon losgelöst wärst, würden dich solche Menschen gar nicht bemerken. Sie wären nicht in deinem Universum, sie würden dich nicht tangieren. Wie die Schimpfworte, die Buddha nicht erreicht haben, als er mal furchtbar von anderen beleidigt wurde. Er war mit der Größe in seinem Herzen identifiziert und nicht mit den Menschen vor ihm, die ihn schlechtmachten. Verstehst du das?«

»Ja, aber wie gehe ich mit solchen Menschen um?«

»Du überlässt sie ihrer Verantwortung. Die Frage, die du dir stellen solltest, ist, warum du eine Affinität fühlst. Du wirst sehen, es ist ein alter Gedanke in deinem Kopf, der vor sich hin schwelt und dir wehtut. Liebe deswegen deine Gedanken, denn sie sagen dir, wo das Feuer ist. Dann kannst du es löschen. Die schlechten Eigenschaften anderer haben in der Regel nichts mit dir zu tun und wenn doch, hast du die Möglichkeit, etwas zu ändern.«

***

Nach weiteren zwei Tagen fragte ich sie, ob es möglich wäre, Mona und Theo zu sehen.

»Das mit dem Ashram ist so eine Sache«, antwortete sie. »Um hineinzukommen, musst du dich bewerben. Die Prüfung dauert oft Monate. Außerdem läuft im Moment ein Schweige-Retreat, das ist erst in knapp zwei Wochen zu Ende.«

»Noch zwei Wochen?«, entfuhr es mir. »Theo und Mona haben gesagt, es sei jetzt vorbei! Deswegen bin ich doch hier!«

»Du bist hier, weil du bei mir landen solltest.«

Ich atmete aus.

»Ja, das ist wohl wahr«, lächelte ich. »Was schlägst du vor?«

»Ich könnte dich in den Ashram bringen.«

»Wirklich?«, fragte ich aufgeregt.

Sie musterte mich von oben bis unten, aber sah mich nicht direkt an, nicht in mein Gesicht, sondern auf die Mitte meines Körpers.

»Ah …«, machte sie. »Ja, das macht Sinn.«

»Was macht Sinn?«

»Dich in den Ashram zu bringen.«

»Und du kannst das?«

»Ich arbeite dort. Die Sache ist allerdings die, dass du dann auch dort arbeiten musst. Niemand liegt auf der faulen Haut, jeder hilft mit, damit das Leben im Kloster funktioniert.«

»Kein Thema.«

»Eine Voraussetzung ist auch, sich dem Stundenplan anzupassen. Darauf wird Wert gelegt.«

»Auch kein Thema. Ich bin diszipliniert und zehn Tage sind ein absehbarer Zeitraum. Unternehmen wir trotzdem noch Dinge zusammen?«

»Wenn es sich ergibt«, antwortete sie mit einem spitzbübischen Lächeln. Gebannt beobachtete ich sie. Sie sah wirklich dauernd anders aus. Mal älter, mal jünger, mal schwerfällig, mal anmutig und grazil. Sie war ein wahres Chamäleon.

»Der Stundenplan ist allerdings für viele eine Herausforderung, und ich würde dir empfehlen, ihn schlicht zu befolgen. So gut du eben kannst und ohne groß darüber nachzudenken.«

»Das ist doch selbstverständlich. Wie sieht denn der Plan aus?«

Sie kramte einen Zettel hervor, den sie mir nun hinhielt und der mir trotz allem den Atem raubte: Das war ein durchgestylter Wochenplan. Jeder Tag begann um 2:30 morgens mit Gesang und endete um 21:00 Uhr – mit Gesang. Entgeistert sah ich sie an. Urlaub war das schon mal nicht.

»Du meldest dich an der Rezeption, dann gehst du zu Padmini, die verteilt die Aufgaben im Kloster …«

Doch je länger Jyoti redete, desto weniger Lust hatte ich auf all das. Unvermutet begann etwas in mir zu rebellieren. Hatte ich diese ganze Strapaze auf mich genommen, um von morgens bis abends Sanskrit-Gebete zu singen? Ganz bestimmt nicht! Eigentlich wollte ich einfach hier weiter mit Jyoti sein. Oder noch besser: in der Hütte mit Ben. Ben. Wo war er? Er hatte sich noch immer nicht gemeldet. Jeden Tag checkte ich mein Handy. Nichts. Noch nicht einmal ein Smiley. Das tat mir doch ganz schön weh, vor allem weil ich wusste, dass er mit Brian in Kontakt stand. Von dem wusste ich, dass Ben nach Uttarakand geflogen war, an den Fuß des Himalajas. Zweitausend Kilometer von mir entfernt. Gut, möglicherweise hatte er dort keine Internetverbindung, aber es schmerzte doch, dass er keine Nachricht für mich übriggehabt hatte. Warum schrieb er Brian und mir nicht? Ich merkte, wie Schwermut mich übernahm. Da beugte sich Jyoti zu mir und ihr Blick war äußerst amüsiert.

»Und schon wieder bist du undankbar«, erklärte sie mir. »Depression ist ein Zeichen dafür, dass etwas nicht nach deinen Vorstellungen läuft. Dann wirst du wütend und traurig. Wie viel leichter wäre dein Leben, wenn du einfach akzeptierst, was kommt? Wolltest du dich nicht darum bemühen?«

Ich seufzte. »Manchmal glaube ich, das ist purer Fatalismus.«

»Das ist Realismus. Das, was du machst, ist negative Traumtänzerei. Du stellst dir dauernd eine Welt vor, wie sie sein sollte, statt sie zu lieben, wie sie ist. Aus diesem Mangel kann nichts Großes entstehen. Es ist doch dein Job, glücklich zu sein, nicht die der Umstände. Es ist dein Job, Freude zu fühlen, nicht die von anderen Personen. Und wenn ich deine Geschichte so höre, gibt es Millionen Dinge, über die du dich freuen kannst.«

»Aber auch viele andere Dinge.«

»Und ist es schlau, auf die anderen Dinge zu schauen? Nur deine Gedanken machen etwas Schlechtes daraus. Und wer ist für seine

Gedanken verantwortlich? Du. Die Welt bist du. Das hat dir Ben schon gesagt.«

Ich schwieg. Warum erwähnte sie ihn? Sie musste gewusst haben, dass meine Gedanken zu ihm geglitten waren. Da sagte sie:

»Greta, es gibt so viel Liebe in der Welt – so viel Liebe. Die ganze Welt besteht daraus. Wenn du lieben könntest, ohne zu wollen, wärst du jetzt schon vollkommen glücklich. Wenn du dein Leben einfach so nehmen könntest, wie es ist, wärst du glücklich. Wenn du dir und Gott vertrauen könntest, dass das Beste für dich geschieht, wärst du vollkommen frei.«

Der Satz traf mich. Lieben können, ohne zu wollen. Konnte ich Ben lieben, ohne ihn zu wollen? Im Moment fiel mir das schwer.

»Versteh, dass gegen deine Wünsche nichts einzuwenden ist«, fuhr sie fort. »Gar nichts. Nur, wenn nicht das rauskommt, was dein Kopf sich so gedacht hat, da fängt doch das Gezeter an. Dann kommt dein Ego und macht dich fertig. Du warst nicht gut genug! Du bist am Jackpot vorbeigeschrammt! Du hättest es besser machen sollen! Du hast keinen Erfolg! Das sind die Gedanken, die du infrage stellen solltest. Deine Gedanken, aber nicht dich! Deswegen meditieren wir. Weil wir diese Gedanken ganz bewusst sehen wollen. Denn das, was wir vom Außen wahrnehmen, ist doch nur eine Projektion dieser Gedanken. Und das Verständnis, das wir von dieser Projektion haben, kommt aus unserer Erinnerung, von alten Dingen.«

»Hat dann Meaney doch recht?«, fragte ich geknickt zurück. »Wenn er sagt, wir sind vom Verhalten unserer Vorfahren, sprich unserer Mutter oder unserer Eltern geprägt?«

»Natürlich hat Meaney recht«, sagte sie und erschrocken sog ich die Luft ein.

»Er beweist, wie wichtig Liebe ist. Mehr Recht kann man nicht haben! Er hat nicht nur bewiesen, wie wichtig Fürsorge und Mitgefühl sind, sondern auch, wie wichtig es ist, das an die Kinder, an andere Generationen weiterzugeben! Er hat sogar bewiesen, dass das in das Genmaterial eingeht! Ist das nicht wunderbar? Er hat sogar noch mehr bewiesen! Er hat bewiesen, dass man den Kreislauf durchbrechen kann! Besser geht's nicht, oder?«

Ich lachte. Das war eine ganz andere Interpretation von Meaney, aber eine, die mir viel besser gefiel!

»Und worauf schauen die Leute bei der Studie?«, fuhr Jyoti fort. »Dass diejenigen, die nicht das Glück einer liebevollen Umgebung hatten, es schwerer haben im Leben. Aber die wahre Botschaft ist doch: Wenn ich Liebe in die Welt trage, wenn ich für meine eigene Liebe sorge, wenn ich mich bemühe, mich selbst zu lieben, mich ständig dahin entwickle, dann hat die Welt eine Chance! Überleg doch mal, welches Ausmaß diese Erkenntnis von Meaney hat! Wenn Liebe weitergegeben wird, aktiviert sich diese in den Genen der Menschen. Ist das nicht gigantisch? Willst du nicht auf diese Tatsache schauen, als darauf, dass es eine Prägungsphase gibt, die angeblich nicht überwunden werden kann? Sie *kann* überwunden werden. Du wirst es an dir selbst sehen. Das warten wir ab. Dann wirst du das alles viel besser verstehen.«

Ihre Ausführungen machten mir immens Hoffnung - und ja, je länger ich mit ihr zusammen war, desto mehr änderte sich mein Denken. Wurden die Dinge leichter. Aber es war ein Prozess, alles musste sich erst setzen und dabei stolperte ich noch oft genug über viele hinderliche Gedanken, die sich nicht so einfach in Luft auflösten. Dennoch – ich wurde gelassener.

Ich regte mich nicht mehr so oft gedanklich auf oder stoppte es, wenn mein Kopf damit anfangen wollte. Wenn ich das ganz bewusst tat, kam Ruhe in mir auf. Sogar das Vertrauen, dass sich eine Wende abzeichnen würde, wenn es gut für mich wäre. Ich fühlte mich nicht mehr so getrieben, etwas zu tun, Dinge zu forcieren … zum Beispiel, dem Drang nachzugeben, Ben eine hektische Nachricht nach der anderen zu schicken. Es war nicht so, dass ich diesen Drang unterdrückte, es war so, dass ich den Drang irgendwann nicht mehr verspürte, weil ich bereit war, die Realität zu akzeptieren, wie sie nun mal war.

Stumm sah ich Jyoti an. Ihr Blick ließ mich ahnen, dass das wahre Abenteuer dieser Reise hier nicht endete, sondern erst begann. Dass es hier in Indien, hier bei ihr, seine Kulmination fand.

»Denk daran«, mahnte sie. »Versuche, die Dinge zu lieben, wie sie kommen. Das ist die Basis für Veränderung. Diese Einstellung wirst du im Klosterleben brauchen«.

***

Am Abend holte sie mich ab. Sie wollte mich mit dem Gelände vertraut machen und so überschritt ich in der Abenddämmerung, zum ersten Mal die Schwelle zum Ashram.

Mir war, als würde ich ab diesem Moment auf Wolken schweben, als käme ich in eine andere Dimension. Die Energie in diesen Mauern war so stark, dass mein Herz in meinem Brustkorb wie ein junger Vogel flatterte und schwirrte.

Wir stellten unsere Schuhe in ein Regal und schritten über einen blitzsauberen Innenhof, dessen Boden mit Marmor ausgekleidet war, passierten ein offenes Gebäude, das nur aus einem weißen Steinfundament, Dach und Säulen bestand. Sachte blies der Wind um die Säulen, wehte Jasminduft in meine Nase. Wir kamen an einfachen, geschlossenen Gebäuden wie dem Speiseraum, den Accomodations und der Verwaltung vorbei und gelangten schließlich zu einer riesigen Rasenfläche mit mehreren Bauminseln darin, von denen aus man den Sonnenuntergang beobachten konnte. Die Gebäude standen inmitten einer magischen, hügelig angelegten Parkanlage mit Fabelwesen und Heiligen aus aller Welt, mit Szenen aus Mythen und Sagen, die mit überlebensgroßen Steinfiguren dargestellt wurden. Es war eine mystische Welt mit vielen verwunschen wirkenden Plätzen zum Meditieren. All dies erinnerte mich von der Energie her heftig an Bens Lichtung. Das ganze Areal war überaus gepflegt und üppig bepflanzt. Es lag eine Schönheit, ein Zauber über diesem Gelände, eine solche Feinheit und Harmonie, dass mein Herz davon fast schmerzte.

Der Mond kam gerade als wunderschöne Sichel hinter einer Wolke hervor und Jyoti bedeutete mir, ihr zu folgen. Wir durften ja nicht reden – der gesamte Ashram schwieg, so war nicht eine Menschenstimme zu hören. Die Stille unterstrich die Magie, und die Blumen und Büsche, die zu dieser Jahreszeit üppig blühten, verstärkten den Eindruck in eine zauberhafte, erhabene Welt gekommen zu sein.

Mit anmutigen Bewegungen glitt Jyoti voran, zeigte mir die verschiedenen Tempel und führte mich schließlich einen kleinen Hügel hinauf, auf dem eine weitere offene, rechteckige Säulenhalle aus weißem Marmor stand, durch die der sanfte Wind strich und dessen Eingang von zwei lebensgroßen geflügelten Steinwesen bewacht wurde.

Um die Halle herum war ebenfalls ein Garten angelegt. Palmen, Bananenstauden, Bougainvilleas, Jasmin und Rosen in verschwenderischer Fülle verströmten einen betörenden Duft. Ich war hingerissen von dieser Pracht, vor allem aber von dieser wunderbaren Schwingung, die hier herrschte, einer Schwingung, die es einem leicht machte, gute Gedanken zu haben, an Liebe zu glauben, Dinge aus anderer Sicht zu sehen.

Und dann deutete Jyoti auf das, was sie mir auf diesem Hügel eigentlich hatte zeigen wollen und ich verliebte mich sofort darin: Es war ein Brunnen, ein Wunschbrunnen, der, umgeben von einer sechseckigen Rasenfläche, auf einem kunstvoll gestalteten Mosaik erbaut worden war. Über ihm war ein hoher Torbogen angebracht, auf dem uralte Schriftzeichen eingeritzt waren und an dem ein mächtiges Windspiel hing. Neben dem Brunnen befand sich eine halbrunde Sitzbank aus weißem Stein, umgeben von weißen und lilafarbenen Drillichblüten, die malerisch die Bank um- und überrankten.

Ich war schlicht überwältigt von diesem Bild und der Atmosphäre, versuchte, diesen Zauber zu begreifen – es war überirdisch schön.

Jyoti trat an den Brunnen, bedeutete mir, nachzukommen. Barfuß standen wir an diesem magischen Bauwerk, das eine ganz eigene Ausstrahlung hatte, fast lebendig schien und unwillkürlich schloss ich die Augen. Die Energie um diesen Brunnen herum machte mich schwindlig, ließ mein Herz schweben. Eine Brise bewegte leicht das Spiel über dem Bogen und erzeugte einen einzelnen dunkel klingenden Ton.

»Ben«, dachte ich. »Ich wünschte, du wärst jetzt hier! Du hättest das so genossen!«

Da drückte Jyoti mir eine Münze in die Hand und gab mir Zeichen, die Münze in den Brunnen zu werfen. Überrascht von dieser Geste hatte ich Schwierigkeiten, einen Wunsch zu formulieren, vor allem, weil meine bisherige Wahl mich nicht zu dem gebracht hatte, was ich ersehnt hatte.

Und so fiel mir nur das ein, was Theo an der damaligen Umsatzsession von sich gegeben hatte, und irgendwie erschien mir dieser Wunsch auch richtig. In Gedanken sprach ich ihn aus und warf die Münze in den Brunnen.

»Bitte lass das geschehen, was für mich, für uns alle das Beste ist. Bitte lass uns glücklich sein.«

Und plötzlich erkannte ich ganz deutlich, dass, seit Theo diesen Spruch getan hatte, sich die Dinge geändert hatten. Nur ganz anders, als erwartet. Etwas hatte diesen Wunsch ernst genommen und die Führung ergriffen.

Langsam gingen wir zurück. Immer wieder schaute ich mich um. Wir nahmen einen anderen Weg, als wir hergekommen waren, und ich entdeckte ein wunderschönes Detail nach dem anderen. Jyoti deutete auf einen Raum, in dem noch Leute saßen, eine Bibliothek, voll mit alten, seltenen Büchern. Mein Herz flammte auf. Das war grandios! Meine Augen leuchteten, als wir wieder in ihrem Häuschen waren und reden konnten.

»Oh, mein Gott Jyoti, wie wunder-wunderschön!«, rief ich begeistert aus. »Danke! Danke, dass du mir das alles gezeigt hast! Jetzt verstehe ich, warum Mona und Theo so gerne hierherkommen!«

»Die kommen nicht nur wegen der schönen Szenerie«, lächelte Jyoti. »Die wissen genau, was sie erwartet und was hier wirklich abläuft – also wappne dich.«

Aber ich schwelgte so in meinem Enthusiasmus, dass ich sie gar nicht hörte.

»Ab übermorgen müssen wir schweigen«, erinnerte mich Jyoti. »Auch hier.«

»Kein Ding! Vielen Dank, dass du mir den Brunnen gezeigt hast!«

»Ja, er ist sehr mächtig. Er wurde nach uralten Ritualen von Brahmanen und Weisen eingeweiht, zusammen mit bedeutenden Heiligen aus ganz Indien. Das war eine wochenlange Zeremonie. Man sollte sehr genau wissen, was man sich wünscht, wenn man eine Münze wirft.«

»Ja, das spürt man«, erwiderte ich leise, »und auch diese unglaubliche Energie in diesen Mauern. Warum ist das so? Ich meine, hier bei dir ist es auch schön, aber es ist noch stärker auf diesem Gelände.«

»Weil dort seit über hundert Jahren nur gebetet wird«, antwortete sie ernst. »Seit über hundert Jahren wird dort nur gesungen, seit über hundert Jahren nur meditiert. Tagein, tagaus. Das macht einen Ort heilig.«

Und als ich nichts sagte: »Geeta?«

Ich zuckte zusammen, als sie mich so nannte.

»Das wird *alles* von dir fordern.«

»Ich werde es schon schaffen.«

»Es geht nicht ums Schaffen. Es geht ums Zulassen.«

***

Sie besorgte mir ein Badge, mit dem ich vorerst und ohne an den Stundenplan gebunden zu sein, im Ashram ein und ausgehen konnte. Ich setzte mich in eine der Meditationsstätten und erwartete, das gleiche Erlebnis zu haben wie bei Ben im Wald.

Aber nichts dergleichen geschah. Meine Gedanken fuhren Achterbahn, und statt ruhiger zu werden, wurde ich wütend. Das verstand ich nun überhaupt nicht. Ich wurde nämlich nicht nur kurzzeitig, sondern dauerhaft wütend, und zwar auf alles. Ich redete mit Jyoti darüber, als wir die Wäsche zusammen machten.

»Es passiert nichts!«, beklagte ich mich. »Keine Erlebnisse, gar nichts! Ich habe heute an drei verschiedenen Orten versucht, zu meditieren und noch negativere Gefühle als sonst!«

Ich wusste ja, dass das Ziel der Meditation das Baden in Glückseligkeit war … und hätte ich es nicht schon erlebt, hätte ich es als Hirngespinst abtun können, aber so fühlte ich mich wieder einmal frustriert. Ich wollte es und bekam es nicht! Dabei bemühte ich mich doch so!

»Das ist normal«, beruhigte mich Jyoti. »Hier herrscht nun mal eine hohe Energie, die holt so ziemlich alles aus dir raus. Das ist doch der Plan. Jetzt kannst du doch sehen, was in dir ist.«

»Aber ich will das nicht! Ich will das nicht in mir haben!«

»Greta, es reicht!«, fuhr sie mich an. »Das ist dein ständiges Credo! Hast du immer noch nicht verstanden, dass das dein eigentliches Problem ist?«

Mit großen Augen sah ich sie an. So hatte sie noch nie mit mir gesprochen!

»Kapier doch endlich, dass das Leben so nicht läuft! Versteh doch endlich, dass das, was jetzt gerade passiert, so sein soll! Du willst Erfolg, auch hier! Du gehst das Meditieren an wie ein Monatsziel in deiner Firma! Du verstehst noch nicht einmal hier, dass es nur darum geht, so zu sein, wie du gerade bist!«

»Ja, weil … ich muss mich doch ändern, ich will mich doch weiterentwickeln …!«

»Gar nichts musst du! Kannst du dich nicht einmal in deinem Leben annehmen? Wirst du dich jemals wohlfühlen in deiner Haut? Wird es dir jemals gut gehen mit dir selbst?«

Betroffen senkte ich den Blick. Wird es mir jemals gut gehen mit mir selbst?

»Alles soll immer anders sein!«, fuhr Jyoti ungestüm fort. »Nie bist du oder ist das Leben gut genug für dich! Die Meditation ist nicht gut genug, deine Mutter ist es nicht, die Umstände sind es nicht, und schon gar nicht du, weil du ständig einen anderen Zustand erhoffst! Du bist getrieben von engen, limitierten Vorstellungen, die nur in deinem Kopf existieren! Verstehst du denn nicht? Du wehrst dich mit aller Macht gegen das Leben, so wie es ist – und so wehrt sich das Leben gegen dich!«

Sprachlos starrte ich sie an. Sie war ja richtig in Rage! Als sie sah, wie erschrocken ich über ihren Ausbruch war, wurde sie etwas ruhiger.

»Du bist nicht in der Lage, das Gute in einer Sache zu sehen, wenn du dich so wehrst, Greta … und, das, was sich da so wehrt, ist dein Ego. Es treibt dich vor sich her wie ein Schwein zum Jahrmarkt. Und du lässt dich treiben. Du hältst nicht eine Sekunde inne und überlegst, was da passiert. Solange du damit beschäftigt bist, gegen deine eigenen Gedanken Krieg zu führen, bist du vom eigentlichen Thema abgelenkt. Bist du von der Liebe zu dir getrennt. Das ist genau das, was das Ego will! Alles in dir ist Kampf. Meditation ist doch das genaue Gegenteil! Stell dir vor, du sitzt einfach mit einem Kind auf dem Schoß. Von dem erwartest du doch auch nicht, dass es dich unterhält. Du sitzt und genießt. Sonst nichts.«

»Das … das hört sich nach so wenig an …«, erwiderte ich schwach.

»Klar, ich weiß. Aber es geht im Leben darum, das zu lieben, was da ist. Darin steckt die Riesenchance, die dich zum Glück führt.«

»Aber wie sollte ich das lieben?«, frage ich verzweifelt. »Vor allem, wenn du sagst, ich soll das stehen lassen – ich mag mich nicht mit all dieser Wut im Bauch!«

»Aber wenn du dich so sehr gegen das wehrst, was ist, kämpfst du gegen dich selbst … kannst du das nicht spüren? Die Wut ist wichtig. Dein Mann verlässt dich? Okay, es hat seinen Sinn. Du verlierst deinen Job? Es wartet etwas anderes auf dich. Dein Leben ist nicht rosig? Darin stecken viele Chancen. Aber wie willst du das jemals sehen, wenn du dich ständig und immerzu selbst angreifst? Da läuft jetzt genau das ab, worüber wir gesprochen haben. Dein Ego schreit: Betreten verboten! Nicht dahingehen! Du bist schlecht, wenn du das fühlst! Und so verhindert es, dass du das Göttliche darin siehst. Stattdessen leidest du, weil dir das Ego weismacht, dass du nicht kriegst, was du willst. Wenn diese Sache mit deiner Firma zu Ende ging, dann hat Gott oder dein Herz schlicht etwas Neues, Besseres mit dir vor. Etwas, was dich eher zum Glück führt. Möchtest du denn nicht endlich mal dieses Vertrauen zu dir entwickeln? Du hast keine Meditationserfahrungen, weil Wut hochkommt? Gut! Dann schau sie dir an! Dann soll das im Moment so sein! Woher weißt du, ob nicht doch etwas passiert? Worüber regst du dich eigentlich auf?«

»Ähm … alle möglichen Gedanken rotieren in meinem Kopf? Was beim Meditieren echt hinderlich ist?«, sagte ich verletzt. »Verstehst du, ich möchte doch nur das Selbst spüren, von dem ihr hier dauernd redet!«

»Aber was ist denn das Selbst? Das Selbst bist du und alles, was dich ausmacht! Also auch deine Gedanken! Hat da schon wieder dein Ego irgendwelche blödsinnigen Vorstellungen entwickelt? Siehst du nicht, dass das die Wurst ist, die es dir ständig an einem Stock vor die Nase hält und die du nie erreichen kannst, weil sie nicht außen, am Stock, sondern innen in dir ist? Siehst du nicht, dass dein Ego sich so am Leben hält? Ich habe es dir schon mal gesagt: Deinem Ego wirst du nie gut genug sein. Nie. Und wenn du dich nicht endlich davon löst, wenn du dir nicht endlich sagst, dass du perfekt bist, genauso, wie du jetzt bist, hört dieses Gekreische, dieser Kreislauf nie auf. Verstehst du das?«

»Ich unterbreche also den Kreislauf allein dadurch, dass ich nichts ändern will?«, fragte ich verständnislos.

»Ja, weil du damit endlich, endlich innehältst! Weil du dann endlich deine Situation anschauen kannst! Weil du dann erkennst, wie paranoid das ist, was da passiert: Du erschaffst mit unguten Gedanken eine Welt und bekämpfst sie hernach als etwas Böses. Wie kannst du böse auf etwas von dir Erschaffenes sein? Wie kannst du die Dinge ändern, wenn du an Böses *glaubst*?«

Ich blickte nach unten. Ihre Worte trafen mich.

»Kannst du dich lieben, wie du bist, Greta? Mit all deinen Gedanken? Einer unserer Weisen hat mal gesagt: ›Was auch immer während der Meditation auf deinem geistigen Bildschirm erscheint, ob Wünsche oder tief vergrabene Emotionen, ist das Ziel deiner Meditation‹.«

Sie wartete ein bisschen, um sicherzugehen, dass ich das auch verstand.

Allmählich begriff ich tatsächlich, was sie meinte. »Löst es sich denn dann?«

Ein breites Lächeln erschien auf ihrem Gesicht. »Ja! Damit hast du die Chance. Du sitzt nur und lässt es hochkommen. Das ist nicht angenehm.«

»Und das Ego schimpft mich dann und sagt: Sieh nur, du hast unheilige Gedanken!«

»Exakt! Das tut es! Das ist das Brett, auf dem steht: Zutritt verboten. Schau, ich habe dir gesagt, dass Gott alles ist. Ist dir klar, was das heißt? Das heißt, dass auch deine Gedanken Gott sind und es keinen Grund gibt, sich deswegen schlecht zu fühlen.«

»Aber … sie binden mich doch. Sie rufen unangenehme Gefühle hervor – und du hast gesagt, man solle sich frei davon machen.«

»Papperlapapp«, sagte sie resolut. »Im Vijana bhairava[4] steht folgender Satz: ›Wo immer der Geist sich auch hinwendet, nach innen oder nach außen, findet er Gott. Wenn Gott omnipräsent ist – wohin kann dann der Geist gehen, um ihm auszuweichen?‹«

»Aber schlechte Gedanken führen zu nichts Gutem …«, wiederholte ich verwirrt.

»So, das schlüsseln wir mal auf«, sagte sie energisch. »Komm her und setz dich. Also, erstens: Solange wir Menschen sind, ist es sehr wichtig, Gutes zu denken und Gutes zu tun. Tugenden zu kultivieren. Tugenden wie Ehrlichkeit, Verlässlichkeit, Mitgefühl, Liebe, ja, auch innezuhalten, wenn man etwas Böses sagen will … all das. Und warum? Weil dich Tugenden und gute Dinge zu deiner inneren Quelle leiten. Sie sind die Ausläufer dieser Quelle, und egal, welchem Strahl du folgst – er wird dich hinführen. Daher ist es wichtig, ein guter Mensch sein zu wollen und Gutes zu tun. Aber das heißt in erster Linie: gut sein zu dir. Du kannst nicht zu anderen Menschen ehrlich gut sein und dich selbst grausam behandeln. Das nützt nichts. In der Maitri Upanishad[5] steht: ›*deine Gedanken schaffen deine Welt und du musst sie durch eigene Anstrengung reinigen. Was ein Mensch denkt, das wird er. Das ist das ewige Mysterium.*‹ Ich habe dir gesagt, Disziplin im Yoga ist Reinigung. Denn der Geist kann jede Beziehung und jede Situation so umwandeln, dass sie zur Hölle werden. Also: Es ist wichtig, positiv zu denken und Tugenden zu kultivieren. Das ist essenziell auf dem spirituellen Weg, denn sie führen dich zur Selbstliebe.«

»Ja«, sagte ich unglücklich. »Ich weiß, ich sollte mich selbst lieben.«

»Wer das sagt, hat keine Ahnung, was Liebe ist.«

Ich zuckte zusammen. »Bitte?«

»Das ist typisches Ego-Gequatsche. Merkst du, wie es dich schon wieder mit dieser Aussage angreift?«

»Okay«, meinte ich, komplett verunsichert. »Auch das soll ich stehen lassen?«

»Ja! Finde das Gute an allem! An dir! Das führt dich zu deinem Herzen.«

»Aber was tu ich, wenn ich doch gerade so wütend bin! Ich würde am liebsten schreien! Ich bin so wütend, dass ich am liebsten etwas kaputt schlagen möchte!«

»Das ist der Knackpunkt. Du kannst der Wut nachgeben, was nicht gut wäre, denn das führt dich in den Abgrund. Du kannst aber auch versuchen, diesen kleinen Schritt zurückzutreten und sie als etwas anschauen, das nicht du bist. Und vor allem mit der Einstellung, dass du deswegen trotzdem ein guter Mensch bist. Hier hakt das Ego ein: Es verurteilt dich wegen der Wut.«

»Eine andere Einstellung zur Wut …«, wiederholte ich langsam.

»Ja, alles in unserem Leben hängt von unserer Einstellung ab. Wie wir sprechen, wie wir denken, wie wir etwas wahrnehmen. Ein guter Mensch wird das, was du sagst, mit einer guten Einstellung hören, eine negative Person hört das, was du sagst, eben negativ. Der Mensch ist das, was er denkt. Aber wenn du *weißt*, dass alle Gedanken Bewusstsein sind, alle Gedanken Gott sind, wenn du weißt, dass Gott letztlich du bist, kannst du sie dann überhaupt noch verdammen? Oder dich deswegen schlechtmachen? Sind sie dann nicht einfach etwas, was auftaucht, etwas, was du dir ansehen kannst … etwas, das du bewusst wählen kannst? Siehst du dann die Welt nicht als das, was sie ist? Als deine Spielwiese? In der du erschaffen kannst, was du willst?«

»Ja, aber kann ich das wirklich? Oder ist das noch von anderen Faktoren wie Karma abhängig?«

»In unserem Glauben, ja«, antwortete Jyoti. »Trotzdem, mach dir bewusst, dass du das Rad ausschwingen lassen kannst, wenn du deine Gedanken nicht mehr verdammst. Das ist der beste Weg, Karma zu verbrennen.«

»Das hört sich doch schon mal gut an« Ich atmete tief durch. »Das macht Hoffnung.«

»So ist es«, konstatierte sie. »Also: Wenn die Wut kommt, lass sie. Wenn du sie einfach anschaust, merkst du, sie ist nicht du. Und erst dann bist du in der Lage, ihr nicht nachzugeben. Erst dann kannst du dich beherrschen. Eben, wenn du *nicht* auf diese Stimme in dir hörst, die sagt, du seist ein schlechter Mensch, weil du so fühlst. Die Wut geht vorbei, glaube mir. Wenn du deine Gefühle auf diese Weise untersuchst, bleibt Liebe übrig. Dann dockst du wieder an das an, was du wirklich bist. Dann kannst du andere lieben, kannst du deine Mutter lieben. Das hast du nicht ein einziges Mal versucht in den letzten Jahren, weil du damit beschäftigt warst, Schlechtes an ihr zu finden – und an dir.«

Ich merkte, wie ich mich schon wieder versteifte.

»Aber sie hat auch nie versucht, mich zu lieben, weil sie hinter ihrer blöden Freiheit her war!«, rief ich ungehalten. »*Sie* hätte mir doch Liebe geben müssen! Ich war ein Kind!«

Jyoti legte ihre Hand auf meinen Arm.

»Sie liebt dich ja auf ihre Weise. Sie konnte es vielleicht nur nicht so zeigen.«

»Das reicht mir aber nicht! Ich hätte es so sehr gebraucht! So sehr!«

»Ist das wahr?«, fragte mich Jyoti ernst mit ihrer dunklen Stimme und schon zeigten sich wieder die Grübchen in ihren Wangen. »Ist das wirklich wahr? Hast du es gebraucht? Oder hast du es gebraucht, dass sie genauso war, wie sie nun mal ist? Alle diese Erlebnisse mit deiner Mom haben dich hierhergeführt. An einen Ort, an dem du deine eigene, tiefe Liebe finden kannst. Obwohl sie dich so behandelt hat, kannst du trotzdem deine eigene Liebe leben. Du bist hier, um den Kreislauf zu durchbrechen.«

»Oh, nein«, stöhnte ich. Aber Jyoti machte gnadenlos weiter:

»Das kannst du aber nicht, wenn du die Vergangenheit aktiv hältst und damit die Muster. Weil du das tust, passiert dir immer wieder das Gleiche. Wut, Depression oder Traurigkeit sind nur ein Zeichen dafür, dass du mit dir selbst im Clinch liegst - und zwar gewaltig. Die Upanischaden sagen: ›*Du bist aus Freude geboren und kehrst dorthin zurück. Du bist aus Liebe geboren und kehrst dorthin zurück. Du bist aus Glückseligkeit geboren und kehrst dorthin zurück*‹. Und da du aus Freude, Liebe und Glück nun mal geboren bist, sind alle anderen Gefühle nur Überlagerungen.«

Mein Kopf schwirrte inzwischen. Ich erahnte die tiefe Weisheit in ihren Worten, auch einen klaren Durchstich auf diese

Geschwulst an Emotionen in mir, aber noch konnte ich es nicht greifen.

»Das, was du in diesem Wald mit Ben erlebt hast«, begann sie wieder. »Was war das? Was hast du da gefühlt? War das nicht reine Freude?«

»Ja«, gab ich zu. »Das war wirklich pure Liebe, pures Glück. Es war vollkommen.«

»Da hat dein Ego also endlich mal Ruhe gegeben. Das ist dein wahrer Zustand – und noch viel mehr! Und da das Ego in diesem Zustand nicht wirklich existiert, versucht es, diesen zu verhindern. Indem es dich mit Gedanken vollschüttet, was du alles brauchst im Leben.«

»Aber … was ist denn dann mit Dingen, die man sich wünscht, von denen man möchte, dass sie wahr werden? Schau, wenn ich mich damals nicht gegen meine Situation gewehrt hätte, wäre ich nie …«

»Moment«, unterbrach sie. »Warte mal. Das Leben zu nehmen, wie es ist, bedeutet nicht, mit allem einverstanden zu sein. Es bedeutet nur, die Dinge ohne Widerstand betrachten zu können. Genau das hast du damals gemacht: Du hast den Status quo akzeptiert und bist von da aus weitergegangen. Aber erst, als du ihn akzeptiert hast, ging es vorwärts. Ist diese Aussage: ›Ich hätte die Liebe meiner Mutter gebraucht‹ nicht einfach nur ein Gedanke, der dich von Gott trennt, indem er dir wieder einmal einen Mangel vorgaukelt? Denn … überleg doch mal … die Vergangenheit kannst du nicht ändern, deine Gedanken darüber aber schon.«

»Nur ein Gedanke«, murmelte ich. »Und doch so mächtig.«

»Ein Gedanke aus Milliarden von Gedanken! Warum wählst du genau den? Solange du deiner Mom die Schuld gibst, gibst du ihr die Macht. Und außerdem«, sagte sie, ernst geworden. »Verurteile nie einen Menschen. Du kennst weder seine Gründe noch sein Karma, noch seinen Weg.«

»Das fällt mir schwer«, gab ich zu.

»Verstehen wirst du es erst, wenn du dich selbst verstehst. Deine Mutter ist immerhin der Teil in dir, der erlöst werden will. Sonst gäbe es sie nicht.«

Ich blies heftig Luft aus, ich war wütend, das war ich eigentlich immer, wenn die Rede auf Mom kam. Ich wollte sie nicht erlösen, ich wollte mit ihr nichts zu tun haben! Jyoti wartete.

»Du hast eine Mutter, die deiner Meinung nach versagt hat in ihrem Mutterdasein«, versuchte sie mir zu helfen. »Warum hast du diese Mutter, was wolltest du damit lösen?«

Ich hatte keine Antwort. Gar keine. Die Wut verdunkelte alles.

»Schau, Greta, ihr habt das gleiche Thema: Ihr wollt ein Leben nach euren Vorstellungen, nach den Vorstellungen eures Egos, das euch treibt und treibt und treibt. Keine von euch ist zufrieden, keine glücklich und beide wollt ihr es doch sein. Beide sucht ihr in äußeren Bedingungen. Beide scheitert ihr.«

Mit diesen Sätzen hatte sie mich zum ich weiß nicht wievielten Mal schachmatt gesetzt. Ich konnte nur auf meiner Lippe kauen und schweigen.

»Deswegen hast du kein Recht, sie zu verurteilen. Wenn du sie verurteilst, verurteilst du auch dich.«

Als ich schwieg, weil eine Armee von Gedanken in meinen Kopf einbrach, fuhr sie leise fort:

»Versteh doch: Die Dinge im Leben geschehen alle für dich. Du hast gewisse Dinge erlebt und sie haben dich geprägt. Warum hast du sie erlebt? Weil sie genau in diesem Moment nötig für dich waren. Sonst wären sie nicht passiert. Es gibt nichts, worum du bitten müsstest – es ist alles da, was du jetzt im Moment und in dieser Sekunde brauchst.«

Gequält sah ich sie an. Ich war unendlich gefordert von diesem Gespräch.

»Und das Ego erzählt mir jetzt, es ist nicht gut, dass ich es erlebt habe.«

»Richtig. Stell dir doch mal vor, wie es wäre, wenn du das nicht denkst. Stell dir vor, du hättest nicht auf dein Ego gehört. Kann es sein, dass die Vergewaltigung geschehen ist, *weil* du den Einflüsterungen des Egos vertraut hast? Und was hat es dir nach der Vergewaltigung gesagt? Du bist nichts wert, du bist eine Hure, alle verachten dich, was weiß ich, welche Gedanken es dir in den Kopf gejagt hat. Du hast allen Gedanken geglaubt. Was wäre gewesen, du hättest es nicht getan? Du warst damals zu jung, um zu verstehen, aber jetzt kannst du es. Das Leben, von dem du dauernd sagst, es lege dir Steine in den Weg, ist sehr liebevoll, denn es hat dich hierhergeführt, an einen Ort, an dem du verstehen kannst.«

»Ich … Jyoti, ich krieg's nicht hin! Wenn ich an die Vergewaltigung denke, dann … ich kann nicht denken, dass es gut war, dass das passiert ist!«

»Das habe ich auch nicht gesagt. Ich habe nur gesagt, die Gedanken, die dein Ego darüber gesponnen hat – die sind nicht gut. Es sagt dir, du bist nichts wert. Du hast das verdient. Deine Mutter ist schuld. Das Milieu ist schuld … das ist alles nur passiert, weil du nicht auf mich gehört hast … du bist schlecht …«

»Ja«, flüsterte ich. »Und diese Gedanken habe ich immer noch.«

»Ich weiß« erwiderte sie sanft und wartete eine Weile, bis sie mit der nächsten Dosis weitermachte.

»Die Krux ist: Du *glaubst* all diesen Gedanken … kritiklos … und wenn Gedanken deine Wirklichkeit erschaffen, was muss dann auf der Leinwand deines Lebens erscheinen?«

Oh, mein Gott. Mir drehte sich wieder mal der Kopf.

»Ich habe nie gesagt, dass du deine Wirklichkeit nicht ändern sollst, Greta. Im Gegenteil. Ich sage nur, es hat keinen Sinn, an Projektionen herumzuschrauben. Hab Erfolg, bau dir ein gutes Leben auf, aber lass es fließen. Du hast zu mir gesagt, du willst, dass das bleibt. Aber das Leben funktioniert so nicht. Dinge kommen und gehen, kommen und gehen und du kannst sie nicht festhalten. Im Gegenteil – je fester du sie hältst, umso schmerzhafter empfindest du den Verlust. Kinder haben dieses Problem nicht. Sie bauen einen Klötzchenturm und stoßen ihn danach selbst um. Das ist sogar ihre größte Freude, ihn zusammenbrechen zu sehen! Hast du sie schon mal dabei beobachtet? Sie kreischen wie verrückt vor Freude! Und warum? Weil sie etwas Neues bauen können. Weil es nichts Schlechtes ist, wenn etwas Bestehendes einstürzt. Sie hängen überhaupt nicht an den Dingen. Das bringen ihnen erst die Erwachsenen bei, die sagen: ›Oh, nun hast du *deinen* schönen Turm kaputtgemacht! Oder: Oh, *du* hast ja so einen *tollen* Turm gebaut! Und schon rufen sie das Ego auf den Plan und das Kind denkt: *Ich habe den Turm gebaut! Ich habe einen tollen Turm gebaut!* Und wenn er dann einstürzt, ist das Geschrei plötzlich groß. Aber womit soll es bauen, wenn alles bestehen bleibt?«

Jyoti stand auf und ging mit mir ans Fenster. »Sieh da draußen«, sagte sie. »Da steht die Shiva-Statue. Shiva hat fünf Aspekte: Schöpfung, Erhalten, Zerstören, Vergessen – und Gnade. Das ist das Leben. Wir bauen etwas auf, es bleibt eine Weile, es löst sich wieder auf.«

»Und nur das Ego sagt, das sei schlimm, dass es sich wieder auflöst«, setzte ich leise hinzu. »Ist es so?«

Jyoti nickte und legte den Arm um mich. »Ja, ein fieser Gedanke, nichts weiter.«

»Und das Vergessen? Und die Gnade?«, wollte ich wissen.

»Die gehören beide zusammen. Wir vergessen, wer wir wirklich sind … der kleine Dämon da unter Shivas Fuß … das ist die Vergesslichkeit … und die Hand, die Shiva hochhält symbolisiert die Gnade. Letztlich schickt uns Gott immer Zeichen, damit wir uns wieder daran erinnern, wer wir wirklich sind. So wie dir.«

Sie zwinkerte mir zu.

»Dann machen sich die Menschen, die bereit sind, auf die Suche – mit allen Wirrungen und Irrungen, schlechten Gefühlen und miesen Gedanken, die eben dazugehören. Sie sehnen sich wieder nach dem Einssein. Sie wollen glücklich sein. Mit diesem Wunsch beginnt die Suche.«

»Warum kann er uns nicht gleich erlösen, dein Shiva?«, fragte ich.

»Das würde er, in der nächsten Sekunde, wenn du nicht so an deinem Ego hängen würdest. Oder das Ego an dir. Du gestaltest ein Konstrukt aus Vorstellungen und Gedanken, von dem du behauptest, das seist du. Aber wer wärst du denn ohne all das? Wenn du stirbst, was bleibt dann übrig? Deine Gedanken? Deine Vergangenheit? Die gesamte Welt verschwindet mit dir! Alles weg! Hat das nicht ein deutscher Schriftsteller mal gesagt? ›Jedermann erfindet sich früher oder später eine Geschichte, die er für sein Leben hält‹. Ich glaube, das war Max Frisch.«

Verwundert, dass sie neben ihren indischen Schriften auch Max Frisch kannte, bohrte ich nach:

»Aber hier, in diesem Leben begleitet mich die Vergangenheit. Die kann ich wohl schlecht wegdiskutieren.«

»Warum nicht? Hast du unsere erste Unterhaltung schon vergessen? Du kamst hierher, um einen Neuanfang zu machen, und alles, was du mir jetzt erklärst, ist, dass du dich von deiner Vergangenheit nicht lösen kannst? Könnte das dein eigentliches Problem sein? Dieser grundfalsche Gedanke? Ein Gedanke, der dir ständig begegnet? In Form von Tobias, der deine Vergangenheit als Grund nahm, dich nicht zu heiraten? Wenn er ein Spiegel war, dann war er doch perfekt! Dann hat er seine Aufgabe wirklich grandios erfüllt! Er hat dir gezeigt, dass du denkst, deine Vergangenheit definiert dich. Hättest du das nicht gedacht, wärst du ihm nie begegnet. Oder er hätte dich geheiratet und deine Vergangenheit wäre ihm herzlich egal gewesen.«

Und als ich darauf nichts sagen konnte, meinte sie:

»Du bist frei. Du warst es schon immer. Du hast das Missverständnis deiner Mutter übernommen. Auch sie war schon immer frei und hat es nicht gesehen. Die Wahrheit ist, du kannst dich von jedem belastenden Gedanken lösen. Wenn du glaubst, das ist nicht leicht, dann ist das ein weiterer Gedanke, der nicht wahr ist. Aber du musst natürlich wissen, *was* dich belastet. Wie schon gesagt: Das Leben ist die beste Meditation. Du kannst deine Gedanken nicht loslassen, weil du sie erschaffen hast, aber du kannst wählen, welchem Gedanken du Bedeutung schenkst. Und jetzt geh einen Schritt weiter: Was wäre, wenn du daran glaubst, dass du das allerhöchste Selbst bist, rein und pur, ohne jede Sünde, ohne jeden Makel? Was wäre, wenn du dich ständig damit identifizieren würdest? Mit der reinen Quelle in dir? Wenn du dir das immer und immer wieder klarmachst? Das ist keine Blasphemie, das ist wahrer Mut! Denn dann würdest du wissen, dass Gott in dir wohnt. Du würdest keinem anderen Gedanken mehr glauben. Das ist das, was du anstreben sollst. Sei nicht so dumm wie der Mann, der Chili in seinem Kopf kocht.«

»Bitte?«

»Das ist eine alte Geschichte bei uns: von dem Mann, der tagelang gewandert war und nichts zu essen hatte. Da setzte er sich in seiner Verzweiflung unter einen Baum und begann in Gedanken zu kochen. Er kochte sich ein Chutney, ein richtig scharfes und tat eine Chili nach der anderen rein, bis sein Mund und seine Augen brannten und er fast keine Luft mehr bekam, weil alles so scharf war. Er riss die Augen auf und rief ›Wasser! Wasser!‹. Ein Fremder kam vorbei, gab ihm aus seiner Flasche zu trinken und fragte ihn: ›Freund, was ist passiert?‹ Er erzählte es ihm und der Fremde sagte: ›Du hättest alle Gerichte dieser Welt kochen können, du hättest dir das süßeste Dessert bereiten können … und was tust du? Du vergällst dir dein eigenes Essen.«

Sie sah mich an.

»Du willst glücklich sein? Dann identifiziere dich mit dem, was dich glücklich macht. Ist dir dein Leben zu scharf, Greta? Dann lass die Chilis weg«.

Damit stand sie auf und wandte sich zum Gehen.

»Und Geeta?«

Wieder zuckte ich zusammen, als sie mich so nannte, und noch mehr, als ich ihre Sätze vernahm:

»Ab morgen bist du im Ashram. Denk daran: Alles, was passiert, ist zu deinem Besten. Besonders hier. In einem Ashram ist die Energie verdichtet und alles vollzieht sich viel schneller und heftiger. Es ist wie ein greller unbarmherziger Scheinwerfer, der einen Raum ausleuchtet. Es kommt alles zum Vorschein. Nichts geschieht hier aus Zufall. Ich möchte, dass du das weißt. Du wirst es brauchen, wenn du in der Disziplin des Ashrams steckst.«

Ich nickte. Die Disziplin des Ashramstundenplans machte mir keine großen Sorgen. Disziplin war ich gewohnt, das war für mich ein Klacks.

Schneller als mir lieb war, sollte ich herausfinden, dass Disziplin nicht das gewesen war, was Jyoti gemeint hatte.

Jedenfalls freute ich mich auf den Ashram – es war doch so schön dort!

Tapasya

Es war die Hölle.

Schon der erste Tag war grauenvoll. Ich war todmüde, als mich Jyoti um 2:15 Uhr weckte und ich mir eine Handvoll kaltes Wasser ins Gesicht warf, was nicht viel half. In der Dunkelheit gingen wir den Weg zum ersten Tempel, entledigten uns unserer Schuhe, jemand missgelauntes drückte mir ein Buch in die Hand und wir sangen im Stehen völlig unverständliche Texte in Sanskrit, deren englische Übersetzung mich aber auch nicht gerade anmachte. Danach ging es weiter zum Meditieren. Zwei Stunden. Ich schlief immer wieder ein. Der Boden war aus Stein, er war hart, die dünne Decke unter meinem Hintern nützte nicht viel und es war auch kalt. Sehr kalt, so wie Ben es prophezeit hatte. Der Schal, den ich um mich schlang, wärmte nicht sehr, und unglücklich bemerkte ich, dass alle anderen Strick- oder Daunenjacken trugen. Ich muss nicht erwähnen, dass ich weit weg war von Meditation. Die Gedanken rotierten – keine guten – mein Körper tat weh, ich fror, hatte schrecklichen Hunger und war die ganze Zeit krampfhaft damit beschäftigt, nicht einzuschlafen.

Zitternd und müde lief ich hinter den Leuten her, als die Meditation endlich, endlich zu Ende war und es einen kleinen Lichtblick gab: Einen Becher heißen Ingwertees, der mich etwas aufwärmte. Danach aber wartete ein weiterer Gesangsmarathon auf mich. 437 Strophen, die in einer für mich wenig melodischen Weise rezitiert wurden, und bei denen ich ebenfalls immer wieder wegnickte. Es waren elend lange zwei Stunden. Die Uhr zeigte gerade mal sieben an, dennoch hatte ich den Eindruck, einen Zwanzig-Stunden-Tag hinter mich gebracht zu haben und ich lechzte nach Frühstück. Aber nein, eine Yogastunde war angesetzt, in der ich Theo und Mona endlich entdeckte, die mich mit aufgerissenen Augen anstarrten wie einen Geist und schließlich wild und stumm winkten.

Nach dem Yoga hing mein Magen in den Kniekehlen und ich hängte mich an Mona und Theo, die freudig lachend kurz den Arm um mich legten – körperliche Berührung war im Ashram nicht erwünscht – und mit mir zu dem Gebäude liefen, in dem ein sehr puristisches, koffeinloses Frühstück bereitstand. Ich war kurz vorm Zusammenbrechen und hätte alles für einen heißen Kaffee gegeben. Hungrig aß ich vier Toasts und torkelte von dannen. Eine Stunde Pause, dann musste ich mich zur Arbeit melden.

Erschöpft sank ich auf mein Bett. Jyoti musste mich wecken, sonst hätte ich verschlafen. Sie jagte mich zu Padmini und dem Putztrupp, und bis zum Mittag scheuerten wir den Innenhof, bis kein Staubkorn mehr zu sehen war. Meine Hände schmerzten, die Gerätschaften, die hier benutzt wurden, waren altertümlich: kurze Reisigbesen, die einen beim Bodenfegen in eine permanent gebeugte Haltung zwangen, Teppichklopfer und Schrubber ohne Stiel.

Um elf Uhr vormittags wäre ich am liebsten schon ausgerissen. Aber Jyoti scheuchte mich zurück in den Tempel. Vor dem Mittagessen war noch mal eine Stunde Singen (im Stehen) angesetzt. Dann folgten zwei Stunden Mittagspause, in der ich erneut einschlief. Der Nachmittag: drei Stunden Putzen, eine Stunde Singen (im Stehen), zwei Stunden Meditation (auf hartem Stein), eine Stunde Abendessen (irgendwie fehlt Salz und überhaupt …), eine letzte Stunde Singen (ich will nicht mehr!), Bett.

Ich war vollkommen erledigt. Sowie mein Kopf das Kissen berührt hatte, war ich weg.

***

Wenn ich dachte, nur der erste Tag wäre so hart, weil ungewohnt, hatte ich mich getäuscht. Es wurde eher schlimmer. Ich hatte das Gefühl, Jyoti weckte mich schon nach einer Stunde wieder, so müde war ich, und mich erwartete derselbe Tagesablauf. Das hätte ich vielleicht noch ausgehalten, aber ab diesem Morgen begann mein Körper zu brennen, als hätte ich eine Bienengiftsalbe aufgetragen. Meine linke Seite fühlte sich an, als sei dort Feuer gelegt worden, und es tat so weh, dass ich kaum sitzen konnte. Es schmerzte auch im Stehen und bei allem, was ich tat. Verzweifelt schob ich Mona einen Zettel hin und bat um Hilfe, aber sie schrieb verstohlen zurück, das sei normal, das sei bei vielen so. Es sei *Tapasya* - ein Reinigungsprozess, Karma, das verbrenne.

Ich weiß nicht, wie ich diesen Tag überstand, ich fühlte mich permanent lustlos und deprimiert und brauche nicht zu erwähnen, dass die allermiestesten Gedanken meinen Kopf füllten. Jyoti warf am Abend einen Blick auf mich und gab mir etwas zu schlucken.

Sie sprach kein Wort. Sie nahm das Schweigen, wie alle anderen, sehr ernst.

Dritter Tag. Ich hasste es, aufstehen zu müssen. Warum tat ich mir das an? Wofür sollte das gut sein? Übelgelaunt und mit diesem brennenden Schmerz, der sich nun über die gesamte Wirbelsäule und mein linkes Bein erstreckte, stand ich im Tempel und sang Texte, die ich nicht verstand. Und wurde immer wütender. In der Meditationshalle wusste ich kaum, wie ich sitzen sollte, und war weit davon entfernt, zu meditieren. Im Gegenteil, meine Gedanken rotierten schlimmer noch als sonst, wo ich doch geglaubt hatte, hier, in diesen Mauern, mache ich nur die Augen zu und würde ins Nirwana sinken.

Entsetzt bemerkte ich, wie mein ganzes Sein von dieser unendlichen Wut ergriffen wurde, die sich teilweise in Hass verstieg. Oh, Mann, und all die anderen saßen um mich herum, in tiefste Glückseligkeit getaucht! Ich hielt es fast nicht mehr aus vor lauter Zorn, gleichzeitig fühlte ich mich schlecht deswegen, schwankte zwischen Abhauen und Beherrschung, ersehnte das Ende jeder Meditation herbei, konnte danach kaum aufstehen, weil meine Knie aus Feuer waren, mein Rücken schmerzte, mein Kopf hämmerte und mein Bauch quälend aufgebläht war.

Ich war dem Weinen nah, schleppte mich von einem Punkt auf der Agenda zum nächsten. Wie hatte ich geglaubt, in diese Energie einfach eintauchen zu können! So wie auf der Lichtung! Aber gerade hier, an diesem Ort, von dem alle sagten, dass er so erhebend sei, fühlte ich mich miserabler denn je. Immer öfter glitten meine Gedanken zu meinem Computer … zehn Minuten und ich hätte einen Flug zurück nach Deutschland gebucht. Ja, genau, das sollte ich tun! Das hier war für andere gut, aber nicht für mich! Mit diesem Vorhaben im Kopf sah ich hoch, auf all die unbeweglich sitzenden Gestalten, während ich selbst schon mindestens viermal die Stellung hatte verändern müssen, damit mir die Beine nicht einschliefen – da traf mich Jyotis Blick.

Sie saß mir genau gegenüber und ihre Augen waren wütend. Erschrocken sah ich nach unten. Fühlte mich noch erbärmlicher. Und doch … endlich kamen mir unsere letzten Gespräche wieder ins Gedächtnis. Alles, was auf meinem Bildschirm erscheint, ist das Ziel der Meditation … o mein Gott und was für ein Bild war das! Das steckte alles in mir? Diese unfassbare Wut? Dieses abgrundtiefe Minderwertigkeitsgefühl? Ich wollte mich nicht so fühlen und hörte mit diesem Gedanken Jyotis Stimme in meinem Kopf: Das ist das Ego, das macht jetzt alles schlecht ... reißt alles an sich. Und ihre Aussage fiel mir ein: »Alles, was passiert, ist zu deinem Besten. Nichts geschieht aus Zufall. Lass es geschehen. Nirantara. Wenn du genau hinschaust, kannst du das Feuer austreten ... denk dran, du wirst es brauchen, wenn du in der Disziplin des Ashrams steckst.«

Ich atmete tief ein, noch immer mutlos, ja, aber ich hielt durch. Und nahm mir endlich vor, hinzuschauen.

Am vierten Tag ließ das Brennen etwas nach. Das lange Sitzen fiel ein wenig leichter. Das Singen fand ich immer noch schrecklich, aber die Meditationen wurden friedvoller. Manchmal versank ich auch – wenn auch nur für ein paar Minuten. Auch das Schweigen tat seine Wirkung. Meine Gedanken, die, da sie nun nicht mehr ausgesprochen werden konnten, in meinem Kopf Amok gelaufen waren, beruhigten sich langsam. Aber es war dennoch weit von dem entfernt, was ich mir erhofft hatte. Was mein Ego sich erhofft hatte. Ich fühlte mich schlecht und konnte mich nicht dagegen wehren.

Jyoti lief mir, als ich während der Mittagspause in mein Zimmer wollte, über den Weg und ich lächelte sie gequält an. Wenn diese Woche hier vorbei war ... ja ... dann ... ich glaube, dann war ich bereit, wieder nach Deutschland zu fliegen. Oder zu Torsten in die Camargue.

Sie nickte mir zu, stellte ihr Tablett ab, baute sich vor mir auf, sah mir tief in die Augen und drückte dann kurz mit ihrem Finger zwischen meine Brauen. Danach nahm sie ihr Tablett wieder auf und verschwand. Ich torkelte auf mein Bett. Mir war alles egal. Eine Stunde Schlaf, eine Stunde Vergessen, bis das hier wieder weiterging. Ich wollte nach Hause. Aber ich hatte Jyoti versprochen durchzuhalten. Und inzwischen auch mir.

Hrdaya

Fünfter Tag. Mir war furchtbar schwindlig. Hatte mich durch den Tag geschleppt, saß nun, vollkommen frustriert, weil die Meditation wieder nichts wurde, ich keine Lichter sah, nicht in Glückseligkeit tauchte und stattdessen unerleuchtet die Sekunden zählte, in der großen geschlossenen Meditationshalle und fiel in einen unruhigen Schlaf, aus dem ich immer wieder hochschreckte, wenn mein Kopf zu sehr nach vorne sank.

Schwärze umgab mich. Im Saal war es dunkel. Nur der Ton einer Tambura klang stetig durch den Raum, schläferte mich ein. Ich hatte die Augen geschlossen und sah vor mir plötzlich ein Loch. Dachte zuerst, das wäre nur eine Reaktion der Augen, als ich schon in dieses Loch hineinstürzte. Panik ergriff mich.

Mit einem Mal befinde ich mich in unserer Sozialwohnung, kurz nach der Trennung von Parkow. Die Zeit verschwamm.

Ich sah mich als das kleine Mädchen, das ich damals war, sah mich von oben.

Doch plötzlich - wuuuusch … ergriff mich ein starker Sog.

Ich stecke in diesem Mädchenkörper und erlebe alles, was die kleine Greta erlebt. Mit Entsetzen erkenne ich, dass ich in einem Sarg liege. Sie schließen gerade den schweren Deckel. Es ist ein sehr kleiner Sarg … ich passe kaum hinein, bekomme keine Luft, kann nichts sehen, kann mich nicht bewegen, es ist so stickig … ich schreie und hämmere in der tödlichen Enge gegen das Holz, ich schreie und schreie und schreie … mir wird schlecht und ich spüre, wie mir der Mageninhalt hochkommt, aber ich will mich in diesem Ding nicht übergeben, es wird entsetzlich stinken … ich kann mich nicht drehen, es wird in meinen Mund zurücklaufen … da kommt es auch schon hoch. Würgend ergießt sich ein ekelhafter Schwall vom Magen durch den Hals in den Mund und meine Panik erreicht ihr Höchstmaß, als das Zeug nicht nach draußen kann, meinen Mund füllt … ich werde geschüttelt … der Schwall säuerlichen Mageninhalts strömt krampfartig heraus … jemand rüttelt an meiner Schulter und ruft:

»Wach auf! Wach auf! Greta! Du träumst!«

Tränenüberströmt wache ich auf und sehe das Gesicht meiner Mom vor mir. Sie hat nichts an und weinend will ich mich nach diesem schrecklichen Traum an ihre Brust werfen, aber ich habe mich tatsächlich übergeben. Ich stinke, bin besudelt … mein Körper ist voll mit Erbrochenem und meine Mom hält mich weit von ihrem nackten Körper weg, die Arme ausgestreckt. Ein Mann schreit nach ihr.

»Kannst du nicht eine Nacht Ruhe geben!«, herrscht sie mich an. »Verdammt noch mal, habe ich dir nicht gesagt, du sollst dich nicht rühren?!«

Ein scharfer Schmerz durchzuckt mich bei ihren Worten, sinkt nach unten, verändert etwas in mir, ohne dass ich hätte sagen können, was. Ihr Körper ist so weit weg. Ich ekele mich schrecklich vor mir selbst, es riecht bestialisch und das ganze Bettzeug ist verschmutzt.

Mom zieht alles ab, schickt mich ins Bad, während sie schimpfend einen neuen Bettbezug holt. Laut weinend laufe ich aus dem Zimmer. Ich fühle mich entsetzlich einsam, entsetzlich verloren in diesem muffigen Bad, als ich versuche, mich zu säubern, entsetzlich verängstigt, als ich zurückkomme. Es riecht immer noch sauer, sie hat nur den Bezug gewechselt und nicht die Decke, und ich will mich da nicht mehr hinlegen.

»Mom, ich will zu dir«, heule ich und klammere mich an ihr fest. »Ich will bei dir sein!«

Sie löst mit Gewalt meine Arme und flüstert laut:

»Das geht nicht. Das schaffst du schon. Ist doch alles wieder sauber. Und sei jetzt ruhig, hast du verstanden? Keinen Ton mehr!«

Ein Gefühl, als habe eine Kreissäge meinen Körper mitten durchgeschnitten, bemächtigt sich meiner. Panik tost in mir hoch, als sie die Tür schließt, als ich den Schlüssel höre, wie er sich von außen dreht. Ich will schreien, aber nichts kommt mehr raus. Es bleibt alles drin. Der Schrei, die Angst, der Ekel.

Ich hörte mich keuchen, hier im Meditationsraum und ein Laut entfuhr mir, einer, der mich aus diesem Albtraum herausriss, kurz nur, jemand war bei mir, weil es mich so schüttelte. Ich wollte die Augen öffnen und es ging nicht, etwas führte mich weiter, zur nächsten Szene … zum nächsten Ort …

Es geht weiter zurück … in die ganz alte Wohnung, da, wo wir mit Parkow gewohnt haben. Es ist das alte Haus in der Gärtnerstraße. Und ich begreife - da muss ich jetzt durch. Dieses Etwas will mir zeigen, woher der böse Traum kommt. Warum ich glaubte, im Sarg zu sein.

Meine Augen sind fest geschlossen, überdeutlich spüre ich die Decke unter meinem Hintern im Meditationsraum, so, als wolle die Erde mir versichern, dass sie da sei und mich hält. Ich spüre den Arm, der sich um mich legt, aber noch deutlicher die Präsenz, die in mir ist und mir Mut zuspricht. Innerlich nicke ich, obwohl mein Herz rast. Ja, ich bin bereit. Mach weiter.

Und schon geht es los. Wieder bin ich in einem Zimmer. Es ist größer als mein letztes, in das nur das Bett gepasst hat. Aber wieder liege ich wach und habe Angst. Meine Eltern schreien. Sie schreien sehr laut, ich höre Geräusche, etwas geht zu Bruch, dann noch etwas. Es klingt nicht gut. Gar nicht gut. Es wird immer stärker und meine Angst schwillt mit der Geräuschkulisse an. Und da! Meine Mom schreit! Sie schreit um Hilfe! Ihr Schrei gellt in meinen Ohren, sie braucht Hilfe! Sie braucht Hilfe! Und ich renne zur Tür und will sie öffnen, aber sie ist verschlossen, sie geht nicht auf, sie haben mich eingesperrt! Und da draußen schreit Mom, sie schreit um ihr Leben und ich weine und weine und schreie mit, rüttle an der Klinke wie toll, ich habe Angst, Angst um sie, Angst, vor dem, was da draußen passiert .ich kann nichts tun … ich höre Schläge, ich höre sie fallen, ich höre sie stöhnen, höre ihr Klagen, höre das Brüllen des besoffenen Mannes, werde fast wahnsinnig vor Panik und da … da reißt jemand die Tür auf, stürmt herein, haut die Tür wieder zu, schließt panisch wieder ab – Mom! Sie ist da! Sie ist bei mir im Zimmer! Sie ist bei mir und nicht da draußen, aber sie weint und, o mein Gott, wie sieht sie aus! Wie sieht sie nur aus! Sie ist blutüberströmt und ihr Gesicht … ihr Gesicht … ihre Augen sind zugeschwollen … aus der Nase kommt Blut, aus der Lippe kommt Blut … überall ist Blut … und die Panik nimmt überhand. »Mama!«, schreie ich. »Mama!« Und ich heule laut auf, weil sie so blutet und mir das so leidtut und ich nichts tun kann. Ich will sie umarmen, aber sie lässt mich nicht. Mehr noch — sie ist genervt von mir, stößt mich weg, will meine Arme nicht, will meine Hände nicht, will mich nicht. Sie ist außer sich vor Wut, sie ist feindselig, in ihren Augen steht blinde Panik und Hass, ihre Augen glänzen davon und sie brüllt, brüllt mich an:

»Du bist schuld! Du bist schuld! Das ist alles nur wegen dir, alles nur wegen dir! Siehst du das? Siehst du das?« Und sie deutet auf ihr zerschlagenes Gesicht, auf das Blut, das runterläuft, auf die geplatzte Lippe, die Braue. »Alles wegen dir! Oh, ich wünschte, ich hätte dich nie geboren! Ich wünschte, du wärst nicht da!«

Sie bricht weinend zusammen, kauert auf dem Boden, die Arme um sich geschlungen. Und ich nähere mich ihr, Kind, das ich bin, ein Kind, das noch nicht alle Hoffnung verloren hat. Ich will sie berühren, aber sie schlägt mich weg, schreit in ihre Arme: »Hau ab!«

Inzwischen laufen mir die Tränen in Strömen über das Gesicht. Ich bin schuld, dass Mama leidet, und ich kann nichts tun, kann gar nichts machen, ich kann sie noch nicht einmal berühren. Und nie will ich, dass ein Mann mich je so behandelt, ich werde alles dafür tun, dass das nicht passiert. Die Tränen fließen über mein Gesicht, hier im Meditationsraum, es schüttelt mich, mein Körper wankt, aber meine Augen lassen sich nicht öffnen. Ich fürchte mich vor dem, was noch kommt, ich will nicht noch mehr erleben, ich will, dass das aufhört, bitte, bitte, lass es aufhören! Ich will das Schöne im Leben und nicht dieses Grausame! Ich will nicht leben, wenn das Leben so erbarmungslos ist und mich sowieso keiner will, will nicht leben, will nicht, will nicht … und da … da blitzt in mir ein Licht auf und ich stöhne, nein, nicht noch einmal, nicht noch mal so etwas. Ich spüre den Arm, der mich immer noch hält, meine Schultern, meinen Oberkörper, der unkontrolliert hin und herschaukelt … ich versuche, mich auf das Licht zu konzentrieren, auf dieses Helle … mir ist schlecht.

Ein weiterer Zeitschub.

Und plötzlich ist alles anders.

Ich fühle Wärme, Liebe, Geborgenheit, jemand streichelt mich. Jemand schaut mich mit liebevollen, tränenfeuchten Augen an – und es ist nicht meine Mutter. Liebe entströmt dem Körper, der mich hält, es ist ein festes, verlässliches, unzerstörbares Band. Ich kann nichts sehen, die Welt ist ein Schattenreich, lediglich Bewegungen nehme ich wahr, doch auch die nur schemenhaft, unklar. Aber ich fühle eine Verbindung zu allem, was im Raum ist. Weil ich alles bin. Ich fühle meine Liebe, ich liebe mich, nehme mich selbst als springende, freudige, tanzende, neugierige Energie wahr, Energie, die ich bin. Und oh, ich fühle die Liebe der Person, die mich hält. Sie heißt mich willkommen, sie küsst mich, weiche Lippen, die sich sanft, staunend und dankbar auf meinen Babykopf setzen. Ich schwimme in Licht und kann nur eines tun: dieses Licht, dieses Strahlen weitergeben. Es füllt die Person, die mich hält, sie empfängt sie und ich bin so glücklich, weil ich geben kann, weil ich empfange und wieder zurückgebe und wieder empfange – ein wunderbarer, göttlicher Kreislauf.

Doch auf einmal flutet Schmerz hoch in dieser Person. Reflexartig, aus einem tiefen Bedürfnis heraus will ich ihr meine Liebe geben, ich kann den Schmerz fast als Ding beobachten. Er ist da, aber ich weiß, er kann wieder gehen … ich kann wieder zurück, dahin, wo ich herkomme, in diese Liebe und den Schmerz wegmachen. Das gelingt mir. Ich spüre sie wieder, spüre die Liebe zu der Personen im Zimmer, spüre die Liebe jener Person, die mich fest und doch zart an ihr Herz drückt. Ich höre dieses Herz schlagen … aber das Herz schlägt auf einmal unruhig. Und wieder kommt der Schmerz. Etwas ändert sich. Die Wärme verschwindet. Kühle Luft umgibt mich. Eine andere Energie umfängt mich. Eine distanziertere. Sie lässt mich ahnen, dass wir zwei sind, nicht eins.

Die andere Person ist so weich, so offen, sie gibt mir Wärme – und ich will zu ihr zurück. Doch sie leidet jetzt, das kann ich deutlich fühlen. Ihr heftiger Schmerz raubt mir den Atem – ich fange an zu schreien, laut, plärrend, weine aus Hilflosigkeit. Noch mehr Leid entsteht. Jemand sagt: »Geh!« Und der Schmerz in Form der Person verschwindet, doch seine Emotion bleibt im Raum, speichert sich in mir ab. Kälte umgibt mich. Die Person, die zurückbleibt, ist nicht warm.

Verwirrt suche ich die Liebe, die ich doch gerade eben noch gefühlt habe, wo ist sie hin? Ich habe vergessen, dass sie in mir ist. Habe vergessen, wie ich es vorher geschafft hatte. Habe vergessen, dass ich immer dahin zurückkann, wo ich her komme. Der Schmerz hat mich orientierungslos gemacht. Ich suche und suche … suche Kontakt … wo ist meine Liebe hin? Ich irre umher in dieser endlosen Weite, verliere mich in einer endlosen Suche – und kann nichts mehr finden.

Verborgen und unverstanden treibt diese Suche ihre Blüten. Ich wehre mich gegen diese Erlebnisse, gegen das Kalte, Unschöne, wehre mich gegen alles. Das Leben ist feindselig, es gibt mir nicht das, was ich brauche, gibt mir nicht diese Liebe, die ich doch gespürt habe – und in diesen Sekunden, hier, jetzt, im Ashram, auf dieser Matte, verstehe ich: Das ist mein falscher Gedanke: Ich suche die Liebe in der Person, die gegangen ist, und in der Person, die geblieben ist. Ich suche sie in Personen, die mir begegnen, suche sie am falschen Ort. Es ist die Verbindung zum Inneren, der Liebe zu mir, die ich verloren habe, die ich nicht mehr sah. Durch diesen ersten falschen Gedanken in meinem Leben, dass die Liebe außerhalb von mir wäre.

Ich keuche. Schlage die Augen auf. Plötzlich ist mir alles klar:

Mein Papa war bei meiner Geburt bei mir gewesen. Er war es, der mich gehalten hat. Es war sein Schmerz, den ich gefühlt habe. Und es war seine Liebe, die mich auf dieser Welt begrüßt hat. Er hat mich geliebt. Er hat mich gewollt. Er war da gewesen.

Ich brach in Tränen aus.

***

Tage in Aufruhr begannen. Ich versuchte, das Erlebte zu sortieren … diesen falschen Gedanken … der Glaube, ich sei von meinem inneren Licht getrennt. Der feste Glaube, nicht gewollt zu sein. Das, was mir im Außen immer wieder passiert war. Nicht gewollt.

Nahtlos, stumm fügte ich mich in den Tagesablauf des Ashrams ein, begrüßte jeden Punkt auf dem ausgefüllten Stundenplan, weil er mir Halt gab. Er war mein emotionales Gerüst. Das Singen beruhigte mich. Die Silben drangen in mich und heilten Dinge in mir. Ich konnte es mir nicht erklären und wollte es auch nicht.

Zum ersten Mal nahm ich fast schmerzhaft die Schönheit der noch nächtlichen Stille wahr, wenn wir uns zum ersten Morgengesang aufmachten, nahm wahr, wie mich das Singen reinigte, genoss ich die sehnsüchtigen, puren Klänge der Flöte, die jeden Morgen in der Morgendämmerung durch den Ashram zogen und deren Melodie die aufgehende Sonne begrüßte, Töne, die Wunden in mir heilten. Ich roch die Jasminblüten, wenn ich den heißen Ingwertee trank, fühlte die Stille in mir, diese gigantische Ruhe, wenn ich mich zur Meditation setzte, erkannte, wie selbst das Essen, das ich stumm zu mir nahm, leuchtete. Alles ist Gott. Nun sah ich es.

Es gab nichts nachzudenken. Ich ließ zum ersten Mal in meinem Leben los und die Dinge laufen. Ich war gesprungen und ich musste vertrauen, dass etwas mich auffing.

Aber noch fiel ich.

Am achten Tag hatte ich weitgehend keine Schmerzen mehr und konnte mich zum ersten Mal hinsetzen und es genießen, die Augen zu schließen. Als ich das tat, bemerkte ich vor meinem inneren Auge in meiner Herzgegend eine Tür. Sie war aus Holz und hatte eine einfache Klinke. Ich ging auf sie zu und öffnete sie. Ein Raum tat sich vor mir auf, ein unendlich scheinender Raum, und in ihm war ein Wesen, das auf mich zukam. Das Wesen trug meine Gesichtszüge, aber es war durchscheinend und wunderschön. Sein Gesicht war das, das ich gesehen hatte, als Ben mich nach der Lichtung ins Bett gebracht hatte. Es leuchtete, es war transparent, es war rein. Eine gewaltige Sehnsucht ergriff mich, so sehr, dass mir die Tränen in die Augen traten. Das Wesen lächelte mich an, kam weiter auf mich zu und breitete weit seine Arme aus. Dann zog es mich an sich, so innig, dass ich fast verging. So innig, dass ich vollständig mit ihm verschmolz. So beschützend, dass ich wusste, ich war nie mehr allein. Zum ersten Mal in meinem Leben fühlte ich mich vollkommen angenommen. Von mir. Und ich verstand: Niemandes Anerkennung sonst war wichtig. Ich hatte die ganze Zeit auf mich selbst gewartet.

Tränen liefen mir die Wangen hinunter.

»Wie habe ich dich vermisst«, flüsterte das Wesen und streichelte mich. »Ich habe dich so vermisst. Willkommen, willkommen zuhause. Endlich bist du wieder da.«

Liebe strömte von ihm zu mir und wieder zurück. Kontakt. Der Kreislauf war geschlossen. Ich war wieder gekoppelt. Wir waren eins.

Tief seufzte ich auf. Ja, ich war wieder verbunden.

Es war ein tiefes, unwiderrufliches, unzerstörbares Willkommen. Die verlorene Tochter war heimgekehrt.

***

Als das Schweige-Retreat zu Ende war, führte mich Jyoti noch einmal zu den heißen Quellen und hielt Wacht, damit ich alleine ein reinigendes Bad nehmen konnte. Ich fühlte mich wund und seltsam. Mein Verstand hinkte all den Ereignissen noch kräftig hinterher. Ich war dankbar für Jyotis Nähe.

»Wie geht es dir?«, fragte sie mich sehr, sehr sanft.

»Och … bin durcheinander.« Meine Stimme wackelte.

Sie nickte.

»Gut so. Der Turm ist eingestürzt. Du hast losgelassen. Glaub mir, es kommt nie mehr wieder.«

In diesen Tagen verstand ich zum ersten Mal, dass es das Beste war, das Leben so zu nehmen, wie es kam. Ich verstand, dass das

Leben gütig war – nur unsere Vorstellungen, unsere Gedanken darüber waren es nicht.

***

Mir fiel es schwer, zu reden, und Gott sei Dank hatte ich in Mona und Theo verständnisvolle Freunde, denn sie, die ja drei Monate geschwiegen hatten, waren fast noch wortkarger als ich. Zum ersten Mal fiel mir auf, wie das lange Schweigen sie veredelt hatte. Sie wirkten wie durchsichtig und ganz fein.

Die anderen, allen voran die jungen Inderinnen, schnatterten nach ein paar Tagen freudig durcheinander und genossen es, wieder reden zu können. Ich war nach wie vor dem Putztrupp zugeteilt, und trotz der Unterhaltungen um mich herum, blieb ich weitgehend stumm. Erst nach und nach steuerte ich ein oder zwei Worte den Gesprächen bei. Jedes Wort wog plötzlich schwerer als vorher, als hätte es durch das Schweigen Gewicht bekommen. Die Worte kamen bewusster aus meinem Mund.

Ich erkannte, dass Worte nicht nur Worte waren. Sie waren Erschaffungsinstrumente.

***

»In welchem Gebäude haben sie dich untergebracht?«, fragten mich Mona und Preeti, als wir zusammen den Innenhof fegten. Preeti lebte im benachbarten Dorf, aber die meisten Retreat-Teilnehmer kamen aus aller Herren Länder und wohnten in den drei eigens dafür reservierten Gebäuden.

Mona konnte es immer noch nicht fassen, dass ich hier war. Vor allem wollte sie wissen, wie ich es geschafft hatte, ohne Anmeldung in den Ashram zu kommen und sogar einen Teil des Retreats mitzumachen.

»Ich wohne bei Jyoti«, erwiderte ich leichthin. »Sie hat mich aufgenommen, bevor ich die …«

»Du wohnst … *wo*?«

Beide wandten sich mir mit entgeisterten Gesichtern zu.

»Bei Jyoti?«, wiederholte ich verunsichert.

»In ihrem *Haus*? Direkt bei *ihr*?«

»Ähm … ja? Hat sie etwa noch eine Garage?« Es sollte ein Witz sein, aber er kam nicht an. Mir war, als wichen beide vor mir ein wenig zurück.

»Und wie lange bist du da schon?«, fragte Preeti mit veränderter Stimme, während mich Mona mit riesigen Augen anstarrte. Verständnislos starrte ich zurück.

»Ungefähr zwei Wochen«, antwortete ich. »Warum?«

»Warum? *Warum?*«

Mona stieß einen Laut aus und sah mich an, als seien mir plötzlich Hörner gewachsen.

»O mein Gott!«, stieß sie aus. »Das habe ich noch nie erlebt, dass Jyoti jemanden bei sich aufgenommen hat! In *ihrem* Haus! Das muss ich Theo erzählen! Der glaubt mir bestimmt kein Wort!«

»Ja … aber was ist daran so komisch?«

Preeti und Mona sahen sich an. »Weil Jyoti noch nie jemanden bei sich aufgenommen hat. Oder kaum.«

»Sie ist der Meister hier«, setzte Preeti ehrfürchtig hinzu.

Nun war ich es, der die Kinnlade runterfiel.

»Bitte?«

»Ja, sie hat hier den Vorsitz! Sie ist diejenige, von der ich dir immer vorgeschwärmt habe!«

Ich war wie vor den Kopf gestoßen.

»Okay«, brachte ich hervor. »Ich … ehrlich, ich hatte keine Ahnung! Aber du hast doch gesagt, dass dein Meister so um die sechzig Jahre alt ist, Mona! Das ist Jyoti auf gar keinen Fall!«

Sie lachten. Und da erst erfuhr ich, dass Jyoti ›Licht‹ bedeutete. Und dass sie tatsächlich knapp über sechzig war. Erst jetzt, nachdem das Retreat zu Ende war, fiel mir auf, wie ehrerbietig alle sie behandelten, wie die Swamis um sie herumscharwenzelten, sah ich ihre natürliche Autorität, die mir schon zu Beginn aufgefallen war, in einem anderen Licht.

Meine Welt wurde einmal mehr durchgerüttelt.

***

»Und?«, fragte mich Jyoti gleichmütig, als ich sie darauf ansprach. »Sind meine Worte jetzt mehr wert, da du weißt, welche Rolle ich hier spiele?«

»Warum hast du es mir nicht gesagt?«, fragte ich leise. »Ich meine, Jyoti, es ist … ich möchte dir zumindest sagen, dass es für mich immer schon etwas Besonderes war, mit dir zu reden. Vor allem, dass du mir deine Zeit geopfert hast … aber jetzt, nachdem ich das weiß, ist es …«

»Ach, komm, hör auf damit«, fiel sie mir barsch ins Wort. »Ich hoffe, dass dein Ego jetzt keine Räder schlägt und sich aufplustert. Im Übrigen habe ich arrangiert, dass du nun auf dem Ashramgelände untergebracht wirst.«

»Kann ich nicht hierbleiben?«, schoss es aus mir heraus. »Bitte!«

»Nein, es ist besser so, das Wichtigste ist doch eingeleitet, es wird sich viel lösen in der nächsten Zeit. Denk dran, es dauert ein Weilchen, bis das Rad ausschwingt und du allem eine neue Richtung geben kannst. Wie geht es dir mit deiner Mutter?«

»Noch nicht so prickelnd«, gab ich zu. »Das, was ich gesehen habe, war heftig.«

»Ich weiß«, erwiderte sie sanft, »aber du wirst vergeben können. Das kommt noch. Es wird schneller gehen, als du glaubst.«

»Hm.«

»Greta, bitte versteh, dass jeder seine eigene Verantwortung hat, dass deine Mutter ihr Leben hat. Und jeder geht auf seinem Weg weiter. Von dem Platz aus, wo er steht. Aber du … du hast nun *dich* erlöst. Das ist so schön! Das wird Kreise ziehen. Denn wenn du dich erlöst, löst du auch die Haken in den Herzen anderer Menschen. Wenn du dir vergibst und deiner Mutter vergibst, beginnt ein wunderschöner Prozess. Du wirst sehen. Es bewegt etwas in allen Herzen.«

»Das deutet sich schon an«, sagte ich. »Ich kann endlich meine miesen Gedanken über mich selbst loslassen, sie verschwinden einfach. Und damit irgendwie auch die über Mom. Es ist nicht mehr so viel Wut dabei. Aber ich gebe dem Zeit.«

Jyoti lächelte. Wir wussten beide, dass ich diese Antwort vor einer Woche nicht hätte geben können.

»Das hast du genau richtig erkannt. Es geht um deine Befreiung, darum, dass du von altem Groll erlöst bist. Das impliziert bei anderen ganz viel, du wirst sehen. Und dann läuft ein gegenseitiger Vergebungsprozess ab, ein subtiler, keiner, der großer Worte bedarf. Menschen fangen an zu bereuen und es ist wichtig, die Reue anderer nicht abkürzen zu wollen, indem du sagst: Ich vergebe dir, es ist alles wieder gut. An der Reue kommt niemand vorbei. Aber derjenige, der vergibt, muss auch etwas tun: Er muss aufhören, sich als Opfer zu fühlen. Und du weißt – das Ego will dich in diesem Opferverhalten festbetonieren. Mithilfe von miesen Gedanken.«

»Aber löst sich das wirklich von alleine? Oder gibt es etwas, was ich tun kann?«

»Ja. Du solltest dir jeden Tag diese Verbindung bewusst machen, die du nun wieder spürst. Die Verbindung zu diesem Wesen, deinem inneren Kind, jeden Tag, so oft du kannst. Du hattest den Mut, dir das alles anzuschauen und da durchzugehen. Nun muss dir klar sein, dass du auch die Macht hast, loszulassen. Genau hier wird dir dein Ego zu widersprechen versuchen. Es wird dir weismachen wollen, dass das nicht so einfach geht. Aber du übergibst all diese Dinge Gott in deinem Inneren. Vergebung zu erhalten oder zu geben markiert immer einen Wendepunkt in einem Leben. Es ist der Punkt, wo du Ballast fallen lässt, um die Palme hochzuklettern.«

»Wenn ich mal so weit bin wie du, kann ich wohl leichter vergeben«, antwortete ich. »Vielleicht muss ich einfach noch ein Stückchen …«

»Nichts musst du«, widersprach sie fest. »Du wirst so weit kommen, *wenn* du vergibst. Vergebung besteht nicht aus drei Worten, sie drückt sich in deinen Handlungen aus. Es kommt eine Zeit, in der du nicht mehr aktiv vergeben musst, denn dann tritt etwas anderes an diese Stelle – und das ist Weisheit. Wenn du verstehst, warum du all das angezogen hast, warum du all das erlebt hast, siehst du das ganz große Bild. Dann merkst du, dass es nichts zu verzeihen gibt. Wenn du verstehst, findet Vergebung automatisch statt. Es geschieht einfach.«

Ich blieb still. Sie saß neben mir, auf ihrer Couch in ihrem kleinen Wohnzimmer, dankbar und vorsichtig ergriff ich ihre Hand. Sie drückte sie kurz und stand lächelnd auf.

»Kann ich wirklich nicht hierbleiben?«, fragte ich.

»Nein, es ist besser so. So wie ich Preeti kenne, hat sie bestimmt schon jedem im Ashram erzählt, dass du hier gewohnt hast. Du bist nicht die Einzige, die ein Ego hat! Ich möchte nicht wissen, was jetzt im Kopf von so einigen los ist!«, Sie kicherte und imitierte mit näseliger Stimme:

»Warum darf Geeta zu Jyoti ins Haus und ich nicht? Ich bin ein schlechter Mensch, ich bin es nicht wert … was habe ich falsch gemacht? Was hat die richtiggemacht? Ich habe ja immer gewusst, das Jyoti mich nicht mag …« erheitert zog Jyoti die Augenbrauen hoch. »Kannst du dir das vorstellen?«

»Ja«, schmunzelte ich. »Das hört sich leider sehr bekannt an.«

»Siehst du! Nun pack deine Sachen, es soll nicht noch mehr Gerede aufkommen.«

***

Ich zog noch am selben Tag aus und wurde in ein Sechsbettzimmer verlegt, das ich mir mit vier anderen Frauen teilte. Das Gebäude stand zentral auf dem Ashramgelände und ich hatte viel kürzere Wege, trotzdem vermisste ich das Zimmer bei Jyoti … und sie selbst.

Sie machte sich rar, es gab keine Gespräche mehr. Sie umgab sich mit ihren Swamis, den Mönchen, und wenn wir uns mal zufällig über den Weg liefen, sah sie mich kaum an. Aber so viel hatte ich zumindest verstanden: Ich sollte mir auf die privilegierte Unterbringung und Behandlung nur ja nichts einbilden. Das konnte ich nicht nur akzeptieren – im Gegenteil – ich war dankbar für jede einzelne Silbe, die sie von sich gegeben hatte.

Niyati - Schicksal

Nach dem Retreat wechselten die Aufgaben im Ashram. Jeder bekam eine andere Tätigkeit und ich wurde dem Hallendienst zugeordnet. Das bedeutete die vielen Decken zu falten, die für die Meditierenden in hohen Stapeln bereitlagen, Kerzen anzuzünden, die Leute zu begrüßen, wenn sie in die Halle kamen, für Blumen oder das Arati-Tablett zu sorgen, wenn eine besondere Zeremonie stattfand.

Das war viel weniger anstrengend als das Scheuern und Putzen, allerdings war ich erneut von Mona und Theo getrennt. Wir trafen uns meistens abends und gingen im Garten noch ein wenig spazieren. Aber noch immer hatte ich keinen großen Drang zum Reden. Das würden wir in Deutschland wieder tun.

Spannend war, dass ich durch die neue Aufgabe Gelegenheit bekam, diesen für mich so fremden Zeremonien beizuwohnen. Sie interessierten mich und ich fand sie erhebend und wunderschön.

Oft dachte ich an Mom … und an Oma. An das, was zwischen den beiden passiert sein mochte, an so vieles.

Noch öfter gingen meine Gedanken zu meinem unbekannten, verschollenen Vater, an das, was ich in diesen Tagen erlebt und gespürt hatte. Ich nahm mir vor, doch noch einmal das Konsulat einzuschalten, wenn ich wieder in Deutschland war. Er hat mich geliebt, dachte ich oft. Vielleicht liebt er mich immer noch, wenn er noch am Leben ist. Vielleicht war er ja sogar ganz in meiner Nähe.

***

»Du hast Glück«, verrieten mir die Mädchen, die mit mir in der Halle arbeiteten. »Nun kommen viele Feiern! Das Fest der Mahalakshmi, das ist die Göttin des Wohlstandes und des Reichtums.«

»Und sogar eine Mönchseinweihung, das ist etwas Besonderes« fiel eine andere ein, »… und dann das Schönste: Diwali! Das Lichterfest! Damit begrüßen wir in Indien das neue Jahr!«

Ich lächelte. Die Mädchen waren allesamt Inderinnen und unglaublich süß.

»Hast du einen Sari?«, fragte mich eine von ihnen.

»Ja«, antwortete ich. »Aber ich kann ihn nicht binden.«

»Das macht nichts. Preeti wird ihn dir falten. Dann kannst du bei den kommenden Zeremonien das Arati-Tablett schwenken.«

Mir war es gleich. Ich nahm die Aufgaben, wie sie kamen. Schwenkte das Tablett vor der Mahalakshmi-Statue und richtete ein neues her, als es um die Mönchseinweihung ging, die, da es nicht so oft vorkam, etwas Besonderes für die Leute im Ashram darstellte.

Sie erzählten mir, dass der Tradition nach Brahmanen das erste Drittel ihres Lebens im Wald bei einem Meister verbrachten, mit der dort erworbenen Weisheit im zweiten Lebensdrittel eine Familie gründeten, um das Wissen in die Welt zu bringen, um danach das letzte Drittel wieder ihrer spirituellen Reise zu widmen und sich dazu entweder erneut in den Wald oder in ein Kloster zurückzogen. Sie wurden dann *Sannyasins*.

»Sie geben alles auf«, klärte mich Jani auf. »Sie müssen sich im ersten Jahr die Haare scheren und dürfen ihre Verwandten nicht mehr sehen. Sie müssen sich von allem lossagen, allen Besitz aufgeben – sie lassen alles zurück.«

»Ja, der Ablösungsprozess dauert ein ganzes Jahr«, bestätigte Leela. »Am Anfang müssen sie fasten und sich reinigen und …«

»Wow, klingt nicht leicht«, antwortete ich zerstreut.

»Na ja, die meisten sind ja alt«, antwortete Preeti.

»Wer ist denn der neue Mönch?«

»Er heißt Narada«, antwortete Jani. »Narada ist der Götterbote und wurde aus einem Gedanken Haris geboren. Er ist auch alt. Uralt.«

»Und wann findet das Ganze statt?«, fragte ich. Ich war nun schon Wochen unterwegs, viel länger als geplant. Es war Anfang November und ich wollte nach Hause, mein Leben in Ordnung bringen, fühlte mich endlich bereit dafür. Und da war noch die Sache mit Ben … ich sehnte mich nach ihm. Nachts lag ich auf meinem Bett und träumte von den Tagen mit ihm, den Wanderungen, den Fahrten, dem Singen mit seinen Freunden, dachte an sein Gesicht, seine blitzenden Augen … und an diese unvergessliche Nacht. Brian hatte mir geschrieben, dass Ben noch immer in Uttarakand war. Aber irgendwann würde er nach Europa zurückkommen – und er war mir noch seine Geschichte schuldig. Die wollte ich einfordern. Über Brian würde ich ihn finden.

»Hast du gehört?«, drang Preetis Stimme an mein Ohr.

»Was?«

»Na, übermorgen. Und danach feiern wir ein neues Jahr! Ein Neubeginn!«

Ja, ein Neubeginn … ich traf meine Entscheidung. Nach Diwali würde ich gehen.

***

Wieder und wieder lief ich zu meinem Lieblingsplatz, dem Wunschbrunnen. Für mich war es der schönste Ort im Ashram. Aber ich konnte tatsächlich nur den bereits geäußerten Wunsch wiederholen. Mein Verstand kannte das übergeordnete Konzept nicht, also musste ich mich auf diese höhere Intelligenz in mir verlassen.

Das Bild meiner selbst, dieses durchscheinende Wesen, das mich so liebte, war nachhaltig in mir verankert und davon zehrte ich. Es machte es mir leichter, das Leben so zu akzeptieren, wie es war – mit einem Lächeln und mit Neugier statt mit Groll. Mein innerer Druck schwand immer mehr.

Ich merkte auch immer deutlicher, dass dies kein Widerspruch zu Aktivität war. Im Gegenteil. Ich konnte doch tun, was ich tun wollte, nur eben ohne diesen Stress und Druck und das entspannte das Leben enorm.

Mein Flug war gebucht, nun stand es fest: Ich würde einen Tag nach Diwali gehen und ich freute mich auf Deutschland, gespannt darauf, wohin mein Leben mich noch führen wollte.

Noch vier Tage.

Mit frischem Mut setzte ich mich ins Computerzimmer und klickte Facebook an. Ich wollte meinen Vater suchen. Aber dann kamen Mona und Theo rein und erzählten mir von einem neu geplanten Gesundheitsvertrieb, dem sie beigetreten waren und wie toll das lief. Dass sie genügend Geld dort verdienen würden … und sogar noch etwas Gutes damit täten … ich wusste, was sie beabsichtigten, aber mein Herz sprang nicht darauf an. Ich wollte nicht mehr im Vertrieb tätig sein.

***

Andächtig wickelten mich die Mädchen in den blaugrünen Sari und sagten, ich müsse mich schminken und alles an Schmuck umhängen, was ich hätte. Da meine dezenten Teile ihnen nicht genügten, besorgten sie mir aus dem Ashram-Fundus eine Unmenge an Armreifen und Ohrringe, einen Stirnreif und sogar Fußkettchen.

»Wow«, strahlte Sanjana, als sie fertig waren. »Du siehst aus wie eine Inderin!«

»Na ja, bin ja auch eine halbe«, lächelte ich. »Mein Vater ist Inder, er lebt irgendwo hier, aber ich habe ihn noch nie gesehen.«

»Waaas?«, riefen sie im Chor. »Du hast ihn noch nie gesehen!?«

Aufgeregt schnatterten sie durcheinander, wollten wissen, wie er hieß und wo er lebte, aber außer dem Namen konnte ich ihnen ja nichts sagen. Aber Preeti, die irgendwo in Mumbai einen Job in einem Amt hatte, ließ sich meine Nummer geben und versprach, sie würde mal ihre Fühler ausstrecken.

Die Einweihung oder besser gesagt, eigentlich nur eine erste Begrüßung, fand am Spätnachmittag statt und Padmini instruierte mich, was zu tun sei.

»Narada kommt mit einer Delegation von Swamis«, erklärte sie. »Du kannst ihn daran erkennen, dass er noch keinen Bindu zwischen den Augenbrauen hat. Alle anderen Mönche haben diesen Punkt schon. Dann schwenkst du das Tablett wie gewohnt dreimal und stellst es zu seinen Füßen ab, das ist alles.«

»Ja, okay, mach ich«, erwiderte ich zerstreut. Ich war mit meinen Gedanken bei Jyoti. Sie hatte angekündigt, mich am nächsten Tag nochmals sprechen zu wollen. Darauf freute ich mich ganz besonders.

Als ich für die Einweihungszeremonie am Tempel ankam, saß sie auf dem kleinen Podest auf ihrem Stuhl, umringt vom gesamten Begrüßungskomitee und einigen orangegekleideten Swamis. Ich lächelte sie an, sie lächelte zurück. Sie war in diesem Moment ganz Führungskraft und nahm ihre Stellung mit einer totalen Selbstverständlichkeit ein, so wie jeder seine Rolle hier im Ashram innehatte.

Aber was mir auffiel, war, dass alle hier fröhlich waren und die Mönche sich sogar ab und an darüber lustig machten, wenn Retreat-Leute besonders heilig taten. Wenn sie mit einem betont hingebungsvollen Gesicht durch den Ashram liefen oder gierig an ihren Lippen hingen, um irgendwelche Weisheiten zu hören. Oft genug schockierten sie solche Frömmler mit deftigen Antworten, und Jyoti war die Eifrigste, wenn es darum ging, den Leuten eine falsche Heiligkeit auszutreiben. Wenn die Leute sie anstarrten, schrie sie sie an:

»Was glotzt ihr auf mich! Schaut auf euch! Da sitzt die Wahrheit!«

Dann lachten sich die Swamis und sie halb tot über die entsetzten Gesichter. Alles in allem waren es humorvolle, fröhliche, disziplinierte und vollkommen glückliche Menschen. Mein Hang zum Beobachten kam voll auf seine Kosten. Diese Swamis besaßen ja wirklich nichts. Sie hatten bewusst alles aufgegeben – und sie vermissten gar nichts. Wenn sie etwas taten – und in einem Ashram arbeiten die Mönche am härtesten – taten sie es immer mit Freude und Hingabe, nie mit Ehrgeiz oder dem Gedanken an Erfolg und es gelang immer. Das gab mir zu denken.

Friedlich stellte ich mich auf meinen Platz, das Tablett in der Hand, den Blick auf den Eingang des Tempels gerichtet. Preeti zündete die mit Ghee getränkten Wattebausche darauf an. Es gab Bewegung am Tor, die Mönche traten ein. Ein Gewusel aus orange- und safranfarbenen Kutten bewegte sich langsam auf uns zu.

Ein schmaler, grauhaariger Mönch mit sympathischem Gesicht drängelte lächelnd voran, weitere hinter ihm. Es waren mindestens zehn Mönche, die auf uns zu wandelten. Ich stellte mir vor, wie das wäre, allem zu entsagen und den Rest des Lebens hier im Ashram zu verbringen, aber da hatten sie schon die Halle durchlaufen und ich trat einen Schritt vor, das runde Tablett auf meinen beiden Händen. Die Musik fing zu spielen an, die Phalanx der Mönche teilte sich und Narada, der Mönch ohne Punkt auf der Stirn kam in mein Blickfeld.

Es war Ben.

Er war der Mönch, der seine Einweihung bekam, der auf alles verzichtete. Der dem weltlichen Leben auf immer entsagen wollte.

***

Unsere Blicke trafen sich und unser beider Schock hätte nicht größer sein können. Mein Herz befand sich im Sturzflug. Beide standen wir betäubt, mit offenem Mund und starrten uns an. Fassungslos glitt sein Blick über meinen Sari, der meine entsetzt über seine Mönchskutte. Mein Verstand stieg aus. Wie durch Watte vernahm ich, wie einer der älteren Mönche ihn uns und Jyoti vorstellte: Ben, der, nicht mehr Ben war, Ben, der nun Narada hieß.

Jyoti sah von mir zu Ben, von Ben zu mir. Wir starrten uns immer noch an und mein Herz fing unrhythmisch an zu schlagen, während in mir langsam das Bewusstsein hochkroch, was das bedeutete. Mir wurde schwindlig. Mir wurde schwarz vor Augen.

Mühsam wandte Ben den Blick ab, versuchte Jyoti anzusehen, sich auf die Zeremonie zu konzentrieren. Er schwitzte, während ich tiefgefrostet war und selbst die Sonne keine Wirkung mehr hatte. Das Tablett zitterte in meinen Händen. Ich hatte es nicht geschwenkt und die Atmosphäre war so aufgeladen von unserem Schock, dass alle Blicke auf uns gerichtet waren. Jyotis Grübchen wurden immer tiefer. Und auch von den Swamis fing der eine oder andere zu grinsen an.

»Ach du meine Güte«, platzte es aus einem älteren, kahlköpfigen Mönch neben Ben heraus. »Da kommt ja noch so einiges auf euch zu!«

Jyoti brach in Lachen aus, während ich Padmini, die mit kugelrunden, fragenden Augen neben mir stand, das Tablett in die Hand drückte und davonrannte.

$$***$$

Ich lief, vollkommen aufgelöst, den Hügel hinauf, zum Wunschbrunnen, der so abgelegen war, dass kaum jemand hinkam. Zitternd stützte ich mich am Rand des Brunnens ab, versuchte Ruhe in meine Gedanken zu bringen, versuchte zu erfassen, was da eben passiert war. Eine Sekunde später stürzte die Realität wie ein Amboss in mein Bewusstsein.

O mein Gott, das durfte nicht wahr sein! Lieber Gott, lass es nicht wahr sein! Lass es nicht wahr sein! Ein Laut entfuhr mir und ich schloss die Augen. Deswegen hatte Ben sich nicht mehr gemeldet! Er hatte wohl einfach darauf vertraut, dass wir uns nie mehr wiedersehen würden! Langsam glitt ich mit dem Rücken an der Brunnenmauer nach unten, lehnte mich dagegen, zog die Knie an und legte meinen Kopf darauf. Dicke Tränen tropften auf die grünblaue Seide. Ben! Auf immer verloren!

Und sowie ich das dachte, wurde mir erst recht bewusst, dass er der Mann gewesen wäre, mit dem ich mein Leben hätte verbringen wollen, egal, wie viel Geld da gewesen wäre, egal, was er beruflich gemacht hätte. Ich erinnerte mich an die Nacht mit ihm, an die vielen Gespräche, sein aufmerksames Gesicht, als er sich meine

Geschichte in der Hütte angehört hatte – und konnte endlich sein Zögern, seine Zurückhaltung richtig einordnen. Er hatte sich nicht binden können, nicht wollen – wie denn auch! »… es kann nur in der Auszeit existieren … ich nehme Auszeit vom Leben … o mein Gott!«

Sein Whiskeyglas, das auf den Tresen geknallt war, als ich ahnungslos zu ihm gesagt hatte: »Eigentlich müsste ich dich fragen, wie du zurzeit heißt … wie du dich zurzeit nennst …«

Und dann mein alter Gedanke: Nicht schon wieder! Jackpot! Verfehlt! Er will Mönch werden! Er verzichtet auf alles! Wie musste ich ihm wohl mit all meinem Ehrgeiz, Karrieredenken und Geplapper über Geld und Luxus vorgekommen sein! Ich war die Tussi, die genau dem hinterherrannte, was er loszuwerden gedachte! Ich brach in Tränen aus.

Schritte näherten sich mir und ich wusste, es war er. Ich wusste nur nicht, ob ich ihn sehen wollte. Ob ich das ertragen würde. Trotzig hielt ich meinen Kopf gesenkt, klammerte meine Arme fester um die Knie, baute mit meinem Körper eine Burg.

Schweigend ging er vor mir in die Hocke, wie er es in Schottland so oft getan hatte, und versuchte, meinen Kopf anzuheben. Störrisch hielt ich dagegen.

»Geh weg!«, fauchte ich erstickt.

»Greta …«

»Geh weg! Lass mich in Ruhe!«

Still setzte er sich neben mich und seine Nähe tat so gut, sie tat so weh … am liebsten hätte ich meinen Arm um ihn gelegt und mich an ihn gekuschelt, so wie wir es erst vor wenigen Wochen getan hatten, in den Highlands … mit all dem Adlerfarn um uns herum, der Sonne im Gesicht. Noch mehr Tränen stürzten hervor, als mir klar wurde, dass das unwiderruflich vorbei war.

»Nimm die Dinge erst mal, wie sie sind«, tönte Jyotis Stimme in meinem Kopf. »Eine andere Wahl hast du nicht.«

»Aber warum serviert dir das Leben immer solche Hämmer?«, kreischte mein Ego. »Wie kann man so was hinnehmen! Das geht nicht! Das ist völlig unmöglich!«

Aber ich bemühte mich. Bemühte mich, der Stimme nicht zu glauben, versuchte, ruhiger zu werden. Meine Hand glitt nach unten, suchte nach einem Taschentuch, bis mir bewusst wurde, dass ich ja einen Sari anhatte. Ben reichte mir eines. Seine Finger streiften meine Hand und ich zuckte zurück.

161

»Du … du siehst traumhaft aus in diesem Sari.«

»Du siehst scheiße aus in diesen Mönchsklamotten!«

Er sagte nichts.

»Das passt nicht zu dir!«, fauchte ich ihn an.

»Woher willst du das wissen?«, fragte er ruhig. »Du kennst doch meine Geschichte gar nicht.«

»Nein, dazu ist es leider nicht gekommen. Hätte ich dich dann verstanden?«

»Vielleicht … vielleicht auch nicht. Nein, ich glaube nicht, dass du es verstanden hättest.«

»Und warum glaubst du das?«

»Weil du jemand bist, der nie aufgibt. Das bewundere ich an dir. Du bist immer bereit, für das zu kämpfen, was du möchtest.«

»Wenn es das ist, was du an mir bewunderst, heißt das, dass du etwas möchtest, was du nicht bekommst? Und dass du gerade aufgibst? Aus einem Grund, den du mir noch immer nicht verraten willst?«

Ben wurde bleich. »Ich muss nicht für das kämpfen, was ich möchte«, sagte er und wirkte nur äußerlich ruhig. Ich sah, wie sehr er sich beherrschen musste. Wie sehr er vermeiden wollte, die Fassung zu verlieren – aber genau das wollte ich! Jawohl! Ich wollte ihn umstoßen! Körperlich, seelisch, wollte, dass er endlich sagte, was ihm im Kopf herumging, dass er endlich offen war!

»Ich *habe* das, was ich will«, antwortete er leise. »Ich habe mich schon vor drei bis vier Jahren zu diesem Schritt entschlossen, weil mir irgendwann mal klar geworden ist, dass es das letzte Ziel eines Menschen ist. Warum soll ich es nicht gleich anstreben? Ich will nicht ein Klischee erfüllen und Dingen hinterherjagen, die mir doch nie das bringen können, was …«

»Ach!«, fauchte ich. »Und du erfüllst gerade kein Klischee? Oh, doch, das tust du! Nur anders! Während ich für dich die Kapitalistentussi bin, spielst du den alternativen Mönch, der auf alles verzichtet! Es ist dasselbe in Grün! Und dann muss natürlich alles passen, vom Schuhwerk bis zum Bettelbeutel! Oder hässliche, linksgestrickte Pullis und unerträgliche Riemchenschuhe! Du verkleidest dich! Du spielst genauso eine Rolle, von der du meinst, dass sie dich glücklicher macht als deine eigentliche, vor der du fliehst! Jawohl! Feige fliehst! Soll ich mal deine Gedanken umstülpen? Wer wärst du, wenn du nicht glauben würdest, ein Mönch sein zu müssen, um glücklich zu sein? Wer wärst du, wenn du dich annehmen könntest, wie du bist? Wer wärst du ohne den belastenden Gedanken, dass Geld und Besitz dich an deiner Erleuchtung hindern? Und wer wärst du, wenn du nicht glauben würdest, dass du etwas ganz Eklatantes tun musst, um etwas zu sein, was du schon längst bist?«

Ben erstarrte. Diesmal war er wirklich verwirrt.

»Greta«, entgegnete er mit wackliger Stimme. »Was wird das jetzt? Du weißt, dass einem das Leben nur Äußerlichkeiten bieten kann. Und ich will nun mal das Höchste anstreben, weil ...«

»Oh!«, rief ich aufgebracht und sprang auf »Weißt du, was du bist? Du bist scheinheilig! Tagelang erklärst du mir, dass zu großer Ehrgeiz ins Unglück führt! Dass ich mich in die Idee nach Erfolg verrannt hätte ... und du? Was ist das, wenn nicht übertriebener spiritueller Ehrgeiz? Hast du dich nicht auch verrannt? In eine Idee, statt das Leben zu feiern, mit dem, was es dir bietet? Es bietet dir nur Äußerlichkeiten? Ist das so? Waren es nur Äußerlichkeiten, die wir erlebt haben!? Bist du nicht derjenige, der das Leben mit dem füllt, was das Leben ausmacht? Und hast du vergessen, womit man das Leben füllt? Wovor flüchtest du?«

»Greta, du kannst doch das Leben feiern, wie du willst. Ich feiere es auf meine Weise. Ich habe das jahrelang vorbereitet ... habe mir das alles wirklich gut überlegt, lange überlegt. Sehr lange! Hier, im Ashram, da habe ich zum ersten Mal seit langem Trost gefunden ... und ich war zum ersten Mal ...«

»Wovon?«, drängte ich heiser. »Warum brauchtest du Trost? Was ist passiert, Ben?«

Aber Ben schwieg. Er kämpfte mit sich, aber je länger er schwieg, umso schwerer fiel es ihm, darüber zu sprechen. Er wollte nicht – und das verletzte mich umso mehr.

»Ich habe dir alles über mich erzählt«, erinnerte ich ihn mit erstickter Stimme. »Alles. Ich habe nichts zurückgehalten.«

»Und ich danke dir dafür.« Seine Augen flehten um Verständnis. »Ich habe – und bitte versteh das nicht falsch – ich habe vor allem durch deine Geschichte gemerkt, wie sehr die Welt ein Spiegel ist, wie billig all diese Errungenschaften wie ein gutes Geschäft oder viel Geld sind und ...«

Das war alles, was er aus meiner Geschichte herausgefiltert hatte? In mir brach eine Welt zusammen.

»Wenn die Welt ein Spiegel ist«, unterbrach ich ihn bitter. »... dann bin ich deiner. Dann hast du das gleiche Problem. Du bist genauso ehrgeizig und willst deine Erleuchtung. Dabei verkaufst du mir dauernd, dass man so, wie man ist, wunderbar ist und kein anderer sein sollte.«

»Aber ich habe auch gesagt, dass man sich ständig weiterentwickeln soll … und das tue ich.«

»Oh, nein, das ist nicht wahr! Kein Stück ist das wahr! Das, was du machst, ist Verleugnung! Du hast da was gründlich missverstanden, Ben McArran!«

»Greta, das Leben bietet mir nicht das, was ich will … es ist …«

»Oh, du bist so undankbar! Du siehst ja all das Schöne nicht!«

»Nein, ich sehe es, wirklich! Ich habe nur für mich erkannt, dass es mir nicht … nicht wichtig ist.«

Schwer getroffen zuckte ich zurück und verstummte. Was sollte ich darauf noch sagen? Dafür gab es kein Gegenargument. Meine Schultern sackten nach unten. Ich wandte mich ab, zutiefst verletzt. Mein Herz tat schrecklich weh und ich konnte nur noch das fühlen.

»Greta«, sagte er gepresst und wollte einen Schritt auf mich zugehen, aber ich wich zurück.

»Nein«, sagte ich heiser und konnte nicht verhindern, dass mir die Tränen aus den Augen schossen. »Sag nichts mehr. Du hast ja gerade alles gesagt … alles hast du gesagt!«

Und als ihm so richtig bewusst wurde, wie sehr sein letzter Satz ausdrückte, dass ihm das zwischen uns nichts, aber auch gar nichts bedeutete, rief er bestürzt:

»Nein, Greta, so habe ich das nicht … Greta … bitte warte … bitte!«

Aber ich rannte davon. Ich hielt es nicht mehr aus. Um meine Brust lag eine Eisenspange und ich hatte das Gefühl zu ersticken. Unsere Wochen, unsere Erlebnisse, all das Schöne, die Intimität, die wir gemeinsam erlebt hatten, waren ihm nichts wert. Er hatte es nur noch einmal krachen lassen wollen. Wie gut für ihn, dass ich ihm in die Arme gelaufen war! Finleys Bemerkung fiel mir ein: »Seit wann lässt ein Ben McArran was anbrennen?«

Ich brach in Tränen aus. Vier Wochen.

Die schönsten in meinem Leben.

Sie würden nur eine Erinnerung bleiben. Jyoti hatte es von Anfang an gewusst.

***

In der Nacht gingen mir Millionen an Gedanken durch den Kopf, aber zum ersten Mal konnte ich sie vorbeiziehen lassen und mir überlegen, welchen davon ich ergreifen wollte. Ich wusste, das war noch kein echtes Loslösen. Diese Gelassenheit kam nur davon, weil ich mich innerlich abgetötet fühlte. Es war zu viel, es war noch zu früh dafür und ich lag da und betrachtete diesen Schmerz, betrachtete mir, was die Erkenntnis, Ben für immer verloren zu haben, für mich bedeutete. Es tat einfach schrecklich weh. Und ich musste diesen Schmerz stehen lassen. Es gab ja tatsächlich keine Wahl. Und dies wiederum – gab mir Würde.

***

Der letzte Morgen war angebrochen.

Ich überlegte mir, ob es Sinn machte, heute dem Stundenplan zu folgen, aber ich tat es, weil er mich von meinen Gedanken erlöste. Am Abend würde ein Taxi mich zum Flughafen bringen und ich mochte nicht daran denken, dass Ben hier war. In meiner unmittelbaren Nähe und doch Lichtjahre entfernt.

Die Töne der uralten Silben hallten beim Singen in meinem Kopf wider, und einmal mehr merkte ich, wie heilsam sie waren. Sie waren mein Gerüst, hielten mich in einem gefestigten Zustand.

Nach der Meditation zog ich meine Yoga-Klamotten an und wollte mich in die hinterste Ecke der Halle verziehen. Aber achtzig neue Retreat-Leute aus aller Welt waren angereist und es war nur noch ein Platz in der Mitte frei. Die Ecken waren denen vorbehalten, die eine Übersetzung brauchten.

Da so viele Neue gekommen waren, musste die Yoga-Lehrerin viel erklären, und statt mich in den Übungen zu verlieren, schweiften meine Gedanken ab. Sie erklärte die Position des Kriegers und die Teilnehmer versuchten sich in dieser Stellung. Ich schloss die Augen, glitt in die Position, fühlte die Spannung im Körper und bemühte mich, mich nach innen zu richten. Aber alles erinnerte mich an Ben. Meine Gedanken kreisten um ihn, um mich, um uns. Darum, dass es kein ›uns‹ geben konnte.

Yogalehrer und Mönche gingen im Raum umher, verbesserten die Stellung der Leute, zogen eine Schulter nach hinten, drückten sanft einen Arm nach unten, drehten die Hüften der Übenden in die angestrebte Stellung.

Ich stand im Krieger, die Augen geschlossen, den Arm vorgestreckt, da fühlte Bens Präsenz. Er stand hinter mir, korrigierte wie vor wenigen Wochen meinen Arm, drückte mein rechtes, gebeugtes Knie nach außen. Leichte, subtile Millimeter-Korrekturen. Und doch spürte ich, dass die Stellung dadurch perfekt wurde. Seine Hände fuhren über meine ausgebreiteten Arme, hielten die Fingerspitzen und brachten sie in eine ausgewogenere Position, wie in Schottland. Ich konnte ihn sehen, obwohl meine Augen geschlossen waren. Spürte seinen warmen, massiven Körper – und seinen Schmerz und seine Zerrissenheit. Er hielt meine Finger in seinen Händen, hörte ihn murmeln:

»Das ist so perfekt … absolut perfekt.«

Selbst sein Flüstern war voller Schmerz. Und Sehnsucht.

Meine Augen waren noch immer geschlossen und in Gedanken sagte ich zu ihm:

»Ich liebe dich, Ben, ich hätte so gern mit dir ein Leben verbracht.«

Er zuckte zurück, ich wusste es, obwohl ich nichts sah.

Hitze flutete durch meinen Körper, und zwischen uns schwang eine zum Anfassen dichte Energie. Ich rief mir die Nacht, die wir zusammen verbracht hatten, ins Gedächtnis. Seine Hingabe, sein erhitztes Gesicht, seine Leidenschaft, seine Zärtlichkeit – alles flammte hoch, wie mit Benzin getränktes Holz. Es knisterte zwischen unseren Körpern, so stark, dass ich ihn am liebsten angefallen hätte. Noch immer verharrte ich in der gespannten Haltung des Kriegers. Er stand so dicht bei mir, so nah, zum Anfassen nah und ich hatte das dringende, dringende, dringende Bedürfnis, mich an ihn zu lehnen. Ich schwankte leicht.

»Halt mich!«, schrie mein Körper, meine Seele, »oh, bitte, bitte sei einfach da! Sei einfach da! Bitte Ben, sei da! Bitte, bitte halt mich!«.

Mit einem Mal brach sich die Erinnerung an den Traum Bahn: Mom, die meinen vollgekotzten Körper zurückgewiesen hatte, ihr »Hau ab!«, als sie zusammengeschlagen vor mir gekauert war, die Vergewaltigung, als ich, restlos zerstört, nach Hause gekommen war, mich am liebsten in ihre Arme geworfen hätte, die verschlossen geblieben waren.

Und da war Ben, hinter mir. Ich spürte ihn so sehr, ich wollte mich anlehnen, einmal im Leben nur, bitte, lieber Gott, lass jemanden da sein! Mich anlehnen. Bitte, nur einmal!

Ich wankte, rang um mein Gleichgewicht, um Balance. Er griff kurz zu, stabilisierte mich, ließ mich los. Ich öffnete die Augen. Ben stand immer noch hinter mir. Er spürte, was ich spürte, ich wusste es sicher. Energie schwang zwischen uns, greifbar.

Benommen nahm ich wahr, dass alle in der Halle, wirklich alle, auf uns schauten. Jemand pfiff leise durch die Zähne und leichtes Gelächter ertönte. Ich wurde rot, senkte den Kopf.

Ohne ein Wort ging Ben weiter.

Die Wärme war fort.

Du musst es alleine schaffen. Irgendwie. Doch plötzlich fühlte ich mich elend.

***

Diwali. Die Inder fingen schon am frühen Nachmittag an, Unmengen an Feuerwerkskörpern in die Luft zu schießen, und waren begeistert und aufgedreht wie kleine Kinder. An Schlaf wäre in dieser Nacht sowieso nicht zu denken gewesen und mein Taxi war auf 21:00 Uhr bestellt. Alle wünschten sich ein glückliches, neues Jahr, der ganze Ashram hallte wieder von Happy Diwali-Rufen, dem Knallen der Raketen im Dorf und den aufgeregten Schreien der Inder, wenn eine besonders laute explodierte.

Es war nun sechs Uhr, die meisten beim Abendessen. In einer halben Stunde würde ich mich mit Jyoti treffen. Bei ihr zuhause. Dort, wo alles begonnen hatte.

Ich ging in das Computerzimmer. Das einzige, in dem ich eine Verbindung herstellen konnte, und öffnete mein Mailprogramm seit Wochen zum ersten Mal. Und da war sie. Noch immer auf dem Schirm, als habe sie auf mich gewartet. Die Nachricht von Tobias. Ich liebe dich. Lass uns reden.

Hatte ich mich mit Ben schon wieder in etwas verrannt? Die Worte Jyotis fielen mir ein. Woher weißt du, dass du nicht brauchst, was du nicht hast? Weil du es nicht hast.

Sie hatte aber auch gesagt: Verurteile nie eine Situation, wenn du noch nicht weißt, was sie für dich bereithält. Ja, gut, aber in diesem Fall gab es ja wohl wenig dran zu deuteln.

Letztlich blieb es schmerzhaft und ich klammerte mich an das Einzige, was sicher war: Die Realität, so wie sie nun mal war. Tobias Zeilen leuchteten mir entgegen. Da war jemand, dem ich wichtig war. Ich liebe dich. Lass uns reden. Sollte ich antworten? Meine

Finger lagen auf der Tastatur, zögerten, schrieben: »Lieber Tobias«, spielten leicht auf den Tasten herum, ohne sie zu drücken … nein, es ging nicht.

Ich klappte den Rechner wieder zu und machte mich auf den Weg zu Jyoti.

***

Summend fand ich sie in ihrer kleinen Küche.

»Namaste!«, sagte sie erfreut. »Tee?«

»Oh ja, vielen Dank!«

Heiter füllte sie heißes Wasser in die Kanne und gab zu den Teeblättern noch ein paar Ingwerscheiben dazu. Dann setzte sie sich neben mich, goss den Tee ein und meinte:

»Ein heftiges Wiedersehen.«

Zu meiner Überraschung war sie diesmal ernst.

»Ja«, erwiderte ich wehmütig. »Das kann man wohl sagen. Aber Jyoti … ich bin gekommen, um mich zu bedanken. Für die Gespräche mit dir … einfach für alles. Ich glaube, wenn ich die nicht gehabt hätte, deine geballte Weisheit … ich wüsste nicht, wie ich dieses Wiedersehen ertragen hätte.«

Jyoti stellte ihre Tasse ab und sah zu mir.

»Du liebst ihn sehr, nicht?«

Ich senkte den Blick. Dachte an seine Worte, daran, wie er heute Morgen weggegangen war, obwohl er meinen Hilferuf vernommen hatte.

»Aber ich will ihn nicht lieben«, flüsterte ich schließlich. »Es tut weh.«

»Sag lieber: Ich erwarte nichts von ihm«, empfahl sie mir weich. »Es ist doch schön, dass du ihn liebst. Ich hoffe, er schätzt das. Ich hoffe, du schätzt deine Liebe zu ihm. Bewahre sie gut.«

»Wird das reichen?«, fragte ich heiser zurück. »Meine Liebe zu ihm?«

»Ja. Liebe reicht immer. Es reicht, wenn einer liebt. Es reicht, wenn du dich liebst. Und jetzt liebst du auch noch ihn … es gibt so viel Liebe auf der Welt … so viel Liebe … vergiss das nie, Geeta und lebe diese Liebe. Auch, wenn du den Mann nicht an deiner Seite hast, den du willst, kannst du immer noch die Liebe feiern, versprichst du mir das?«

»Das tue ich, Jyoti«, sagte ich fest und sah ihr in die Augen. »Das werde ich. Es gibt so viel, wofür ich dankbar sein kann.«

Sie nickte zufrieden.

»Du wirst sehen, wenn du das tust, lädst du Füllhörner von Gnade in dein Leben ein. Das ist die Anstrengung, die du aufbringen kannst: Die Liebe leben, egal, was passiert, auch, wenn es mal schwerfällt. Denn dann verfolgt dich Gott, dann verfolgt dich dein Herz, dein Selbst, dein inneres Kind. Du kannst das gar nicht mehr ändern ... du wirst feststellen, Gott rennt mit dir! Und glaub mir, er wird immer schneller als du sein!« Sie zwinkerte mir zu.

Ich lächelte, trank gedankenverloren einen Schluck Tee.

»Was täte ich nur ohne dich, Jyoti! Können wir in Verbindung bleiben?«

»Aber ja!«, rief sie aus. »Ich hoffe doch, du kommst wieder!«

»Ja, das tu ich, ganz bestimmt. Es gibt noch so viel zu entdecken und ... sicher noch viel zu bearbeiten.«

Sie erhob sich, ich tat es ihr nach. Die Audienz war beendet. Lächelnd stand Jyoti vor mir.

»Du hast hier so viel gelöst, Greta. So viele schwarze Schlieren entfernt. Das ist die wahre Freiheit. Das tut deinem Kind in dir so gut. Es muss all diesen Ballast nicht mehr tragen. Denk daran, du hilfst Tausenden von Leben, wenn du dich selbst befreist. Dann kann die Liebe hervorleuchten.«

»Mein inneres Kind...«, sagte ich versonnen. »Ich fühle es jeden Tag. Und es stimmt: Trotz allem fühle ich mich freier.«

»Okay«, sagte sie, das spitzbübische Lächeln auf dem Gesicht, das ich so liebte. »Dann auf in das Leben – und genieße es!«

Meine Augen waren schon wieder feucht. Wegen so vielem. Jyoti trat einen Schritt auf mich zu und ich dachte, sie wolle mich umarmen, was, wie ich inzwischen wusste, ein wahres Zugeständnis war. Aus ihr strömte wieder diese Hitze, die mich verbrannte und läuterte. Aber diesmal packte sie mich an den Schultern und drückte mir zu meiner Überraschung einen Kuss auf den Mund. Ein Blitz fuhr in meinen Kopf, ich taumelte zurück, und das Nächste, woran ich mich erinnerte, war, dass ich benommen draußen vor ihrer Tür stand und versuchte, zu mir zu kommen. Langsam, ganz langsam machte ich mich auf den Weg in mein Zimmer.

***

Brian saß in seinem Büro, als sein Handy piepste. Er traute seinen Augen kaum, als er den Absender erkannte: Ben! Eine Textnachricht von Ben! Hatte der nicht gesagt, er müsse sein Telefon abgeben? Als sie sich das letzte Mal geschrieben hatten, hatten sie sich in dem Bewusstsein getrennt, eine sehr lange Zeit keinen Kontakt mehr zu haben. Hektisch rief Brian die Nachricht auf und ein Schock durchfuhr ihn. Bens geschriebene Worte klangen geradezu verzweifelt:

»Brian, Greta ist hier. Sie ist im gleichen Ashram wie ich! Ich habe sie im Sari gesehen. Die zierliche Figur, das schwarze Haar, sie war in blaugrüne Seide gehüllt und sie sah wunderschön aus. Brian, ich weiß nicht, was ich davon halten soll!«

Brians Stirn runzelte sich und seine Finger flogen über die kleine Tastatur, ohne überhaupt auch nur eine Sekunde nachzudenken:

»Alter, wie blöd kann man sein? Wenn du es jetzt immer noch nicht weißt, kann ich dir auch nicht helfen!«

In ihm flutete Hoffnung hoch. Wie hypnotisiert starrte er auf den kleinen Bildschirm und hoffte, dass die nächste Nachricht von Ben ihn erlösen würde. Und da war sie:

»War nur kurz von der Rolle. Es bleibt alles so, wie ich es geplant habe. Wollte es dich nur wissen lassen.«

***

Ich nahm Abschied. Von Preeti, Jani, Padmini, den Wächtern, an denen ich jeden Tag mehrmals vorbeigelaufen war, allen, die ich in dieser Zeit kennengelernt habe. Der Abend war hereingebrochen und der Mond stand schon am Himmel. Mein letzter Gang würde mich durch den Garten führen, durch dieses wunderbare, magische und heilige Stück Erde – ein letztes Mal zum Wunschbrunnen.

Das dicke Kusha-Gras glänzte zu meinen Füßen, als ich mich setzte. Die Statuen leuchteten vom silbernen Glanz des Mondes, weiß und lebendig. Die Figuren wirkten auf mich, als wollten sie mir Mut zusprechen. Ich kam an Franz von Assisi vorbei, mit seinen Vögeln auf der Schulter, den Karnickeln zu seinen Füßen, einer Rose in der Hand, am flötenspielenden Krishna und den Gopis, an der Shakti-Statue, die ich so liebte. Stetig ging mein Weg bergauf bis zum Brunnen. Die satten, üppigen Blüten der Bougainvilleas standen im Dunkel. Es gab hier einen

Jasminstrauch, eine besondere Art, deren Blüten sich nur bei Mondlicht öffneten.

Es war still. Nur die Grillen zirpten ihren ewigen Gesang durch die Nacht. Es war friedlich und schön.

Ich dachte: »Wenn ich das Leben liebe, dann muss ich auch lieben, dass er Mönch werden will.« Komischerweise gab mir das Kraft. Ich stand auf und stellte mich an den Rand des Brunnens. Wie eine Aufforderung fuhr ein leichter Wind durch das Glockenspiel und drei satte, dunkle, bedächtige Töne erklangen. Ich warf eine Münze. Flüsterte:

»Lass uns beide glücklich werden.«

***

Bevor ich ins Taxi stieg, tippte ich eine Nachricht:

»Brian, hättest du Zeit für eine Tasse Kaffee mit mir in Heathrow? Ich lande gegen Mittag und habe zwei Stunden Aufenthalt. Ich würde mich sehr freuen. LG Greta«

Seine Antwort kam postwendend:

»Du bist nicht mehr im Ashram?«

»Nein, heute war mein letzter Tag.«

»Und Ben???«

»Der wird Mönch, das wusstest du wohl eher als ich.«

»Fuck!«, schrie Brian und hieb mit der Faust an die Wand. »Das darf nicht wahr sein!«

Bedrückt tippte er seine Antwort: »Ich komme, Greta. Ich freue mich!«

***

Der Abschied fiel mir schwer, Mona und Theo standen bei mir, sie würden zwei Tage später nach Hause fliegen und Theo versuchte immer noch, mich für seinen Vertrieb zu werben.

»Greta, wenn es eine Möglichkeit gibt, wieder mit dir zusammen zu arbeiten … das wäre für mich und für Mona das Tollste überhaupt!«

»Ich würde mich auch freuen, aber ich habe vorerst die Nase voll von Vertrieb. Ich weiß noch nicht, wo es hingehen wird. Vielleicht mache ich einen Abstecher zu Torsten in die Camargue. Alles Gute, Ihr Lieben! Wir sehen uns in Deutschland.«

Die Tür klappte, der Wagen fuhr.

Am Flughafen fühlte ich mich verloren. Inmitten des Gewimmels all dieser Menschen vermisste ich die erhabene, hohe Energie des Ashrams, die Liebe, mit der jeder Luftpartikel dort aufgeladen war. Es war, als wäre ich eine Ebene runtergestuft worden, eine Etage tiefer gefahren. Ich wählte mich in den Hotspot des Flughafens ein – nach wie vor keine Nachricht von Ben. Er hatte sich noch nicht mal von mir verabschiedet. Bis zum Schluss hatte ich darauf gehofft.

***

Brians roter Schopf leuchtete von Weitem und er öffnete bereits seine Arme, als ich noch zwanzig Meter von ihm entfernt war. Die Erinnerungen an die wunderbare Zeit in Schottland überfiel mich. Ich lief auf ihn zu, den schweren Koffer hinter mir herziehend und warf mich stumm an seine Brust. Brian hielt mich fest und streichelte mir unbeholfen über den Rücken.

Dann sahen wir uns an und suchten uns ein Café aus.

»Erzähl mir«, bat ich ihn, als wir saßen. »Alles, was du sagen darfst. Und auch, wenn es wehtun sollte.«

»Was weißt du denn von Ben?«

»Dass er McArran heißt? Dass er sechsunddreißig ist, in St. Gallen studiert hat, in Südafrika war, bei McKinsey … das ist im Grunde alles.«

Brian biss sich auf die Lippen. »Das ist verdammt wenig. Von seinem Leben, seiner Familie hat er nichts erzählt?«

»Doch, ein wenig. Dass seine Schwester Künstlerin ist und er eine tolle Kindheit hatte. Als er über seine Eltern geredet hat, hatte er feuchte Augen, besonders bei seinem Vater. Und ja, einmal hat er erwähnt, dass er nicht in der Schweiz hätte studieren können ohne ein Stipendium – und dass sie alles andere als wohlhabend wären.«

»Das ist … das haut hin«, presste Brian ein wenig gestresst hervor. »Der Typ strickt sich ja sogar seine Pullis selbst.«

»Er wollte mir seine Geschichte erzählen, aber es ist nie dazu gekommen. Brian, warum nur hat er sich zu einem so drastischen Schritt entschlossen? Was ist geschehen?«

»Greta … Ben hat mir das Versprechen abgerungen, nicht alles zu erzählen«, zögerte er.

»Also weiß er, dass ich mit dir rede?«

»Nein, das Versprechen musste ich ihm in der Hütte schon geben … wir alle … Es ist schwer zu verstehen, aber ich kann dir zumindest einen wichtigen Teil erzählen und hoffe, dass er den Rest irgendwann mal selbst erledigt.«

»Na, darauf kann ich wohl kaum hoffen.«

Brian biss sich auf die Lippen. Eine Weile war es still zwischen uns beiden. Ich hatte das Gefühl, dass Ben mir kein Stück vertraute, und war gekränkt.

»Das ist es nicht.« Brian legte seine Hand auf die meine. Er hatte meinen Gesichtsausdruck ganz richtig gedeutet. »Wenn du alles wüsstest, würdest du wissen, dass es nichts mit dir zu tun hat. Gar nichts.«

»Das lass ich jetzt mal so stehen«, erwiderte ich. »Bitte erzähl mir, was du erzählen kannst.«

»Ben war immer der Anführer unter uns gewesen«, begann Brian. »Das hast du ja schon in der Hütte gemerkt. Er ist so der typische Führer, eigentlich das typische Goldkind … ihm ist immer alles mühelos gelungen. Er hatte tatsächlich eine schöne Kindheit. Ich glaube, schöner geht's nicht. Sein Vater ist ein sehr feiner Mensch und seine Mutter ist von der Sorte, die in allem und jedem das Schöne und Gute sieht. Sie ist ziemlich spirituell und das hat Ben sehr geprägt. Heute macht sie sich Vorwürfe, weil er durch sie erst auf diese schrägen Ideen gekommen ist. Aber letztlich gab etwas anderes den Ausschlag zu seiner Entscheidung. Wie gesagt, im Grunde hatte Ben alles. Er war angesehen, hatte viele Freunde, ohne, dass er sich je darum bemühten musste, das hatte er nie nötig gehabt. Er hat sich stets den Respekt verdient, der ihm entgegengebracht wurde und er war … er *ist* der beste Kumpel der Welt. Ich kann dir gar nicht sagen, aus wie vielen Situationen er mich schon rausgehauen hat. Gut, er hat auch jede Menge angestellt – das hast du ja in der Hütte ein bisschen mitbekommen.«

Brian lächelte, versunken in die Erinnerung an ihre wilde, schöne Kindheit.

»Alles, was er sich vornahm, gelang ihm auch. Er war wie du. Er wollte alles alleine schaffen, ohne fremde Hilfe. Er wollte noch nicht einmal auf Kosten seiner Eltern studieren. Deswegen war er so scharf auf das Stipendium. Sein Leben lief nach seinen Vorstellungen. Er kannte das nicht anders. Er hatte ein unumstößliches Selbstbewusstsein, absolvierte sein Studium mit

Bravour, legte einen Super-Abschluss an der Uni hin, hatte zehn Bräute an jedem Finger. Ja, er ließ nichts anbrennen, aber bezüglich fester Bindungen war er wählerisch. Trotzdem … bei so viel Auswahl hatte er immer eine am Haken, nur nie was Festes. Wir haben darüber gewitzelt, aber es war eben keine dabei, die ihn fürs Leben begeisterte.

Dann fing er bei McKinsey an und war auch dort innerhalb kürzester Zeit der Favorit. Ich weiß nicht, wie er das machte, aber überall, wo er auftauchte, gab es einen Schub ins Positive. Alles, was er anfasste, wurde zu Gold. Es gibt solche Typen und Ben ist einer davon. Wahrscheinlich lief es zu glatt, ich weiß nicht, es gab keine echten Herausforderungen für ihn. Diese Erfolge waren am Anfang ganz reizvoll, aber sie langweilten ihn schnell. Schließlich stieg er in dieses Familienunternehmen ein. Seine Aufgabe bestand vor allem in der Expansion, im internationalen Ausbau des Konzerns, wozu ihn sein Studium ja auch prädestinierte … und da lernte er in Südafrika Miriam kennen.«

Mein Herz setzte einen Schlag aus.

»Miriam«, sagte ich tonlos. »Okay. Miriam … wer ist sie?«

»Sie war die Tochter von reichen Leuten aus Südafrika. Ein wilder Lockenkopf und ein fröhlicher, spritziger Mensch. Ein bisschen verrückt vielleicht, für uns zu abgefahren, aber Ben, der sonst auch eher der ruhige Typ ist, fand's aufregend. Sie war wie seine Mutter spirituell, aber viel extremer, viel intensiver. Sie hatte ja Zeit, sie musste nicht arbeiten, wenn sie nicht wollte, und irgendwie hat sie das auch nie. Ich weiß nicht, ob sie je vorhatte, mal einen Beruf zu ergreifen. Tatsache war, dass sie aufgrund ihrer finanziellen Situation sich voll dem spirituellen Leben widmete, und Ben fand das klasse. Sie hat ihn damit komplett infiziert. Aber sie hat sich mit den Jahren geändert – und Ben auch. Beide wurden … na ja … ernster. Miriam war Bens erste, wirklich große Liebe, eigentlich seine erste feste Beziehung, und wenn er sich mal für jemanden entschlossen hat, ist er loyal bis in in die Fingerspitzen. Es war klar, dass die beiden heiraten würden. Dass er sie heiraten wollte. Er war damals zweiunddreißig, im besten Alter sozusagen, bereit für Ehe und Kinder - und Ben wollte immer Kinder haben. Aber Miriam wollte keine. Sie hat immer gesagt, es käme darauf an, das Höchste anzustreben, und es ginge nur um das. Es wäre das Einzige, wofür man auf die Welt käme … unabhängig von allem zu sein. Nein, sie wollte keine Kinder. Das hat Ben tief getroffen, weil er es nicht von ihr erwartet hatte.«

Brian verstummte. Ich wartete.

»Ich mach es kurz: Immer häufiger gab es Auseinandersetzungen. Eines Tages haben sie sich sehr heftig gestritten. Es ging mal wieder um Kinder und Hochzeit. Ich bekam es dummerweise mit, weil ich Ben zu einem Spiel abholen wollte. Ich weiß noch, wie sie ihm, als er seine Jacke anzog, gesagt hat, dass er irgendwann mal einsehen müsse, dass es eben nur ein Ziel im Leben gäbe. Alles andere wäre vergänglich. Diese Einsicht schlug ihm das Schicksal schneller als erwartet um die Ohren. In dieser Nacht ist Miriam verunglückt. Sie starb auf der Autobahn. Sie war zu schnell gefahren, ins Schleudern gekommen … unter einen Laster gedonnert.«

Ich sog die Luft ein. Brian stützte sich auf dem Tisch auf und fuhr sich mit beiden Händen über das Gesicht.

»Ich … wir … Ben und ich waren gerade auf dem Weg zurück, als uns die Nachricht erreichte. Wir fuhren so schnell wir konnten ins Krankenhaus. Gerade rechtzeitig. Miriam hat noch ein paar Minuten gelebt, lange genug, um Ben das Versprechen abzuringen, dass er nie sein hohes Ziel aufgeben möge. Dass sie ihn liebt, dass sie immer bei ihm ist, wenn er das tut, dass sie nie getrennt sein werden, wenn er das tut …«

Brian verstummte. Zwischen uns fiel eine Weile kein Wort.

Meine Gefühle fuhren Karussell, viel zu schnell. Schließlich sah ich Brian entsetzt an. Er blickte traurig zurück und seufzte laut. Seine Finger spielten gedankenverloren mit einem Zuckertütchen.

»Danach war Ben verändert«, erzählte er weiter. »Er hat alles infrage gestellt. Den Sinn des Lebens. Wie wichtig Materie ist. Wie wichtig Erfolg, Vorwärtskommen, der Run nach mehr, das, was unsere Welt eben so prägt. Alles, was ihm vorher noch etwas bedeutet hatte, war angesichts von Miriams Tod völlig nebensächlich geworden. Kein Erfolg der Welt und kein Geld der Welt konnten ihm die Frau zurückgeben, die er liebte. Wegen des Versprechens, das er Miriam gegeben hatte, stürzte er sich noch mehr in die Spiritualität, aber auch, weil er darin Trost fand – und ja, natürlich, auch, weil er wieder glücklich sein wollte. Das hat er mir jedenfalls so gesagt. Er wollte ein dauerhaftes Glück und seine Schriften sagten ihm, dass das möglich sei. Alle anderen Dinge bedeuteten ihm nichts mehr. So hat er sich für diesen Weg entschieden.«

»Und er hat es nie wieder mit einer anderen Frau versucht?«

»Doch … aber es gab keine, die ihn länger als eine Woche fesseln konnte.«

Mein Flug wurde aufgerufen. Unglücklich sah ich auf die Uhr – ich hatte noch so viele Fragen.

»Aber musste er gleich alles aufgeben?«, bohrte ich nach. »Waren ihm der Rest seines Lebens, seine Freunde, seine Eltern nichts mehr wert?«

»Na ja, es gibt noch einen mystischen Part in der Geschichte. Ben und ich haben mal vor Jahren eine Palmblattbibliothek aufgesucht, kurz nach Miriams Tod. Der Reader dort hat Ben erklärt, dass er in Isolation ginge und sein Leben einer Frau weihen würde. Kurz danach hat er Jyoti getroffen, als sie in Europa einen Vortrag hielt. Jyoti hat damals mächtig Eindruck auf ihn gemacht und ihm fielen die Worte des Readers wieder ein. Danach ging er für ein paar Monate in den Ashram und kam sehr ausgeglichen wieder. Daher war er sicher, dass das sein Schicksal ist. Es ging ihm besser. Das bestärkte ihn in seinem Entschluss.«

Ich fühlte mich wie taub nach Brians Worten. Miriam. Die Palmblattbibliothek. Ben. Ich hatte keine Chance. Ich hatte nie eine gehabt. Ich war sein Abschied von dieser Welt gewesen, ein willkommenes Auszeit-Zuckerstückchen, sein letzter Whisky vor der Abstinenz. Stumm schulterte ich meinen Rucksack.

»Und seine Eltern?«, fragte ich mit zugeschnürter Kehle, um überhaupt noch etwas zu sagen.

»Sie akzeptieren es. Was anderes können sie ja schlecht tun. Dafür lieben sie ihn zu sehr.«

Ich nickte. Ja, etwas anderes gab es nicht zu tun.

Wir umarmten uns, versprachen in Verbindung zu bleiben, ich reihte mich in die große Schlange für die Handgepäckkontrolle ein. Fühlte mich wie abgestorben und mumifiziert.

Eineinhalb Stunden später landete ich auf deutschem Boden. Und musste mein Leben mehr sortieren denn je.

Briefe

Deutschland fühlte sich unwirklich an. Meine Wohnung fühlte sich unwirklich an. Mir war, als sei ich von einer jahrzehntelangen Reise zurückgekehrt. Von einer Welt in die andere.

An meiner Wohnungstür hing ein Briefumschlag und als ich ihn öffnete, stand da:

»Stürmischer Wind in der Camargue … der Mistral hat mich weggeblasen! Und du bist auch genug gereist. Ruf mich an, wenn du zurück bist, ich bin in Deutschland. Torsten«.

Ich lächelte. Torsten war genau das, wonach mir jetzt war. Seine knorrige Art würde mir guttun. Aber das Schicksal ließ mir keine Ruhe, es ging Schlag auf Schlag.

***

Einen Tag später rief Onkel Horst an.

»Mama liegt im Sterben«, schluchzte er. »Bitte komm. Komm schnell. Wir wissen nicht, wie lange sie noch lebt … sie will dich sehen.«

Schneller als erwartet, noch gar nicht richtig angekommen, noch immer völlig durcheinander, packte ich eine kleine Reisetasche und war schon wieder unterwegs. Ich fuhr die Nacht durch, doch als ich ankam, war Oma schon verstorben. Das war schrecklich für mich. Ich hatte sie so lange nicht gesehen! Eigentlich hatten sie alle zur Hochzeit kommen wollen, aber die hatte ich ja dann absagen müssen und wir hatten uns nur noch ein paar kurze Nachrichten hin- und hergeschickt. Nun wusste ich warum! Ihr war es schlecht gegangen und ich hatte es nicht wirklich mitbekommen. Oma hätte es mir auch nie gesagt. Nun lag sie tot vor mir.

»Weiß es Mom?«, fragte ich den weinenden Onkel Horst.

»Wir schicken morgen eine Karte.«

Er reichte mir einen Umschlag.

»Für dich. Sie hat dich so sehr geliebt.«

»Ich weiß.« Ich wollte sagen: »Ich wünschte, ich hätte sie länger gekannt«, als mir die Worte Jyotis in den Kopf kamen. Das taten sie dauernd. »Wenn es nötig gewesen wäre, sie länger zu kennen, wäre es so gewesen. Wäre es nötig gewesen, sie vorher noch mal zu sehen, wäre es geschehen. Vertrau, lass es fließen.«

Dennoch forderten die Ereignisse ihren Tribut. Der Jetlag zehrte an mir, die stundenlange Autofahrt, die neuen Erkenntnisse über Ben … Miriam … ich war müde, sehr müde.

So legte ich mich ins Bett, in mein altes Zimmer oben im Dachgeschoss, und las erst am nächsten Morgen Omas Brief.

Liebe Greta,

wie gern hätte ich Dich noch einmal gesehen vor meinem Tod, Dich noch einmal gesprochen, noch einmal berührt. Wie gern hätte ich Dir von Angesicht zu Angesicht reinen Wein eingeschenkt, hätte ich mir gewünscht, den Mut schon vorher gehabt zu haben. Aber erst im letzten Vierteljahr ist mir so richtig bewusst geworden, dass ich Dir diese Wahrheit schulde. Vielleicht ist das der Grund, dass ich ganz froh war, dass du in Indien und nicht hier bist. Das Schreiben fällt mir leichter.

Es tut mir in der Seele weh, dass ich Dir die Wahrheit jetzt erst erzähle, und ich hoffe, Du kannst mir verzeihen.

Ich weiß nicht, was Du inzwischen alleine herausgefunden hast. Vielleicht ist Dir aber auch der Inhalt des Briefes in vollem Umfang neu. Wie dem auch sei. Ich erzähle von Beginn an, weil ich nichts auslassen will und weil ich die Hoffnung habe, dass Du verstehst – und mir vergibst.

Ich habe Dich angelogen. Ich wusste genau, warum Deine Mutter von mir, von uns, gegangen war, beziehungsweise, warum sie nicht mehr zurückkam. Ich habe sie mehr oder weniger dazu gezwungen. Sie hatte keine andere Wahl. Ja, sie wollte auch frei sein, letztlich wollte sie frei sein von mir, von meinen Forderungen, meinen Ansprüchen, meinen Vorstellungen. Ich habe sie mit meiner Strenge ins andere Extrem getrieben und ich weiß noch, wie wir uns gestritten haben und sie mir ins Gesicht geschleudert hat, dass sie nie, nie, nie so sein möchte wie ich – und dass sie ihr Kind ganz anders erziehen würde.

Sie war damals mit Dir schwanger. Sie kam nach zehn Jahren zurück zu mir und sie brauchte Hilfe – und ich habe sie ihr verweigert. Habe sie zurückgewiesen. Habe sie aus dem Haus gejagt.

Und nun bitte ich Dich ganz besonders um Verzeihung: Ich wusste, dass nicht Parkow der Vater war. Dein Vater war ein Inder, ein Umstand, der uns in unserem kleinen katholischen Dorf, wo jeder jeden kennt, höchst entsetzt hat. Ich weiß nicht, wie sie diesen

Inder kennengelernt hat, aber Tatsache war: Er war hier und hat nach Uschi gefragt. Aber ich muss in der Reihenfolge bleiben: Sie war schwanger und ich wollte nicht, dass sie das Kind bekam. Mir laufen die Tränen über das Gesicht, wenn ich dran denke, dass das heißt: Ich wollte nicht, dass es Dich gibt. Ich wollte meine wunderbare Enkelin nicht. Ich schäme mich. Glaube mir, ich schäme mich zutiefst – aber ich kann es nicht ungeschehen machen. Es war so.

Uschi hat sich geweigert. Sie sagte, sie würde Dich auf keinen Fall töten und es spräche für mich, dass ich bereit dazu war. Sie hatte so recht. Ich war nur über das mögliche Gerede der Leute in Aufruhr, wie erbärmlich. Heute kann ich das alles nicht mehr verstehen. Heute bewundere ich den Mut Deiner Mutter, sich mir widersetzt zu haben, es zu ertragen, in dieser Situation aus dem Haus geworfen zu werden. Ich wollte nicht, dass sie mit einem unehelichen Kind im Bauch hier in diesem Dorf saß. Und so ging sie. Ich kann Dir noch nicht einmal sagen, was ich damals gefühlt habe, aber ich fürchte, es war eher Wut als Schmerz. Und ich weiß auch nicht, wie sich Uschi gefühlt haben muss. Es bricht mir das Herz, wenn ich auch nur darüber nachdenke. Kurz danach bekam ich eine kurze Nachricht von ihr, sie hätte eine Fehlgeburt erlitten.

Wir haben uns aus den Augen verloren. Keine von uns wollte wissen, wie es der anderen ging. Fast habe ich damit gerechnet, dass sie wieder im Ausland war, als dieser Inder bei uns auftauchte. Er hat Uschi gesucht und er hatte mit seiner Suche Erfolg. Er hatte herausgefunden, wo sie wohnte.

So kam ich an Eure Adresse. Deine Mutter war mit diesem schrecklichen Parkow zusammen. Ich versuchte, Kontakt aufzunehmen, aber sie war zu verletzt, hat sich geweigert. Sie hat mir nicht einmal die Tür aufgemacht. Ich wusste nicht, dass es Dich gibt. Und wieder versank alles in Verdrängung und dem hilfreichen Gedanken, dass sie es ja nicht anders will und ich keine Chance hätte.

Ich war feige. Leider gibt es keine Beschönigung dafür. Ich schrieb ihr Briefe, hatte aber nicht den Mut, ihr zu sagen, dass ich im Unrecht gewesen war, dass ich vieles falsch gemacht habe. Andererseits wollte ich nicht mehr selbstherrlich in ihr Leben eingreifen, wie ich es schon mal getan hatte. So ließ ich sie in Ruhe.

Und dann riefst Du an. Nach fünfzehn Jahren riefst Du an. Und Du warst so wunderbar, so offen und so dankbar für die Chance, uns kennenzulernen, *mich* kennenzulernen. Du hast mich so vorbehaltlos angenommen, hast mich von Beginn an geliebt, das habe ich gespürt – und als ich es spürte, wurde mir bewusst, dass es das war, was mich bei Uschi so schmerzte: dass ich ihre Liebe verloren hatte. Aber nun warst du hier – und Du liebtest mich. Du hast all das getan, was Uschi nicht getan hatte: Du hast mich umarmt, Du hast mich geküsst, Du warst so dankbar, bei mir sein zu können. Ich kann Dir nicht sagen, wie dankbar *ich* dafür war.

Und wieder war ich selbstsüchtig. Ich konnte es nicht ertragen, Deine Liebe wieder zu verlieren. Zu meiner Verteidigung muss ich sagen: Ich wollte, dass Du glücklich bist. Es war klar, dass Du es bei Uschi nicht warst, und erkannte darin eine Chance: Ich wollte dich für mich.

Als wir zu der Sportveranstaltung kamen, an der du diese wunderbare Kür getanzt hast, da habe ich meine Uschi zum ersten Mal nach so vielen Jahren wiedergesehen. Wir standen unten – verbotenerweise mit den Straßenschuhen auf der Turnmatte – und sie war oben in den Rängen. Wir haben dich umarmt und gefeiert und sie flüchtete. In diesem Moment, da bin ich mir sicher, dachte sie, wir haben Dich ihr weggenommen.

Das mag alles nicht sehr logisch klingen. Schließlich hast Du erzählt, dass sie Dich ziemlich vernachlässigt hat und mehr als alles andere auf der Welt ihre Freiheit wollte. Und dass sie Deinen Auszug und ihre wiedergewonnene Freiheit mit Sekt gefeiert hat. Aber heute bin ich mir nicht mehr sicher, ob das nicht einfach ein Verzweiflungsakt war. Ich habe nie mit ihr darüber reden können und jetzt ist es zu spät. Das bereue ich zutiefst.

Greta, mein Liebling, wenn Du Uschi siehst – und ich hoffe, das tust du – dann sag ihr, dass ich sie unendlich liebe. Jetzt in meinen letzten Stunden erkenne ich, dass ich nur verletzt war, weil ich glaubte, dass sie mich nicht liebte – und meine einzige Antwort darauf war Strenge. Ich kannte es nicht anders. Und sie kannte es demnach auch nicht anders. Vergib mir und vergib ihr. Ich habe ihr nichts anderes beigebracht. Und nun, nachdem Du es weißt, bist Du diejenige, die diesen tödlichen Kreislauf durchbrechen und wo Hass und Unverständnis herrschten, mit Liebe füllen kannst.

Sag Uschi, dass ich sie liebe, dass es mir unendlich leidtut, wie das alles gelaufen ist. Und sie soll sich bitte keine Schuldgefühle machen. Würdest du ihr auch bitte den Brief geben, den ich beilege?

In diesem Umschlag findest Du auch einen Brief, den Dein leiblicher Vater mir geschrieben hat. Ich habe ihn all die Jahre aufbewahrt. Er zog damals um und wollte mich das wissen lassen. Ich weiß nicht, ob diese Adresse heute noch aktuell ist. Aber sie ist zumindest ein Ansatzpunkt, wenn Du ihn finden willst.

Ich liebe Dich, Greta. Und sowie ich das schreibe, wird mir bewusst, dass es doch das Einzige ist, was wichtig ist. Ist es nicht seltsam, was wir alles im Namen der Liebe tun? Wir verletzen uns gegenseitig, wir hetzen Dingen hinterher, von denen wir glauben, sie führten uns ans Ziel, tun das Falsche, nur, weil wir glauben, die Liebe eines anderen zu brauchen. Immer deutlicher, gerade in meinen letzten Stunden, spüre ich, wie falsch und absurd dieser Weg ist. Wir brauchen nur unsere eigene Liebe, die Liebe in unserem Herzen. Wir sollten in uns selbst verliebt sein – dann ist alles gut, dann hören wir endlich auf, andere zu kränken und ihnen wehzutun. Dann treffen wir die richtigen Entscheidungen und alles Äußere ist nur noch zweitrangig. Hätte ich das früher erkannt, hätte ich so vieles anders gemacht.

So wünsche ich Dir für den Rest Deines Lebens: Sei in Dich verliebt, Greta. In niemanden sonst. Alles andere findet sich.

In ewiger Liebe,

Deine Oma Elke

Ich schlug die Hände vor meinem tränennassen Gesicht zusammen. Die immer gleiche Botschaft – mein inneres Selbst rammte sie mir an jeder Ecke, an jedem Ort der Welt in mein Herz – ich konnte ihr nicht ausweichen.

Ich blieb bis zur Beerdigung, die ein paar Tage danach stattfand. Mom tauchte nicht auf.

»Sie macht oft tagelang ihre Post nicht auf«, sagte ich zu Onkel Horst. »Ich werde sie aufsuchen.«

***

Der nächste Brief kam von Brian – per Mail.

Liebe Greta,

es war beim letzten Mal so wenig Zeit, aber ich möchte noch ein paar Sachen loswerden, die mir auf dem Herzen liegen.

Ich weiß, dies alles muss dir wie Betrug vorkommen … und ich denke automatisch an den Jackpot, den du in deinem Leben immer knapp zu verfehlen gemeint hast. (Ben hat ein bisschen was erzählt).

Bin kein Mann großer Worte … aber nach all dem, was passiert ist, muss und will ich dir schreiben.

Wir hatten alle die Hoffnung, dass das was wird zwischen dir und Ben. Ich kann mich noch sehr genau an den Abend erinnern, als er uns die Nachricht schickte, dass er seine Reise nach Indien verschiebt und uns auf eine letzte Tour begleitet, bevor er das Mönchsgelübde ablegt. Er wollte die Tour eigentlich nicht, weil er so fest davon überzeugt war, dass das, was er vorhatte, das Richtige ist, und er meinte, je eher er sich auf das Klosterleben einstimmt, umso leichter würde ihm der Übertritt fallen.

Und dann auf einmal: Bämm – er kommt! Und: Doppel-Bämm – er bringt ne Braut mit! Er hat jemanden kennengelernt! Wir haben uns alle angesehen und gejubelt.

Und wie hatten wir gehofft, dass die Braut, von der er erzählt hat (er hat nicht diesen Ausdruck verwendet!) nicht nur eine leichte Nummer für den Abschied sein würde … Ben war nie der Schwerenöter, aber auch nicht gerade ein Kostverächter, Auswahl hatte er immer genug, habe ich dir ja erzählt. Mehr als genug. Ich kann ihn mir im Zölibat einfach nicht vorstellen … : (

Ich schweife ab. Jedenfalls haben wir dich kennengelernt und waren von Beginn an begeistert. Nicht nur, weil du fantastisch kochen kannst :) Nein, wegen deiner ganzen Art, wegen deiner so praktischen Vorstellung vom Leben … und natürlich, weil du voll Bens Beuteschema entsprachst. Zierlich, prall und dunkelhaarig – darauf stand er schon immer.

Ich bin Bens Freund seit Kindheitstagen und ich weiß, dass du ihn von Anfang an eurer Begegnung nicht kaltgelassen haben konntest. Er hätte dir nie einfach so London gezeigt. Er hätte dich schon gar nicht in die Hütte mitgenommen oder zu all den anderen Plätzen, an denen ihr wart.

Ja, und schließlich hast du ihm deine Geschichte erzählt. Er dachte anfangs, es handele sich um ein ›junge Frau-von-Freund-verlassen-Ding‹. Das Übliche halt. Aber schon nach der Nacht, in der du ihm den ersten Teil erzählt hattest, rief er mich an und war total durcheinander. Ich habe ihn noch nie so erlebt. Anfangs war er schockiert und konnte sich nicht dagegen wehren, mehr und mehr in deine Geschichte hineingezogen zu werden – und irgendwann war er ganz drin.

Dazu kam deine Offenheit, die ihn unendlich gerührt hat. Es hat ihn sehr bewegt, dass du dich auf ihn eingelassen hast. *Du* hast ihn bewegt. Ben hat uns nur ansatzweise angedeutet, dass er ein bisschen Ruhe mit dir braucht, weil du was auf dem Herzen hast und er dir helfen will. Das war seine ursprüngliche Intention und er ist ja echt gut in solchen Dingen. Damit hat er schon etliche Bräute für ihr ganzes Leben versaut, `tschuldigung, aber das ist Tatsache. Die rennen ihm heute noch hinterher … also Ben hatte die besten Absichten bei dir. Aber im Laufe dieser Geschichte ist – und das sage ich jetzt als der Mann, der ihn außer seinen Eltern am besten kennt und in dieser Hinsicht sogar noch besser – im Laufe dieser Geschichte hat er sich in dich verliebt. Er hat sich dagegen gewehrt. Er wollte das nicht, durfte das nicht. Es war brandgefährlich bezüglich seiner Zukunftspläne, verstehst du? Er wusste nicht, was du für ihn warst – eine Prüfung, ein Warnschild … ein Hinweis … eine Versuchung … er war heillos durcheinander.

Wir haben das alle mit Spannung beobachtet. Wir haben gesehen, wie du auf dem Markt diesen Kaschmirschal in der Hand hattest und wussten, er war kurz davor, dir das Ding zu schenken. Er wollte so viel mit dir und für dich tun. Ja, und dann die Sache mit Ethan! Oh, Mann, Ben war so eifersüchtig und wollte es nicht zugeben! Wir waren so froh, dass ihr euch in derselben Nacht wieder versöhnt hattet. Ach, Greta … unsere Spieleabende, das Tanzen, die Gaudi, die wir hatten … weißt du noch? Du hast so gut in unser Team gepasst! Anders als Miriam, die immer alles als Kinderei abgetan hatte. Ben war furchtbar gespalten. Es hat ihn gewurmt, dass er dir den Schal nicht gekauft hat, er wollte dir so unbedingt etwas geben und er sagte mir, bevor er in Klausur geht, möchte er noch einmal das Leben mit dir voll auskosten, wenn du damit einverstanden wärst. Du kannst dir nicht vorstellen, wie wir alle gehofft hatten, dass er durch dich wieder ins Leben zurückfindet. Was in dieser Nacht passiert ist, könnt nur ihr beide wissen. Aber ich weiß, dass diese Nacht Ben verändert hat. Sie hat ihn nicht von seinem Vorhaben abgehalten, aber er war völlig planlos danach. Diese Nacht hat ihn aus dem Gleichgewicht gerissen. Aber das war nicht alles. Deine Begeisterung für unser Land. Deine Art, mit ihm zu reden. Die Tatsache, dass du unter so rauen Verhältnissen groß geworden bist, rief ihm die Liebe seiner Eltern ins Gedächtnis … ja, und immer wieder diese Nacht im

Inverlochy Castle … du im Abendkleid, euer wunderschönes Dinner for two, die Harmonie, die er mit dir erlebt hat … das hat ihn erschüttert. Es hat seine ganze Weltanschauung durcheinandergebracht. Ich wünschte, ich dürfte dir die Mail zeigen, die er mir danach geschrieben hat. Es ist eine sehr verzweifelte Mail.

Er liebt dich, Greta, das weiß ich. Gut, er hat sich doch für Gott entschieden oder was auch immer. Ich verstehe das alles nicht, aber ich möchte, dass du weißt, dass er dich ehrlich liebt.

Und das weiß ich nicht nur von seiner Mail.

Er hat geweint, als er mir ein bisschen was von dir erzählt hat … und das tut er sonst nie vor seinen Freunden. Ich bin so überzeugt: Noch ein Tag mit dir – und er wäre geblieben. Aber dann kam die Sache mit seinem Dad. Ihr habt euch nicht mehr gesehen und er dachte, das sei ein Zeichen. Ein Zeichen, zu gehen. Eine Erinnerung an seinen Weg. Er wollte nicht noch mal so was wie mit Miriam erleben.

Er wollte dir schreiben, sobald er im Ashram angekommen war. Nicht nur eine E-Mail, einen richtigen Brief, deswegen hat er so lange gewartet. Tja, und das hätte wohl dümmer nicht laufen können, als du auf diese Weise herausfinden musstest, was er für seine Zukunft plante, dass er keine Gelegenheit hatte, es dir selbst zu sagen. Was muss das für eine Begegnung gewesen sein! Es hat ihm das Herz zerrissen. Dass ihr euch beide das gleiche Kloster ausgesucht habt, kann kein Zufall sein, aber das geht in seinen Dickschädel ja nicht rein!

Er bat mich, dir all das zu sagen. Er bat mich, dir zu sagen, dass er jede Sekunde mit dir genossen hat, dass es die schönsten vier Wochen in seinem Leben gewesen sind. Er bat mich, dir zu sagen, dass er dich liebt.

Ich wünschte, er hätte es selbst getan, als er es noch konnte.

Ich wünschte, ich könnte etwas tun.

Es wäre doch so einfach: Er liebt dich und du liebst ihn. Muss der Kerl so ein Bodyguard-Dornenvögel-Ding abziehen? Ist schon seltsam, dass wir aus so einfachen Dingen etwas so Kompliziertes machen.

Sollte es dich wieder mal nach Schottland verschlagen – lass es mich wissen.

In Liebe und Freundschaft
Dein Brian

Ich starrte auf den Bildschirm. Dachte an so vieles. Aber kein Gedanke tröstete mich wirklich.

Mom

Das Sozialgebiet, dasselbe alte Treppenhaus, dieselbe, verbeulte Blechtür, derselbe ammoniakgetränkte Geruch. Ob ich wollte oder nicht: Mein Herz klopfte. Wir hatten uns knapp fünfzehn Jahre nicht gesprochen.

Ich klingelte. Sie öffnete.

Ihr blieb das Wort im Mund stecken, als sie mich sah. Ihre Lippen zitterten. Für ein paar Sekunden starrten wir uns einfach nur an.

»Greta!«, sagte sie schließlich leise und zu meiner Überraschung füllten sich ihre Augen mit Tränen. »Was machst du hier?«

War das ein Lächeln auf ihrem Gesicht? Ein vorsichtiges, kleines, zaghaftes, unsicheres Lächeln?

»Lässt du mich rein, Mom?«

»Oh, Mann, Greta! Ich freu mich!«

Sie öffnete die Tür weiter und blickte mich scheu an. »Ich freu mich wirklich …«, und setzte zittrig und verlegen hinzu: »… Mein Kind.«

Sie machte Kaffee. Sie sah verlebter aus denn je. Ihr blondes Haar wurde langsam grau, ihre Augenlider waren stark herabgesunken. Zwischen ihrem Mund verliefen tiefe Falten und die Wangenhaut war zerknittert. Sie sah nicht wirklich gut aus. Auf der Anrichte lag ein Stapel Post. Ungeöffnet.

»Wie geht es dir, Mom?«, fragte ich.

»Och, wie immer. Das Leben ist scheiße, weißte ja. Und wenn man alt wird, wird es noch bescheuerter.«

Sie lachte rau und stellte zwei Tassen auf den Tisch. Ihre alte verwelkte Hand fuhr schüchtern über die meine und leise fragte sie:

»Wie geht es dir, Greta?«

Ich konnte nicht gleich antworten. Ich glaube, es war das erste Mal in meinem Leben, dass sie mich das fragte. Mein Schweigen war beredt und sie sagte, noch leiser: »Das mit deinem … Verlobten tut mir so leid. Die verpatzte Hochzeit und das alles.«

»Ist vorbei«, versetzte ich kurz. Über Tobias wollte ich nicht reden, aber sie ließ es nicht zu.

»Na ja, so ganz vorbei ist das wohl nicht«, erwiderte sie. »Er war zweimal hier und hat gefragt, ob ich weiß, wo du bist.«

»Er war hier?« Unwillkürlich schweifte mein Blick über die abgewetzte Einrichtung. Ich räusperte mich. »Er hat mir geschrieben … du hast mit ihm geredet.«

»Ja, lange. Ich habe ihn angerufen. Nachdem du verschwunden warst. Ich habe mir Sorgen gemacht.«

Mit gerunzelter Stirn warf ich ihr einen Blick zu. Sie wurde rot.

»Wo … wo bist du gewesen?«, fragte sie. »Verrätst du mir das?«

»Ja, ich war in Indien.«

Ein Schrei antwortete mir und sie hielt sich entsetzt die Hand vor den Mund.

»Oh, nein, Greta … ich … ich …«

Beschwichtigend legte ich meine Hand auf die ihre.

»Mom, hol den Kaffee und setz dich. Ich bin nicht deswegen hier.«

Fahrig schob sie den Stuhl zurück, holte die Kanne, schenkte uns ein. Ihre Stirn war in schmerzliche Furchen gelegt. Vorsichtig sagte ich:

»Mom, ich weiß nicht, wie du es auffassen wirst, aber vor ein paar Tagen ist deine Mama gestorben.«

Ich hatte wirklich nicht gewusst, wie sie es auffassen würde. Ich hatte mir keine großartigen Gedanken gemacht, weil sie sonst immer so wenig Emotionales von sich preisgegeben hatte. So traf mich ihre Reaktion vollkommen unvorbereitet. Sie schrie laut auf und brach in einen Tränenkrampf aus, wie ich ihn noch nie bei meiner Mutter erlebt hatte. Sie wirkte wie jemand, der etwas verloren hatte, von dem er wusste, dass er es nie mehr haben konnte. Es war ein verzweifeltes Weinen.

Behutsam legte ich meine Arme um sie und sie klammerte sich an mich wie ein Kind. Mein Kind. Ja, sie war mein Kind. Sie brauchte Trost. Und ich war so froh, dass ich ihn ihr geben konnte.

Jyoti fiel mir ein. Es gibt so viel Liebe auf dieser Welt, Greta, vergiss das nie.

Sie brauchte lange, bis sie sich beruhigt hatte, und ging schließlich ins Bad. Ich hörte Wasser plätschern und als sie zurückkkam, sah sie noch verhauter aus als vorher. Mit der Hand klopfte ich auf den Platz neben mir auf der alten, durchgesessenen Couch und versuchte, nicht daran zu denken, welche Sexorgien auf dem Teil schon stattgefunden hatten.

»Setz dich, Mom«, sagte ich. »Hier ist ein Brief, den Oma mir geschrieben hat, ich möchte, dass du ihn liest. Und dann … erzähl ein bisschen von dir.«

***

»Ich war jung, ja, ich wollte weg. Ich wollte die Welt sehen. Mama wusste nicht alles, aber in diesem Brief …« sie schob die Blätter ein wenig von sich, »… hat sie dir nur die Hälfte erzählt. Wir haben uns nicht erst gestritten, weil ich schwanger war, sondern weil ich die Welt sehen wollte. Sie hat mir alles vorgeschrieben. Die Schule, mein Leben … sie wollte, dass ich auf dem Hof arbeite. Sie wollte, dass ich einen benachbarten Jungbauern heirate, der in mich verliebt war. Aber, mein Gott! Es war die Zeit der Studentenrevolten! Woodstock, Janis Joplin, Joan Baez, Bob Dylan … alles schrie nach Freiheit von alten Zwängen und ich war fasziniert davon. Ich wollte nicht in der Enge eines streng katholischen Dorfes aufwachsen mit einem Pfarrer, der vor Kindern nicht haltmachte.«

Erschrocken sog ich die Luft ein.

»Ja, du hast schon richtig gehört«, sagte sie bitter. »Es war eine Zeit, in der man Kindern das niemals geglaubt hätte.«

»Hat er dich … bist du …«

»Mit mir war nix«, stellte sie klar. »Ich habe es bei meinem Freund Paul mitbekommen, den der geile Sack immer auf dem Schoß nahm und ihn zwischen den Beinen berührte. Paul ist heute noch gestört deswegen. Weiß der Geier, was der Kerl sonst noch mit ihm gemacht hat. Aber ich habe rebelliert. Ich habe den Pfarrer geschlagen. Ich wollte nicht in die Kirche, ich wollte nicht gefirmt werden. Ich wollte aus der Kirche austreten. Ich sagte deiner Oma, dass ich unmöglich dieses Glaubensbekenntnis herunterbeten könne. Ich glaubte damals an Gott, aber nicht an diese selbstherrliche Kirche mit ihren gestörten, selbstgerechten Vertretern!«

Stumm beobachtete ich sie. Hass verzerrte ihr Gesicht und in diesem Moment war sie wieder die dreizehnjährige Jugendliche, die unter den Zwängen eines erzkonservativen Elternhauses litt. So wie ich unter ihr gelitten hatte. Die Parallelen wurden mit jedem Wort immer offensichtlicher.

»Natürlich wollte ich es besser machen«, fuhr sie fort. »Ich bekam damals die Bücher von Sutherland und seiner Summerhill-School in die Hand und dachte: Das ist es. Ich wollte nach England, wollte dort zur Schule gehen, aber genauso gut hätte ich deine Oma fragen können, zum Mond fliegen zu dürfen. Es war sinnlos. Mit sechzehn bin ich ab. Und …«

Sie schaute zu mir, mit einem unsicheren, aber trotzigen Lächeln im Gesicht:

»… es war eine herrliche Zeit. Eine wunderbare, freie, sorgenlose Zeit. Zum ersten Mal in meinem Leben.«

Ich nickte. Inzwischen konnte ich nachvollziehen, was sie meinte.

»Ich habe Naresh in London kennengelernt … warst du mal in London? Auf dem Trafalgar Square?«

Verträumt ging ihr Blick in die Ferne, so sah sie nicht, wie ich erstarrte.

»Ich traf ihn, als ich fünfundzwanzig Jahre alt war, und er war … so edel. Ganz anders als die sonstigen Kerle, die ich hatte. Ich habe mich sofort in ihn verliebt und er mochte wohl mein blondes Haar. Jedenfalls versprach er mir, mich nach Indien mitzunehmen, er müsse das nur mit seiner Familie klären … nur kam da nichts mehr. Ich habe Wochen gewartet, in der Zeit habe ich andere Männer kennengelernt, unter anderem auch Parkow.« Sie seufzte. »Mein größter Fehler …«

»Ähm … Mom … was meinst du mit ›andere Männer‹?«

Sie wurde über und über rot.

»Die Wahrheit ist«, sagte sie leise. »Dass ich nicht lange auf Naresh gewartet habe. Kurz danach lernte ich jemanden aus Los Angeles kennen, Hollywood! Filmbranche! Sagte er jedenfalls und er hat mir versprochen, er bringe mich groß raus. Kannst du dir das vorstellen? Er sagte, ich sähe aus wie eine Mischung aus Grace Kelly und Marilyn Monroe. Er war es, auf den ich wartete. Nicht Naresh. O mein Gott, und wie ich auf ihn gewartet habe! Ich habe tatsächlich daran geglaubt und war wie vor den Kopf gestoßen, als ich so langsam spannte, dass der Typ mich wohl volle Sahne verarscht hat.«

Ihr verhärmtes Gesicht war bitter, ihre Augen feucht, und hilflos legte ich meinen Arm um ihre hageren Schultern. Sie ergriff mit einer Hand die meine, die über ihrer Schulter lag, und hob leicht den Kopf.

»Je länger ich wartete, desto unruhiger wurde ich. Ich wartete einen Monat. Ich wartete zwei. Dann merkte ich, dass ich schwanger war.«

»Aber warum warst du mit Parkow zusammen, wenn du doch auf einen anderen gewartet hast?«, fragte ich verständnislos.

»Das … das war eine unglückliche Fügung. Parkow ließ mich nicht los. Er war krankhaft eifersüchtig und er war gewalttätig. Ich hatte Angst vor ihm. Das Schlimmste war: Ich war schwanger von Naresh … und dieser Hollywood-Typ tauchte schließlich tatsächlich wieder auf! Er sieht, dass ich schwanger bin, sagt mir knallhart ins Gesicht, wenn das so ist, hätte das alles keinen Zweck und weg war er. Ich dachte, ich werde wahnsinnig! Ich drehte total durch. So eine Riesenchance! Einfach weg! Wegen eines Balgs!«

Ich zuckte zusammen. Sie sah es nicht.

»Ich hoffte noch auf Naresh. Fatal war, dass Thomas ja dachte, das Kind sei von ihm und heute weiß ich, dass er die Briefe von Naresh zurückgehalten hat. Ich hatte damals keine Adresse, nichts! Einmal ist ein Freund von Naresh hier aufgetaucht, Vipin, dem habe ich gesagt, dass ich immer noch warte, in der Hoffnung, dass Naresh irgendwie reagiert. Aber da war Parkow … und wie gesagt, er war gewalttätig …«

»Das heißt, du wolltest dann doch zu Naresh?«

»Alles war besser als Parkow!«

»Aber in Indien hätte dich Parkow doch nicht belangen können«, erwiderte ich.

»Ja, Scheiß–Leben! Irgendwas lief immer im entscheidenden Moment schief. Und so klopfte Naresh eines Tages an meine Tür. Ich ging öffnen, da stand er vor mir und hinter mir taucht die Schlägervisage von Thomas auf. Nie werde ich die entgleisten Gesichtszüge von Naresh vergessen. Naresh war Brahmane und … ich meine, mir war so verdammt bewusst, was er denken musste … das Milieu hier … dann Parkow … Ich war mit einem anderen Mann zusammen, obwohl ich ihm gesagt hatte, ich warte. Ich konnte ihm ja schlecht verklickern, dass ich im Prinzip in Gefangenschaft saß – genau das Gegenteil von dem, was ich mein Leben lang verfolgt hatte. Ist das irgendwie nicht die totale Verarsche?«

Verbittert schüttelte sie den Kopf.

»Und das war's. Thomas schlug Naresh die Tür vor der Nase zu und ich habe ihn nur noch einmal gesehen. Als du geboren wurdest.«

»Aber wie hast du es geschafft, dich von Parkow zu trennen, wenn er so krankhaft eifersüchtig war?«

»Er … Greta, ich weiß, es tut weh, das alles zu hören, aber ich ging damals zur Polizei, weil er mich geschlagen hat. Mehrmals. Ich war so wütend! Ja, nicht nur wütend auf ihn, wütend war ich auch auf dich.«

»Auf mich!? Aber ich war doch noch gar nicht da!«

»Ja, aber wegen dir war meine Hollywoodkarriere versaut, bevor sie überhaupt angefangen hatte! Das war mein großes Los! Mein Jackpot!«

Ich zuckte erneut zusammen.

»… und Naresh … also, als er das erste Mal da war, ging es noch um mich. Er wollte mich mitnehmen. Aber dann hat er mich mit Parkow gesehen und ihm ist die Kinnlade runtergefallen. Ich war ihm nicht mehr gut genug. Als Frau spürt man das. Aber er wusste auch, dass ich ein Kind von ihm bekam, und er wollte dich mit nach Indien nehmen! Er kam nach deiner Geburt ins Krankenhaus – und verdammt, ich war kurz davor, vom Wochenbett in den Flieger zu steigen. Bis ich geschnallt habe – der will nur *dich*, der will nicht mich! Der wollte nur das Kind! Obwohl du doch ein Mädchen warst! Kein Inder will eine Tochter – die wollen doch alle nur Söhne! Ich habe's nicht verstanden, echt nicht. Tatsache war, ich habe ihn rausgeschmissen, als ich das endlich begriffen hatte. Keine Sekunde zu früh … denn kurz darauf kam Thomas, der ja dachte, du bist sein Kind. Der hätte Naresh kurz und klein geschlagen, wenn er ihn gesehen hätte, und mich dazu. Hat er ja dann auch fast … schließlich hat er es ja rausgefunden.«

Ihre Augen irrten blind über den Tisch und ihr Finger rubbelte beständig über eine schwarze Kerbe.

»Die Kacke war nur: Naresh war danach wie vom Erdboden verschluckt. Kein Brief, kein Anruf, einfach nichts. Ich hatte keine Ahnung, wo ich zu suchen anfangen sollte. Es war sinnlos. Am Anfang dachte ich, der Kerl wird doch wohl noch einen Brief zustande bringen … aber nein … nichts … gar nichts … ich hatte nichts. Ich hatte mein Leben verloren, meine Freiheit verloren … nur ein Balg am Hals, das ich irgendwie durchfüttern musste.«

Ich schwieg. Es war nicht leicht, das zu hören. Auch die Art, wie sie darüber sprach. Sie hatte in den Jahren nicht einen Versuch gemacht, mich zu lieben. Vielleicht wäre dann alles leichter gegangen. Sie sah in mein Gesicht und las darin, was ich nicht aussprach.

»Ja, aber du warst der Grund, warum ich nicht von Thomas wegkonnte!«, verteidigte sie sich. »Versteh doch! Ich war sechsundzwanzig, meine Mutter hatte mich aus dem Haus gejagt, ich hatte die Chance, nach Amerika zu gehen, und sie ist geplatzt – wegen dir! Naresh wollte mich nicht mehr … ich hatte keine Ausbildung, kein Einkommen – plötzlich hatte ich tierische Angst vor der Zukunft. Wo sollte ich denn hin? Thomas war in diesem Moment meine einzige Chance und er war ja nicht immer so brutal gewesen. Er machte mir Hoffnung auf ein gutes Leben, sagte, er hätte einige Geschäfte am Laufen, die uns nach oben bringen würden. Er ging mit mir sogar teure Immobilien angucken und ich glaubte ihm! Ich wollte nicht wissen, dass es lauter Betrügereien waren und er ein Kleinkrimineller war. Das erste Jahr hielt ich irgendwie aus. Ich betete, dass deine Augen blau bleiben würden, und mein Gebet wurde erhört. Aber das zweite Jahr war schwieriger. Dein Haar war schwarz, tiefschwarz, es wurde immer dichter und deine Züge veränderten sich … Thomas wurde immer brutaler, trank immer mehr, schlug mich immer öfter und dann kam die Nacht, in der ich ihm sagte, dass ich gehen wollte. Da schlug er mich so erbarmungslos zusammen, dass ich nicht mehr laufen konnte. Er zeigte mir Briefe, die Naresh geschrieben hatte. Ich versuchte, an sie zu kommen, aber er schlug mich halb tot und gleichzeitig schriest du so laut. Ich war mit den Nerven dermaßen am Ende … und du hast so geschrien, geschrien und geschrien! Ich konnte das alles nicht mehr hören … ich bin durchgedreht. Als ich die Briefe suchte, fand ich nur Asche im Aschenbecher. Parkow hatte sie verbrannt. Ich hatte nicht die geringste Chance mehr, Naresh ausfindig zu machen.«

Mir wurde schwarz vor Augen. Oma hatte die ganze Zeit die Adresse gehabt und nur, weil die beiden nicht miteinander geredet hatten … aber vorerst widmete ich mich meiner Mutter, die sich an diese schreckliche Nacht erinnerte … die Nacht, die auch mein Leben verändert hatte. Ob sie noch wusste, was sie mir ins Gesicht geschleudert hatte?

»Ich weiß nicht, was Naresh mir geschrieben hat«, weinte sie. »Ich wüsste es so gern. Ich hätte ihm so gern gesagt, was für eine hübsche Tochter er hat, aber es war … es war …«

Sie brach in Tränen aus.

»Mom«, sagte ich ruhig, »ich habe die Briefe. Parkow hat sie nicht verbrannt.«

»Du hast was?« Entgeistert sah sie mich an.

»Er hat sie mir gegeben, als er in den Knast kam. So habe ich überhaupt davon erfahren, dass ich Halbinderin bin.«

»So war das«, murmelte sie. »Er ist im Knast … geschieht ihm recht.«

»Mom«, tastete ich mich zögernd vor. »Warum hat es zwischen uns nie geklappt, warum warst du so …«

»Weil … wenn du nicht gewesen wärst … hätte ich Karriere gemacht! Du warst der Grund, warum mich Thomas fast zu Tode geprügelt hat! Und du warst der Grund, warum ich mein Leben nicht führen konnte, wie ich es wollte! Ich weiß, es war furchtbar falsch, so zu denken, das ist mir inzwischen klar …«

»Es hätte doch auch die Möglichkeit gegeben, dich mit mir abzufinden … oder mich zu lieben. Wäre das nicht einfacher gewesen … für uns beide?«, fragte ich leise.

»Ja«, flüsterte sie, »das wäre es sogar ganz sicher.«

Mit beiden Händen wischte sie sich die Tränen aus dem Gesicht. »Ich habe es versucht. Weißt du noch? Ich bin mit dir im Regen spazieren gegangen. Dein Geburtstag, den wir auf dem Dach einer Blockhütte gefeiert haben … oder die Bootsfahrt, bei der wir beide baden gegangen sind … irgendwie war es schon wieder lustig. Jedenfalls konntest du sicher sein, dass alles schieflief, wenn du mit mir was unternommen hast, was?«

Sie lächelte, während ihr die Tränen in Strömen hinunterliefen und das Lächeln wieder mitnahmen. Ich blieb stumm.

»Ich habe in der letzten Zeit viel nachgedacht, Greta. Ich habe dich so vermisst, als du zu Oma gingst, aber ich war wie meine Mutter … voller Trotz. Im letzten Vierteljahr, ich weiß nicht, wieso, sind mir eine Unmenge an Gedanken durch den Kopf gegangen. Und ich erkannte: Ich habe mein Leben damit verbracht, dir die Schuld zu geben. Ich ging meinem eigenen Versagen einfach aus dem Weg. Ich war feige.«

Ich schloss die Augen.

»Und als du zu deiner Oma gingst, die für mich das Rad erst ins Rollen gebracht hatte, da brach für mich eine Welt zusammen. Die Blüte meines Lebens war vorbei. Ich hatte dir fünfzehn Jahre meines Lebens geopfert – und du gingst. Zuerst war ich in Aufruhr, wollte es nicht wahrhaben, dachte, ich sei noch immer eine attraktive Frau, und habe mit aller Gewalt die Vergangenheit zurückholen wollen. Mit Sex, mit zu viel Alkohol. Aber als ich nach dieser Nacht aufwachte, nach dem Tag, an dem du ausgezogen warst und ich noch nicht einmal ein liebes Wort für dich übrig gehabt hatte … als alle gegangen waren und ich allein in der Wohnung saß, da erst merkte ich, was ich verloren hatte. Dass ich mein Leben verloren hatte. Dass ich alles falsch gemacht hatte. Dass ich dich liebte und du nicht der Grund warst, warum ich meine Freiheit nicht mehr hatte, sondern der Grund, warum ich überhaupt lebte. Ich erkannte es zu spät.«

Sie schaffte es nicht, mich anzuschauen. Ihr Körper zitterte, in ihren Augen standen Tränen, ihre Zähne bissen auf die Innenseite ihrer Wangen. Vorsichtig legte ich meinen Arm um sie und zog sie an mich wie ein kleines Kind. Wieder weinte sie, wieder klammerte sie ihre dünnen, welken Arme um mich und drückte ihren Kopf an meine Brust. Ich konnte nichts anderes tun, als sie festzuhalten und ihr beruhigend, wortlos über den Kopf zu streichen. Ich dachte an Jyoti, an ihre Grübchen in ihren Wangen, ihren durchdringenden Blick, an ihre ernsten Worte, die immer von einem Lächeln durchsetzt waren: Weinen reinigt, echte Tränen spülen altes Karma aus deinem System. Lass es zu.

Und wir ließen es zu. Beide ließen wir die Vergangenheit ins Außen fließen, wo sie in der Luft verdunstete und verging. Mom schniefte.

Es waren nicht ihre letzten Tränen. Das wusste ich. Als ich ging, gab ich ihr Omas Brief.

Wohin?

Tobias bekam mit, dass ich wieder im Land war. Er schickte mir Rosen und lud mich zum Essen ein. Ich schrieb ihm, was passiert war, und bat ihn noch um Geduld. Aber er war so überglücklich, dass ich geantwortet hatte, dass er mir die halbe Welt versprach, wenn ich ihm nur die Gelegenheit gäbe, mit ihm zu reden.

Seine Hartnäckigkeit tat mir gut, weil sie von Respekt zeugte. Da war jemand, der mich wollte. Jemand, der hinter mir stand. Aber es war so viel passiert … ich brauchte noch Zeit. Und außerdem war ich schrecklich müde. Diese vielen Gefühlsausbrüche … meine, die von Mom, Oma, die Sache mit Ben … Ruhe, das war das, was ich mir wünschte. Ich war ja noch nicht einmal richtig zu Hause angekommen.

Ich sah ein bisschen fern, um mich abzulenken … und auch das kam mir schrecklich realitätsfremd vor nach der Zeit in Schottland, dem langen Aufenthalt in der Natur und der erhabenen Atmosphäre des Ashrams.

Reserviert betrachtete ich die gefletschten Zähne von irgendwelchen Moderatoren, die irgendwelche Challenges vor der Kamera absolvierten, um den Leuten zu zeigen, was für tolle Hechte sie waren … Ehrgeiz in seiner elementarsten Form. Wofür? Ich sah Menschen, die wie wild in der Öffentlichkeit um irgendetwas buhlten, nur um zu beweisen, dass sie besser, schöner, talentierter, beliebter oder ekelhafter waren als andere.

Zum ersten Mal sah ich das aus dieser Perspektive. Zum ersten Mal runzelte sich meine Stirn, statt von diesem Ehrgeiz begeistert und angestachelt zu sein.

Das Programm war öde und ich schaltete ab. Schlief auf der Couch ein, wachte mit steifem Genick wieder auf. Was war nur mit mir los? Der Jetlag müsste doch längst überwunden sein, ich war doch schon zwei Wochen wieder hier! Ja, gut, das kalte Wetter, der Umschwung, die vielen Ereignisse … es gab viele Erklärungen. Doch auf einmal wurde mir heiß, und ich schlug hektisch in meinem Kalender nach. Danach rannte ich in die Apotheke.

Zehn Minuten später wusste ich: Ich war schwanger.

***

Für Jyotis Aussage: »Nimm das Leben, wie es kommt. So wie es ist, ist es gut, sonst wäre es anders« war es eindeutig zu früh. Das Schicksal wiederholte sich auf unheimliche Weise. Da saß ich. Alles wie bei Mom. Kein Job, eine Begegnung in London, ein unerreichbarer Mann, ein ungeborenes Kind.

Langsam ließ ich mich auf einen Stuhl sinken.

Das Gefühl, sich gegen all das zu wehren, kam auf. Ich ließ es vorbeiflattern. Gegen was sollte ich mich wehren und wie? Gegen das Kind? Gegen die Umstände? Sie waren so, wie sie waren. Aber eines wusste ich sicher: Ich würde mein Kind lieben. Es war Bens Kind. Es war ein Teil von ihm. Es war unser Kind. Diese Gedanken ließen eine Flutwelle an Glück in mir hochsteigen.

Dann fiel mir Tobias ein. O mein Gott … diese Chance war nun dahin! Alles wiederholte sich. Ich saß in der Position meiner Mutter und mit diesem Gedanken ergriff mich Panik. Ich konnte nicht mehr reisen, wohin ich wollte – ich war gebunden! Ich konnte weder Karriereplänen nachgehen noch einen Job annehmen! Wer stellte denn eine Schwangere ein? Wovon sollte ich leben? Und mit diesen Gedanken stürzten wohl alle Gefühle auf mich ein, die Mom damals gehabt haben musste.

Fast konnte ich Jyoti in meinem Kopf kichern hören: »Verurteile nie einen Menschen … du kennst nicht sein Karma und nicht seinen Weg …«

»Sag mir, was ich tun soll«, sagte ich laut in die Stille meiner Wohnung hinein. Ich hörte Jyotis Stimme in meinem Inneren: *Handle nicht aus Angst.* Weitere Sätze fielen mir ein, die sie mir gesagt hatte, als wir über Meaney und seinen neurogenetischen Determinismus geredet hatten:

»Unterschätze nie die Kraft in dir, Greta. Du bist erst dabei, sie zu entdecken, und weißt noch so gut wie gar nichts über sie. Aber bis dahin merke dir: Erlaube deinem Ego nicht, dass es die Initiative ergreift, erlaube den Planeten nicht, dass sie dein Leben regieren, und erlaube deinen Vorstellungen nicht, dass sie Macht über dein Leben haben … durchbrich den Kreislauf. Rumi hat gesagt: *Tritt aus dem Kreislauf der Zeit in den Kreislauf der Liebe.*«

***

Schließlich traf ich mich mit Tobias. Sanft drückte er mir einen Kuss auf die Wange und in seinen Augen stand eine Dankbarkeit, die meinem Herzen einen gewaltigen Stoß versetzte.

»Ich bin so froh, dass du dich mit mir triffst«, sagte er. »Ich weiß gar nicht, wie ich dir danken soll, nach allem, was ich dir angetan habe.«

»Du hast mir nichts angetan, Tobias«, antwortete ich. »Ich habe viel aus der Situation gelernt. Es war mit Abstand die lehrreichste Zeit in meinem Leben. Daher ist es eigentlich an mir, Danke zu sagen.«

Vollkommen verblüfft starrte er mich an.

»Aber Greta«, beharrte er. »Das, was ich getan habe, ist unverzeihlich! Ich habe dich vor allen Leuten bloßgestellt … ich …«

»Stopp, Tobias. Du hast mich nicht bloßgestellt. Ich hätte es ja verhindern können, wenn ich dir gleich reinen Wein eingeschenkt hätte. Hab ich aber nicht. Gut, aus verständlichen Gründen … wir haben alle verständliche Gründe … und der Grund, warum du ›Nein‹ gesagt hast, ist eben auch verständlich. Es ist alles gut. Es gibt nichts zu verzeihen.«

Mit großen Augen sah er mich an. Er sah so süß aus in diesem Moment, war so ehrlich erleichtert, offen und voller Liebe … das rührte mich zutiefst. Seine Augen wurden feucht.

»Weißt du, ich war bei deiner Mom«, sagte er leise. »Und sie hat mir alles erzählt. Sie war sehr schonungslos. Ich habe sie bewundert für das, was sie mir gesagt hat. Es hat sie verdammt viel Mut gekostet.«

Nun wurden auch meine Augen nass.

»Ich weiß«, flüsterte ich. »Das weiß ich.«

Seine Hand glitt über den Tisch und ergriff die meine.

»Greta, ich gäbe alles dafür, wenn wir noch mal einen Anfang machen könnten … wenn du mir noch mal eine Chance geben würdest … wenn du *uns* eine Chance geben würdest … ich liebe dich.«

Und da waren sie, die Gedanken. Die, die meine Mom damals gehabt haben musste: Er würde für mich sorgen. Ich hätte ein gutes Leben. Die Angst, allein nicht zurechtzukommen, in ein Hartz IV-Leben abzugleiten, weil ich wegen des Kindes nicht arbeiten konnte … und Tobias war doch so süß … er liebte mich aufrichtig.

Innerlich trat ich einen Schritt zurück. Herzbauchgefühl, was ist? Tobias wartete gespannt, nervös, in den Augen die Bitte um die ersehnte Antwort: Sag: ›Ich liebe dich auch. Bitte, bitte, sag es. Sag, dass du mich auch liebst!‹.

»Tobias …«, begann ich zögernd. »Es gibt noch …«

»Nein, bitte, Greta, bevor du was sagst«, unterbrach er mich hektisch. » … bevor du was Falsches sagst … ich weiß, du hast dein Leben lang für dich selbst gesorgt. Du warst immer so bedacht darauf, niemals von einem Mann abhängig zu sein und ich verstehe das. Ich meine, ich verdiene sehr gut … und ich könnte dich locker versorgen und würde es auch für mein Leben gern tun, wenn du mich lässt. Aber wenn du trotzdem arbeiten willst, bin ich der Letzte, der …«

»Das ist es nicht«, sagte ich leise. »Das ist es lange nicht mehr.«

»Was ist es dann?«

»Ich bin schwanger, Tobias«, sagte ich äußerlich ruhig, aber mit klopfendem Herzen. »Und wir könnten jetzt, wenn du dich von dem Schock erholt hast, darüber reden, dass du mich sogar mit Kind nimmst. Aber das will ich nicht. Ich fühle ganz deutlich, dass das nicht geht. Denn der einzige Mann, mit dem ich im Moment zusammen sein wollte, wäre der Vater des Kindes.«

»Und … wer ist das?«, krächzte Tobias niedergeschmettert. Er tat mir so leid. Aber es half ja nichts.

»Niemand, auf den du eifersüchtig sein musst. Er hat das Mönchsgelübde abgelegt und ist für immer aus meinem Leben verschwunden. Er weiß nichts von dem Kind. Ich werde es allein großziehen. Und mehr möchte ich vorerst darüber nicht sagen.«

Zuhause angekommen spielte ich mit dem Handy herum. Ob Ben seines noch hatte? Für das erste Jahr mussten sie es abgeben, das hatten mir ja die Mädchen erzählt. Aber hatte nicht Brian erwähnt, dass er und Ben sich ab und zu noch Textnachrichten schickten?

Kurz entschlossen tippte ich eine Message an ihn:

»Lieber Ben, unser letztes Treffen war sehr emotionsgeladen und wir sind auseinandergegangen, ohne uns angemessen voneinander zu verabschieden. Ich wollte dir nur sagen: Ich wünsche dir, dass du glücklich bist, und ich danke dir für die wunderbare Zeit mit dir. Ich werde sie nie vergessen – und ich werde dich nie vergessen. Egal, wo du bist, was du tust, was du bist … ich liebe dich.«

Ein wenig zögerte mein Finger, verweilte über der Löschtaste, um den letzten Satz zu canceln, doch dann drückte ich auf Senden. Als die Nachricht weg war, atmete ich durch.

***

Es dauerte keine zwei Tage, da stand Tobias erneut auf der Matte und machte mir klar, dass er warten würde und dass ihm das mit dem Kind nichts ausmache. Er ließ nicht locker, was mir gehörigen Respekt abrang. Tobias konnte jede Frau haben. Er sah gut aus, hatte ein angesehenes Elternhaus und einen Superjob.

»Wie hast du diesen Mann kennengelernt?«, wollte er wissen. »Und wo?«

»In London. Wir haben einen guten Monat zusammen verbracht.«

»Und du wusstest, dass er Mönch werden wollte?«

»Nein, ich wusste so gut wie nichts von ihm. Und das zwischen uns ist auch erst am Schluss passiert. Es war nur eine Nacht.«

Ich wollte nicht darüber reden, die Erinnerung daran war zu frisch, tat zu weh.

»War es … war es eine Trotzreaktion?«, bohrte Tobias nach. Mit brennenden Augen, die er nicht sehen sollte, sah ich aus dem Fenster.

»Nein«, erwiderte ich leise. »Eher nicht. Eher war es etwas Gewachsenes.«

»Aber Greta«, entgegnete Tobias unglücklich. »Es waren doch nur ein paar Wochen. Du kennst den Mann nicht wirklich. Und im Urlaub fühlt sich immer alles rosarot an. Woher weißt du, dass du mit ihm zusammenbleiben wolltest? Woher weißt du, ob es geklappt hätte? Kann es sein, dass du ihm nur hinterherweinst, weil er so unerreichbar ist?«

Die Frage gab mir zu denken. Sie implizierte noch mehr Fragen. Mehr als mir lieb waren.

***

Mona und Theo meldeten sich und wir trafen uns auf einen Tee bei mir. Wegen der Neuigkeiten wurde es ein sehr emotionales Treffen. Ich erzählte ihnen von der Schwangerschaft, aber nicht, wer der

Vater war. Sie waren voller Tatendrang, mir auf jede erdenkliche Weise zu helfen.

Inzwischen waren beide voll in diesen Gesundheitsvertrieb eingetaucht und aufgrund ihrer vielen Kontakte lief das Ding nicht schlecht. Theo sagte:

»Warum steigst du nicht ein, Greta? Du könntest das auch mit dem Baby machen … wir unterstützen dich, wo es nur geht.«

Mona war schlichtweg begeistert von der Aussicht, dass ich ein Kind bekam. Ich hatte fast den Eindruck, dass die Tatsache, dass es keinen Vater haben würde, sie umso mehr entzückte.

»Greta bekommt ein Kind!«, sang sie immerzu. »Oh, das wird nicht nur dein Baby, das schwöre ich dir! Das wird von uns genauso geknuddelt! Jedenfalls wirst du viel Freiraum haben, wenn du ihn brauchen solltest!«

»Ihr seid so unglaublich lieb« Ich lächelte. »Wir werden sehen, wie sich das alles entwickelt. Und nein, Theo, ich mache keinen Vertrieb mehr. Ich weiß noch nicht, was ich tun kann mit einem Baby … das wird sich zeigen.«

Dann, Wochen nach unserem zuerst vereinbarten Termin, konnte ich mich endlich mit Torsten treffen.

Missmutig stand er, auf seinen Stock gestützt, an seiner Tür, als ich kam.

»Das wird aber auch Zeit, Gretel«, grummelte er. »Ich habe dich ewig nicht gesehen.«

Kritisch beäugte er mich, hielt mich eine Armlänge von ihm weg und meinte:

»Du siehst anders aus.«

»Wie anders?«

»Na ja, irgendwie weicher, ruhiger … steht dir gut. Macht dich noch gefährlicher – für mich. Wenn du dich endlich mal auf einen richtigen Mann besinnst.«

»Ach, Torsten!« Ich lachte wacklig. »Ich habe dich schrecklich vermisst!«

Ich warf meine Arme um ihn und hielt ihn fest, etwas, was ich vorher noch nie getan hatte, und unwillkürlich strich er mir übers Haar.

»Gretelchen, was ist los?«, fragte er ohne jeden Sarkasmus in der Stimme.

»Wie viel Zeit hast du?«

»Für dich alle Zeit der Welt.«

Und so war Torsten der Dritte, dem ich meine vollständige Geschichte erzählte.

Als ich geendet hatte, schwieg er kurz. Dann sagte er:

»Gretel, ich nehme dich auch mit Kind.«

»Ach, Torsten, mir ist nicht nach Späßen zumute.«

»Ja, ich weiß, entschuldige.«

»Tatsache ist, ich muss Geld verdienen. Mit Kind. Meine Reserven reichen nicht so lange. Ich werde meine Wohnung kündigen und in eine kleinere ziehen und …«

»Aber was redest du denn da! Ich helfe dir doch mit dem Job, das kriegen wir schon hin! Mein Gretelchen! Wofür hast du mich denn? Lass das mal mit der Wohnungskündigung. Ich habe doch gesehen, was du alles kannst! Wirst sehen, da finden wir schon was.«

»Meinst du?«, fragte ich, Hoffnung schöpfend.

»Hast du mein Netzwerk vergessen?«

»Ähm … wenn ich ehrlich bin, habe ich überhaupt nicht daran gedacht. Auch nicht daran, dass du mir einen Job verschaffen könntest.«

»Siehst du! Gut, dass du gekommen bist. Hätteste mal eher machen sollen, dann hätteste weniger schlaflose Nächte gehabt, du Gute. Und überhaupt, auf das Offensichtliche bist du noch gar nicht gekommen. Du hast ja noch einiges zu tun in der nächsten Zeit!«

»Und das wäre?«

»Wie kannst du das fragen? Das Wichtigste ist selbstredend, dass du den Vater über das Kind informierst!«

»Auf keinen Fall!«

»Willst du das Ding von deiner Mutter wiederholen? Reicht doch schon, wenn du ihr sonst alles nachmachst!«

»Ich will unter allen Umständen vermeiden, dass er auch noch ein schlechtes Gewissen kriegt. Oder Entscheidungen trifft, die er nicht treffen will. Davon habe ich die Nase voll … siehe Mutter.«

»Aber ein schlechtes Gewissen sollte er schon haben, der mit seinem kaputten Gummi!«

»Okay, lassen wir das mal«, beendete ich dieses Thema mit rotem Kopf. Wir hatten es in dieser Nacht so oft getan, dass wir beide wenig Gedanken an Gummis verschwendet hatten. »… was wäre das Zweite?«

»Du fliegst nach Indien zu deinem Vater, solange du noch fliegen kannst.«

»Das klingt besser. Falls er da noch lebt, wo er leben soll. Falls er …«

»Das überlass mal mir. Ich finde das heraus.«

»Du? Wie willst du … ich meine, wir haben zwar eine Adresse, aber …«

»Wir finden das raus«, konstatierte Torsten bestimmt.

»Okay.« Mein Herz flatterte. »Kommt da noch was? Ein Drittes?«

»Genau, ein Drittes und ein Viertes. Das Dritte: Du nimmst mich mit.«

»Nach Indien?«

»Klaro, sonst machst du nur wieder Blödsinn. Ich nehme mein Laserschwert mit, das rote, falls so Typen ohne Gummi auftauchen oder Ähnliches.«

Unwillkürlich musste ich lachen. »Okay, Darth Vader … und das Vierte?«

»Du informierst Bens Eltern, dass sie einen Enkel bekommen.«

Ich wurde still. Dann fragte ich:

»Hältst du das für sinnvoll?«

»Also, wenn ich einen Sohn hätte, der so einen Schwachsinn vorhat, das auch noch durchzieht und ich wüsste, ich sehe meinen Sohn nie mehr … ein Enkelchen wäre ein Geschenk Gottes für mich.«

Torsten klang sehr ernst. Ich schwieg nachdenklich. Ja, warum nicht? Wie hatte ich mich gefreut, als ich erfuhr, dass ich eine Oma und Verwandtschaft hatte?

»Und wenn sie es Ben sagen?«

»Du hast doch gesagt, dass er keinen Kontakt zu seiner Verwandtschaft mehr haben darf.«

Ich nickte langsam.

»Also gut … und in welcher Reihenfolge?«

»Die erste intelligente Frage heute von dir! Ich würde sagen. Zuerst nach Indien.«

»Und warum?«

»Das sagt mir mein Herzbauchgefühl.«

»Okay«, grinste ich. »Das ist ein wahres Argument.«

Wurzeln

Brian sortierte alte Unterlagen aus. Das hatte er schon lange mal machen wollen, und da seine Frau mit den Kindern zu ihren Eltern gefahren war, nutzte er die Gelegenheit. Neben ihm stand ein großer Karton, der sich nach und nach mit allem möglichen füllte. Da fiel ihm ein alter Flyer von Indien in die Hand. Die Palmblattbibliothek in Bangalore. Ein vergilbter Umschlag lag bei … ach ja … die Aufzeichnungen, die ihnen der Reader noch mitgegeben hatte.

Indien … da hatte alles begonnen. Wieso nur waren sie zu dieser blöden Bibliothek gefahren? Aber im Umschlag waren Bens Daten, nicht seine. Nachdenklich öffnete Brian das Kuvert, las zerstreut die Fragen und Antworten. Faltete unwillig alles wieder zusammen. Es war ein solcher Blödsinn.

***

Torsten war unglaublich. Er war so begierig darauf, etwas zu tun, dass er Himmel und Hölle in Bewegung setzte, um die Suche zu beschleunigen. Als ich ihm sagte, dass ich erst einen Brief schicken müsse, um festzustellen, ob die Adresse noch stimme, grunzte er unwillig und meinte, das dauere zu lang und in Indien wisse man nie, ob die Post ankomme … kurz, er nutzte seine zahllosen Kontakte in ich weiß nicht welchen Botschaften und sonstigen Ämtern und hatte drei Tage später schon eine E-Mail-Adresse ausfindig gemacht, die meinem Vater gehören sollte.

»Wenn er das ist«, sagte Torsten, »lebt er schon mal nicht in den Slums. Er besitzt nicht nur eine E-Mail-Adresse, sondern auch einen akademischen Titel. Er hat promoviert.«

Torsten war in seinem Element und fast meinte ich, er sei begieriger darauf, alles zu erfahren, als ich. Er freute sich unbändig, sich um mich kümmern zu können. Tatsache war, dass er mich mit seinem Enthusiasmus und seinem Tatendrang unweigerlich ansteckte.

»Schreib die Mail!«, feuerte er mich an. »Jetzt gleich! Und sag mir sofort, was rausgekommen ist! Hörst du? Sofort!«

Mir war ganz anders zumute.

Das ging alles so schnell! Und es war aufregend! Es war total aufregend, allein den Brief zu verfassen. Was schrieb man jemandem, den man nicht kannte? Von dem man nicht wusste, ob er verheiratet war und weitere Kinder hatte? Wie würden sie, wie würde er auf mich reagieren?

»Herzbauchgefühl, meine Kleine«, empfahl mir Torsten, der sich nun, da sich unser Mitarbeiter-Chef-Verhältnis aufgelöst hatte, zu meinem ultimativen Mentor aufschwang. »Schreib drauflos! Was du auf dem Herzen hast!«

Damit verließ er mich, damit ich Ruhe hatte, um mir was Passendes einfallen zu lassen.

Ich schloss meine Augen, schrieb die Zeilen im Bewusstsein seiner weichen Lippen auf meinem Babykopf. Mit der Erinnerung an das, was ich im Ashram erlebt hatte.

Ja, es war spannend, das zu tun. Ich konnte ja nicht wissen, ob es wirklich so gewesen war. Es war aufregend, die Mail abzuschicken und auf Antwort zu warten. Mental richtete ich mich auf einige Tage Wartezeit oder einer schnellen *undelivered mail returned to sender*- Nachricht ein. Wollte mir keine Hoffnungen machen.

Doch schon am nächsten Morgen lag eine Antwort im Postfach. Ich traute meinen Augen kaum. In diesem Moment wurde ich überflutet von Jackpot-Gefühlen, Wunschgedanken, Erlebnissen aus früheren Zeiten, wenn ich auf etwas gehofft und es sich dann doch zerschlagen hatte.

Ich hatte Angst, die Mail zu öffnen, es konnte alles sein. Vielleicht hatte er noch weitere Kinder und die schrieben mir jetzt, dass er … Schluss, sagte ich zu mir selbst. Schau nach, dann weißt du's. Tief holte ich Luft, klickte die Mail an, der Text entfaltete sich vor meinen Augen.

Er war im alten Stil geschrieben, diesem blumigen, romantischen Stil, den ich von seinen Briefen her kannte und schon die erste Zeile ließ mein Herz höherschlagen.

»Liebe Greta, meine Tochter! Mein einziges Kind! Mein Augenstern!

Mein Herz flattert wie ein Schmetterling … dreißig lange Jahre habe ich auf dich gewartet. Meine Hände zittern und ich kann kaum die Tasten drücken, so sehr weint mein Herz vor Freude! Ich kann dir den Moment nicht schildern, als ich deine E-Mail in meinem Postfach fand, als ich sie öffnete, als ich die ersten Zeilen las … ich bin so überwältigt, ich bin voller Glück, ich danke Gott von ganzem Herzen für seine Güte. Diesen Tag habe ich im Kalender angekreuzt. Er ist einer der schönsten in meinem Leben und er wird es immer bleiben. Und noch schönere stehen mir bevor!

Wann? Wann kommst du? Bitte schreibe mir, ich werde alles arrangieren, ich warte am Flughafen. Ich warte schon jetzt, so wie ich die ganzen Jahre auf dich gewartet habe.

Meine Sehnsucht nach dir hielt ich immer in meinem Herzen. Sie wurde von Jahr zu Jahr größer. Nie hat sie abgenommen und ich habe so oft gebetet, dass es einen Weg für uns geben möge. Und nun, endlich, wurden meine Gebete erhört. Du kommst! Meine Tochter kommt! Ich singe diesen Satz, seit ich deine Mail gelesen habe, er ist mein tägliches Mantra: Meine Tochter kommt! Mein einziges Kind kommt! Tränen laufen mir die Wangen hinunter und ich kann mein Glück nicht fassen. Ich halte dich bald wieder in meinen Armen – so wie ich es vor dreißig Jahren getan habe.

Und ich kann kaum glauben, dass ich diese kurze Nachricht mit den Worten schließen darf:

Dein dich ewig liebender Vater.«

Ich weinte auch. Ich bin sein einziges Kind. Er liebt mich, obwohl er mich nicht kennt. Er hat all die Jahre auf mich gewartet.

»Es ist so viel Liebe in der Welt«, hörte ich Jyoti sagen. »So viel Liebe! Wenn du sie in dir entdeckst, siehst du sie plötzlich überall.«

Ich schickte die Mail an Torsten, fest überzeugt, dass auch er sich über die Augen wischen würde.

***

Naresh, Papa – es war so seltsam, dieses Wort! – schickte mir seine Nummer und seine Adresse, aber schrieb dazu, dass er nicht wüsste, ob wir uns vorher sprechen sollten. Es sei alles so viel, und er glaube, er wolle meine Stimme erst dann hören, wenn er mich auch sehen und umarmen könne. Mir ging es ähnlich. Es wäre in Person einfach vollständiger und wir einigten uns darauf, uns in seinem Haus zu treffen statt am Flughafen unter all den vielen Menschen.

Obwohl ich wusste, dass wir bei meinem Vater unterkommen würden, buchte ich ein Hotel in der Nähe, weil ich Torsten und mir die Gelegenheit geben wollte, uns ein wenig zu erholen und uns nach dem langen Flug etwas frisch zu machen. Diesen Schritt wollte ich mit wachen Sinnen gehen.

Ich war neunundzwanzig und bereit, meinen Vater kennenzulernen. Mir war, als hätte ich ein lang verlorenes Puzzleteil gefunden, das unter den Teppich gerutscht war, vergessen und unsichtbar, aber es war da -– als Teil unter dem Teppich, als kahle Stelle im Bild – und plötzlich findet man es und das Loch füllt sich mit Farbe.

Naresh wohnte inzwischen in Panaji in Goa. Er hatte einen Doktorgrad und eine Professur inne und wollte mir unbedingt den Flug bezahlen. Fast mein ganzes Leben hatte ich mich schlecht gefühlt, weil ich dachte, mein Vater sei ein Kleinkrimineller. Es war gar nicht wahr gewesen. Und selbst wenn es so gewesen wäre? Wären dann meine Gefühle gerechtfertigt gewesen? Nein, auch dann nicht. Ich spürte dieses Selbst in mir und ich verliebte mich jeden Tag mehr in es, in mich. Jeden Tag gewann ich etwas mehr Vertrauen. Und ich freute mich auf mein Kind. Oft dachte ich an Jyoti. An all die Blockaden, die sie mit mir zusammen gelöst hatte, an ihre Berührungen, an die Erlebnisse im Ashram. Für mich war das pure Gnade. Mein Spiegelbild war ein anderes als vorher. Dafür war ich sehr dankbar.

***

Kurz vor Indien traf ich mich mit einem vollkommen aufgelösten Theo.

»Mann, Greta, wir haben das gleiche Problem wie damals bei Wagner! Nur dass es diesmal nicht vom Staat, sondern vom Management kommt! Die haben das Konzept komplett geändert! Wir kommen damit überhaupt nicht klar. Kannst du mal drüber schauen?«

»Klar, mach ich. Gib mal her.«

Aufgeregt stand Theo neben mir, als ich den Newsletter mit den Änderungen durchlas.

»Die gesamte Argumentation ist falsch«, analysierte ich und runzelte die Stirn, als ich mir die Konzeption betrachtete. »Theo, alles, was Recht ist, aber da sind Stümper am Werk, die nicht den geringsten Weitblick haben. Das Aufstiegskonzept vergrault jeden Hauptberufler und erst recht die Nebenberufler. Und die Produktpalette und die Preisstrategie sind …«

Ich deckte noch weitere Schwächen auf und fasste für Theo alles in einem Dokument zusammen.

»Mit Peanuts kann man nur Affen bezahlen«, erklärte ich ihm. »…das ist ein alter Vertriebsgrundsatz. Normalerweise müsste das Konzept folgendermaßen geändert werden, damit das wieder läuft …«

Mit schnellen Strichen skizzierte ich eine neue Strategie und schob Theo das Blatt hin, um es ihm genauer erklären zu können. Der schaute mich mit offenem Mund an.

»Warte mal, hast du gerade ein Vertriebskonzept einfach so aus dem Ärmel geschüttelt?«

»Aber Theo, das ist nur ein Grobkonzept, da fehlen noch die Feinheiten und außerdem …«

»Aber … aber das Ding kann funktionieren!«, rief er aufgeregt.

»Weiß ich nicht, dazu kenne ich eure Interna zu wenig.«

»Aber Greta! Das musst du dem Oberhofer erzählen! Genau so, wie du es mir erzählt hast!«

»Theo, euer Oberhofer ist so arrogant wie nur was. Der hört nur auf sich selbst!«

»Aber im Moment ist er einfach verzweifelt! Und weiß nicht weiter! Und unser Weihnachtsgeschäft läuft den Bach runter!«

»Das, was ich da draufgekritzelt habe, weiß jeder einigermaßen erfahrene Vertriebsmann auch«, antwortete ich abwehrend. »Das ist nichts Besonderes. Und Oberhofer hat zig erfahrene Vertriebsleute um sich herum. Welchen Grund sollte er also haben, auf mich zu hören?«

Aber Theo hörte mir gar nicht zu.

»Kann ich das haben?«

»Klaro, war sowieso nur für dich gedacht.«

Irgendwie bekam ich trotz allem nach und nach einfach ein gutes Gefühl. Das Leben lieben, wie es ist. Und wie war es? Ich meditierte jeden Tag und fiel teilweise in wunderschöne Zustände. Ich hatte zwar noch keinen Job, aber ich hatte Vertrauen. Das war so viel wert. Und ich freute mich wie verrückt auf mein Kind. Jeden Tag sprach ich mit ihm oder sang ihm was vor. Ich freute mich auch wie verrückt auf Indien. Ich würde meinen Vater kennenlernen! Ich hatte Mom gefragt, ob sie mitkommen wolle, aber zu meiner Überraschung verneinte sie. Sie wollte nicht, dass Naresh sie sah.

»Er soll mich so in Erinnerung behalten, wie ich war, als er sich in mich verliebte«, erklärte sie. »Und außerdem … der Mann ist verheiratet. Ich möchte seine Frau nicht brüskieren.«

Erstaunt lächelte ich sie an. Ja, auch bei Mom tat sich etwas. Aber sie redete nicht darüber und ich verstand: Sie musste in sich selbst aufräumen. Das konnte ihr keiner abnehmen.

***

Torsten und ich packten. Als wir am Frankfurter Flughafen in dieselbe Abflughalle gelotst wurden, in der ich Ende August gestanden war, überschwemmten mich seit Langem wieder schwermütige Gefühle. Hier hatte ich Ben kennengelernt. Hier hatte unsere abenteuerliche Reise begonnen. Der Tag in London, die Tour, die Gärten, die Hütte … Was er wohl gerade machte? Ob sie ihm schon das Haar geschoren hatten? Wie es ihm wohl ging? Was würde er sagen, wenn er wüsste, dass er Vater werden würde? Ben liebte Kinder über alles. Er wäre ein so guter Vater geworden, und mit einem Mal kam es mir so vor, als ob ich ihn um etwas betrügen würde, wenn ich es ihm nicht sagte. Vielleicht hatte Torsten doch recht? Der Gedanke erschreckte mich. Aber Ben hatte seine Entscheidung getroffen … er durfte seine Verwandtschaft nicht sehen – und damit auch nicht sein Kind. Ich würde ihn mit dieser Nachricht in schreckliche Gewissensbisse stürzen.

Den Flug über war ich still. Als wir am Vasco da Gama gelandet waren, erreichte mich eine WhatsApp-Message von Brian. Wir warteten gerade auf die Koffer, das Band lief noch nicht, und Torsten lehnte sich müde gegen den Trolley, den ich besorgt hatte.

Brian: »Hänge grad in London in einem Club ab … wo bist du?«

»In Indien«

»Indien??? Bist du schon wieder in dem Kloster? Suchst du Ben?«

»Nein, ich suche ihn nicht. Ich weiß ja, wo er ist. Bin nicht im Kloster.«

»Was machst du dann in Indien?«

»Ich besuche meinen Vater.«

»???????? Vater? Indien??????«

Bei diesen vielen Fragezeichen hatte ich den Eindruck, Brian hätte es aus seinem Sessel katapultiert.

»Mein Vater ist Inder. Ich bin Halbinderin.«

»Du bist WAAAASSSS????«

»Ich habe nach fast 30 Jahren meinen Vater gefunden. Er lebt in Goa.«

»OMG!!! Goa! Goa! Ihcht oskks michw!«

»Brian? Geht es dir gut?«

»Wir müssen reden!!!!! DRINGEND!«

»Ich rufe dich nachher an, wenn wir im Hotel sind.«

»Nein! Es ist dringend!!!!!! Ruf mich an!!!! Sofort, wenn es geht! Bitte!«

Ich sah auf das Band. Es lief gerade an. Aber noch waren keine Koffer zu sehen, so stellte ich mich etwas abseits und wählte seine Nummer. Als er ran ging, erkannte ich seine Stimme kaum.

»Brian, was ist los? Ist irgendwas mit Ben?«, fragte ich beunruhigt.

»Nein! Ja! Ich meine … hattest du in der letzten Zeit Kontakt mit ihm?«

»Wie denn?«

»Das heißt, er weiß das nicht? Dass du Halbinderin bist?«

»Nein, er weiß es nicht.«

»Seit wann weißt du es?«

»Seit meiner geplatzten Hochzeit. Kurz bevor ich Ben traf.«
Er atmete tief ein.

»Warum hast du es ihm nicht gesagt?«

»Weil es keine Gelegenheit dazu gab.«

»Aber du hast ihm doch deine Geschichte erzählt!«

»Ja, aber halt nicht alles. Und er musste ja so schnell gehen wegen seines Vaters und so sind wir nicht bis zum Ende gekommen.«

»Er weiß das nicht! Er weiß das nicht!«

»Als ob das etwas ändern würde! Brian, er weiß so einiges nicht und ich habe keine Ahnung, worüber du dich aufregst.«

»Weil … es da etwas gibt! Etwas sehr Wichtiges! Weil … fuck, Greta, ich muss … ich muss nachdenken, bevor ich was Falsches sage … ich will jetzt nicht durchdrehen … ich will … also … Greta, lass uns einfach auflegen, okay? Ich melde mich, sobald ich mehr weiß, okay?«

»Okay«, gab ich verständnislos zurück, was Brian schon gar nicht mehr hörte. Ich schaute den Hörer an, als ob der mir noch etwas mitteilen könnte, was zu einem besseren Verständnis beitrug.

Zwei Minuten später rief er wieder an.

»Nur noch eine Frage, Greta … weißt du zufällig, wie du geheißen hättest, wenn du bei deinem Vater … fuuuuuck!«

Laut und deutlich hörte ich durch den Hörer, wie er sich an die Stirn schlug. Es gab einen fetten Klatscher und dann schrie er mit sich überschlagender Stimme:

»Hätte er dich Geeta genannt? Er hätte dich Geeta genannt! Er hätte dich … wäre das dein Name gewesen?«

»Woher weißt du das?«, fragte ich, heillos verwirrt. Aber Brian legte nach meiner Frage mit einem tiefen Seufzer und vielen weiteren »Fucks« wieder einfach auf.

Ich verstand gar nichts mehr.

Aber es war auch keine Zeit, darüber nachzudenken. Auf dem Gepäckband trudelte gerade zum zweiten Mal Torstens Rollstuhl an uns vorbei, was Torsten mit einem komisch-tragischen Gesichtsausdruck quittierte. Mit einem entschuldigenden Blick hob ich ihn runter und klappte ihn auf, sodass Torsten sich setzen konnte.

»Wer war das?«, schnarrte er und tat eifersüchtig.

»Jemand, den ich in Schottland kennengelernt habe. Bens bester Freund, Brian.«

»Hast du ihn nach Bens Adresse gefragt? Ich meine, die seiner Eltern?«

»Oh, Mann, siehst du, wenn du mich nicht so böse angeschaut hättest wegen des Rollstuhls … das ist mir glatt entfallen.«

Ich zog unsere zwei kleinen Koffer vom Band und lud sie auf den Trolley. »Ich erledige das gleich, okay?«

»Ja, mach mal! Eine sinnvolle Tat«, meinte Torsten und rollte zum Getränkeautomaten.

Ich lief ihm langsam hinterher und tippte eine Nachricht:

»Könntest du mir mal die Adresse von Bens Eltern geben?«

Diesmal kam keine Antwort und ich wollte schon anrufen, als endlich das Signal ertönte.

»Wofür brauchst du die?«

Das klang vorsichtig … und misstrauisch. Ich beschloss, doch mit ihm zu sprechen. Aber welche Begründung sollte ich Brian dafür geben, dass ich die Adresse wollte? Aber bevor ich nachdenken konnte, hatte ich schon auf die Nummer getippt.

»Brian? Du wolltest wissen, wofür ich die Adresse brauche?«

»Genau.«

»Na ja …« Ich errötete, was er Gottlob nicht sehen konnte. »Ben hat mir noch etwas für seine Eltern mitgegeben.«

»Er hat dir was gegeben? Was denn?« Nun klang er noch misstrauischer.

»Einen Umschlag«, log ich. »Sag mal, stehst du eigentlich noch mit Ben in Kontakt?«

»Ja, manchmal, er hat ja die Gelübde noch nicht abgelegt. Er befindet sich gerade in so einer Art Reinigungsritual, das dauert noch ein oder zwei Wochen.«

»Oh. Ach so?«, erwiderte ich gewarnt. »Und in der Zeit darf er noch sprechen? Auch mit seinen Eltern?«

»Ja, halt wenig. Das große Schweigen geht so in einer Woche los, glaube ich. Fällt ihm nicht so leicht, wie er glaubte.«

»Aber mit seinen Eltern redet er noch?«

»Ja, das ganz sicher. Allerdings hat er sein Handy seit Wochen nicht mehr. Sie reden über das Telefon im Anmeldebüro.«

So langsam beruhigte sich Brian und meinte, ich sei eifersüchtig, weil Ben mit einigen noch in Kontakt stand - nur nicht mit mir. Das traf mich.

»Du kannst den Umschlag mir geben«, erklärte Brian mir gerade.

»Warum gibst du mir nicht einfach die Adresse?«

»Weil … weil …«

»Weil Ben nicht will, dass seine Eltern von mir erfahren?«, vollendete ich bissiger, als mir lieb war.

»Nein!«, rief Brian und es klang ehrlich. »Das ist es nicht, Greta, wirklich nicht! Aber ich frage mich, warum er dir einen Umschlag gibt, wenn er ihn doch auch mir hätte geben können.«

»Er gab ihn mir in der Zeit, als wir allein in der Hütte waren«, erklärte ich trotzig. »Und er bat mich, den Brief an seine Eltern zu schicken.«

»Weißt du was, ich gebe dir meine Adresse und ich sende ihn weiter.«

»Brian! Warum kann ich die Adresse nicht haben!?«

Mein Hirn rotierte. Brian redete gern. Der Allerdiskreteste war er nicht, vor allem, wenn sein Herz überlief. Ich hatte den Namen McArran natürlich gegoogelt und ich hatte auch ein paar alte Bilder von Ben aus der Schul- und Studienzeit gefunden. Wenige Fotos von McKinsey, ein paar Veranstaltungen, auf denen er zu sehen gewesen war … aber nichts von seiner Familie. Ben hatte keinen FB-Account, war nicht mehr bei Xing oder LinkedIn gelistet, vermutlich hatte er das alles löschen müssen. Es gab so viele McArrans, dass es ähnlich war wie mit der Suche nach meinem Vater. Ich brauchte Brian. Aber wenn ich ihm das mit dem Kind sagen würde – die einzige Aussage, die ihn zur Herausgabe der Adresse bewegen würde – bestand die Gefahr, dass er es Ben verriet. Und das wollte ich nicht.

In Brians Kopf rotierte es wohl auch. Wir waren beide in Schweigen versunken. Schließlich sagte ich:

»Brian, ich muss das persönlich machen. Bitte vertrau mir.«

»Lass mich nachdenken, Greta«, antwortete er. »Ich melde mich.«

***

Aufgewühlt von diesem unerwarteten Verlauf kam ich bei Torsten an.

»Er will mir die Adresse nicht geben«, teilte ich ihm verwundert mit. »Ich verstehe das nicht.«

»Na, warte nur«, antwortete Torsten. »Wenn wir von Goa zurück sind, trete ich in Aktion. Das finde ich schon raus, keine Sorge!«

Befriedigt grinste er. Aber mich beunruhigte die Tatsache, dass Brian Bens Adresse geheim hielt, sehr. Als ob Ben mit allen Mitteln verhindern wollte, dass ich weiter in seinem Leben existierte! Als ob er mir klarmachen wollte, was Tobias neulich auf den Punkt gebracht hatte: Es waren doch nur vier Wochen gewesen.

Aber das musste zurückstehen … ich sah auf die Uhr. In wenigen Stunden würde ich zum ersten Mal in meinem Leben meinen Vater sehen.

Coming home

Die feuchte Hitze traf uns wie ein nasses Handtuch, als wir aus dem klimatisierten Flughafen kamen und in ein Taxi stiegen und ins Hotel fuhren. Dort angekommen hatten wir noch vier Stunden Zeit bis zu einem der wichtigsten Treffen in meinem Leben.

Torsten war sehr froh über das Hotel. Der Flug hatte ihn angestrengt. Er hätte locker Businessclass fliegen können, hatte aber mir zuliebe darauf verzichtet. Nach einem kleinen Imbiss legten wir uns beide etwas hin. Aber schlafen konnte ich nicht, dazu war ich zu aufgeregt. Millionen an Emotionen fluteten in mir auf und ab. Schließlich stand ich auf, duschte mir den Reisestaub ab, zog ein wehendes blaues Maxikleid an, schminkte mich etwas und ging nach unten. Torsten stand in dem kleinen Foyer und wartete auf mich. Seine Augen glühten sanft.

»Bereit?«, fragte er mich.

»Bereit.«

Ich drückte seine Hand. Es war so schön, dass er dabei war.

»Du siehst übrigens fantastisch aus, Greta.«

»Danke, Torsten. Du auch.«

Er hatte sich in einen hellen Sommeranzug geworfen, trug einen Hut und wirkte wie ein Brite aus der Kolonialzeit, ganz anders als in Deutschland. Offener und gelassener, selbst sein Zynismus kam nicht zum Vorschein. Das sagte ich ihm auch.

»Ja«, antwortete er nachdenklich und ohne jeden Spott. »Ich fühle mich wohl hier. Sehr wohl sogar. Das Land macht irgendwas mit mir.«

Ich lächelte und schob ihn mit dem Rollstuhl nach draußen. Mein Herz klopfte.

Nareshs Haus war nur fünfzehn Gehminuten vom Hotel entfernt. Die Bewegung tat mir gut und sie gab mir die Gelegenheit, mich zu fassen. Aber mein Herz war dennoch außer Rand und Band.

***

Ich weiß nicht, wie lange er vor der Tür auf und abgelaufen war, die Augen abwechselnd die Straße hinab und wieder auf seine Uhr gerichtet. Sein Haus lag in Strandnähe, wir hörten das Meer rauschen, als wir näherkamen, und eine laue Meeresbrise bewegte die riesigen Palmblätter. Die Straße war ruhig und abgelegen und ich konnte ihn eine Weile beobachten, bevor er uns sah. Auf und ab ging er, auf und ab ... und jetzt, jetzt hatte er uns entdeckt und war wie zur Salzsäule erstarrt. Ich konnte geradezu spüren, wie das Adrenalin in seinen Magen sackte, weil es mir genauso erging.

Unverwandt blickte er uns entgegen und sein Herz schrie mir schon aus dieser Entfernung seine Sehnsucht und seine Freude zu. Sie brachen über mich herein wie eine massive Welle. Ich lief schneller. Meter um Meter schob ich Torsten vorwärts, dankbar, mich an den Griffen seines Rollstuhls festhalten zu können. Je näher ich kam, desto sicherer war ich, dass Naresh zitterte, so sehr, dass er nicht laufen konnte, so sehr, dass er nur stehen konnte und sich am Pfosten seines Hauses abstützen musste. Er war klein und zierlich wie ich, hatte graues Haar und große, dunkle Augen. Als wir etwa zwanzig Meter von ihm entfernt waren, löste er die Hand vom Pfosten – er wankte.

»Lass gut sein, Greta«, raunte Torsten mir zu. »Geh schon!«

Ich ließ den Rollstuhl stehen und lief los. Lief auf meinen Vater zu, in diese offenen Arme, die schon ausgebreitet waren, als ich zu laufen anfing. Es zog uns zueinander hin wie den Plus- und Minuspol eines Magneten, unaufhaltsam, bis der Kontakt geschlossen war, ich in seinen Armen lag, sein Schluchzen hörte und seine Tränen meine Wange benetzten.

Er sagte lange nichts. Wir standen zusammen und spürten uns einfach, brachten beide kein Wort hervor. Ich war vollkommen überwältigt von seiner Herzenswärme und dem Gefühl, nach Hause gekommen zu sein, ihn schon ewig zu kennen, überwältigt, von seinen offenen Armen.

Schließlich lösten wir unsere Umklammerung. Er schob mich ein wenig von sich weg, damit er mich anschauen konnte. Sein Blick war so voll von seiner Liebe, dass ich mich am liebsten erneut an seine Brust geworfen hätte.

»Mein Kind«, stammelte er. »Meine Tochter ... du bist da! Du bist wirklich da! Nach dreißig Jahren bist du endlich da!«

Noch immer liefen ihm die Tränen, er konnte sich gar nicht beruhigen, und in jeder Träne lag seine Liebe für mich, eine Liebe, die er drei Jahrzehnte in seinem Herzen bewahrt hatte. Und sie war jedes Warten, jede Sekunde wert.

Ich kam mir vor wie im Märchen. Fest nahm er meine Hand und ließ sie vorerst nicht mehr los. Ich stellte den inzwischen herangerollten, verdächtig mit feuchten Augen versehenen Torsten vor und gewahrte Nareshs Frau, Radha, eine rundliche, kleine Inderin, die schüchtern im Türrahmen stand.

Als mein Blick in ihre Richtung ging, streckte sie spontan die Arme aus und stürzte auf mich zu.

»I have a daughter«, weinte auch sie. »I have a beautiful daughter!«

Ihr aufgeregtes Geplapper war wie eine Brücke. Es erlöste uns alle, weil wir so mit Emotionen angefüllt waren, dass es uns die Sprache verschlagen hatte. Unentwegt redend führte uns Radha in ein geräumiges, modern eingerichtetes Zimmer, wo sie Tee und Süßes vorbereitet hatte. Wir unterhielten uns, aber es war klar spürbar, dass Naresh und ich Zeit füreinander brauchten. Er hielt schon wieder meine Hand, als hätte er Angst, ich würde weglaufen.

**

Sie ließen uns diese Zeit. Torsten unterhielt sich weiter mit Radha, und Naresh und ich verschwanden in sein Büro, in dem eine Couch stand und auf der wir händchenhaltend zusammensaßen.

Es dauerte Stunden, bis ich alle seine Fragen beantwortet und er ein Bild von meinem Leben gewonnen hatte. Ich erzählte ihm alles, auch das mit Ben. Auch das mit dem Kind, obwohl ich wusste, dass er katholisch war – wie viele in Goa, das ja portugiesische Wurzeln hat. Aber allein der Gedanke an Geheimniskrämerei war in seiner Gegenwart absurd.

Seine Reaktion, als ich ihm sagte, dass er Opa werden würde, werde ich nie vergessen. Seine Augen leuchteten auf wie Sterne. Um es rundheraus zu sagen: Er konnte sein Glück nicht fassen und rief durch das ganze Haus nach seiner Frau, um ihr die gute Nachricht zu überbringen.

»Du bist zu zweit gekommen! Du bist zu zweit gekommen!«, schrie er. »Du hast mir ein Geschenk gemacht! Das schönste Geschenk! Ich werde Großvater! Wir werden Großeltern!«

Sein Gesicht zerfloss vor Freude. Seine Augen waren ständig nass und sein Gesicht ein einziges Leuchten.

Auch Radha klatschte in die Hände und tanzte im Zimmer herum, dann fielen sich die beiden in die Arme.

Es war pures Glück, ihnen dabei zuzusehen. Es war pures Glück für mich, auf solche Weise angenommen zu werden. O ja, es gab viel, wofür ich dankbar sein konnte!

***

Am Abend fand zu unserer Überraschung uns zu Ehren ein Fest statt. Naresh kannte wohl ganz Panaji und da sein Haus am Strand lag, hatten er und Radha ein gigantisches Sommerfest vorbereitet. Ich glaube, es kam der halbe Ort. Ein Riesenbüfett war aufgebaut worden, das von den eingeladenen Frauen permanent bestückt wurde, und natürlich musste ich von allem kosten, bis ich meinte zu platzen. Ich wurde jedem vorgestellt, musste jeden umarmen, jeder versicherte mir, wie schön es sei, dass ich da sei. Für Inder schien Zeit etwas gänzlich anderes zu sein als für uns Europäer. Dreißig Jahre, pah! Was ist das schon?! Sie redeten wild durcheinander, tanzten am Meer, spielten Musik – es war ein rauschendes Fest mit Torsten und mir als Ehrengäste. Ich legte die Hand auf meinen Bauch und dachte glücklich daran, wie sehr dieses Kind gewollt war, und dass ich ihm alles geben wollte, was ich selbst vermisst hatte. Bis auf einen Vater. Aber zumindest würde es schon mal einen Opa haben, der es kaum erwarten konnte, es im Arm zu halten! Und es hatte Torsten und Mona und Theo … und vielleicht … Tobias. Wir würden das irgendwie arrangieren. Es würde eben ein internationales Baby werden.

Meine Gedanken gingen oft zu Ben. Er war gerade mal eine Flugstunde von mir entfernt.

Gegen Mitternacht gestand ich Torsten, dass ich müde wäre und gern ins Hotel zurückwolle. Ab morgen würde ich bei Daddy schlafen, das ließ er sich nicht nehmen. Ich hätte ihn auch »Baba« genannt, so wie das in Indien üblich war, aber wir hatten uns doch auf das englische »Dad« geeinigt. Mom würde das gefallen, dachte ich lächelnd. Aber mein Lächeln wurde noch breiter, als Torsten mit erhitztem Gesicht und auf seinen Stock gestützt vor mir stand. Gerade war er in Begleitung einer hochgewachsenen, schönen Inderin vom Meer gekommen. Er stand inmitten des Getümmels aus tanzenden, lachenden, fröhlichen Menschen, ein weiches, glückliches Lächeln auf seinem Gesicht und eröffnete mir, er hätte noch keine Lust auf das Hotel. Die schöne Dame hier würde ihm nach Hause helfen, wenn der Abend zu Ende wäre.

»Du schaffst das alleine, oder?«, fragte er mich atemlos und ich musste zweimal hinsehen, um das zu checken: Torsten war atemlos! Er war gelöst und heiter, nein, mehr noch, er war aufgeregt und seine Augen glänzten ganz ohne den diabolischen Funken.

»Bin doch ein großes Mädchen, Torsten«, erwiderte ich. »Außerdem bin ich nicht allein – das siehst du doch.«

Hand in Hand mit meiner Stiefmutter und meinem Vater kam ich im Hotel an und es war ein wunderbares Gefühl.

***

Vier Tage verbrachte ich mit Daddy und Radha. Wir machten Fotos für Mom und die übrige Verwandtschaft und ich ließ mir alles aus seinem Leben erzählen. Wir liefen am Strand spazieren, er zeigte mir Panaji. Es waren schöne, ruhige und tiefe Tage. Tage, in denen ich das Gefühl bekam, vollständig angekommen zu sein. Er erzählte mir, wie er nach Deutschland gekommen sei, kurz nach meiner Geburt – und Mom ihn aus dem Zimmer geworfen hatte. Für Daddy war das einer der schlimmsten Momente in seinem Leben gewesen.

»Ich habe dich gehalten«, flüsterte er. »Fünf Minuten durfte ich dich halten. Und dann hat es dreißig Jahre gedauert, bis es wieder so weit war.«

»Du glaubst gar nicht, wie viel du mir damit gegeben hast«, sagte ich zu ihm. »Du ahnst es noch nicht einmal.«

Schließlich fragte er:

»Geeta, dieser Mann, der Vater deines Kindes, liebst du ihn?«

»Ja«, antwortete ich spontan und biss mir auf die Lippen. »Aber ich muss realistisch bleiben. Es waren vier Wochen, es war letztendlich eine Zufallsbekanntschaft.«

»Zufälle sind für uns gemacht, sonst würden sie uns nicht zufallen«, entgegnete er. »Vier Wochen sind viel für ein Herz. Dafür reicht eine Sekunde.«

»Es war nicht genug für ihn. Und wenn ich vernünftig denke … wer weiß, ob es zwischen uns geklappt hätte? Weder er noch ich können das wissen.«

»Aber was sagt dein Herz?«

»Mein Herz sagt: Ja« wehmütig blickte ich aus dem Fenster, dann zu Daddy. »Weil es einfach zu schön war. Es war vollkommen rund.«

Er schwieg eine Weile. »Und er … er würde das Kind nicht wollen?«

Ich antwortete nicht gleich.

»Wenn ich seine Frau wäre, würde er es wollen«, erwiderte ich schließlich. »Aber schau, Dad, es ist wie damals zwischen dir und Mom. Er würde das Kind wollen, aber vielleicht nicht unbedingt mich. Und unterm Strich: Es waren wunderbare Wochen, aber im Grunde doch sehr wenig Zeit. Wir können noch nicht einmal von einer Beziehung sprechen. Selbst, wenn er nun nicht im Kloster wäre, und ich kein Kind bekäme, weiß ich nicht, ob er ein Leben mit mir geplant hätte. Er hat oft genug betont, dass dies alles nur in der Auszeit existieren kann – und ich ließ mich darauf ein. Damals wusste ich noch nicht, was er vorhatte. Er hat sich nun mal für Gott entschieden. Nun stecke ich eigentlich in der gleichen Situation wie Mom. Es ist so seltsam, wie sich das Schicksal wiederholt.«

»Wie kannst du das sagen? Es ist doch bei dir vollkommen anders!«, rief er erstaunt.

»Was ist denn anders? Mom wollte dich und du sie nicht. Ich will Ben und er will mich nicht. Sie bekam ein Kind und musste es allein großziehen. Und genauso geht es mir. Sie hat keinen Job, ich habe keinen …«

»Das ist nicht wahr. Es ist völlig anders«, beharrte er ernst. »Du hast den Kreislauf doch längst durchbrochen, siehst du das nicht? Uschi hat ihr Kind abgelehnt - du nicht. Uschis Mutter wollte kein Kind – wir wollen es. Und eher war es so, dass Uschi mich nicht wollte. Ich wollte sie zu Beginn. Aber in dem Moment, als ich erkannte, dass Uschi dich nicht wollte, wusste ich, sie ist nicht die Frau, mit der ich zusammen sein kann. Ich wollte dich und habe alles versucht, dich zu bekommen. Ben verzichtet. Das ist ein großer Unterschied«.

»Aber was ist mit Radha?«

Unschlüssig dachte ich an Tobias, der mir nach wie vor ein Leben mit ihm offenhielt. »Hast du sie geheiratet, weil du wusstest, dass es aussichtslos war mit Mom? So wie bei mir mit Ben?«

»Ich habe Radha geheiratet, weil ich sie liebe. Und weil sie mich liebt. Ich will die Dinge aus Liebe tun. Aus Liebe wollte ich dich. Aus Liebe wollte ich Radha. In meinen Schriften steht: ›Lass Liebe zur Gewohnheit werden‹. Alles andere fügt sich.«

Ich nickte nachdenklich und drückte seine Hand.

»Danke, Daddy.«

***

Unglaublich, aber wahr… Torsten war verliebt. Er hatte sich in die hochgewachsene Inderin, Sita, mit Haut und Haar und im Bruchteil einer Sekunde verliebt – und sie sich offensichtlich in ihn. Sie war Professorin für Philosophie an einer Universität, und begeistert hingen die beiden aneinander, diskutierten, lachten und witzelten und konnten kaum voneinander lassen. Aus diesem Bruchteil heraus planten sie ihr gesamtes weiteres Leben, und es schien weder für ihn noch für sie einen Zweifel zu geben. Torsten war wie verwandelt.

»Willst du hierbleiben?«, fragte ich lächelnd. Es war so wunderbar, ihn so zu erleben.

»Am liebsten!«, stieß er glücklich hervor. »Aber ich muss erst mal zurück, ein paar Sachen regeln … aber Greta, Greta, Greta, halt mich für verrückt …«

»Das tu ich schon lange!«, warf ich ein.

»… aber ich glaube, hier könnte ich leben!«

»Und die Camargue?«

»Da auch!«

Es war keine Frage: Torsten würde künftig ein sehr bewegtes Leben führen. Und Sita ebenso.

So flogen wir beide zurück, mit vielen noch konfusen Ideen im Kopf, wie unser beider Leben denn demnächst aussehen sollte.

Und in diesen Tagen erreichte mich eine weitere Nachricht von Brian.

Erkenntnisse

Ashram, 32 Grad, sonnig. Wolkenloser Himmel.

Aufgeregt hing Brian am Telefon.

»Alter, erinnerst du dich noch an die Palmblattbibliothek?«

Er hatte es geschafft, Ben an die Strippe zu bekommen, nachdem er dem Komitee glaubhaft vorgelogen hatte, es handele sich um einen Notfall. Ben war höchst beunruhigt zum Telefon geeilt, hatte mit dem Schlimmsten gerechnet und konnte nun mit Brians Frage nach ihrem Erlebnis in Bangalore rein gar nicht anfangen.

Ben hatte in den letzten Tagen und Wochen eine Achterbahn an Emotionen durchlebt und zurückgeblieben waren Unruhe und Wut. Worauf genau, wusste er nicht. Er war wegen des ersten Teils der bevorstehenden Einweihung aufgeregter, als ihm lieb war und befand sich inmitten eines langen, anstrengenden Rituals. Er musste fasten, um sich zu reinigen, hatte seit Tagen nichts gegessen und fühlte sich niedergeschlagen und schwach. Schwach in jeder Hinsicht, weil er Gedanken im Kopf hatte, die er nicht haben sollte – und über die er nicht glücklich war. Bisher hatte er die Zähne zusammengebissen, aber Brians triviale Frage entlud seinen Zorn auf das sich bietende Objekt.

»Brian, was soll das?«, fauchte er ärgerlich. »Was kommst du mir mit dieser alten Geschichte von der Palmblattbibliothek! Du hast gesagt, es sei ein Notfall!«

»Ist es auch irgendwie! Ich habe die Aufzeichnungen damals mitgenommen«, erklärte Brian hastig. »… und die ganzen Jahre aufbewahrt. Hab nicht mehr drangedacht, aber neulich ist mir dieser Prospekt in die Hände gefallen … und, Ben, im Prospekt waren die Aufzeichnungen!«

»Ja, und?«, fragte Ben grob und verspürte tatsächlich das Verlangen, seinen besten Freund anzuschreien.

»Ich faxe das Blatt in euer Büro«, eröffnete ihm Brian aufgeregt. »Sonst glaubst du mir das nicht!«

»*Was* soll ich dir nicht glauben? Überhaupt Brian – mir reicht's langsam. Kannst du mich nicht einfach in Ruhe lassen? Das hier ist nicht leicht und du reißt mich ständig …«

»Verdammter Mist!«, schrie Brian. »Warum machst du es dann? Warum hörst du nicht auf dein Herz? Warum verrennst du dich in eine solch schwachsinnige Idee? Soll ich dir mal was sagen? Letztlich ist das, was du machst, schlicht arrogant! Jawohl! Es ist die pure Überheblichkeit! Du bist ein blöder Hirni, der besser sein will als andere! Der noch nicht einmal in der Lage ist, *eine* Katastrophe zu überwinden, und in ein Kloster abhaut! Wie viele musste Greta ertragen? Und ausgerechnet du gibst ihr Ratschläge, die du doch besser auf dich selber anwenden solltest!«

»Brian«, zischte Ben und seine Wut loderte inzwischen lichterloh. »Die Wahrheit ist, dass du meine Lebenspläne nicht akzeptieren kannst! Seitdem ich dir von meiner Entscheidung erzählt habe, schraubst du an mir herum! Verdammt noch mal! Ich will hier in Ruhe gelassen werden! Versteh das doch endlich! Ich weiß, was ich will … und das ist mir wichtig! Kapierst du das? Mann, wie kann man nur so begriffsstutzig sein!«

»Wenn einer begriffsstutzig ist, dann du! Ob du das nun hören willst, oder nicht!«

Der Mönch, der im Büro saß und Ben mit Brian verbunden hatte, warf ihm einen konsternierten Blick zu. Laute Töne war man in einem Ashrambüro nicht gewohnt. Ben atmete tief durch und wandte sich ab. Sein Herz klopfte wild und er wusste gerade gar nicht, wo oben und unten war.

»Okay, Alter«, herrschte Brian ihn an. »Du hörst jetzt mal einfach zu und unterbrichst mich nicht, okay? Schaffst du das?«

Ben nickte, obwohl Brian das nicht sehen konnte. Er hätte ohnehin nichts zu sagen gewusst, so aufgepeitscht war er. Die Worte Brians, dass er nicht in der Lage wäre, eine Katastrophe zu überwinden, während Greta so viele hatte ertragen müssen, hatte ihn tief getroffen. Er hätte einfach auflegen können, aber tat es nicht. Etwas in ihm ersehnte Brians Stimme genauso wie es sie verdammte. Und so blieb es still in der Leitung.

»Ben? Bist du noch dran?«

Er brachte ein Brummen zustande.

»Okay, ich habe meistens nur die Fragen des Readers hier, die Antworten hat er leider nicht alle mitgeschrieben. Aber ich habe es rekonstruiert. Ich fange jetzt an … und du gibst einfach Ruhe, okay?«

»Ja, Mann!«, blaffte Ben und fühlte sich scheußlich, weil er seinen besten Freund anfiel.

Brian räusperte sich:

»Ihr Vater ist krank?«

»Nein.«

»Aber er war krank?«

»Na ja, halt Grippe, nichts Ernstes«.

»Hier steht, dass er ernsthaft krank war, etwas mit einem inneren Organ«.

»War oder noch wird?«

»Das kann ich nicht sagen … Und Sie … Sie gehen in Isolation … Sie weihen Ihr Leben einer Frau. Sie weihen es ihr voll. Sie verzichten auf alles … zumindest haben Sie das vor … und dann ist da eine Frau, die geht und eine, die kommt. Dieser Frau weihen Sie Ihr Leben.«

»Wo ist diese Frau?«

»In Maharashtra. Sie trägt einen Sari … Oder … hier steht … Europa. Dann in Goa. Später. Ja, hier steht, dass Sie verheiratet sind … mit einer Frau …«

Ben hörte wie benebelt zu, konnte sich keinen Reim auf all das machen, während Brian aufgeregt fortfuhr:

»Alter, jetzt schalte deinen Verstand ein: Isolation – Kloster. Soweit klar. Aber du hast gedacht, es ist Jyoti, der du dein Leben weihst, richtig? Du hast sie in Europa getroffen und danach in Maharashtra. Richtig? Aber du hast sie nicht in Goa gesehen! Nicht in Goa! Alter, Alter, pass auf und hör genau hin, jetzt kommt's …! Der Reader hat dich gefragt, ob du wissen willst, wie deine Frau heißt. Und du hast gesagt, es reicht dir und bist gegangen. Der Mann war beleidigt und wollte noch wissen, ob er uns die Unterlagen mitgeben soll. Und ich habe sie mitgenommen … und …«

»Komm auf den Punkt, Mann«, zischte Ben genervt.

»Ich steuere direkt darauf zu! Also: In den Unterlagen steht der Name deiner Frau. Ich möchte betonen, dass die Palmblätter voraussagen, dass du verheiratet sein wirst! Und hier steht: ›Your wife's name is *Geeta*. *Geeta*, du alter Affe … hast du gehört? So und nun setz dich hin. Sitzt du?«

»Hör zu, Brian komm einfach zum Ende, okay?«

In Ben tat sich ein Abgrund auf und er wusste noch nicht einmal wieso.

»Also: Vor Kurzem habe ich mit *Greeeeta* geredet«, drang Brians Stimme in sein Ohr. »Und weißt du, wo sie sich gerade befindet? In

Goa. Und weißt du auch, warum? Weil ihr Vater Inder ist und sie somit Halbinderin. Und wo war sie vorher? In Europa. Und danach? In Maharashtra. Und wo ist Greta jetzt? In Goa. War Jyoti in Goa? Nein. Und du ahnst bestimmt, du alte Dumpfbacke, wie ihr Vater, bei dem sie jetzt ist, sie gerne genannt hätte: GEETA, du Oberhirsch! Geeta! Und wenn du immer noch meinst, du hättest die richtige Entscheidung getroffen, dann weiß ich verdammt noch mal nicht, was mit deinem so angeblich sagenhaften IQ passiert ist! Du blöder Vollkoffer missbrauchst ihn schon seit einiger Zeit in jeder Sekunde!«

**

Ben hatte einfach aufgelegt. Er hatte es nicht mehr ausgehalten, war in die heiße Sonne getaumelt und in den Garten gestürzt, zum Wunschbrunnen, dort, wo er Greta das letzte Mal gesehen hatte. Setzte sich an den gleichen Platz, legte wie sie damals die Arme auf die Knie. Er war fassungslos, verstört.

Geeta. Sie war Halbinderin. Das schwarze Haar … aber selbst, wenn es nicht so wäre … sein Hirn fühlte sich an, als hätte es einen Totalausfall.

Und mit einem Mal stieg die Sehnsucht nach ihr so heiß nach oben, dass er den Kopf nach vorne fallen ließ und weinte. Ja, er war durcheinander. Diese Nacht im Inverlochy – er bekam sie nicht aus seinem Kopf, ihr Blick, als er sie genommen hatte, ihre Angst, sich hinzugeben, ihre Bereitschaft, es doch zu tun. Für ihn. An ihn.

Er hatte gewusst, dass es das erste Mal für sie war. Dass es auf diese Weise das erste Mal für sie war. Für ihn war das wie eine Entjungferung gewesen. Und sie hatte so recht: Sie hatte ihm alles gegeben, alles erzählt. Und doch … es waren nur vier Wochen … viel zu wenig, um eine jahrelange Entscheidung umzustoßen! Er hatte sich Jahre auf all das hier vorbereitet, Jahre! Das hier war keine Schnellschuss-Entscheidung! Er hatte so viel Glück in den Meditationen gefunden, so viel Ruhe und Frieden, so viel Trost nach Miriams Tod, dass er die feste Überzeugung gewonnen hatte, dass das die Lösung für sein Leben war: Es in diesen Gefühlen verbringen zu wollen, dem Leben einen Sinn zu geben, indem er sich nur dem widmete, was glücklich machte. Hier, so hatte er gehofft, konnte er endlich Ruhe finden. Und nun … nun lief, bevor er überhaupt auch nur eines dieser Gelübde abgelegt hatte, alles quer. Von glückseligen Gefühlen keine Spur.

War das eine Prüfung? Ging es nicht jedem vorher so? Das Ego, das sich noch mal aufbäumte, weil es sich nur in der Welt profilieren konnte? Weil es ahnte, dass es starb?

Doch dann erinnerte er sich an den Tag, als er Greta zu seiner geheimen Lichtung mitgenommen hatte. Sie war so in Meditation gefallen, dass er sie geradezu hatte heimtragen müssen. Da hatte er zum ersten Mal gewusst, dass sie die Frau fürs Leben sein konnte. Ihr Bild tauchte auf. Ihr Bild im blaugrünen Sari. Der Willkommensauftakt. Sie war es gewesen, die ihn willkommen geheißen hatte – was für eine Ironie! *Sie ist in Goa, sie ist Halbinderin,* hörte er Brian sagen. Seine Gedanken drehten sich im Kreis.

Schließlich sah er auf die Uhr.

In einer halben Stunde begann ein Vortrag. Er musste sich fangen. Er würde das durchziehen. Miriams Tod hatte er nicht in der Hand gehabt. Das hier schon. Er hatte nur einen Schwächeanfall erlitten. Es war eine Prüfung, ganz sicher. Mühsam erhob er sich.

***

Fassungslos stand Brian mit dem Handy in der Hand im Zimmer. Der Mistkerl hatte einfach aufgelegt! So ein sturer Bock! Brian war so wütend, dass er das dringende Bedürfnis verspürte, Ben mit allem, was ihm möglich war, in seiner ach so heiligen Ruhe zu stören. So einfach ließ er sich nicht abwürgen! Zornig scannte er das Blatt aus der Palmblattbibliothek ein, schrieb obendrauf: Bitte *dringend* an Ben McArran weiterleiten – er würde nicht den Namen Narada verwenden! – , und faxte es an den Ashram. So!

Dann nahm er erneut sein Handy und tippte eine Nachricht an Greta:

»Liebe Greta, tut mir echt leid, dass ich neulich so verhalten reagiert habe wegen der Adresse. Wie wäre es, wenn du seine Eltern kennenlernst und ihnen das Päckchen selbst übergibst? Ich kann dich gerne zu seinen Eltern bringen, wenn dir das recht ist. Sag mir einfach, wann du vorhast, zu kommen, ich arrangiere das Treffen und hole dich vom Flughafen ab.«

***

»Sehr geehrte Frau Ehlers,

Herr Huber hat mir Ihr Grobkonzept vorgelegt, zu dem ich noch einige Fragen hätte. Ich würde mich freuen, wenn Sie zeitnah mit meiner Sekretärin einen Termin vereinbaren könnten.

Mit besten Grüßen

Jan Oberhofer.«

»Theo, du hast ihm das Ding wirklich gegeben?«

»Ja, und nicht nur das! Ich habe dich weiterempfohlen an einen Vertrieb, der Bio-Lebensmittel im Internet vertreibt und der auch gerade nicht weiterkommt. Könntest du dich mal mit denen unterhalten? Der Mann war echt nett – und verzweifelt.«

Ungläubig lachend schüttelte ich den Kopf. Aber Torsten sagte zu mir:

»Theo hat recht. Das wäre was für dich. Du hast das Feeling für so was und ich glaube, du findest mit deinem Herzbauchgefühl schnell raus, wo es bei den jeweiligen Firmen im Argen liegt. Die Kompetenz hast du durch dein Studium und deine Berufspraxis. Wagner soll dir ein Zeugnis ausstellen und ich stelle dir auch eines aus. Ich habe fünf Firmen laufen und wir haben ja schon zusammengearbeitet. Hör auf Onkel Torsten.«

»Onkel? Und was ist mit Darth Vader?«

»Den Job hat jetzt Naresh! Wenn wir das nächste Mal nach Goa reisen, übergebe ich ihm das Laserschwert.«

***

Nachdenklich schaute ich in meinen Terminkalender. Brians Mail hatte mich aufgewühlt. Er hatte den Besuch bei den McArrans arrangiert und die Reise stand schon am Wochenende an. Danach wollte ich es erst mal gut sein lassen mit dem Fliegen, denn das bekam dem Baby ganz bestimmt nicht.

Wir hatten beschlossen, dass Daddy und Radha nächstes Jahr zu Besuch ins Gutshaus kommen würden, und alle waren schon mächtig gespannt auf ihre indische Verwandtschaft.

Oberhofer hatte es dringend gemacht. Er wollte sein Weihnachtsgeschäft retten, so beschloss ich, ihm einen Besuch abzustatten. Ich hatte ja nichts zu verlieren.

Ich glaube, es war das lockerste Gespräch, das ich je geführt hatte, obwohl es doch um meine Existenz ging.

Oberhofer war nicht halb so arrogant, wie ich mir das vorgestellt hatte. Wir redeten drei Stunden über sein Konzept und seine Ziele sowie notwendige Verbesserungen. Eigentlich hätte er meine Ideen nehmen und für sich verwenden können, ohne dass ich je etwas davon hätte, aber zu meiner Überraschung sagte er, dass er sich nicht in der Lage fühle, diese Änderungen bei seinen Leuten umzusetzen. Er sei der Macher, der Motivator in der Firma, auch derjenige, der die Produkte auswählte und prüfte, aber keiner für die Detailarbeit.

»Das bin ich auch nicht«, sagte ich. »Oder besser, das kann ich zurzeit nicht sein. Ich erwarte ein Kind und alles, was ich annehmen kann, sind befristete Projekte.«

»Dann fangen wir doch an mit einem befristeten Projekt«, erwiderte Oberhofer erfreut. »Das ist für uns beide vorteilhaft. Sie machen das Konzept, Sie führen es ein, Sie sorgen für die Umsetzung … und alles Weitere sehen wir. Für mich ist das eine grandiose Lösung, weil wir schrittweise planen können. Was wollen Sie dafür?«

»Hm … wenn meine Ideen einschlagen, haben Sie einen sehr weitreichenden Vorteil.«

»Kann mir schon denken, dass Sie teuer sind.«

»Wäre das ein Problem für Sie?«

»Ja, im Moment schon«, gab er offen zu. »Weil der Umsatz komplett in den Keller gerasselt ist. Sie kennen das ja … die Fixkosten laufen trotzdem weiter.«

»Und wie wäre es, wenn Sie mir einen prozentualen Anteil vom Mehr-Umsatz bezahlen? Solange ich die Betreuung mache?«

»Das ist ein ziemliches Risiko für Sie.«

»Ja, ich habe so das Gefühl, es ist trotzdem besser als eine einmalige Fixzahlung.«

»Woher wissen Sie das?«

»Na ja, ich dachte eigentlich, Sie sind ein arroganter …«, ich wurde rot. »Ich meine, manche sagen von Ihnen, Sie wären ziemlich beratungsresistent, aber das kann ich nicht bestätigen. Ich mag Sie. Und ich glaube, dass Sie Ihre Firma mögen und auch Ihre Leute … das gefällt mir ebenso. Also vertraue ich Ihnen. Es ist so ein Herzbauchgefühl, verstehen Sie?«

Er lachte.

»Ja«, schmunzelte er. »Herzbauchgefühl. Das klingt gut.«

***

Ich fühlte mich gut nach diesem Gespräch. Es war mir lieber, mit einer handfesten Berufsaussicht zu den McArrans zu reisen als als Arbeitslose. Um alles in der Welt wollte ich ihnen nicht das Gefühl geben, sie hätten es mit einer Asozialen zu tun oder sie müssten für das Baby sorgen, jetzt, wo Ben nicht mehr da war. Ben hatte mir doch erzählt, dass er nicht nach St. Gallen gegangen wäre, hätte er nicht ein Stipendium gehabt. Sie hätten ihm diese teure Ausbildung nicht finanzieren können. Er hatte aber auch erzählt, dass seine Eltern sich schon lange Enkelkinder wünschten. Doch weder seine Schwester noch er hatten sie bisher damit beglückt. Ich dachte an Oma, die fünfzehn Jahre geglaubt hatte, es gäbe mich nicht. Und an mich, die genauso lang geglaubt hatte, keine Verwandtschaft zu haben. Das wollte ich beiden Seiten nicht antun.

***

Glasgow Airport.

»Hey Brian!« Ich winkte wild und lief auf ihn zu. Wie beim letzten Mal ging er mir mit ausgebreiteten Armen entgegen und fing mich auf.

»Wie geht es dir?«, fragte ich ihn.

»Den Umständen entsprechend«, antwortete er. »Aber du siehst gut aus! Sehr gut sogar! Du blühst ja! Sag bloß, du hast dich so schnell von diesem Desaster erholt?«

»Ich hatte kaum Zeit, in Depressionen zu versinken. Es war richtig viel los seit meiner Ankunft in Deutschland. Ich habe dir ja erzählt, dass ich nach knapp dreißig Jahren meinen Daddy kennengelernt habe. Ist das nicht fantastisch?!«

»Mann, ja, richtig!« Brian schlug sich an die Stirn. Er wirkte belastet.

»Ist alles okay?«, fragte ich ihn, weil er wirklich sorgenvoll aussah.

»Ja, klar. Habe zurzeit nur mit vielen sturen Böcken zu tun«, erwiderte er. »Auf der Arbeit und so.«

»Oh, das stresst, das kann ich nachvollziehen. Wie geht es Ben? Konntest du ihn noch mal sprechen?«

»Ja, leider nur kurz.« Brian klang fast abwehrend und fügte erklärend hinzu: »Der kommt jetzt in die Schweige-Meditationsphase, glaube ich.«

»Schweigen«, murmelte ich. »Ja, natürlich. Dann geht natürlich nix mehr.«

»Und sein Smartphone hat er auch schon lange nicht mehr«, informierte mich Brian missgelaunt. »Die letzten Male musste ich ihn immer in dieses Büro holen lassen. Er darf nur noch von da aus telefonieren.«

Dann hat Ben meine letzte Nachricht nicht mehr bekommen, schlussfolgerte ich innerlich. Ist bestimmt besser so. Brian wirkte irgendwie sauer und war tief in Gedanken versunken. Wortlos nahm er mir die Tasche ab und ich stapfte stumm neben ihm her, bis wir an seinem SUV angekommen waren.

»Wo wohnen die McArrans?«, fragte ich. »Ist es weit von hier? Ich hoffe, ich habe dir keine großen Unannehmlichkeiten gemacht.«

Brian sah mich an und seine Miene wurde weich.

»Du machst mir keine Unannehmlichkeiten«, lächelte er. »Es ist mir eine Freude, dich dorthin zu bringen. Ich bin sicher, du wirst die McArrans mögen. Und sie dich. Vor allem, wenn du was von Ben mitbringst.«

Wir stiegen in seinen Wagen, fuhren Richtung Südwesten, in die Gegend, die mir auf unserer Tour mit am besten gefallen hatte, weil sie die Highlands schon erahnen ließ, aber die Landschaft noch lieblich und das Klima mild war.

Brian hatte keltische Musik laufen und wir fuhren durch die winterliche, majestätische Natur. Meine Augen schweiften über die Landschaft.

»Das ist ein so traumhaft schönes Land«, seufzte ich.

Brian lächelte.

»Ja, das ist wahr«, sagte er. »Das wird einem erst wieder bewusst, wenn ein Fremder es mit frischen Augen betrachtet … das hier ist übrigens schon alles das Land der McArrans.«

Mein Herz setzte einen Schlag aus und das Blut wich mir aus dem Gesicht.

»Das Land der McArrans?«, wiederholte ich erstarrt. »Wie … was meinst du damit?«

Und als er nur grinste und ohne zu antworten weiterfuhr, rüttelte ich an seinem Arm.

»Brian! Was heißt das? Das Land der McArrans?«

Er fuhr etwas langsamer, verwirrt durch meine so heftige Reaktion.

»Na ja«, meinte er, lugte durch die Windschutzscheibe und deutete nach vorne, nach rechts und nach links. »Die Wälder da, das Land eben, die Felder … und da vorne, die kleine Burg …«

»Halt sofort an!«, schrie ich. Erschrocken stieg er auf die Bremse und fuhr links ran, in einen kleinen Flurbereinigungsweg, wo er den Wagen zum Stehen brachte.

Vollkommen aufgelöst starrte ich ihn an.

»Brian, du sagst mir jetzt sofort die Wahrheit! Ben hat gesagt, seine Eltern sind alles andere als wohlhabend! Und du hast das Gleiche gesagt … und nun behauptest du, das alles sei das Land der McArrans?«

»Das war auch nicht gelogen«, verteidigte sich Brian und kratzte sich den Nasenrücken. »Die McArrans sind tatsächlich alles andere als wohlhabend. Sie sind so ziemlich das reichste Geschlecht im schottischen Adel und ich will gar nicht wissen, wie viele Ländereien ihnen gehören. Ben hat dir auf eurer Tour sicher das eine oder andere Anwesen gezeigt. Um es genau zu sagen: Sie sind nicht wohlhabend, sondern stinkreich. So reich, dass Ben sagte, das kann's nicht sein. Du siehst also, Geld macht nicht glücklich. Es hat den Eltern ihren Sohn gekostet. Er sollte eigentlich die vielen Unternehmungen, die sein Vater aufgebaut hat, übernehmen. Tja, und dann ist das mit Miriam passiert und Ben hat sich nach dem Sinn des Lebens gefragt. Kein Geld der Welt konnte ihm Miriam zurückbringen. Und kein Erfolg das Gefühl der Leere ersetzen.«

Zitternd sank ich in den Sitz zurück und merkte, wie mir schlecht wurde. Brian sah mich erschrocken an.

»Brian, es tut mir schrecklich leid«, brachte ich schließlich hervor. »Aber bitte bring mich zum Flughafen zurück. Ich kann unter diesen Umständen auf keinen Fall mit seinen Eltern reden.«

»Warum nicht? Was ist los? Du wolltest ihnen doch nur etwas von Ben geben!«

Ich biss mir auf die Lippen, dachte hektisch nach. Brian konnte nicht mehr mit Ben reden, es bestand keine Gefahr mehr, dass Ben erfuhr, was ich Brian nun offenbarte. Ich holte tief Luft.

»Brian, du hast einmal zu mir gesagt, ihr habt alle gehofft, dass sich Ben in mich verliebt und er bleibt …« Abwehrend hob ich die Hand, als Brian mich unterbrechen wollte. »Ja, ich weiß, du bist der

Meinung, dass er das tut. Aber es war nicht genug für ihn. Sicher ist er auch nicht vollständig über den Tod von Miriam hinweggekommen und findet Trost in dem, was er jetzt tut. Brian, ich weiß nicht, was Ben dir über mich und mein Leben erzählt hat … ein bisschen was wirst du wohl wissen. Dass meine Kindheit etwas holprig war, ich jahrelang nicht wusste, dass ich eine Oma und überhaupt Verwandtschaft habe, dass ich bis vor kurzem meinen Vater nicht kannte …«

»Ja«, erwiderte Brian leise. »Das weiß ich.«

»Was ich damit sagen will: Ich kann nachfühlen, wie das ist, wenn man sein Kind verliert. Ich bin mit sechzehn von meiner Mom weg – sie ist damals ebenfalls von ihrer Mutter weg. Ich weiß nicht, wie sich Bens Eltern fühlen mit dem Wissen, ihren Sohn nie wiederzusehen … nie wieder … und ich wollte …«

»Was wolltest du?«, fragte Brian sanft und strich mir eine Strähne aus der Stirn, als ich abrupt stoppte und nicht weiterreden konnte.

»Ich wollte ihnen wenigstens ein Stückchen von Ben wiedergeben«, sagte ich heiser. »Brian, ich bin schwanger.«

Brian sog tief die Luft ein und hielt sie lange in seiner Lunge. Seine Hände umklammerten das Lenkrad und stoßweise kam die Luft wieder heraus – mit einem ungläubigen Laut. Die Scheiben beschlugen. Mit bestürztem Blick wandte er sich mir zu. Er brachte kein Wort hervor.

»Verstehst du?«, rief ich. »Ich dachte, die McArrans sind eine ganz normale Familie! Aber jetzt sagst du, sie sind eine der reichsten des Landes! Oh, jetzt weiß ich, warum du mir ihre Adresse nicht geben wolltest! Und wie ich das verstehe! Brian, ich kann nicht zu ihnen gehen und ihnen sagen, dass ich Bens Kind unterm Herzen trage! Sie werden denken, ich will Geld von ihnen, sie werden denken, ich bin gekommen, um sie zu erpressen! Oder noch schlimmer, sie werden denken, ich bin eine Betrügerin! Fahr mich bitte zurück, Brian. Ich nehme den nächsten Flug zurück nach Deutschland!«

»Aber du kannst es ihnen nicht *nicht* sagen!«, rief Brian aufgewühlt und fuhr sich durch sein rotes Haar. »Das kannst du ihnen nicht antun! Mein Gott, du bekommst ein Kind! Du bekommst ein Kind! Ben wird Papa! Das ist das, was er sich immer gewünscht hat! Immer hat er sich das gewünscht!«

»Ja, mit Miriam! Aber…« Ein weiterer unangenehmer Gedanke schoss in mein Hirn, den ich nicht zu Ende denken konnte, weil Brian mich unterbrach.

»Wir fahren«, sagte er entschieden und wollte den Motor wieder starten. »Wir fahren zu den McArrans und du sagst es ihnen! Sie müssen es wissen!«

»Nein! Kehr um oder ich steige hier auf der Stelle aus!«

»Aber du kannst es … du darfst es ihnen nicht verheimlichen!«

»Das werde ich nicht. Ich werde es ihnen schreiben, denn dann kann ich ihnen mitteilen, dass ich nichts von ihnen erwarte. Das kommt besser rüber.«

»Aber es ist Bens Kind! Und sie *werden* dafür sorgen wollen!«

»Okay, und was heißt das?«, fragte ich alarmiert. »Heißt das, sie werden versuchen, es mir wegzunehmen?«

Brians Schultern sackten nach unten.

»Nein. Das werden sie nicht. Mein Gott, Greta, du hast doch Ben kennengelernt! Meinst du, er wäre so geworden, wenn seine Eltern vollständig daneben wären? Bis auf die Mönchsgeschichte ist er nämlich einer der besten Menschen, die ich kenne!«

Zweifelnd sah ich Brian an.

»Und das, was du ihnen schreiben willst, kannst du ihnen auch persönlich sagen«, setzte er hinzu. »Sie warten auf dich. Sie sind nicht blind. Sie können sehen und fühlen, mit wem sie es zu tun haben. Sie freuen sich, von Ben zu hören. Von ihrem Sohn. Du kannst ihnen keine schönere Nachricht überbringen!«

Und als ich immer noch unschlüssig vor mich hinstarrte, bewegt durch seine Worte, sagte er entschlossen:

»Oh, Mann! Ein Sturkopf nach dem anderen! Wir fahren! Ende!«

Damit wischte er grimmig den Beschlag von der Scheibe, startete den Motor und fuhr an. Ich wehrte mich nicht.

***

Bens Mutter hatte hellbraunes, mit grauen Strähnen durchzogenes Haar, das sie zu einem Knoten nach hinten gebunden hatte. Sie erinnerte mich in Haltung und Statur sehr an Frau Dr. Steiger, und das war nicht das einzige, was ich attraktiv an ihr fand. Sie sah viel jünger aus, als sie war.

Aber zunächst war ich von dem gigantischen Ambiente mehr als eingeschüchtert. Die Eindrücke überrollten mich und genauso fühlte ich mich: wie geplant.

Wir waren vor ein Schloss gefahren, ein Butler hatte die Tür geöffnet, mir die Hand zum Aussteigen gereicht, es war ein Teppich über den Schnee gerollt worden, damit ich keine nassen Füße bekam, und nun stand ich in einer mit Kaminfeuer beheizten Halle in herrschaftlichem Stil. Dicke Teppich waren ausgelegt, ein kostbarer Tisch stand in der Mitte mit einem riesigen Blumengebinde darauf, wie man sie in großen Hotels findet. Zwei Hausmädchen in schwarzem Kleid mit weißer Schürze, deren Manieren sicher besser als die meinen waren, nahmen mir den Mantel ab und fragten höflich und freundlich, wie der Flug gewesen sei. Ich war vollkommen überwältigt und Brian drückte mir ermutigend den Arm. Er scherzte mit dem Butler, während der uns in das Wohnzimmer geleitete, in dem Tee serviert wurde.

Bens Eltern waren aufgestanden, als wir hereinkamen. Seine Mom streckte mir mit herzlichem Lächeln ihre Arme entgegen und nahm mit beiden Händen meine Hand.

»Wie schön, dass Sie sich die Zeit nehmen, uns etwas von Ben zu bringen«, sagte sie mit einem so charmanten Lächeln, dass ich mich, wäre ich ein Mann gewesen, sofort in diese Frau verliebt hätte. Sie war so sehr englische Lady, dass mir ganz anders zumute wurde.

Ihr Gatte stand neben ihr, ein grauhaariger, sehr höflicher, freundlicher Lord, dem der Adel im Gesicht stand. Er war so groß wie Ben, stattlich gebaut wie Ben, hatte eine ebenso gerade Haltung und wirkte einfach … ja, edelmütig. Ein Ritter, wie er im Buche stand. Hätte er einen Umhang wie in alten Zeiten getragen mit einem Schwert an der Seite, ich hätte es nicht befremdlich gefunden.

Bens rothaarige Schwester, Clarine, lümmelte in einem Sessel. Sie stand nur zögerlich auf und ich wagte einen Seitenblick zu Brian, aber der konnte mir an dieser Stelle ja schlecht einen Hinweis geben. Unsere Begrüßung fiel gemäßigt aus.

Meine Nervosität war trotz des freundlichen Wesens von Bens Mutter nicht um ein Jota gesunken, eher war sie noch gestiegen, weil es hier ungefähr so nobel zuging wie im Buckingham Palace. Ich fühlte mich schrecklich fehl am Platz. Meine Gedanken schweiften wie so oft in solchen Fällen zu Mom, zu unserer

Sozialwohnung, zu der Gegend, aus der ich kam, und in diesem Moment wünschte ich mir umso mehr, Brian zum Umkehren überredet zu haben.

Schließlich saßen wir alle, der Tee war eingeschenkt, alle Höflichkeitsformen ausgetauscht und sie fragten mich, wie ich Ben kennengelernt hatte.

»Das war sehr abenteuerlich«, stammelte ich und die erste Verlegenheitswelle überflutete mich, als mir bewusst wurde, wie unsere Begegnung auf andere wirken musste. »Ich befand mich von Frankfurt auf dem Weg nach Indien und der Flug ging über London. Aber wegen Nebel verpassten wir unseren Anschlussflug und mussten daher einen Tag Aufenthalt in London einlegen. Ben bot sich an, mir London zu zeigen. So haben wir uns kennengelernt.«

Ich wurde rot. Was mussten sie nur für einen Eindruck von mir bekommen? Und … um Gottes willen, was sollte ich ihnen erzählen? Dass wir, nachdem wir uns ein paar Stunden gekannt hatten, schon abends zusammen in einem Bett gelegen waren und uns zu einer vierwöchigen, gemeinsamen Tour entschieden hatten? Dass ich mich in diesen Wochen so sehr in ihren Sohn verliebt hatte, dass ich mir hätte vorstellen können, ein Leben mit ihm zu verbringen? Erst als ich das mit den Augen anderer sah, kam mir, wie grotesk das war und wie absurd auch mein Glaube, vier Wochen hätten in Bens Leben etwas verändert. Brians Bemerkung, Ben könnte zehn Frauen an jedem Finger haben, fiel mir wieder ein und ein weiterer Blutschwall schoss in mein Gesicht. O mein Gott, ich musste ihnen wie eine tölpelhafte Landpomeranze vorkommen! Da kräuselten sich auch schon die Lippen von Bens Schwester.

»Das heißt, Sie kennen ihn noch nicht sehr lange«, stellte sie auch gerade in kühlem Ton fest.

»Ja, das stimmt. Nicht sehr lange.«

Ich musste hier raus! Unbedingt!

»Und da hat er Ihnen gleich was für uns mitgegeben.«

Clarines Stimme klang spitz und ich nahm aus den Augenwinkeln einen tadelnden, aber ebenso zweifelnden Blick ihrer Mutter wahr.

»Sozusagen.«

»Was heißt das ›sozusagen‹?«

Brian neben mir zuckte und ich konnte förmlich fühlen, wie er nach Möglichkeiten suchte, mir beizustehen. Auch er merkte plötzlich, wie außerplanmäßig und schwer nachvollziehbar es für Außenstehende war, was wir in diesen Wochen erlebt hatten – und wie misstrauenerregend das wirkte.

Es wurde noch schlimmer. Um die peinliche Pause zu überbrücken, stellte Bens Mutter liebenswürdig und unwissend die für mich schrecklichste Frage der Welt:

»Was machen Ihre Eltern, Greta, wie geht es ihnen? Wo kommen Sie her?«

Meine Gedanken stießen mich wieder in die Sozialwohnung und alte Minderwertigkeitskomplexe brachen auf, doch eine Sekunde später flutschten sie zu Daddy und ich lächelte leicht. Endlich.

»Es geht ihnen gut, vielen Dank. Mein Vater lebt in Goa«, berichtete ich. »Er ist Ethnologe und ja ... um auf das Thema zurückzukommen ... Ben hat mir Ihr Land gezeigt, das ich im Übrigen wunderschön finde. Wir waren ein paar Wochen zusammen unterwegs und stellten schließlich fest, dass wir das gleiche Ziel hatte. Ich hatte mich ...« Ich räusperte mich wegen der Notlüge, die folgte: »... für ein Retreat im gleichen Kloster angemeldet, wie er. In dem Kloster, in dem er ...«

Ein gemeinsames »Aaah!« kam aus ihren Kehlen und es wurde etwas leichter. Der Ashram war eine dichtere Verbindung als ein zufällig entstandenes Roadmovie.

»Sie sind gemeinsam mit ihm hingefahren?«, fragte Bens Vater.

»Das war der Plan, aber dann hatten Sie ja einen Herzinfarkt und Ben änderte seine Pläne. Brian brachte mich zum Flughafen. Ben kam nach.«

»Was habt ihr vorher so lange gemacht? Wo wart ihr?«, fragte Clarine misstrauisch.

»In einer Hütte von Chris, einem Freund von Ben.«

»Chris hat eine Hütte? Welche Hütte? Wo war das?«

Clarines Stimme klang stechend und ich kam mir vor wie in einem Verhör.

»In den Highlands«, antwortete ich dennoch tapfer. »Ben hat mir gesagt, dass er sie für Chris betreut, also den Wald drumherum ...«

Brian neben mir zuckte schwer zusammen. Ich verstummte und begriff: Natürlich! Es war Bens Hütte. Ach herrje! Das war alles so verfahren! Alles in mir wollte aufstehen und flüchten! Wieder bewegte sich Brian neben mir und ich hatte Angst, dass er mit der Nachricht von meiner Schwangerschaft einfach herausplatzte, so nahm ich noch mal meinen ganzen Mut zusammen. Sollte Clarine mich doch angiften! Meine Motive waren rein.

»Okay, Sie merken schon, es ist recht schwer zu erklären.« Ich suchte nach Worten. »Ich … ähm … am besten rede ich frei von der Leber weg. Ich kann nur hoffen, dass Sie es richtig auffassen. Dazu muss ich ein bisschen ausholen. Ben hat mir von Beginn an den Eindruck vermittelt, er sei knapp bei Kasse. Das habe ich sogar bis vor einer Stunde noch geglaubt, sonst wäre ich niemals gekommen. Er hat mir gesagt, Sie seien alles andere als wohlhabend und Brian hat mir vor circa fünfundvierzig Minuten offenbart, was dieser Satz wirklich bedeutet. Ich hatte keine Ahnung, was mich hier erwartet, nicht die geringste … und als Brian es mir erzählte, wollte ich eigentlich wieder zurückfliegen, ohne Sie zu treffen.

Aber nun bin ich hier und … ja, also, Ben und ich, wir haben vier wunderbare Wochen in Schottland und England verbracht und uns noch zwei Mal kurz im Kloster gesehen. Erst dort habe ich von seinen Lebensplänen erfahren. Er hatte mir nichts davon erzählt. Ich stand ihm plötzlich gegenüber …«, meine Stimme begann zu zittern und ich räusperte mich. »…und wurde mit der Tatsache konfrontiert, dass er das Mönchsgelübde ablegen will. Das war … das war nicht einfach für mich.«

Alle schwiegen und es war kein gutes Schweigen. Doch wieder versuchte seine Mutter, mir zu helfen.

»Wir alle lieben Ben«, sagte sie leise. »Und weil wir ihn lieben, wollen wir, dass er glücklich ist. Und so haben wir ihn ziehen lassen.«

»Ich … liebe ihn auch«, stürzte es aus mir heraus und wurde blutrot dabei. »Auch, wenn Ihnen das seltsam aus dem Mund von jemandem vorkommt, der ihn gerade mal ein paar Wochen kennt.«

Die Stimmung wurde immer gestresster.

»Aber was haben Sie denn nun von ihm mitgebracht?«, fragte seine Mutter ein wenig gequält. Ich schwitzte inzwischen Blut und Wasser – ein Umstand, der das Vertrauen nicht unbedingt förderte.

»Ich … ich sollte vielleicht dazu sagen … nur damit Sie meine Beweggründe verstehen … ich meine …«, stotterte ich, in dem Bedürfnis, ihnen zu erklären, was Familie für mich bedeutete. Aber sollte ich jetzt auch noch meine Vergangenheit vor ihnen ausbreiten? Nein, das war unmöglich! Oh, verflixt! Ich hatte mich total verfahren! Die Augen der McArrans waren nun voller

Misstrauen auf mich gerichtet. Aber nun gab es kein Zurück mehr. Tief holte ich Luft:

»Okay, machen wir es kurz: Ich erwarte ein Kind von Ben und …«

Ein Aufschrei schnitt meinen Satz ab.

»Wer weiß, ob das von Ben ist!«

»Clarine!«, rief Mrs. McArran entsetzt, aber auch sie war erschüttert über meine Worte, und Zweifel und Argwohn standen ihr ins Gesicht geschrieben. Zu Mr. McArran wagte ich gar nicht erst hinzusehen.

Mit rotem Gesicht stand ich auf.

»Ich werde das Kind bekommen«, sagte ich mit zittriger Stimme. »Und großziehen. Ich wollte Sie lediglich wissen lassen, dass Sie im Mai nächsten Jahres einen Enkel haben werden. Mehr wollte ich nicht. Und, bitte, ich möchte auf gar keinen Fall, dass Sie es Ben sagen, weil ich nicht will, dass er sich in irgendeiner Weise zu etwas verpflichtet fühlt. Ich möchte auch nicht, dass Sie sich zu etwas verpflichtet fühlen. Brian, würdest du mich bitte …«

Ich stürzte aus dem Zimmer, riss ohne die Hilfe der entgeisterten Hausmädchen meinen Mantel aus der Garderobe und lief nach draußen. Der Butler hatte mir das Eingangsportal öffnen wollen – als Tür konnte man dieses Ungetüm unmöglich bezeichnen – aber auch ihm war ich zuvorgekommen. Ich wollte nur noch weg. Mein Gesicht brannte vor Scham. Hätte ich nur auf mein Gefühl gehört!

***

Brian kam zwei Minuten später. Fast schweigend brachte er mich zum Flughafen. Er war verlegen und der Abschied fiel einigermaßen kühl aus.

Ben hatte so recht! Geld konnte ein Fluch sein. Und plötzlich verstand ich ihn, verstand ich, warum er all dem entsagen wollte. Und so blöd es klang: Ich sehnte mich nur noch danach, mich auf meine Matte zu setzen und in mich zu gehen. Denn dort, das wusste ich sicher, würde ich Trost finden. Mein Gleichgewicht, mein Vertrauen, meine Liebe. So wie er. Vielleicht war seine Entscheidung gar nicht mal so falsch.

Doch in der Nacht fiel mir der nicht zu Ende gedachte Gedanke ein, der mir bei Brians Eröffnung durch den Kopf geblitzt war: Ben kannte meine Vergangenheit. Selbst, wenn er kein Mönch hätte werden wollen – er hätte mit seinem adligen Hintergrund nie jemanden wie mich zu seiner Partnerin machen können.

Ich weinte. Alte Minderwertigkeitskomplexe fluteten hoch. Ich vermisste Ben, vermisste seinen Körper, in den ich mich immer hatte kuscheln können, seine Arme, die er um mich geschlungen hatte, seinen Mund, seine blitzenden Augen, die wunderbaren Gespräche zwischen uns, sein Herz … einfach alles. Aber es hatte keinen Sinn. Es hatte nie einen gehabt.

Ich beschloss, ihn endgültig aus meinem Herzen und meinem Leben zu verbannen.

Es war besser so. Nun wusste ich es sicher.

Vorwärts

Einen Tag später erhielt ich zwei Anrufe. Einen von Oberhofer, der mir das Versprechen abrang, am Montag bei ihm anzufangen – und einen von Tobias. Er lud mich ins Theater ein und da ich das Kapitel »Ben« endgültig abgehakt hatte, sagte ich zu. Es wurde ein wunderschöner Abend mit Tobias. Er war rührend interessiert an meinen letzten Erlebnissen.

Freudestrahlend zeigte ich ihm Bilder von Daddy und einige Fotos aus dem Kloster – die Mädels hatten mich in dem grünblauen Sari fotografiert – und Tobias lud sich das Bild sofort auf sein Handy.

»Du siehst aus wie eine indische Prinzessin«, sagte er bewegt und strich mir über die Wange.

»Nicht, Tobias, lass das.«

Aber er gab nicht auf.

»Wann lerne ich deinen Daddy kennen?«, fragte er. »Ich war noch nie in Indien!«

Ich lächelte und sah ihn an. In seinen Augen standen Sehnsucht und Liebe, und ich versuchte mir vorzustellen, wie das wäre, wenn Daddy und er aufeinanderträfen. Ja, die beiden könnten sich vertragen … dennoch lenkte ich ab, erklärte ihm, dass ich wegen des Kindes nicht mehr fliegen wollte. Das war sein Stichwort.

»Greta …«, hob er erneut an. »… willst du dem Kind nicht eine Familie geben?«

»Die hat es doch. Mein Baby hat weit mehr, als ich hatte. Außerdem sollte das nicht der Grund sein, warum wir wieder zusammenkommen.«

»Nein, das stimmt. Ich hoffe, von Herzen, dass es einen richtigen Grund gibt.« Er schluckte. »Greta … liebst du mich denn gar nicht mehr?«

»Doch«, erwiderte ich nachdenklich. »Ich liebe dich auf eine ganz bestimmte Weise. Aber ich weiß nicht, ob das für eine Ehe reicht. Ach, Tobi, es ist so viel passiert! Das letzte halbe Jahr war gerammelt voll mit so vielem! Ich will nicht aus einer Emotion heraus handeln oder aus einem Mangelgefühl, verstehst du? Ich habe das alles noch nicht richtig sortiert.«

»Ja, ich verstehe dich. Und ich warte, Greta.«

Er blieb hartnäckig. Und das ließ mich nicht kalt. Er wusste ja inzwischen auch alles. Wir hatten eine ganz andere Basis als vorher.

***

»Daddy? Was war der Grund, warum du Mom nicht mehr wolltest?«, fragte ich ihn, als wir miteinander skypten. »War es, weil du gesehen hast, wie sie lebt? Mit wem sie lebt? War sie dir – und bitte Dad, sei einfach nur ehrlich – war sie dir nicht gut genug?«

Daddy schwieg eine Weile, bevor er antwortete.

»Ich muss zugeben, es war ein Schock, sie wiederzusehen. In dieser schmutzigen Wohnung, mit diesem schmutzigen Kerl. Ich bin Brahmane … unser Kastensystem in Indien ist alt und ungerecht, das weiß ich. Ich wollte auch stets moderner sein, aber …«

»Glaub mir, wir haben hier in Europa ebenfalls ein Kastensystem«, sagte ich bitterer, als mir lieb war. »Es ist nur nicht so klar definiert und eher subtil. Ist aber nicht minder wirksam.«

»Ja, aber letztlich war das nicht der Grund, mit ihr nicht zusammen sein zu wollen. Hätte ich gespürt, dass sie ein Edelstein im Unrat ist, hätte ich sie mitgenommen. Aber ich erkannte, dass sie sich mit meiner Art zu leben nicht würde identifizieren können. Es war einfach etwas an ihr, das mir sagte, dass sie mein Leben nicht mögen würde. Bei uns in Indien gibt es die Geschichte vom Fischer und dem Blumenhändler, die das erklärt. Sie waren enge Freunde und besuchten sich gegenseitig auf dem Markt. Eines Tages lud der Blumenhändler seinen Freund, den Fischer, zu sich nach Hause ein. Er richtete alles her, stellte das Gästezimmer voller Blumen, putzte das Haus, er wollte es seinem Freund so schön wie möglich machen. Der Fischer kam, sie aßen, sie tranken und gingen schließlich zu Bett. Am nächsten Morgen fragte der Blumenhändler den Fischer, wie er denn geschlafen hätte, und ein Stöhnen antwortete ihm. ›Ich konnte überhaupt nicht schlafen‹, antwortete er. ›Dieser Geruch! Überall diese Blumen! Ich bekam Kopfschmerzen, ich habe mich im Bett umhergewälzt … ich habe die ganze Nacht kein Auge zugetan!‹

Der Blumenhändler verstand. Sein Freund ging, begierig darauf, wieder den gewohnten Geruch seiner Fische einzuatmen, und fühlte sich wie befreit, als er endlich, nach vielen Abschiedsgrüßen, dem Haus seines Freundes entronnen war. Keiner von beiden ist besser oder schlechter, verstehst du? Aber jeder fühlte sich nur in seiner Welt wohl.«

Schweigend saßen wir eine Weile vor dem Bildschirm.

»Ja, ich verstehe«, sagte ich schließlich. »Konntest du Mom deshalb so gut loslassen?«

»Ja, sie hat mich ja auch weggeschickt. Und da dachte ich mir: *Naresh, wenn sie es nicht ist, dann wartet eine andere auf dich*. Und die habe ich gefunden. Ich hätte sie nicht gefunden, hätte ich an Uschi festgehalten. Ich ließ ihr ihre Freiheit. Warum fragst du das?«

»Daddy, der Vater meines Kindes … ich habe herausgefunden, dass er aus einem sehr reichen Elternhaus stammt. Meinst du, ich war für ihn der Fischer, der den Blumengeruch nicht mag?«

Daddy dachte nach. Besser gesagt – und das liebte ich an ihm – er ließ die Frage sinken und fragte sein Herzbauchgefühl.

»Ich habe eher den Eindruck, der Blumenhändler erkennt nicht seinesgleichen und will mit Gewalt zum Fischer werden«, antwortete er.

***

Das Gespräch half mir nicht wirklich weiter. Es hatte doch keinen Sinn! Was fragte ich denn überhaupt nach?! Und als ob das Schicksal mit dem Zaunpfahl winkte, trudelte die nächste Nachricht von Tobias ein:

»In der Stadt hat ein neuer Italiener aufgemacht. Hast du Lust? Ich würde mich so freuen.«

Er schickte mir nach wie vor Rosen, er schrieb mir Mails, er ließ mich an seinem Leben teilhaben, berichtete von seinem Job … und hörte nicht auf zu sagen, dass er mich liebte. Es wurde immer schwerer.

Ein paar Tage darauf lud mich seine Mutter zum Kaffee ein und beide, ihr Mann und sie redeten auf mich ein, wie schön es doch wäre, wenn … Sie hätten mich so vermisst und das mit dem Kind ist doch heutzutage keine Sache mehr. Es bliebe doch sicher nicht das einzige … sie würden es jedenfalls als ihr Enkelkind betrachten und mir in allem beistehen … und wenn ich wüsste, wie Tobias gelitten hat und wie er mich liebt! Sie freuten sich so sehr auf ein mögliches Enkelkind, dass es mir die Sprache verschlug.

Ich wusste danach nicht mehr, wo oben und unten war. Die Tür stand so weite offen, offener ging es nicht. Warum ging ich nicht durch?

***

Aufgewühlt von Gretas Besuch lief Clarine aus dem Zimmer, die Treppen hoch, in den Trakt, den ihr Bruder bewohnt hatte, als er zuletzt bei ihnen gewesen war. Sie begab sich in sein Arbeitszimmer, das er so liebte, und in das er zwei Bilder von ihr gehängt hatte. Sie sah sich in dem Raum um. Bens Präsenz hing in der Luft wie ein Parfüm und sie vermisste ihn schrecklich.

Entmutigt ließ sie sich auf den Schreibtischstuhl sinken und starrte aus dem Fenster.

Wie oft hatte sie schon erlebt, dass Frauen hinter ihrem Bruder her gewesen waren! Kein Wunder, bedachte man, wer er war: der Stammhalter eines alten Adelsgeschlechts, das allein war attraktiv genug. Aber Ben war noch dazu unverheiratet, gutaussehend und obendrein mit einem starken und mitfühlenden Charakter gesegnet. Clarine war so froh gewesen, als er Miriam kennengelernt hatte, die auf Besitz und Geld nicht den geringsten Wert gelegt und es sogar verächtlich abgetan hatte. Ben war von Beginn an fasziniert von ihr gewesen, weil sie so anders war und weil ihre Auffassungen den seinen zu entsprechen schienen. Er hatte sich den Dingen, die ihm wichtig waren, stets mit Leib und Seele gewidmet.

Beruflich hatte er das längst getan. Privat hatte er noch gesucht und daher keine festen Bindungen forciert – bis Miriam in sein Leben getreten war.

Miriam war die Frau, die mit Ben zelten ging, obwohl sie sich beide die teuersten Hotels der Welt leisten konnten. Ben hatte schon vor ihr die Welt per work-and travel erkundet, weil er sich nicht auf seiner Herkunft ausruhen wollte. Er wollte das Leben in seiner puren Form kennenlernen. Das wollte Miriam auch. Die Beziehung schien perfekt.

Aber so vielversprechend das Ganze angefangen hatte, so böse hatte es geendet: Miriam hatte Ben immer tiefer in die spirituelle Szene gezogen, eine, die Clarine missfiel, weil sie eine Welt der Dualität schuf, die es doch in der wahren Spiritualität nicht gab. Eine Welt von Arm und Reich, von Gut und Böse, von Verzicht und Besitz. Aber es war zu ertragen gewesen. Ben hatte durchaus seine eigene Meinung und es wäre abzusehen gewesen, wer wen am Ende mehr beeinflusst hätte. Der einzige Zankapfel zwischen den beiden war im Grunde Bens Wunsch nach Familie gewesen, dem

Miriam total widersprach. Aber alles war gut gewesen. Ben hatte langsam aber sicher die Geschicke des Familienunternehmens übernommen, die ihm endlich genügend Herausforderung geboten hatten, und neben Miriam hatte es auch viele andere Einflussfaktoren gegeben.

Doch dann war sie gestorben und Ben ein anderer geworden. Clarine hatte seine tiefe Verzweiflung geteilt, versucht, sie zu lindern, versucht, ihn aufzufangen. Aber Ben hatte sich so sehr auf Miriam eingelassen, dass er überzeugt davon war, nie mehr eine Frau mit einer solchen Gesinnung zu finden. Nun war sie tot, und mit ihr, so glaubte er, die Chance auf eine glückliche Beziehung. Sie, Clarine, hatte ihn daran erinnert, dass durchaus nicht alles rosig zwischen ihnen gelaufen war, aber Ben sah nach Miriams Tod ausschließlich das Positive und tat alles andere als Kleinigkeiten ab.

Eines Tages hatte ihr Ben von dem Versprechen erzählt, das er Miriam auf ihrem Totenbett gegeben hatte. Er liebte diese Frau so sehr, buchstäblich bis über ihren Tod hinaus, dass ihm dieses Versprechen heilig war. Dazu kam seine Eigenschaft, Dinge, die er nun mal versprochen oder angefangen hatte, durchzuziehen. Der Prophezeiung der Palmblattbibliothek folgte sein erster Besuch im Kloster. Sehr ruhig und sehr ausgeglichen war er aus dem Kloster zurückgekommen und alle, seine Eltern und Clarine, hatten aufgeatmet und gehofft, dass es von nun wieder aufwärtsgehen würde. Er schien endlich wieder Frieden zu spüren. Niemand konnte ahnen, dass er so ruhig war, weil er meinte, seine Berufung gefunden zu haben.

Clarine war außer sich gewesen, als sie von seinen Plänen erfahren hatte. Sie hatte geweint, ihn beschworen, alles unternommen, um ihn umzustimmen. Aber Ben war anders geworden. Er sah keine Frauen mehr an, ihm waren die Geschäftsdinge mehr oder weniger egal, wenn er auch alles noch akribisch ausführte, so wie sie es alle von ihm gewohnt waren. Aber die Freude fehlte. Das Leben fehlte. Er hatte nur noch den Wunsch, diesen Frieden, den er gefunden hatte, zu halten und war sicher, ihn nur innerhalb der Klostermauern finden zu können.

Und nun diese Frau. Dieses Mädchen. Sollte sich Ben tatsächlich wieder auf jemanden eingelassen haben? Sie hatte nicht unsympathisch gewirkt … Vor Clarines Augen tauchte Gretas Gesicht auf. Ihre Verlegenheit und die Verletzung in ihren Augen, als Clarine die Vaterschaft offen angezweifelt hatte.

Dennoch war die Wahrscheinlichkeit hoch, dass sie nur jemand war, der Geld wollte, auch wenn sie anderes behauptete. Doch Zweifel nisteten sich in Clarines Herz. Gretas verletzter Blick ließ sie nicht los.

Es war doch Brian, der sie hierher gebracht hatte! Das hätte er nie getan, hätte er einen Zweifel an ihr gehabt! Clarine nahm sich vor, noch mal mit ihm zu reden. Sie hatte sich nicht richtig verhalten, das wurde ihr in diesen Minuten klar. Sie hatte zu impulsiv reagiert. Wieder hatte sie den verletzten, hilflosen Ausdruck Gretas im Gedächtnis, als sie aus dem Haus gerannt war, und biss sich auf die Lippen. Nein, das war nicht fair gewesen. Sie würde Brian um Gretas Adresse bitten.

Mechanisch klappte sie den Laptop auf, der vor ihr stand.

Es war Bens Laptop, den er zuletzt benutzt hatte, als ihr Vater seinen Herzanfall erlitten hatte. Und den er ins Kloster nicht hatte mitnehmen dürfen.

Aber sie würde Brians E-Mail-Adresse darin finden und sie wollte diese Mail gleich erledigen.

Als sie auf Senden klickte, bemerkte sie, dass die Message nicht rausging. Sie klickte den Postausgangsordner an. Unter ihrer nicht gesendeten Mail lag eine weitere. Eine Mail von Ben an Brian, die ebenfalls im Postausgang verharrte. Seit Ende September, als er hier gewesen war. Ehe sie sich's versah, hatte sie sich angeklickt. In den ersten Zeilen waren genau jene beiden Namen erwähnt, die ihre momentane Unruhe auslösten. Unwillkürlich fing Clarine an zu lesen.

***

»Hi Brian,

Dad geht es wieder einigermaßen gut. Wir sind mit dem Schrecken davongekommen. Er wird noch nicht mal Folgeschäden haben, Gott sei Dank.

Sitze hier in meinem alten Arbeitszimmer und denke tausend Dinge. Muss ein bisschen laut denken. Schade, dass du gerade nicht erreichbar bist. Hätte dich gern angerufen. Wird vielleicht ein bisschen chaotisch, die Mail, aber bist ja ein kluger Junge, wirst schon durchblicken.

Um ehrlich zu sein: So durcheinander war ich seit Miriams Tod nicht mehr. Ich war so froh, endlich meinen Weg gefunden zu haben, aber nun ist alles anders. Brian, ich habe keine Ahnung, was ich tun soll.

Bevor ich Greta kennenlernte, war alles so klar. Aber nun bin ich aufgewühlt. Diese letzte Nacht mit ihr – Brian, ich glaube, damit habe ich mir ein gewaltiges Eigentor geschossen.

Ich erinnere mich so oft an den Tag, als ich sie das erste Mal traf. Am Flughafen in Frankfurt, als sie neben mir stand, in Heathrow, als sie auf mich zulief und mich mit ihren blauen Augen ansah. Sie wirkte so hilflos und irgendetwas war in ihrem Blick, das mich unendlich rührte. Sie wollte ja nur eine Auskunft von mir … ich weiß auch nicht, was in mich gefahren ist, als ich ihr anbot, den Tag mit mir zu verbringen. Hab gar nicht richtig nachgedacht, wohl nur: Na ja, das Mädchen braucht Hilfe, mein Gott, was ist schon ein Tag! Also habe ich dir abgesagt und bin mit ihr losgezogen.

Aber um ehrlich zu sein: Schon dieser erste Tag war eine Prüfung und eine Herausforderung. Schon nach ein paar Stunden hat sie mein Gefühlsleben aufgemischt.

Und diese Tour … Mann, Brian, Greta hat mir mein eigenes Land wieder nahegebracht, sie hat mich die Schönheit wieder sehen lassen, an der ich Jahre lang vorbeigelaufen bin. Sie war immer so begeistert, von jedem Stein, jeder Blume … ich kann dir gar nicht sagen, was das mit mir gemacht hat. Wir haben beide diese Wochen als Auszeit deklariert, jeder aus eigenen Beweggründen, aber je länger ich mit ihr zusammen war, desto schwerer fiel es mir, an das Ende dieser Wochen zu denken. Sie brachte mich auf andere Gedanken, vor allem: Sie brachte mich zum Lachen, dauernd, und ich stellte fest, dass ich morgens aufwachte und mich auf den Tag mit ihr freute.

Dann die Tage in der Hütte, in der sie mir ihre Geschichte erzählt hat. Brian, das war einfach schrecklich für mich. Ich dachte zuerst, *na ja, was wird schon passiert sein … ihr Freund hat sie verlassen und sie hat ihren Job verloren, ich baue sie halt ein bisschen auf* … und dann packt sie einen Hammer nach dem anderen aus. Irgendwann war ich nicht mehr sicher, wen ihre Geschichte mehr verwandelte – mich oder sie.

Zeitweise habe ich es nicht ausgehalten. Ich musste Pausen einlegen, weil ich das nicht verarbeiten konnte. Mir wurde klar, was für ein gesegnetes Leben ich führe … und auf einmal kam ich mir schrecklich undankbar vor. Ich hatte alles, worauf sie einen Großteil ihres Lebens verzichten musste: liebende Eltern, ein Zuhause, Familie …

Ich weiß nicht, ob ich gerade nur furchtbaren Mist schreibe.

Diese Tage haben mich verändert, haben sie verändert … uns verändert … und auch die Tage mit euch zusammen in der Hütte … es war so schön. Ich weiß genau, was ihr dachtet und hofftet. Du hast ja gemerkt, dass ich mich ziemlich dagegen gewehrt habe und es letztlich doch nicht konnte.

Sie weiß nicht, wer ich bin, sie denkt, ich bin ein vom Leben frustrierter Aussteiger – und trotzdem liebt sie mich. Sie hat es nie laut gesagt, sie wusste, wir befinden uns in einer Art Vakuum, einer Auszeit. In der schönsten meines Lebens! Ich kann dir nicht sagen, was wir alles unternommen haben und alles war toll! Ob einkaufen gehen oder Strandburgen bauen, alles mit ihr war ein Erlebnis. Irgendwann hoffte ich, dass sie mich liebt. Ganz sicher konnte ich natürlich nie sein, weil ich das mit der Auszeit permanent betont habe, und die sie ohne mit der Wimper zu zucken respektierte. Aber im Grunde hungerte ich auf jede Berührung und jeden Blick von ihr. Dabei war sie nie fordernd. Nie. Manchmal hätte ich es mir fast gewünscht – dass sie mir die Entscheidung abnimmt.

Du weißt, alle Frauen vorher waren wild darauf, einen McArran zu heiraten. Greta ist neben Miriam die Einzige, der es nicht nur egal ist, vermutlich wäre es sogar ein Hindernis, wenn sie es wüsste, weil ihr davor graut, von einem Mann abhängig zu sein, und sie um alles in der Welt auf eigenen Füßen stehen will.

Brian, ich habe ihr so oft gesagt, dass dies alles nur in dieser Auszeit Bestand haben kann. Ich habe es sogar fertiggebracht, ihr das vor jener Nacht im Inverlochy zu sagen.

Sie hat sich trotzdem auf mich eingelassen, auf eine Art, die mir jetzt noch die Tränen in die Augen treibt. Du musst wissen, sie hat in all den Wochen, in denen wir unterwegs waren, nie versucht, mich zu verführen. Eher war ich es, der sich oft nicht beherrschen konnte, sie dauernd anfasste, anfassen musste, weil sie … na ja, du kennst sie. Sie ist so süß und so weich und sie ließ es zu, dieses Kuscheln und sich spüren, aber nie wurde es mehr. Wegen meiner Zukunftspläne, die sie ja nicht kennt, wäre es mehr als unfair gewesen.

Und doch lag ich Nacht für Nacht neben ihr im Bett und starb vor Verlangen nach ihr. Ich wusste am Anfang nicht, ob es rein sexueller Natur war … und das mag ein Grund für diese Nacht im Inverlochy gewesen sein. Aber es war nur ein kleiner Grund. Unter vielen.

Wollte ich wissen, wie es mit ihr ist? Ja. Aber der wahre Grund war, dass ich es ohne sie kaum noch aushielt und ich hoffte, sie würde einverstanden sein. Nichts habe ich mir an diesem Tag mehr gewünscht als das. Und ich habe so viel bekommen, so viel … ich kann dir nicht sagen, wie das für mich war, es war so erfüllend wie noch nie zuvor in meinem Leben. Wirklich noch nie. Auch nicht mit Miriam.«

Clarine stieß an dieser Stelle einen Laut aus und eine heiße Welle durchflutete sie. Sie las den letzten kurzen Satz noch einmal. »Auch nicht mit Miriam«. Nie hätte sie geglaubt, dass Ben so etwas jemals schreiben würde! Begierig widmete sie sich wieder dem Text.

»Der Gedanke, es sei nur ein Verlangen, auf das ich ja künftig sowieso verzichten musste, zerschlug sich schneller, als mir lieb war. Es war, es ist mehr als das.

Was Greta mir in dieser Nacht gegeben hat, war nicht nur Sex. Ich will das jetzt nicht in aller Ausführlichkeit schildern, aber ich kenne nun mal ihre Vergangenheit. Und die war hart, sehr hart. Mir sind oft die Tränen gelaufen, als sie mir ihre Geschichte in der Hütte erzählt hat. Du kannst dir nicht vorstellen, aus welchen Verhältnissen sie kommt und mit welcher Disziplin sie sich da rausgearbeitet hat. Wie viele seelische Verletzungen sie ertragen und überwunden hat. Sie hat die Hälfte ihres Lebens nicht gewusst, dass sie Verwandte hat … sie wusste nicht, wie das ist, eine Familie zu haben … und ich … ich habe eine so grandiose Mom, einen grandiosen Dad, eine zauberhafte Schwester … Werfe ich etwas weg, was ich nicht wegwerfen müsste? Greta wurde mit vierzehn vergewaltigt, auf ziemlich grausame Weise, und doch hat sie sich mir im Inverlochy – obwohl sie spürbar Angst hatte – auf eine Weise geöffnet, die mir jetzt noch den Verstand raubt.

Sie hat immer gespürt, dass etwas mit mir nicht stimmt, und wartete geduldig darauf, dass ich ihr meine Geschichte erzähle. Was ich letztlich nicht getan habe. Ich wollte ihr alles sagen, als wir von Inverlochy zurückkamen. Bin mir nicht sicher, was passiert wäre, wenn wir noch diesen einen Tag miteinander verbracht hätten. Wenn ich ihr das mit Miriam erzählt hätte. Und was ich vorhabe.

Aber dann kam die Sache mit Dad dazwischen und das kam mir vor wie ein Zeichen. Ein Wink, sich wieder darauf zu besinnen, wo ich hin will. Es ist, als ob Miriam mich ruft. Hier in diesem Zimmer erinnert mich alles an sie. Es stehen noch Fotos von ihr herum. Ihre Bücher sind hier. Das eine oder andere Kleidungsstück. Es ist, als ob sie mich mahnen würde.

Ich bin so durcheinander, Brian, ich weiß nicht, was ich machen soll. Gäbe es Greta nicht, wäre mein Weg klar. Aber in diesen vier Wochen war ich manches Mal kurz davor, alles hinzuschmeißen. Alles noch mal zu überdenken. Mit ihr ein Leben aufzubauen … Kinder, eine Familie … all das.

Und hier bin ich. Umgeben von dem, was mich zu meiner Entscheidung gebracht hat. Ist Greta eine Prüfung? Ein Bewusstmachen, wie schwer dieser Schritt ist und was ich wirklich aufgeben soll/muss?

In diesen Tagen hier ist mir der eine Satz von Miriam in die Hände gefallen: dass jede Art von Bindung Menschen unglücklich macht. Dass Menschen unglücklich werden, wenn sie nicht bekommen, was sie wollen. Und dass es besser ist, den Wunsch aufzugeben, der dieses Leiden schafft.

Du weißt, ich will nicht mehr unglücklich sein. Ich war es lang genug. Ich will mich nicht wieder an jemanden binden, der wieder gehen kann. So wie Greta eingestellt ist, müsste ich sogar damit rechnen, dass meine Herkunft ein Grund ist, nicht mit mir zusammen zu sein. Und dann? Hätte ich wieder das gleiche Desaster. Jetzt habe ich die Chance, es anders anzugehen: Mich nicht wieder an etwas zu binden, das letztendlich doch nicht das wahre Glück sein kann, weil man dieses Glück mit einer Person verknüpft.

Ich werde meinen Weg gehen – zum echten, tiefen Glück in mir drin. Diesem unabhängigen Glück. Das ist etwas Verlässliches. Du kennst mich. Ich liebe verlässliche Dinge.

Wenn du Greta sehen solltest, sag ihr, dass ich sie liebe. Dass ich alles mit ihr, jede Sekunde unendlich genossen habe. Dass ich mir jetzt am liebsten wünschte, sie wäre hier, bei mir und würde sich wieder in meine Arme kuscheln.

Aber ich muss meinen Weg gehen.

Dein Freund Ben«.

Stumm saß Clarine vor dem Rechner und hatte einen Kloß im Hals.

»Oh, Ben«, murmelte sie. »Du bist so blind!«

247

Der Gedanke kam ihr, ihn im Kloster anzurufen und ihm zu sagen, dass Greta heute bei ihnen gewesen war. Und weswegen.

Dann erinnerte sie sich an Gretas Worte: »… ich möchte auf gar keinen Fall, dass Sie es Ben sagen, weil ich nicht will, dass er sich in irgendeiner Weise zu etwas verpflichtet fühlt!«

Clarine druckte die Mail aus und ging zu ihren Eltern.

***

Die beiden saßen noch im Wohnzimmer. Harry McArran hatte sich einen doppelten Whisky eingeschenkt.

Als Clarine nach oben gelaufen war, hatte Lady McArran ihrem Mann einen langen Blick zugeworfen.

»Liebling, wir bekommen einen Enkel«, sagte sie bewegt.

»Wenn es unser Enkel ist«, brummte der zurück.

»Ich weiß nicht«, seufzte Mylady McArran. »Brian hat sie doch hierher gebracht. Hätte sie es darauf angelegt, hätte sie sich professioneller verhalten. Sie hätte klar gewusst, was sie hier erwartet. Aber sie war offensichtlich davon sehr verstört.«

»Trotzdem. Du weißt, solche Angelegenheiten sind immer delikat«, erwiderte Harry McArran und setzte sich seiner Frau gegenüber. »Wir müssen mit Ben reden.«

»Ist das ratsam?«, fragte sie beunruhigt. »Er befindet sich gerade in einer sensiblen Phase. Sein Schweigen wird er nicht unterbrechen können. Vielleicht wäre es besser, erst noch mal mit Greta zu sprechen.«

»Aber findest du es nicht komisch, dass sie es Ben nicht sagen will? Das spielt ihr doch richtig in die Karten! Er ist im Kloster und kann sich nicht dazu äußern … es ist perfekt, nicht?«

»Ja«, gab Lady McArran zögernd zu. »So gesehen schon …«

»Wirst mal sehen, Liz, wir müssen uns darauf einstellen, bald eine schriftliche Forderung von ihr vorliegen zu haben. Und wer weiß, was ihr noch einfällt … an die Presse gehen … Privates über Ben weitergeben … wir müssen mit dem Schlimmsten rechnen.«

Lady McArran biss sich auf die Lippen.

»Ich weiß nicht, Harry. Bevor du jetzt den Teufel an die Wand malst … lass uns noch einen Schritt zurücktreten und ruhig bleiben. Brian hat das Treffen ermöglicht, daher werden wir ihn befragen. Und überleg doch mal! Wenn das stimmt … wenn es wirklich Bens Kind wäre …!«

Ihre Augen waren voller Hoffnung und vorsichtiger Freude und Harry tat es fast leid, ihr diese wieder nehmen zu müssen.

»Es besteht eher die Gefahr, dass sie jemand ist, der nur auf den Titel und das Geld aus ist, Liz, und dieser Gefahr müssen wir ...«

»Mom? Dad?«

Clarine stand in der Tür. Zwei Blätter in der Hand. »Ich glaube, das solltet ihr lesen.«

**

Achtzig Retreat-Teilnehmer saßen auf Stühlen oder am Boden und hörten aufmerksam Jyotis Abschiedsrede zu. Es war ihr letzter Tag. Sie hatten Wochen geschwiegen, sich Wochen intensiv mit sich selbst beschäftigt. Die etablierten wie angehenden Swamis befanden sich im Hintergrund. Sie waren als Betreuer eingeladen worden, der Rede zuzuhören.

In sich gekehrt saß Ben auf seinem Platz. Er hatte stark abgenommen, aber das Fasten hatte ihm nicht viel ausgemacht, er hatte sowieso weder Hunger noch Appetit verspürt. Seine Gedanken gingen immer dahin, wo sie nicht sein sollten, und seine Meditationen waren zum Fürchten. Nachts hatte er erotische Träume, die so intensiv waren, dass er es fast nicht aushielt. Aber was ihn am meisten zu schaffen machte, war: Er war alles andere als glücklich.

Nur mit Mühe konzentrierte er sich auf den Vortrag.

Jyoti saß ruhig auf ihrem Platz, ihr Haar fiel ihr manchmal neckisch ins Gesicht und warm lächelte sie Ben an. Dankbar lächelte er zurück. Aber sein Kopf war so voll, er hörte kaum, was sie sagte.

».... So viele fragen mich, wie sie denn leben sollen, wenn sie diesen Ashram wieder verlassen. Die Antwort ist einfach: Es gibt keine Trennung zwischen spirituellem und weltlichem Leben. Es ist alles heilig. Nur unsere Gedanken machen uns weis, das eine wäre besser als das andere. Das Selbst kann man überall erkennen – in einem Apfelbaum, in einem Kloster, in einem Büro, auf einem Berg, in einem Tal, in der Einsamkeit, in der Menschenmenge. Einer unserer Weisen hat einmal auf die Frage, warum es so schwer sei, Gott zu sehen, geantwortet: ›In welcher Form möchtest du denn Gott sehen? Hier hat er die Form von Brot angenommen. Dort erscheint er als Stein ... und da als Mensch ... versuche nicht,

Gott als Stein im Brot zu sehen, sondern verstehe, dass alles von ihm durchdrungen ist.‹

Wer also meint, das Selbst nur an einem bestimmten Platz erreichen zu können oder mit einer bestimmten Verhaltensweise, hat nichts verstanden. Denn das Selbst ist in dir und du nimmst es überall mit. Du kannst nichts ohne es tun. Es gibt nichts aufzugeben und es gibt nichts anzunehmen. Es gibt keinen Ort, wo du es suchen müsstest, denn es gibt keinen Ort, wo es nicht ist. Wenn du nicht deinem Herzen folgst, ist alles wertlos.

Maharashtra ist ein heiliges Land. Hier lebten schon viele Weise. Die wenigsten haben in Klausur gelebt. Die meisten lebten inmitten der Welt in ihrer Umgebung, gingen normalen Beschäftigungen nach, waren Schuster, Hausfrauen oder Könige. Sie alle taten ihre Pflicht. Sie alle wollten nichts anderes sein als das, was sie waren.

Ich sage nicht, dass ihr nicht nach Höherem streben sollt, aber ich sage euch: Tut es da, wo ihr seid. Vergesst nicht: Das wahre Ziel des Menschen ist es, glücklich zu sein. So viele Menschen verstehen das falsch. Sie meinen, sie müssten sich von allem loslösen, damit sie von nichts abhängig sind – und doch sind sie in genau diesem Moment abhängig von ihrem Glauben, auf alles verzichten zu müssen, von ihrer Sucht nach Erleuchtung – und verleugnen alles, was Gott für sie bereithält. Ich weiß, wir wollen Gott beweisen, dass wir ihn lieben, dabei ist er doch der Letzte, dem man etwas beweisen muss. Er liebt dich immer und ewig. Aber erst, wenn du erkennst, dass du er bist, hast du die Liebe gefunden.

Solltest du dich fürs Unglücklichsein entschieden haben, weil du meinst, damit Gott zu erfreuen, dann hast du dich gewaltig von ihm getrennt. Das ist nicht das, was Gott will. Das ist das, was dein Ego will, damit du ein braver Junge oder ein braves Mädchen bist. Das Yoga Vasishta sagt: ›Jeder Mensch ist aus eigener Entscheidung glücklich oder unglücklich‹ und es sagt auch: ›Du kannst nur loslassen, was du verstanden hast.‹

Also, wenn ihr mich fragt, was ihr denn tun sollt, wenn ihr wieder in eure sogenannte weltliche Umgebung kommt, heißt die Botschaft: Erkennt, dass Gott überall ist! Erkennt ihn in jedem Menschen. Gott will euer Glück und nur euer Glück. Und da es so ist, könntet ihr euch doch jetzt sofort darum kümmern.«

Ihr Blick ging zu Ben und diesmal war er gar nicht mehr freundlich. Sie starrte ihn so lange an, bis alle im Saal darauf aufmerksam wurden. Betroffen sah Ben zurück. Was wollte sie?

Was meinte sie? Ihr letzter Satz drang in sein Bewusstsein, mehr hatte er von dem Vortrag nicht mitbekommen.

Ja, dachte er, es ist wahr. Ich muss mich jetzt schon darum kümmern, glücklich zu sein. Bedingungslos glücklich. Es ist eine Prüfung. Sie prüft mich.

Er fühlte sich so schlecht und hatte Mühe, die Tränen zurückzuhalten. Er dachte an Miriam. Wie unglücklich war er gewesen, als das passiert war – er hatte sich geschworen, das nie mehr sein zu müssen. Und Greta … ihr Bild tauchte auf, ihr Lachen, als sie am Strand Fangen gespielt hatten, der Blick aus ihren blauen Augen, wenn sie ihm zugehört hatte, ihre Gestalt im blaugrünen Sari, die Nacht im Inverlochy … und zwischen seinen Beinen begann sich zu seinem Entsetzen schon wieder etwas zu regen. Er senkte den Blick noch tiefer. Doch noch immer war sie in seinem Kopf … die Yoga-Übung, der Krieger. Die Energie war greifbar gewesen, ihre Position so perfekt, so schön … die Schwingung zwischen ihnen so erhaben, dass jeder in dieser so sensitiven Umgebung es mitbekommen hatte. Sie hatte nach ihm geschrien. Und er war einfach weitergegangen. Er war zu einer der vielen geworden, die sie im Stich gelassen hatten.

***

Die Seminarteilnehmer erhoben sich, redeten durcheinander, trafen die ersten Vorbereitungen für ihre Abreise. Auch Ben war aufgestanden, später als die anderen. Er sah auf die Uhr. Er hatte diesen Abend frei und das freute ihn gar nicht.

Jyoti lief an ihm vorbei und zwinkerte ihm wieder freundlich zu.

»Na, Ben?«, fragte sie mit Schalk in den Augen. »Bereit für den ersten Teil deiner Einweihung morgen?«

»Klar, Jyoti«, sagte er ruhig. »Alles gut.«

»Wird ein bisschen luftiger da oben ohne dein schönes Haar«, lachte sie und legte kurz ihre Hand auf seinen Kopf. Ein heißer Strahl durchfuhr ihn. Ihm war, als hätte sie einen heißen Dolch in seinen Scheitelpunkt gestoßen. Er unterdrückte einen Schmerzenslaut. Jyoti sah ihn aufmerksam an und tat, als hätte sie nichts bemerkt:

»Du weißt, dass du hier in einer sehr energiereichen Umgebung bist, Ben?«

Erstaunt sah er sie an.

»Natürlich weiß ich das.«

»Und dass alles, was passiert, einen Sinn hat? Besonders hier?«

Er nickte, immer noch verständnislos.

»Bist du glücklich, Ben?«

Wieder nickte er, diesmal etwas zögerlicher. Jyoti sah ihn forschend an, dann lächelte sie spitzbübisch.

»Geh ins Office«, forderte sie ihn auf. »Dort liegen Unterlagen, die du unterschreiben musst.«

Er war froh, dass sie ging, froh, ihrem allwissenden Blick entronnen zu sein. Das Einzige, was ihn aufrechterhielt und weiterstieß, war sein langjährig genährter Entschluss. Aber es war hart. Härter als erwartet. Er war voller Zweifel, und das wollte er nicht sein.

***

Im Office saß Swami Yogananda, ein alter Mönch, der unglaublich langsam war. Aber Ben hatte ja nun alle Zeit der Welt. Geduldig stand er am Tresen und sah zu, wie der weißhaarige Yogananda den Eingangskorb nach den Unterlagen durchsuchte.

»Hast du nicht schon alles unterschrieben?«, fragte er schließlich in extrem langsamer Sprechweise, deretwegen ihn alle aufzogen.

»Ich weiß nicht, um welche Unterlagen es sich handelt«, antwortete Ben. »Ich habe schon etliche unterschrieben, ich dachte auch, das sei alles. Aber Jyoti hat mich hergeschickt.«

»Aaaah!«, machte Yogananda und murmelte bedächtig: »Das tut sie manchmal. Ja, das tut sie manchmal …«

Er brabbelte noch einiges vor sich hin, was Ben nicht verstand. Als weitere zehn Minuten vergangen waren und Yogananda immer noch nichts gefunden hatte, ergriff Ben die Initiative:

»Gib mir doch mal den Korb. Ich suche mir das selbst raus.«

»Ja, gut … in Ordnung«, sagte der Swami und schlurfte so langsam zur Theke, dass Ben meinte, er käme nie an. Schließlich stand der Korb, auf dessen vorderen Teil ›Narada‹ stand und der alle Unterlagen von ihm enthielt, vor ihm, und dankbar machte er sich daran, das Chaos zu sortieren.

»Da ist so einiges …«, begann Yogananda, der inzwischen wieder am Schreibtisch saß und mit gekrümmten Fingern im Schneckentempo eine Nummer in den Computer tippte. Konzentriert stierte er auf den Bildschirm, kniff die Augen zusammen, fokussierte die Tastatur, suchte einen bestimmten Buchstaben, korrigierte etwas und vervollständigte schließlich seinen Satz: »…gekommen … für …«, wieder tippte er, ließ einen unwilligen Laut hören, weil der Computer wohl nicht so wollte wie er und fügte schließlich hinzu: »Einiges …so…« Und wieder eine Minute später:

»… in letzter Zeit.«

Ben nickte. Er legte bereits unterschriebene Dokumente auf die eine Seite, persönliche Dinge wie Pass und sein Handy, die ebenfalls noch im Korb lagen, auf einen anderen Stapel. Ein Blatt segelte ihm entgegen, ein Fax mit der Aufschrift: ›Bitte DRINGEND an Ben McArran weiterleiten‹. Es war schon ein paar Tage alt, das Fax, und so fuhren seine Augen unruhig über das Blatt. Hoffentlich ging es seiner Familie gut! Doch dann erkannte er: Das waren Brians Aufzeichnungen aus der Palmblattbibliothek! Der Kerl gab wohl nie auf! Mit einem unwilligen Grunzen legte er es zur Seite. Er wollte das nicht sehen. Schließlich war der Korb durchsucht. Neue Unterlagen zum Unterschreiben hatte er aber keine gefunden.

»Dann muss ich die wohl woanders hingetan haben«, erklärte Yogananda gemächlich und begann einen anderen, noch dickeren Stapel anzugreifen. Ben seufzte innerlich. Das konnte lange dauern! Swamiji war bekannt dafür, so unendlich langsam zu sein, dass er während einer Tätigkeit vergaß, warum er die überhaupt begonnen hatte. Manchmal stellte man ihm eine Frage und die Antwort kam erst zehn Minuten später, völlig unzusammenhängend, wenn schon längst über ein anderes Thema gesprochen wurde. Oder der Betreffende schon gegangen war. Oder eben gar nicht.

Bens Blick wanderte ergeben durch den Raum, bereit, jedes Detail zu registrieren, um die Langeweile zu überbrücken. Die verblichenen Vorhänge, den Fliegenschiss auf den Scheiben, das Fensterbrett mit der Orchidee darauf, den Kalender an der Wand, der Kinder in einem Katastrophengebiet zeigte, vermischt mit einem stilvoll eingerichteten Büro. Das Bild fesselte seine Aufmerksamkeit. Ein junger, sympathisch aussehender Mann im Anzug war auf dem Kalenderblatt zu sehen, in den eines der Slumkinder halb hineingeblendet war. Darunter der Spruch: ›Let us be united. May our hearts be unified, may our unity be perfect – aus dem Rg Veda‹.

Eine interessant gemachte Collage, fand Ben, eine Verbindung zwischen den so unterschiedlichen Welten, die doch vereint waren durch hohe Werte wie Mitgefühl, Geben, Liebe.

Der Kalender weckte Erinnerungen an sein altes Leben, sein superteures Penthousebüro in London, sein Haus auf den Seychellen, dort hatte er so gern gearbeitet … inmitten der Natur, mit Blick auf das klare Meer.

»Woher ist dieser Kalender?«, fragte er Yogananda, dessen Kopf sich langsam vom Computer hob wie der einer Schildkröte aus ihrem Panzer. Er drehte sich in Zeitlupentempo Richtung Kalender, kratzte sich gemächlich am Nacken und wandte sich wieder dem großen, großen Aktenstapel zu, den zu durchforsten er vor sich hatte. In seinem Hirn arbeitete es.

»Ah, ja«, meinte er schließlich nach gefühlten zehn Minuten. »Das war eine Firma, die uns damals bei der Spendenaktion für Nepal unterstützt hat. Da ist richtig Geld reingekommen. Richtig Geld. Zwei Retreatleute, die regelmäßig kommen, haben das initiiert. Die haben die Kalender entworfen und verkauft. Wie hießen die noch mal … wie hießen die noch mal …«

Für diese lange Ansage brauchte Yogananda fast fünf Minuten. Nun malträtierte er sein Gehirn nach den Namen der Spender.

Er warf einen bedächtigen Blick auf das Kalenderbild, als ob die Antwort im Gesicht des jungen Mannes zu finden wäre, dann stutzte er. Ächzend wuchtete er sich hoch, schlurfte zum Kalender und murmelte:

»Wie schnell doch die Zeit vergeht! Da haben wir doch glatt schon einen Monat weiter!«

In Slow Motion schlug er das Kalenderblatt um und Bens Herz setzte für einen Moment aus, um dann unregelmäßig und heftig weiterzuschlagen. Greta sah ihm entgegen. Eine Greta, wie er sie noch nie gesehen hatte. Das schwarze Haar offen, saß sie an der Seite eines gläsernen Schreibtisches, halb im Profil, halb der Kamera zugewandt – und hielt einen kleinen, süßen Jungen im Arm. Er schmiegte sich an sie und der Fotograf schien einen ganz besonderen Moment eingefangen zu haben, denn sie hatte die Arme um das Kind geschlungen und ihr Gesichtsausdruck war … Bens Blick hing an diesem Ausdruck, als tränke er davon. Es war zärtlich, sehnsüchtig, schmerzlich, hoffnungslos, hoffnungsvoll … und er konnte jede einzelne Nuance deuten, er wusste von jedem

Gefühl in ihrem Leben, das sich in ihrem Gesicht widerspiegelte, wusste haargenau, was sie gefühlt haben musste, als sie dieses Kind in ihren Armen gehalten hatte. Es lag so viel darin, dass sein eigenes Herz einen Riesensatz tat und unglaublich schmerzte.

Und dann die Aussage dieses Fotos! Eine erfolgreiche Frau, die ein zerlumptes Kind im Arm hält ... es vermittelte ihm so viel ... so viele Gedanken tobten wie ein Sturm in seinem Kopf, Worte, die sie gesagt hatte, ›Ich will das zurückgeben, Ben, mit allem, was ich kann‹. Dinge, die sie gemeinsam erlebt hatten, gesellten sich dazu. Das runde Gefühl, das er bei ihr verspürt und doch wegen seiner Entscheidung nicht vollständig hatte zulassen können. Bis auf die Nacht im Inverlochy.

Ben musste sich am Tresen festhalten. Gewaltsam senkte er den Blick, weg von Greta und da ... da lag sein Handy ... früher hatte er sich damit immer die Zeit vertrieben ... sich abgelenkt. Er ergriff es wie einen Rettungsanker und setzte sich auf die kleine, alte Couch an der Wand. Es war nicht erlaubt, er sollte das Telefon erst in einem Jahr wiederbekommen ... aber, mein Gott, die paar Minuten! Yogananda würde noch ewig brauchen! Vermutlich war das Ding eh schon leer. Er schaltete den Ton aus und das Handy ein – und tatsächlich: Es leuchtete auf, es hatte noch ein wenig Strom.

Auf dem WhatsApp-Button stand die Zahl »1«- hatte wirklich noch jemand an ihn geschrieben? Er tippte drauf, die Nachricht öffnete sich, sie war von Greta:

»Lieber Ben, unser letztes Treffen war sehr emotionsgeladen und wir sind auseinandergegangen, ohne uns angemessen voneinander zu verabschieden. Ich wollte dir nur sagen: Ich wünsche dir, dass du glücklich bist, und ich danke dir für die wunderbare Zeit mit dir. Ich werde sie nie vergessen – und ich werde dich nie vergessen. Egal, wo du bist, was du tust, was du bist ... ich liebe dich.«

Ben schloss die Augen. Das Smartphone gab einen Ton von sich. Das Display erlosch. Der Akku war leer.

Bauchherzklopfen

An diesem Tag erreichten mich zwei Mails, eine von Onkel Horst und eine von Mylady McArran.

Ich öffnete letztere zuerst:

»Liebe Greta (ich darf Sie doch so nennen?),

wir möchten uns bei Ihnen in aller Form für dieses unglückliche Treffen mit uns entschuldigen. Wir waren völlig überwältigt von Ihren Worten und Sie verstehen sicher, dass Bens Entscheidung nun für uns umso schwerer wiegt.

Wir würden Sie gerne wiedersehen und uns sehr freuen, wenn Sie ein weiteres Treffen mit uns wagen. Bitte bestimmen Sie Ort und Zeit.«

Ich biss mir auf die Lippen. Ich musste damit rechnen, dass sie mich dazu überreden wollten, ihnen die Erziehung des Kindes zu überlassen. Ich musste mit Torsten sprechen! Ich wollte ihnen nicht alleine gegenübertreten … ob ich Daddy dazu holen konnte? Nachdenklich klickte ich die zweite Mail an.

»Liebe Greta, Oma hat ein Testament hinterlassen und die Eröffnung ist in einer Woche. Kannst du es einrichten und mit Uschi kommen? Du sagtest ja, dass sie ihre Post oft nicht öffnet, deswegen schreibe ich nur dir.«

Ich rief Mom an und sie war total von der Rolle.

»O mein Gott«, sagte sie. »Nach Hause! Das bedeutet … Greta … das bedeutet … ich werde alle wiedersehen! Ich weiß nicht, ob ich das kann, ob ich das will! Die denken doch nur schlecht von mir. Kann ich dir nicht eine Vollmacht geben?«

»Nein, Mom. Das machen wir nicht.«

»Aber Greta! Wie … ich …«

»Mom, es sind liebe Menschen. Sie werden sich freuen. Sie nehmen dir nichts übel. Weißt du was? Wir fahren einen Tag vorher hin und ihr könnt euch aussprechen. Es wird Zeit, dass du nach Hause kommst, findest du nicht?«

Sie blieb stumm.

***

Ich telefonierte mit Brian.

»Brian, die McArrans wollen sich mit mir treffen. Mir ist bewusst, dass eure Bindung zueinander älter und stärker ist als die zu mir … aber bitte verrate mir, was sie vorhaben.«

»Greta, ich weiß es nicht. Ich würde es dir sagen, wirklich, aber ich hatte danach keinen Kontakt mehr mit ihnen. Nur einmal zu Clarine. Und die …«

»Sie werden mir das Kind wegnehmen wollen!«, unterbrach ich ihn verzweifelt. »Sie werden es in ein Internat stecken, sobald es alt genug ist! Sie werden es mit ihrem verdammten Geld ködern!«

Und wieder verstand ich meine Mutter, als Oma versucht hatte, mich zu ihr zu holen, wie sie sich gefühlt haben musste.

»Mal langsam«, sagte Brian. »Du bist die Mutter, das zählt.«

»Ich weiß, sorry, Brian«, sagte ich geknickt. »Ich fühle mich einfach unwohl, was das Treffen angeht. Ich will ihr Geld nicht. Aber hey, habe ich dir schon erzählt, dass ich einen Job habe?«

»Nein! Wirklich? Das freut mich!«

Ich berichtete ihm von der glücklichen Fügung, dass ich meine erste Arbeitswoche gut hinter mich gebracht und weitere Aufträge in petto hatte.

»Und Tobias hilft mir auch«, berichtete ich weiter. »Er kennt eine Menge Firmen und versucht, mich dort einzuschleusen. Aber wenn ich bei Oberhofer Schwung reinbekomme, dann …«

»Tobias?«, fragte Brian, hellhörig geworden. »Ist das dein Fast-Ehemann? Bist du wieder mit ihm zusammen?«

»Na ja, noch nicht wirklich. Aber er ist unendlich bemüht und … ja, was soll ich sagen, er ist so anders. Ich meine, ich mochte ihn ja schon immer, sonst hätte ich ihn ja nicht heiraten wollen, aber jetzt ist er so besonders lieb. Auch seine Eltern …«

»Seine Eltern? Das hört sich ja doch danach an, als ob ihr wieder ein Paar seid!«

»Und du hörst dich an, als ob es dich stört«, entgegnete ich verwundert.

»Nein! Um Gottes willen!«, dementierte Brian. »Warum sollte mich das stören, Greta? Ich meine, nichts liegt näher als das … und es ist sicher schön für das Kind, Vater und Mutter zu haben.«

Er beendete das Gespräch ziemlich schnell und verstärkte damit mein Gefühl, dass ihm das mit Tobias nicht passte. War ja auch logisch. Er wollte Ben zurück. Aber was er nicht kapieren wollte, war, dass ich nicht das Mittel war, um ihn zurückzugewinnen.

Brian legte tatsächlich mit dem Gefühl auf, Ben endgültig verloren zu haben. Als ob es nun totale Gewissheit sei, dass diese wunderbare Freundschaft mit ihm, nie mehr zum Leben erweckt werden konnte. Er war kurz davor, noch einmal im Kloster anzurufen, um Ben zu verraten, dass er Vater werden würde. Doch dann verwarf er den Gedanken wieder. Greta würde ihn umbringen, wenn sie das herausfand. Aber er fehlte ihm so! Die Clique fiel auseinander ohne ihn. Sie hatten so viel zusammen unternommen, so viel gemeinsam erlebt. Brian vermisste seinen Freund. Doch das Leben ging weiter. Das musste auch er endlich akzeptieren.

***

Ben saß wie paralysiert auf der Couch, unfähig, einen klaren Gedanken zu fassen. Swami Yogananda suchte noch immer die Unterlagen. Endlich hatte er sie gefunden und schlurfte damit zum Tresen. Ben erhob sich.

Der runzlige Zeigefinger des Swamis hob sich auf Brusthöhe von Ben, rührte sinnlos in der Luft herum, seine Augen waren glasig, sein Finger verharrte und Swamiji sagte, auf Bens Brust deutend:

»Mona.«

Nach einer weiteren Minute:

»Und Theo.«

Der Zeigefinger blieb in der Luft, als sei er eingefroren, dann bewegte er sich leicht nach oben und Yogananda fuhr fort:

»Huber!«

»Wie bitte?«

»Die Deutschen … die den Kalender gemacht haben …«. Sein Zeigefinger senkte sich im Zeitlupentempo nach unten.

»Hier. Du musst hier … und hier … unterschreiben.«

Ben starrte auf die Blätter, die beurkundeten, dass er sein restliches Leben auf sämtlichen Besitz und sämtliche Bindungen verzichten würde. Swamijis runzliger Finger deutete auf eine lange, lange Liste. Ben stutzte.

»Aber das habe ich doch schon unterschrieben.«

Er blätterte bis zum letzten Blatt und – tatsächlich: Da war seine Unterschrift.

»Jetzt ist mir's eingefallen«, bekräftigte Yogananda, der noch im alten Thema festhing. »Mona und Theo Huber.«

»Swamiji, ich habe das schon unterschrieben.«

»Was? Warte ... du bist viel zu schnell ... da sind doch noch mehr ... die musst du auch unterschreiben.«

Er wollte die entsprechenden Dokumente aufklappen, verhedderte sie, leckte seinen Finger an, begann noch mal von Neuem.

»Ich nehme sie mit«, erklärte Ben, am Ende seiner Geduld und wollte die Dokumente packen.

»Nein. Das geht nicht. Du musst sie hier lesen«, erwiderte Yogananda und hielt sie fest in seiner alten Hand. Aber in Ben herrschte totaler Aufruhr. Ohne, dass er wusste, was er tat, bewegte er sich plötzlich auf den Kalender zu und wollte ihn abnehmen.

»Was ... was tust du denn da?«, fragte Yogananda erschreckt, dem das alles viel zu rasant ging. Verwirrt starrte er den Swami-Anwärter vor sich an, der zwar den Kalender hängenließ, ihm aber dafür die Dokumente aus der Hand riss, ihm versicherte, sie unterschrieben zurückzubringen und im Eiltempo verschwand.

Als er zur Tür raus war und die Gerätschaften, die vom Zuschlagen der Tür wackelten und vibrierten, sich wieder beruhigt hatten, sagte Yogananda: »Du kannst die Unterlagen nicht mitnehmen.«

Dann setzte er sich wieder auf seinen Platz. Vor ihm der Stapel Papier. »Genau«, sagte er. »Mona und Theo ... aus Deutschland.«

Und fünf Minuten später:

»Nepal. Jetzt weiß ich's wieder.«

***

WhatsApp, Brian:

»Liebe Greta, ich muss geschäftlich nach Deutschland und würde dich gern bei der Gelegenheit besuchen, wenn du Zeit und Lust hast.«

Ich schrieb zurück: »Und wie ich Zeit und Lust habe! Wie schön, dass du kommst! Ich freue mich auf dich! Sag mir, wann du da sein wirst! Ich hole dich vom Flughafen ab!«

***

Ben rannte in die Parkanlage mit den Bauminseln und setzte sich auf eine Bank, die Papiere in der Hand. Verdammt noch mal, warum war er nur so durcheinander? Warum konnte er nicht so sicher sein, wie er das normalerweise von seinem Leben kannte? Warum war er so voller Zweifel?

Beruhige dich, mahnte ihn sein Kopf. Du hast eine radikale Entscheidung für dein Leben getroffen. Es ist normal, dass alles in dir aufbegehrt. Es ist das Ego.

Ja, das Ego wollte nicht, dass er das durchzog. Und überhaupt, vermeldete sein Kopf akribisch und penetrant weiter: Es waren vier Wochen! Das haut dich doch nicht von den Socken! Es ist eine Zufallsbekanntschaft!

Ben stützte die Arme auf die Beine und sein Kopf sank nach vorne. Eine Zufallsbekanntschaft. Automatisch fiel ihm die Lichtung ein, das Erlebnis mit ihr, mit dem er nun gar nicht gerechnet hatte, hatte er ihren verklärten Blick im Sinn, als sie nachts endlich aus diesem Zustand gekommen war und ihn gestreichelt hatte. Er fühlte ihren Finger auf seinen Lippen, ihren zierlicher Körper, der sich so oft an ihn geschmiegt hatte, ihre Haut an seiner … ihre Hände, die ihn überall berührt hatten … Und ja, verdammt noch mal, ja, er sehnte sich nach ihr, sehnte sich danach, dass sie das wieder tat, dass er sie packen, sie an sich ziehen und nach allen Regeln der Kunst vernaschen konnte. Er wollte ihren Körper spüren, ihr Haar auf seiner Haut, ihre Beine um seine Hüften – da wusste er mit einem Mal mit großer Sicherheit: Er hätte mit ihr glücklich werden können. Vier Wochen hin oder her. Plötzlich war diese Gewissheit da. Es war einfach zu harmonisch, zu offen, zu intensiv mit ihr gewesen. Und dieses Bild, dieses Kalenderbild … dieses blonde Kind auf ihrem Schoß … Er schloss seine Augen, sein Herz tat weh, seine Hände hielten die Dokumente.

»Kennst du die Geschichte vom langen Löffel?«

Eine zarte Bewegung neben ihm, Jasminduft, orangefarbene Seide. Jyoti hatte neben ihm Platz genommen. Ben brauchte eine Weile, bis der Aufruhr in ihm einigermaßen abgeebbt war und er in die Rolle des ruhigen, gelassenen Mönches geschlüpft war. So konnte er Jyoti in den ersten Sekunden nur ansehen, ohne Antwort zu geben. Er kannte die Geschichte nicht und im Grunde wollte er sie auch nicht hören.

Mit heiterer Stimme sagte Jyoti:

»Da gibt es diesen Yogi mit dem Löffel, der einen unglaublich langen Stil hat, mit dem er auch weiter am Tisch entfernte Leute erreichen kann. Und er füttert alle aus dem Topf der Weisheit und sagt zu jedem: ›Nimm doch noch ein bisschen! Mhm! Das schmeckt so gut … und hier noch mal und da noch mal … er gibt freiwillig alles aus dem Topf und gibt und gibt, bis ihn jemand fragt: Und was ist mit dir? Willst du nichts davon? Aber der Löffel ist so lang, er kommt an das Essen gar nicht ran.«

Ben verstand nicht, worauf sie hinauswollte. Jyoti wartete. Als er stumm blieb, sagte sie schließlich ernst:

»Sie hat viel hiergelassen, Ben. Sie hat viel zugelassen. Sie ist freier zurückgegangen, als manch einer hier in diesen Mauern ist.«

Ben schluckte und sandte Jyoti einen erstaunten Blick. Sprach sie von Greta? Woher …?

»Was hast du ihr damals gesagt?«, bohrte sie nach. »Damals in der Hütte? Hast du nicht gesagt, wenn man Dinge aus Mangel tut, bleibt nur Mangel übrig?«

Seine Gesichtszüge entgleisten. »Woher weißt du das?«

»Weil sie mir wie dir ihre Geschichte erzählt. Sie hat zwei Wochen bei mir gewohnt.«

»Sie hat … *bei dir gewohnt?*« Nun war Ben völlig von der Rolle. »Du … sie … ich meine … hast du jemals jemanden bei dir aufgenommen?«

»Greta ist eine von wenigen.«

Nun richtete Ben sich auf. »Du hast mir das nie gesagt!«

»Es ist doch nicht wichtig.«

»Doch! Ich meine, es ist schon was Besonderes, wenn …«

»Ben McArran!«, fuhr Jyoti ihn an »Seit Monaten, ach was, seit Jahren schlägt dein Ego Purzelbäume und du lässt es zu! Du erkennst es noch nicht einmal!«

Wütend starrte sie ihn an, ihre schwarzen Augen blitzten.

»Ist sie jetzt in deiner Achtung gestiegen, weil du das weißt? Wie armselig ist das denn?«

In Ben begann etwas zu sinken. Ihm war, als verlöre er jeden Halt. Aber Jyoti machte gnadenlos, wenn auch mit sanfter Stimme weiter.

»Ben, sag mir, warum hast du dich für dieses Leben hier entschieden?«

Und als er stumm blieb:

»Antworte mir, McArran!«

»Weil … weil es für mich die einzige Möglichkeit schien, wieder glücklich zu werden nach Miriams Tod«, sagte er leise. »Und ich glaube, sie wollte es so.«

»Ach, ist das so?«, fragte Jyoti. »Dichtest du deine falschen Gedanken auch noch den Toten an? Meinst du nicht, dass Miriam nur einen Wunsch für dich hätte, und der wäre, dass du glücklich bist?«

Ben entfuhr ein Laut.

»Geh in dich, Ben. Willst du Miriam nicht endlich loslassen? Sie will auch ihre Ruhe, weißt du? Sie will nicht mit Schwüren und Gelübden gebunden sein. Lass sie frei.«

Bens Kopf sank nach unten. Er weinte, aber er wusste nicht recht, warum. Und das war auch die Frage, die Jyoti ihm stellte:

»Vermisst du sie?«

Er wischte sich mit beiden Händen das Gesicht, sah auf den Park und sagte verzweifelt:

»Ich weiß es nicht mehr, Jyoti, ich dachte, ich tue es, aber jetzt, als du gesagt hast, ich soll sie frei lassen, da dachte ich mir: Oh, wie gut! Dann kann ich auch endlich wieder frei sein! Ich war erleichtert! Und das kommt mir wie Verrat an ihr vor. Ich habe ihr ein Versprechen gegeben. Ich fühle mich an diesen Schwur gebunden.«

»Und dein Ego meint jetzt, den Märtyrer für eine Tote spielen zu müssen.«

Schockiert sah Ben sie an.

»Jyoti!«, rief er entsetzt.

»Ein Schwur ist immer etwas Ungutes, Ben«, erwiderte sie ernst. »Er bindet dich und vernichtet jede Spontaneität, jede Flexibilität. Ein Schwur ist etwas, das Vergangenheit lebendig hält und Leiden schafft.«

Bens Herz setzte für einen Moment aus.

»Du weißt, dass das Ego vor allem eines macht, Ben: Leid zu einem unüberwindbaren Berg anzuhäufen. Schau deine letzten Jahre an. Was hat dein Ego getan?«

»Ego?«, krächzte er hilflos. »Du meinst, diese Entscheidung war … Ego?«

»Ja, was denn sonst?«

Ben kam es vor, als hätte Jyoti einen Vorhang aufgerissen, sodass endlich Licht in sein Inneres strömte alles neu beleuchtete.

Fassungslos sah er auf ihr schönes, ruhiges Gesicht, dann auf die riesige Rasenfläche vor ihm. Hatte er sein Leid potenziert? Genährt, nicht bearbeitet, wie er geglaubt hatte? Der Perspektivwechsel war hart, Bens Gedanken fuhren Achterbahn.

»Jyoti«, murmelte er. »Ich habe es nicht nur wegen Miriam gewollt. Sondern wegen mir. Weil ich hier Frieden fand, einen Frieden, den ich in der Welt nicht mehr sehen konnte. Es war Balsam für mich, als ich hierher kam und endlich wieder Glück verspürte …«

Jyoti legte ihre leichte Hand auf sein Bein.

»Ich weiß, Ben«, sagte sie gütig. »Und es ist schön, dass du so empfindest. Es ist schön, dass du Frieden fandest und ihn so hoch schätzt. Aber wenn du den Frieden in der Welt nicht mehr sehen kannst, liegt das nicht an der Welt. Dein Missverständnis ist, dass du meinst, den Frieden nur hier zu finden. Aber er ist doch in deinem Herzen. Er wurde hier nur erweckt. Und diesen wieder erweckten Frieden, das Glück, kannst du überall mit hinnehmen. Wäre das nicht sinnvoller?«

»Aber gebe ich dann nicht etwas auf, dem ich mich früher oder später sowieso stellen muss?«, fragte Ben. »Du weißt, wo ich herkomme. Du weißt, dass Geld nichts bedeutet.«

»Das stimmt nicht. Geld bedeutet sehr wohl etwas. Wie alle Dinge in dieser Welt hat es die Bedeutung, die wir ihm geben. Und welche gibst du ihm? Verachtung? Missfallen? Steckt Angst dahinter, dass du davon übernommen wirst? Und was das Sich-stellen angeht: Du kannst dich allem stellen, wo du gerade bist. Nicht nur in einem Kloster.«

»Aber …«

»Welches Versprechen hat dir Miriam auf dem Totenbett abgerungen?«, fragte Jyoti. »Was hat sie gesagt?«

»Dass … ich mein hohes Ziel nie vergessen soll.«

»Fein. Und wo ist nun dein Problem?«

Ihre schwarzen Augen drangen tief in seine Seele und Ben wurde es ganz anders zumute. Ja, wo war das Problem? Ihm war, als fiele er in freiem Fall in einen Schacht. Jyotis Worte donnerten wie durch Lautsprecher an sein Ohr.

»Das höchste Ziel, Ben, ist Liebe. Wenn du sie in dir gefunden hättest, diese unabhängige Liebe, Ben, könntest du auch Miriam gehen lassen. Aber das tust du nicht. Daher bist du blind für all die

Liebe um dich herum. Und auch für deine eigene. Was wäre Liebe, wenn man sie nicht lebt? Wofür ist sie denn da?«

Stumm starrte Ben auf Jyoti, auf ihren schönen Mund, der nun amüsiert zu zucken begann.

»Hast du Greta gesagt, sie werfe nur eine Decke über ihre Vergangenheit?«, bohrte sie indes unbarmherzig weiter. »Wie ist das mit dir? Du Yogi mit dem langen Löffel! Was machst du die ganze Zeit? Du wirfst mit guten Ratschlägen um dich, die du besser selbst anwenden solltest! Aber dein Löffel ist zu lang!«

»Jyoti«, ächzte Ben aufgewühlt. »Ich …«

»Ist der Grund, warum du dich für ein Leben in Abgeschiedenheit entschieden hast, nicht auch Mangel?«, fragte Jyoti weiter. »Was hast du nochmal zu Greta gesagt? Dass aus Mangel nur Mangel entstehen kann? Ich will dich an folgendes erinnern: Wenn du nicht mit deinem inneren Selbst verbunden bist, triffst du die falschen Entscheidungen. Und das innere Selbst ist alles andere als Mangel!«

»Ich habe lange darüber nachgedacht, Jyoti«, wehrte sich Ben. »Und ich …«

»Denken ist nicht der Weg zum Gleichmut«, unterbrach sie. »…und schon gar nicht zum Glück.«

Sie wartete ein wenig, sie sah ihn nicht an. Ihre dunklen Augen hingen an einem Blatt, aber er konnte sicher sein, dass sie zu einhundert Prozent wusste, was in ihm abging. Und so forderte sie ihn weiter.

»Was hast du sonst noch zu Greta gesagt, Ben … ich erinnere mich, dass du Spinoza zitiert hast: ›Jede Erscheinung beweist ihre Notwendigkeit durch ihr Dasein‹. Ein schöner Satz.«

Ben wurde geradezu übel. In ihm drehte sich alles. In Sekundenschnelle hatte Jyoti seine verhärtete Gedankenwelt aufgebrochen und mischte kräftig darin herum. Und nun lachte sie ihn auch noch an, hatte dieses spitzbübische Lächeln im Gesicht, als sei das Leben nichts weiter als ein großer Witz.

»Ja, was ist passiert in deinem Leben?«, sinnierte sie. »Welche Erscheinungen gab es? Hm … Miriam ist gegangen. Sie hat ihren Körper verlassen. Warum wohl? Welche Notwendigkeit könnte dem zugrunde liegen?«

Nun wurde ihm heiß, sehr heiß. So heiß, dass ihm trotz der kühlen Abendstunde der Schweiß ausbrach.

»Und welche Erscheinung gab es danach in deinem Leben, McArran … war da nicht eine Frau namens Greta?«

Bis an die Oberkante amüsiert blickte sie ihn an. Sie konnte sich kaum das Lachen verbeißen. Weil er so in diesem Spiel drinsteckte … alles ernst nahm und alles nach seinen Vorstellungen zu laufen hatte …

»… tja, das Leben ist ein Spiel, was, McArran?«, lachte Jyoti jetzt laut heraus. »Nur, dass es für dich keines ist und *du* das alles todernst nimmst! Aus einem Spiel kann man aussteigen … waren das nicht deine Worte? Wehrst du dich gegen das Leben, so wie es ist? Willst ihm deine Vorstellung aufdrücken? Was ist das, wenn nicht Ego? Siehst du nicht, dass dich dein Ego vollständig übernommen hat? Dir weismacht, du müsstest ein besonders heiliges Leben führen, damit du glücklich wirst? Was an dem, was du gerade tust, ist bitteschön heilig? Du negierst das Leben und achtest nicht seine Fülle. Meinst du, du wirst dich dadurch innen reicher fühlen? Nein, das Gegenteil wird der Fall sein. Du wirst austrocknen wie eine alte Pflaume!«

»Aber Jyoti … so viele sind Mönch geworden … die Schriften sagen, dass dies das letztendliche Ziel aller Menschen ist«, begehrte er auf.

»Das ist nicht wahr. Die Schriften sagen, das letztendliche Ziel eines Menschen ist glücklich zu sein. Sein Selbst zu finden. Ja, und manche werden dafür Mönch. Die meisten aber nicht. Meinst du, deine spirituelle Karriere ein bisschen abkürzen zu können, indem du ins Kloster gehst? Pass nur auf, dass das nicht ein gewaltiger Umweg wird! Welche Worte hast du bei Greta benutzt? Wie war das mit dem Balken im Auge? Und dem schmutzigen Tuch? Hat Gott oder dein Selbst deine Welt erschaffen, damit du leidest? Dass du ihr entsagst? Nein! Die Welt ist da, damit du glücklich in ihr bist! Und es wirft dir so viele Honigstücke hin!«

Greta tauchte vor seinen Augen auf. Ihr weinendes Gesicht am Wunschbrunnen. »Wenn die Welt ein Spiegel ist, dann bin ich deiner!«

Gequält verbiss er sich einen saftigen Fluch. Jyoti zwang ihn, sie anzusehen.

»Was ist der wahre Grund, warum du hier bist, Ben?« Sie sah ihm tief in die Augen, als sie das fragte und spießte ihren Zeigefinger schmerzhaft in die Mitte seiner Brust.

»Ein Mönchsleben ist wie jedes andere auch. Es ist nur wertvoll durch seine Intention. Kommt sie aus dem Selbst, das dich liebt, oder dem Ego, das dich hetzt? Was ist die deine, Ben McArran?«

»Jyoti«, krächzte er, am Ende mit den Nerven. »Ich verstehe das nicht. Immer wird gesagt, dass es doch kein besseres Ziel gibt, als nach dem Höchsten zu streben … und das kann man am besten, wenn man mit dem Meister lebt.«

»Sehr gut. Aber wer ist der Meister?«, fragte sie angriffslustig zurück.

»Du, Jyoti … all die Heiligen hier …«

Sie verdrehte die Augen und wandte sich von ihm ab, als wollte sie sagen: Du bist ein hoffnungsloser Fall.

»Falls du es noch nicht verstanden hast, Ben, ein wahrer Meister will nur, dass die Menschen erkennen, wer sie wirklich sind. Er will, dass sie erkennen, dass sie keinen Meister brauchen, weil sie selbst der Meister sind.«

Mit ihren letzten Worten begann etwas in ihm zu fallen.

»Und Miriam«, fuhr Jyoti ungerührt fort. »Miriam hätte ins Kloster gepasst. Sie hätte dich aufgegeben – und dann wäre dein Schmerz genauso groß gewesen. Ich will nicht wissen, welche Komplikationen ihr euch beide gemacht hättet … ihr beide hier im Zölibat …! Ach du liebe Zeit! Aber sie hätte es getan. Und sie meinte, es wäre auch etwas für dich. Sie meinte es gut. Aber es ist nicht *dein* Weg, Ben, es war ihrer. Wohin zieht dich dein Herz? Warum verleugnest du das? Gott schenkt dir so viel und du nimmst es nicht, weil dein Ego eine angeblich erhabenere Vorstellung hat. Aber kannst du mir sagen, was erhabener ist als Liebe? Was kann erhabener sein als die Liebe zu leben?«

»Jyoti«, sagte Ben und sein Herz begann zu flattern. »Willst du damit sagen, dass …«

»Es wäre gut, wenn du endlich auf dein Herzbauchgefühl hörst!« Ben verschlug es die Sprache, als sie diesen Begriff verwendete »… und noch besser, wenn du ein Herzschlagfinale daraus machst!«

Ben konnte nicht anders: Er seufzte tief auf, ein kurzes Lachen folgte und sein Herz tat einen gewaltigen Sprung vor Freude.

Plötzlich war ihm alles klar. Plötzlich sah er seine eigene Verblendung, seine Arroganz, seinen Ehrgeiz, besonders gut und besonders nach oben streben zu wollen, nicht, um die Dinge zu lösen, sondern ihnen aus dem Weg zu gehen! Es war so klar, dass er erneut kurz auflachte. Verwundert und befreit. Und voller Erleichterung.

»Oh, danke, Jyoti!«, rief er, und sein Herz hüpfte und hopste in seiner Brust. Er spürte richtig, wie es mit Freude, mit neu erwachter, schwallartig einströmender Lebenslust überschwemmt wurde, wie seine Vitalität zurückkam, die er in den letzten Monaten und Jahren so vermisst hatte.

»Danke! Danke für diese Worte! Ich weiß gar nicht … ich meine … aber das heißt doch … das heißt doch … ich könnte doch …«

»Na, endlich, Ben«, seufzte Jyoti neben ihm auf. »Endlich hast du's kapiert. Und jetzt sei so gut und unterschreibe die Papiere. Yogananda wartet drauf.«

»Was? Ich soll … meinst du das ernst?«, fragte er schockiert und nun völlig verwirrt.

»Und wie ernst ich das meine! Du hast dich entschieden, Ben. Nun steh dazu. Ich erwarte deine Unterschrift noch heute Abend.«

Damit erhob sie sich und ging. Ben verstand gar nichts mehr. Seine Erleichterung und die Freude waren nach Jyotis Aufforderung, zu unterschreiben, in sich zusammengesunken. Aber er wollte diese Aufbruchsstimmung wiederhaben! Mit gemischten Gefühlen betrachtete er die Papiere und das Freiheitsgefühl schmolz wie Schnee in der Sonne. Drei aneinandergeheftete DIN-A4-Bögen voller Bestimmungen, was er durfte und sollte, warteten auf ihn. Da stutzte er und sah sie genauer an.

Es waren seine Entlassungspapiere.

»O mein Gott!«, rief er laut. »Jyoti! Warum hast du mich nicht eher geohrfeigt!«

Und als die Worte seinen Mund verlassen hatten, lachte er laut auf, durchflutete ihn Vitalität und eine ungeheure Energie. Eine ungeheure Lust am Leben. Ihm war, als spränge eine lang unterdrückte Fontäne in ihm hoch. Wuuusch! Die Energie schoss nach oben und er von dieser Bank. Er rannte zu Yogananda und verstörte den alten Mann erneut, indem er ihm den Korb mit dem Namen Narada zum zweiten Mal vom Schreibtisch riss, das Handy herausholte, die Papiere unterschrieb, ihm einen Kuss auf den runzligen Mund presste und den Raum verließ, indem er die Tür so zudonnerte, dass alles wackelte und schwang.

Yogananda saß stumm am Schreibtisch. Eine Minute nachdem Ben gegangen war, fragte er laut in die Stille hinein:

»Du kannst die Unterlagen nicht einfach mitnehmen.«

Sein Blick fiel auf den Kalender, auf dem jetzt wieder das Bild des jungen Mannes prangte. Yogananda war zutiefst verwirrt.

Herzschlagfinale

Brians Handy gab einen Piepston nach dem anderen von sich. Genervt, weil er in einem wichtigen Gespräch war, drückte er auf stumm, aber die Vibration lief weiter und an seinem Bein pulsierte es ständig. Schließlich entschuldigte er sich bei seinem Gesprächspartner und ging auf die Toilette, schloss sich in eine Kabine, um zu checken, wer dieser nervtötende Anrufer war.

Seine Anrufliste verzeichnete sieben Anrufe ohne Nachricht innerhalb der letzten dreißig Minuten und jede Menge WhatsApp-Messages. Brian traute seinen Augen kaum, als er des Absenders gewahr wurde: Alle waren von Ben.

»Fuck!«, entschlüpfte es ihm. Sein Herz fing an zu klopfen.

Erste Nachricht: »Habe gestern die letzten Dokumente unterschrieben.«

Zweite: »Nun ist es so weit!«

»Oh, no«, stöhnte Brian halblaut in seiner Kabine. »Er hat es tatsächlich getan!«

Dritte: »Heute war die Einweihung.«

Vierte: »Es ist ein komisches Gefühl … sehr komisch, sogar.«

Fünfte: »Hätte nicht gedacht … wirklich nicht …«

Brian saß auf dem Toilettendeckel und wunderte sich. Was schrieb der Kerl für einen Mist zusammen?

Sechste: »… dass es so guttut, wieder Jeans anzuhaben.«

In Brian tickte etwas aus und mit erhöhter Konzentration las er weiter.

Siebte: »… kannst Greta sagen, dass ich den linksgestrickten Pulli entsorgt habe.«

Achte: »Ich komme zurück.«

»NEIN!!!«, schrie Brian laut und sprang so abrupt auf, dass er volle Sahne an die Kabinentür knallte. Die anderen Toilettenbenutzer bekamen den Schock ihres Lebens. Hatte sich da gerade einer erschossen?

»Er kommt zurück! Er kommt zurück! O mein Gott! Er kommt zurück!«, schrie Brian. Er lachte wie blöd in seiner Kabine, sie wurde ihm in seiner Freude zu eng, er stürmte aus ihr heraus und schrie nochmals, auf sein Handy starrend:

»Er kommt zurück!«

Konsterniert sahen ihn die anderen Männer an und einer sagte:

»Ey, Alter, ist ja gut, wenn du vom anderen Ufer bist, aber ich will trotzdem nicht zuschauen.«

Brian griff sich ins Haar und hätte am liebsten geheult. Fiebernd scrollte er die nächsten Nachrichten ab, die eingetrudelt waren.

»Behalt's erst mal für dich!«

»Ich will es meinen Eltern selbst sagen. Und sag es bitte noch nicht Greta.«

Mit fliegenden Fingern tippte Brian zurück:

»Alter, du kommst zurück! Ich fass es nicht! Wie das? OMG!! Ich bin so glücklich!«

»Ich auch! Ja, aber wie gesagt, bitte verhalt dich ruhig!«

»Alles, was du willst! Wann kommst du?«

»Sobald ich alles geregelt habe …«

Brian konnte es sich nicht verkneifen, Ben eine Sprachnachricht zu senden:

»Mann, Ben, ich bin so glücklich! So glücklich! Ich kann es noch gar nicht fassen! Aber falls du vorhast, wieder was mit Greta zu starten, würde ich mich an deiner Stelle beeilen. Sie wird nämlich stark umworben – und zwar von dem Mann, den sie sowieso heiraten wollte. Der will sie jetzt unbedingt wieder. Sie hat gesagt, ihr Brautkleid hängt noch im Schrank. Also, ich kann jetzt nicht mehr rangehen. Ich bin in einer Besprechung! Ciao!«

Befriedigt schaltete er das Handy aus. Er war sich sicher, gerade mächtig Feuer unter Bens Hintern gelegt zu haben.

»Rache ist süß, mein Bester!«, dachte er.

Aber er hätte tanzen können vor Jubel! Breit grinsend ging er zu seinem Geschäftstermin zurück. Gott, er freute sich so! Was würden nur Bens Eltern sagen … und seine Schwester … und Greta! Und die Kumpels! Und wie würde Ben reagieren, wenn er erfuhr, dass er Vater wurde? Dann entwickelten sich noch so ein paar andere Ideen in seinem Kopf. *Ja, mein Gutester*, dachte Brian wieder. *Rache ist süß! Es haben genug Leute wegen deiner Spinnereien gelitten. Und wenn es nur ein Hauch ist, aber ein bisschen was muss sein.*

***

Die Testamentseröffnung stand an. Mom und ich wollten zusammen zum Gutshof fahren. Die letzten Wochen waren rührend gewesen. Jyoti hatte mir ja gesagt, ich müsse Mom als einen Teil von mir erlösen, und ich hatte lange nicht gewusst, was das bedeutet und was ich aktiv dazu beitragen konnte.

Irgendwann erkannte ich, dass die Erlösung einfach darin bestand, die Vergangenheit und meine Mutter so zu lassen, wie sie war. Sie musste sich nicht ändern. Sie musste auch nicht nach meinen Vorstellungen leben. Damit war endlich Ruhe zwischen uns eingekehrt. Sie lebte ihr Leben und ich meines. Und beide hatten wenig miteinander zu tun.

Ich wurde so oft an die Geschichte mit dem Fischer und dem Blumenhändler erinnert. Das erste Mal, als ich Mom mit meinem Auto, einem gepflegten Mittelklassewagen, abgeholt hatte, sie mich zum ersten Mal in meiner teuren Wohnung besucht, sie betreten die nobel eingerichteten Räume begutachtet hatte, die Kleider, die im Schrank hingen und alles, was ich mir sonst zugelegt hatte … ja, da war sie mehr als betroffen gewesen.

»Du hast es wirklich zu etwas gebracht, Greta«, hatte sie gesagt und war sehr still geblieben an diesem Nachmittag. Aber sie fühlte sich nicht wohl bei mir, das konnte ich spüren. Sie wollte bald wieder zurück in ihre gewohnte Umgebung und sie hatte auch gehörigen Bammel davor, ihre Geschwister wiederzusehen.

Ich hatte Mom die Bilder aus Indien, von Naresh und Radha, gezeigt und sie hatte geweint.

»Oh, Mann«, sagte sie. »Ich hätte den Kerl heiraten sollen.«

»Nein, Mom, das wäre nicht gut gegangen. Du warst zu flatterhaft. Du hättest ihn unglücklich gemacht.«

»Du liebst ihn, oder?«, fragte sie und in ihrem Blick stand die Verzweiflung, selbst kein Recht auf meine Liebe zu haben. Ich biss mir auf die Lippen.

»Ja«, erwiderte ich leise. »Sehr. Dad ist äußerst liebenswert.«

Ihre Stimme war heiser, die Innenränder ihre Augen rot.

»Greta … ich hätte so vieles besser machen müssen.«

»Nein, Mom. Du hast es so gut gemacht, wie du in der Lage dazu warst.«

In ihr fiel etwas, ein Brocken. Mir war, als könne ich ihn sehen, wie er in ihr nach unten sackte, wie Schlamm auf den Grund eines Weihers sinkt und Nahrung für wunderschöne Teichrosen gibt. Wir erkannten beide, dass der Widerstand zwischen uns gebrochen war. Es gab keinen mehr. Es gab keinen Kampf mehr, keine Schuld, gar nichts.

Zusammengesunken, alt, verlebt, saß sie am Tisch. Ihre Lippen zitterten und ich ahnte, was sie dachte: Dass sie das Leben in der Hoffnung vergeudet hatte, es endlich leben zu können. So wie ich. Dauernd hatte sie auf etwas Anderes gewartet, auf etwas Besseres … bis es fast vorbei war. In diesem Moment konnte ich sie lieben. Ich liebte sie als den Teil in mir, den ich nun annehmen konnte, liebte sie als Personifizierung dessen, was in mir hatte erlöst werden müssen: Diese Wertlosigkeit, die Trennung von der innersten Quelle. Das war mein Thema, es war ihr Thema und wir hatten uns in diesem Leben gefunden, um die Chance zu haben, es vollständig zu verstehen.

Ob ich mit ihr deswegen zusammen sein wollte? Nein.

Mom hatte ihren Weg zu gehen und ich den meinen. Aber ich fühlte deutlich, wie aller Ärger, alle Schuldzuweisungen, Vorwürfe und Kränkungen schwanden wie Schnee in der Sonne. Es gab nichts mehr, worüber ich böse sein konnte. Nichts. Nicht ein Staubkorn war mehr zwischen uns.

Ich lächelte – und tiefer Frieden zog in mein Herz.

***

»Tu dir einen Gefallen«, sagte ich drei Tage vor der Testamentseröffnung zu ihr. »Zieh etwas Dezentes an. Eine schwarze Hose, eine weiße Bluse und schmink dich nicht zu sehr. Und wie wär's, wenn du mal eine andere Frisur ausprobierst?«

Ich schenkte ihr einen Friseurgutschein und es schien, als tauche sie wieder in das Leben ein, wie es nun mal war, statt sich ständig vorzugaukeln, sie müsse die Vergangenheit aufrechterhalten. Sie kaufte sich tatsächlich neue Kleidung und sah darin wesentlich besser aus, als sie in mein Auto stieg und wir zum Gutshof fuhren.

Diesmal würde es kein Gelärme und Geschrei und Willkommensrufe geben wie in jenem Sommer, als ich das erste Mal dort gewesen war. Die Kinder waren größer geworden, Oma war nicht mehr da. Und meine Mom kam zum ersten Mal wieder nach Hause.

Sie war aufgeregt, sie hatte Angst. Sie hatte die ganze lange Fahrt über fast nichts gesagt. An einer roten Ampel informierte ich Onkel Horst über unsere Ankunftszeit. Ich wusste, er würde draußen auf uns warten, auch, wenn es kalt war.

Moms Augen wurden feucht, als wir durch das Dorf fuhren, in dem sie aufgewachsen war, sie so manche Felder und Wiesen wiedererkannte. Nervös knetete sie ihre Hände, je näher wir dem Gutshaus kamen.

»Ich war so lange nicht mehr hier«, flüsterte sie. »Es ist schön. Ich habe ganz vergessen, dass es schön ist.«

Ich schwieg und nahm ihre Hand. Dankbar drückte sie sie. Aber ihre Augen waren gefährlich rot. Schließlich tauchte das Gutshaus vor uns auf und sie tat einen tiefen Schnaufer. Ich konnte ihre Angst körperlich fühlen und drückte ihre Hand erneut, aber dann brauchte ich beide Hände für das Steuer und ich ließ sie los.

Wie erwartet stand Onkel Horst vor der Tür. Aber das war nicht alles. Mir schossen die Tränen in die Augen, als ich es sah:

Sie hatten das alte Willkommensschild herausgekramt. Luftballons und ein großes Herz hingen an der Tür. Für Mom. Diesmal stand ihr Name auf dem Schild. Und nicht nur Onkel Horst stand draußen. Alle standen vor der Tür. Mit Kind und Kegel. Sie lärmten zwar nicht, aber sie lächelten und winkten, als wir in den Hof fuhren und das Auto abstellten.

Wie ein kleines Kind starrte Mom ungläubig auf das Schild, sie war unfähig, auszusteigen. Unsicher schaute sie zu mir, presste ihre zitternden Lippen aufeinander und Tränen liefen ihr die Wangen hinunter. Doch da wurde schon die Tür aufgerissen, Willkommensrufe ertönten, jemand zog sie heraus. Stimmengewirr erklang und freundliches Lachen. Vollkommen überwältigt lehnte sich Mom an den Kotflügel. Onkel Horst ging auf sie zu, öffnete seine Arme, wie damals bei mir und legte sie fest und schützend um sie. Seine Augen strahlten in einem ruhigen Glanz.

»Uschi«, sagte er warm. »Du bist wieder da! Wir haben dich schrecklich vermisst. Herzlich willkommen.«

Mom brach zusammen. Ich weiß nicht, wie lange es dauerte, bis sie wieder so weit war, ein normales Wort äußern zu können.

***

Am nächsten Tag war die Testamentseröffnung. Oma hatte Mom eine sechsstellige Summe hinterlassen, was sie fast ohnmächtig werden ließ und auch mir einen beträchtlichen Betrag. Ich legte ihn an für mein Kind, das in meinem Bauch wuchs und auf das ich mich jeden Tag mehr freute.

273

Aber Mom wirkte, als sei sie aus einem langen, langen Traum aufgewacht. Sie sah sich um in einer Welt, die sie jahrzehntelang negiert hatte, ging staunend durch eine verschneite Natur, bewunderte die Eiskristalle an den Grashalmen und saß schüchtern bei Tisch, inmitten einer Familie, inmitten *ihrer* Familie. Auch die ihr hinterlassene Summe verstörte sie mehr, als dass sie sich darüber freuen konnte. Sie war wie ein Sklave, der plötzlich frei war und mit dieser Freiheit nichts anzufangen wusste. Verstört und unbeholfen ging sie durch die Räume, machte lange Spaziergänge mit ihrer Schwester und ihrem Bruder, aber sie weinte auch viel und war oft in Gedanken versunken.

Ich dachte in diesen Tagen so oft an Jyoti. »Wenn du dich um dich selbst kümmerst«, hatte sie mir gesagt, ›wenn du dein Selbst findest, wenn du dich selbst erlöst, wenn du dich allein nur auf den Weg machst, hilfst du Tausenden von Leben. Wenn du dich selbst erlöst, erlöst du die Welt.«

Die letzten Worte Jyotis, die ich zu diesem Zeitpunkt noch nicht richtig hatte deuten können, kamen mir in den Sinn: »Das ist gut für dein Kind.« Ich hatte damals ja selbst noch nicht gewusst, dass ich schwanger war und gedacht, sie meine mein inneres Kind. Aber nun wusste ich: Sie hatte mein Baby gemeint. Sie hatte gewusst, dass ich schwanger war. In diesem Prozess hatte ich auch mein Baby erlöst. Es musste all diese karmischen Blockaden nicht mehr tragen und nicht ausleben. Es kam viel freier auf diese Welt. Und damit hatte auch die Welt eine Chance.

Liebevoll strich meine Hand über meinen noch flachen Bauch. Ich dachte an Ben. Dachte daran, wie das Baby in seinen großen Händen wohl verschwunden wäre … wie vorsichtig, wie zärtlich er es behandelt hätte. Wie seine Augen geleuchtet hätten. Wie sehr bei der Geburt geweint hätte. Es waren die Momente, in denen die Liebe nach ihm hoch aufflammte und ich mich mit der Vorstellung von Tobias, der Bens Kind in seinen Armen hielt, nicht anfreunden konnte. In diesen Momenten wusste ich, dass Tobias nur Ersatz sein würde. Und das wiederum hatte Tobias nicht verdient. Ich dachte in diesen Tagen auch viel nach.

***

Zurück zu Hause fand ich wie so oft mehrere Nachrichten vor. Oberhofer hatte die Umsätze vom Dezember ausgewertet und war überglücklich über den Boom, den das neue Konzept ausgelöst hatte (was mich auch glücklich machte). Torsten wollte dringend von mir angerufen werden und Brian gab mir seine Daten durch und fragte, ob er mich zum Essen ausführen dürfte.

Ich rief Brian an:

»Brian, was soll das? Willst du nicht von mir bekocht werden?«

»Doch, sehr gern sogar! Ich bin sogar so unverschämt, dich zu fragen, ob du mich für eine Nacht aufnimmst? Dann könntest du mich am zweiten Tag bekochen, und damit es nicht zu viel wird, gehen wir am Abend vorher essen.«

»Ja, da muss ich erst Tobias fragen, ob er einen Mann in meiner Wohnung duldet«, scherzte ich.

»Oh … wohnt ihr etwa schon zusammen?«

Es klingelte an meiner Haustür, ich bat Brian, kurz zu warten. Als ich das Gespräch wieder aufnahm, klopfte Torsten in meiner Leitung.

»Brian, ich habe noch ein Gespräch … selbstverständlich kannst du bei mir übernachten! Ich hole dich um 17:30 Uhr am Flughafen ab!«

***

»Torsten, was macht es so dringend?«

»Ich habe dir etwas ganz Wichtiges mitzuteilen!«

»Du heiratest!«

»Das kommt noch! Ganz sicher!«

»Oh, Mann, Torsten, wer hätte das gedacht! Du heiratest! In Indien?«

»Ja, und wehe, du kommst nicht!«

»Wehe, du legst den Termin auf Mai!«

Er lachte. »Gretelchen, mein Goldmädchen, pass auf. Ich habe drei neue Kunden für dich und eine nicht so gute Botschaft. Dein kaputter Gummi ist eine ziemliche Nummer in der Aristokratie Schottlands … erstaunlich, dass er sich noch nicht einmal ein anständiges Kondom leisten kann! Vielleicht liegt es daran, dass er Schotte ist, die sollen doch so geizig sein. Vielleicht hat er ein gebrauchtes ausgewaschen und …«

»Torsten!«

»Oh, Greta, entschuldige! Ich bin, seit ich Sita kenne, einfach durch den Wind! Was ich sagen wollte: Ich denke unter diesen Umständen ist es vielleicht nicht so gut, die Eltern aufzusuchen.«

»Dieser Rat kommt zu spät, Torsten«, sagte ich. »Sie wissen es schon. Und ja, es ist genauso abgelaufen, wie du wohl befürchtet hast.«

***

Bens Lebensgeister liefen auf Hochtouren, seine übermütige Art, seine Kreativität, sein Sinn fürs Planen und Streichespielen waren wieder voll erwacht. Der ganze Kerl war ein einziger Jubel. Jyoti lachte, als sie ihn sah.

»Du meine Güte, Ben«, sagte sie. »Was hättest du dir nur angetan, wenn du dich hier verkrochen hättest!«

Auch die anderen Swamis umringten ihn, freuten sich mit ihm, klopften ihm auf die Schulter und lachten sich halb tot über seine Aufregung.

»Das war doch das Mädchen, hinter dem du beim Yoga gestanden hast, nicht?«, fragte einer von ihnen. »Da ging ganz schön was ab! Ein Zwiegespräch hätte nicht deutlicher sein können!«

Ben schüttelte lachend den Kopf. »Ihr habt es alle gewusst, oder?«, fragte er. »Von Anfang an.«

»Von Anfang an«, nickten sie. »Es war so klar! Der Einzige, der es nicht sehen wollte, warst du.«

»Das ist wohl wahr«, schmunzelte Jyoti. »Stellt euch vor, er hat es noch nicht mal begriffen, als wir ihm die Entlassungspapiere in die Hand gedrückt haben!«

Die Swamis brachen in lautes Gelächter aus.

Ben schmunzelte. Doch ab und zu befiel ihn das Gefühl, aufgegeben zu haben, an einem hohen Ziel gescheitert zu sein. Der alte Swami mit der Glatze beobachtete ihn und nahm mit feinen Sinnen Bens Gedanken auf.

»Dein hohes Ziel erreichst du mitten im Leben«, erinnerte er ihn. »Du gibst es doch nicht auf. Du gehst nur den Weg, von dem dein Herz weiß, dass es der richtige ist. Lass dein Selbst doch mal machen. Es hat immer die besten Ideen, glaub mir.«

Es war ein fröhlicher Abschied. Für Ben war es der volle Sprung zurück ins Leben. Endlich hatte er die Vergangenheit abgestreift, er war bereit für das Neue. Er fühlte sich vollkommen befreit und glücklich. Und wie gesagt, er war voller Ideen und Pläne.

Und doch wusste er noch nicht, wie er vorgehen sollte, und prüfte die einzelnen Gedanken in seinem Kopf. Greta … Tobias … Brians Sprachnachricht … wie so oft sah er auf sein Handy: ›… egal, wo du bist - ich liebe dich‹.

An diese drei Worte klammerte er sich. Hoffentlich hatte er das nicht versemmelt.

***

»Was hast du vor?«, fragte ihn Brian.

»Meine Eltern überraschen … und Greta vor allem!«

Brian konnte es nicht fassen, dass Ben in Person wieder neben ihm saß. Er hatte ihn mehrfach anfassen müssen, um es zu glauben, und er hatte ein Dauergrinsen im Gesicht, denn Ben wirkte verändert. Nein, das war nicht der richtige Ausdruck … er wirkte wie früher! Wie ganz früher, wie vor Miriam. So hatte er ihn lange nicht erlebt und das tat richtig gut!

»Und in welcher Reihenfolge?«, grinste er.

»Erst Greta«, schoss es aus Ben heraus. »Brian, wir müssen was Verrücktes unternehmen für sie, irgendwas Abgefahrenes … ich meine …«

»Mann, Alter, jetzt hörst du dich endlich mal wieder nach dir selbst an!« Brian war glücklich. »Ich habe echt nicht mehr dran geglaubt! Wie wär's mit dem Bully-Herbig-Ding?«

»Was?«

»Na, der Film, den sie so mochte! Die Schlussszene am Flughafen!«

»Hm, ob Greta das so will … so in der Öffentlichkeit …«

»Na ja, ich dachte ja nur … stimmt schon. Ist nicht ganz ihr Stil.«

»Das gibt noch ein Brainstorming, Brian!«

Brian lachte und hieb ihm auf die Schulter.

»Wir könnten die Crew zusammenholen … wer weiß, was uns dann alles einfällt!«

Bens Augen blitzten.

»Gute Idee! Aber ich muss Greta so bald wie möglich sehen! Ich fliege sowieso über Deutschland und später weiter nach Glasgow. Vielleicht fliegt sie ja gleich mit! Oder … was hältst du davon, ihr eine Einladung ins Inverlochy zu schicken? Oder nach Glenapp?

277

Vielleicht könnten wir ja Mona und Theo einweihen und sie irgendwie … oder du tust so, als ob du sie ins Inverlochy …«

»Also, ohne dich jetzt beunruhigen zu wollen«, unterbrach Brian Bens Ideenreichtum. »Aber ich glaube, sie fliegt mit dir nirgendwohin.«

»Wie meinst du das?«, fragte Ben beunruhigt.

»Mann, Ben, du bist echt ein Großkotz! Wie stellst du dir das vor? Du hast ihr gesagt, alles kann nur in der Auszeit existieren und sie vor vollendete Tatsachen gestellt. Du hast ihr noch nicht einmal *eine* Nachricht geschrieben, geschweige denn einen Brief! Das Mädchen ist verletzt! Ich meine, du hast dich ihr als Mönch präsentiert und verlangt, sie solle ihr Leben nach all den Wochen mit dir wieder auf die Reihe kriegen! Aber genau das tut sie! Sie hat wieder einen Job und aus unserem letzten Gespräch habe ich herausgehört, dass sie mit ihrem Ex wieder zusammenlebt. Du kannst nicht einfach nach drei Monaten auftauchen und sie auf einem deiner Pferde mitnehmen, du Traumtänzer!«

In Ben grummelte es bedenklich, aber seine Augen glitzerten.

»Ich hole sie mir wieder, Brian. Und wenn es das Letzte ist, was ich tue!«

»Tja, ich würde mich trotzdem mal auf ein paar Schocks vorbereiten«, erklärte Brian, innerlich schadenfroh. »Und mir an deiner Stelle keine allzu großen Hoffnungen machen.«

»Was meinst du damit? Schocks? Wann hast du das letzte Mal mit ihr telefoniert?«, fragte Ben alarmiert. »Rück raus! Was weißt du? Geht es ihr gut?«

»Ich denke schon. Das heißt, ich hoffe es. Wir haben letzte Woche miteinander gesprochen. Wie's der Zufall will, bin ich geschäftlich in Deutschland unterwegs und kann bei ihr übernachten. Da kann ich ja mal checken, wie die Dinge stehen.«

»Brian! Du weißt mehr, als du sagst! Was ist los, verdammt noch mal?«

Inzwischen war Ben wirklich schwer beunruhigt und fuhr fort:

»Weißt du was? Ich rufe sie einfach an! Das ist sowieso *mein* Job … zu checken, wie die Dinge stehen. Aber ich will nicht diese abgefuckte Geschichte und mit Rosenstrauß vor der Tür stehen … das ist nicht meins, verstehst du? Das passt weder zu ihr noch zu mir. Aber nachdem, was du da von dir gibst, ist es am besten, keine Zeit zu verlieren. Ich rufe sie an.«

»Nein, warte!«, rief Brian, ein paar fiese Gedanken im Kopf. »Das wäre gar nicht gut! Ich fürchte, sie legt dann einfach auf! Wie wäre es, wenn …«

Und so vermittelte er Ben einen Plan, der eigentlich mehr ihm Freude machte als irgendjemandem sonst.

Alter, dachte er, *so leicht kommst du mir nicht davon.*

***

Das Geld floss. Oberhofer hatte mir eine Überweisung geschickt, die mir tatsächlich einen Jubelschrei entlockt hatte. Dazu waren ein paar Rosen gekommen und eine Karte: Expansion läuft! Umsatz läuft! Alles läuft! Herzlichen Glückwunsch und die besten Grüße, Jan Oberhofer.

Ich schüttelte den Kopf. Es war schon seltsam. Ich hatte zu keiner Zeit auch nur irgendeinen Ehrgeiz entwickelt und doch lief alles viel einfacher als vorher. Mühelos! So, wie ich mir das immer gewünscht hatte! Und das Beste war, dass ich spürte, dass mich weder Erfolg noch Misserfolg aus meiner Ruhe brachten. Alles hatte sich verändert, innerhalb von so kurzer Zeit, und ich war dankbar für jede Sekunde. Ich war dankbar für mein Kind im Bauch. Und heute wollte ich Brian treffen und ich freute mich darauf. Ich mochte sein Jungengesicht und seinen typisch britischen Charme.

***

»Hey, Brian!« Freudestrahlend lief ich auf ihn zu.

»Greta!« Er ging leicht in die Knie, hatte wie immer seine Arme offen, hob mich vorsichtig hoch und schwenkte mich noch vorsichtiger einmal um sich herum. »Man sieht ja noch gar nichts!«

»Ja, ich war auch schon beunruhigt, ist ja schon Anfang fünfter Monat, aber mein Arzt sagt, es ist alles okay.«

»Hast du dir sagen lassen, ob es ein Mädchen oder ein Junge wird?«

»Nein, ich lasse mich überraschen. Wie geht es deiner Frau und deinen Kindern?«

Sorglos plaudernd machten wir uns auf den Weg zu Brians ausgewähltem Lokal.

»Cooler Name«, sagte ich, als er es ins Navi eingab. »Lofty Pub? Das kenne ich gar nicht!«

»Wird dir gefallen. Ist genauso, wie es sich anhört. Ein bisschen edel, ein bisschen verrucht und man hat Ruhe zum Reden.«

Er grinste mich an und tätschelte kurz mein Bein.

»Hast du eigentlich mit den McArrans noch mal Kontakt gehabt nach dem Desaster?«, wollte ich wissen.

»Ja, einmal … und du?«

»Na ja, sie wollen mich noch mal sprechen. Was wollten sie von dir?«

»Kannst du dir ja vorstellen. Sie wollten meine Version der Geschichte hören. Was ist mit dir? Triffst du dich mit ihnen?«

»Vermutlich. Aber nur, um meinen Standpunkt klarzumachen. Ich nehme nicht einen Cent von ihnen. Und das Kind bleibt bei mir.«

Brian grinste.

»So kenne ich dich, Greta«, sagte er. »Lass dich mal nicht einschüchtern.«

Wir waren angekommen. Brian parkte den Wagen und wir betraten das Lokal.

»Wow«, staunte ich. »Hast du selbst die paar Tage in Deutschland Sehnsucht nach Schottland?«

Er hatte mich in einen englisch anmutenden Pub geführt. Dämmriges Licht, dunkles Eichenholz, dunkles Leder, aber äußerst edel eingerichtet. Das Restaurant war in Nischen eingeteilt, ledergepolsterte Wände trennten die Plätze voneinander, auf den Tischen lagen blütenweiße Tischdecken mit exquisiter Deko und auf den schwarzledernen Bänken und Stühlen waren rot karierte Kissen verteilt.

»Das ist süß hier«, sagte ich und schaute mich um. »Wusste gar nicht, dass es das bei uns gibt!«

Der Ober geleitete uns zu unserem reservierten Platz. Es war nicht so viel los, in den Nischen rechts und links von uns saß jeweils ein Pärchen. Wir waren das dritte.

Heiter plaudernd bestellten wir unsere Getränke und Brian erzählte ein paar Anekdoten aus seinem Geschäftsleben und von seiner Familie.

»Und wie geht es dir, Greta?«, fragte er schließlich.

»Sehr gut! Stell dir vor, die Sache mit meinem neuen Job läuft super und dann war ich noch mit meiner Mom …«

Ich erzählte ihm von den letzten Ereignissen. »Ich hätte nie gedacht, dass Mom sich so ändert. Das kam alles von alleine, ohne, dass ich was dazu getan hätte.«

»Aber du hast doch viel getan«, antwortete Brian lächelnd. »Du warst in Indien und ich weiß ja, dass da einiges abgeht. Und Tobias?«

»Tobias! Ach, er ist so unglaublich süß. Wirklich. Er ist einer der liebsten Menschen unter der Sonne. Du kannst dir nicht vorstellen …« Ich biss mir auf die Lippen.

»Er ist ganz schön an dir dran, nicht?«, unterbrach mich Brian. »Ich meine, du hast das auch verdient. Du brauchst keine Kerle, die einfach abhauen.«

»Er ist ja auch erst mal abgehauen«, stellte ich richtig.

»Aber er ist wiedergekommen. Und offensichtlich rechtzeitig. Ein intelligenter Kerl! Der weiß halt, was er an dir hat! Hast du ein Foto von ihm?«

»Ja, sicher.«

Ich zeigte ihm ein Bild von Tobi im Smoking, auf dem er besonders gut aussah.

»Ein Model!«, rief Brian laut. »Der sieht ja fantastisch aus! Da hast du dir aber wirklich einen Jackpot geangelt!«

»Ja, er ist ein Goldstück. Seit Indien hat alles eine ganz andere Grundlage, wir treffen uns auf einer völlig anderen Basis. Ich will nichts mehr beweisen und Tobias spürt das. Inzwischen sagt er, selbst wenn Parkow mein Vater wäre, mache es für ihn keinen Unterschied. Er kann noch nicht einmal verstehen, dass es je einen machte. Ist das nicht seltsam?«

»Na ja« Brian lächelte breit. »Er hat eben erkannt, was für ein Goldstück *du* bist. Er liebt dich und er zeigt es dir auch. Das kann nicht jeder. Das tut sicher gut, nicht?«

»Ja, du hast es erfasst.« Ich lächelte. »Es tut gut zu spüren, wenn jemand zu einem steht.«

»Ja, genau«, sagte Brian mit erhobener, euphorischer Stimme. »Du solltest schon mit jemanden zusammen sein, der seine Gefühle offen zeigen kann.«

»Ja, das ist wohl wahr«, erwiderte ich nachdenklich.

»Und Tobias … bist du jetzt glücklich mit ihm?«, fragte Brian. »Wohnt er bei dir?«

»Nein, das tut er nicht«, zögerte ich. »Ehrlich gesagt …«

»Warum nicht? Ziehst du zu ihm? Oder hat er dir schon wieder einen Heiratsantrag gemacht?«

»Einen? Um ehrlich zu sein, die macht er eigentlich andauernd.«

Ich verstummte. Presste die Lippen zusammen. Die Sache mit Tobias war für mich nicht so leicht.

»Und wie denkst du inzwischen über die Sache mit Ben?«, setzte Brian nach.

»Ach, Ben …«, seufzte ich. »Ich denke so oft an die Zeit in der Hütte … du sag mal, was ist jetzt eigentlich damit? Könnt ihr die noch nutzen, wenn er nicht mehr da ist?«

»Wenn wir wollten, schon, aber will ja keiner hin ohne ihn«, sagte Brian. »Bist du über die Sache mit ihm hinweggekommen?«

»Ja, bin ich.«

»Im Ernst?«, fragte Brian beunruhigt. »Ich dachte eigentlich, du liebst ihn.«

Ich antwortete nicht.

»Greta?«, hakte Brian nach. »Wie stehst du denn inzwischen zu Ben?«

Ich seufzte tief.

»Schau, Brian, ich muss den Tatsachen ins Auge sehen. Ich habe ihm alles über mich erzählt, er nichts über sich. Er wusste also, wo ich herkomme, und dabei war ihm die ganze Zeit sehr bewusst, wo er herkommt. Ich meine, selbst, wenn wir alle Zeit der Welt gehabt hätten und er sich nicht entschlossen hätte, ins Kloster zu gehen … jemanden wie mich würde er nie als Partner in Betracht ziehen. Maximal als Betthäschen. Ich glaube, das ist ihm während meiner Geschichte klar geworden … er wurde ja auch nicht müde zu betonen, dass es eine Auszeit ist.«

Am Nebentisch fiel Besteck herunter, es klirrte laut, und die Frau schimpfte auf Französisch mit ihrem Mann. Irritiert hielt ich kurz inne, bevor ich fortfuhr:

»Ich kann nicht erwarten, dass er seine Pläne wegen einer Zufallsbekanntschaft aufgibt. Was kann ich schon tun außer zu akzeptieren, dass ich sein letztes Schokotörtchen vor der Diät war?«

Wieder gab es Geräusche vom Nebentisch. Die Frau war echt zänkisch. Sie schimpfte schon wieder.

»Bist du sauer auf ihn?«, fragte Brian.

»Nein, dazu habe ich kein Recht. Er hat das mit der Auszeit ja klar gesagt. Und ich habe mich darauf eingelassen.«

»Das heißt, dass sein Geld für dich nun das Hindernis wäre?«

»Ja. Und für ihn wohl auch. Mir jedenfalls wäre es lieber gewesen, er hätte keines. Auch, wenn ich seinen linksgestrickten Pulli irgendwann mal heimlich aufgetrennt hätte.«

Brian lachte.

»Aber worüber reden wir hier überhaupt?«, fuhr ich fort. »Eine Beziehung war für ihn niemals zur Debatte gestanden. Das weiß ich jetzt. Außerdem: Ben ist weg. Und hoffentlich ist er glücklich.«

»Und was ist jetzt mit Tobias und dir?«

»Na ja, seine Eltern kleben an mir dran, du kannst dir nicht vorstellen, wie alle an mir rumarbeiten, dass ich wieder mit ihm zusammenkomme. Alle Zeichen deuten auf ein Happy End und ehrlich gesagt … hm…« Ich brach ab. Wusste nicht, wie ich mich am besten ausdrücken sollte, während Brian gespannt mein Gesicht beobachtete. »Ich meine, da ist so ein Herzbauchgefühl«, fuhr ich fort. »Ich liebe Tobias auf …«

Am Nebentisch klirrte es schon wieder gewaltig und Stimmengewirr erklang. Der Ober kam herbeigeeilt, die Frau schimpfte erneut lautstark mit ihrem Mann, der wohl irgendwo angerammt war und der Ober steuerte beruhigende Worte bei.

»Was für ein Tumult!« Ich lächelte, aber Brian erwiderte es nicht. Er war ein wenig in seinen Sitz zurückgesunken und wirkte wie versteinert:

»Na, dann … wenn du ihn liebst …«

»Ja, ich liebe ihn auf eine ganz bestimmte, zärtliche Weise. Tobias ist süß und er ist so rührend, das habe ich ihm auch gesagt. Und wenn du es genau wissen willst …«

Brian beugte sich vor, hörte mir gespannt zu, mit allen Fasern seines Seins, so intensiv, dass ich unwillkürlich lachen musste.

»Brian, du schaust, als ob ich dir gerade die spannendste Geschichte der Welt erzähle!«

»Tust du ja auch«, krächzte er. »Es hört sich irgendwie nach Hochzeit an.«

»Nein, im Gegenteil. Ich habe Schluss gemacht. Vorerst.«

»Du hast *was*?«

Brian war dermaßen geschockt und riss in einer urkomischen Mischung aus Entsetzen und Erleichterung die Augen auf, dass ich wieder lachen musste.

»Du hast Schluss gemacht?«, wiederholte er mit sich überschlagender Stimme. »Hast du nicht gerade gesagt, du liebst ihn?«

»Ja, das tue ich auch. Ich habe gesagt: auf eine bestimmte Art und Weise. Er war in den letzten Monaten absolut anbetungswürdig. Und das ringt mir Respekt ab. Vielleicht kommen wir ja auch irgendwann wieder zusammen. Aber vorerst ist da dieses Herzbauchgefühl. Ich konnte ihn mir einfach nicht vorstellen, mit Bens Kind in seinen Händen … es kommt mir irgendwie falsch …«

Ein Glas zerbrach am Nebentisch und der Gast neben uns keuchte entsetzt über seine Ungeschicklichkeit. Die Frau schimpfte schon wieder und der Ober kam ein weiteres Mal angedampft.

Ich wandte mich ein bisschen um, aber die Zwischenwände waren zu hoch, ich konnte überhaupt nichts sehen. Dafür wohl Brian ein bisschen, der schaute nämlich nach oben und grinste diabolisch.

»Was ist …?«, fragte ich mit gerunzelter Stirn.

»Nichts«, sagte Brian. »Muss ein ganz schöner Trottel neben uns sein. Der hat wohl keine Manieren. Vielleicht ist er ja auch dement, was weiß ich. Jedenfalls macht er scheinbar ein Ding nach dem anderen kaputt.«

Er grinste befriedigt, buchstäblich von einem Ohr zum anderen. Offenbar fand er das alles sehr lustig. Unsere Unterhaltung floss weiter, wir genossen unser Essen und schließlich fuhr ich mit ihm zu mir nach Hause.

***

»Wow, schicke Bude!«, rief er, als er über die Schwelle trat und musterte anerkennend meine Wohnung. »Vielen Dank, dass ich bei dir übernachten darf!«

»Ich freue mich, Brian«, antwortete ich. »Aber, wenn es dir nichts ausmacht, würde ich gerne schlafen gehen. Ich bin müde.«

»Das macht mir gar nichts aus! Ich habe vollstes Verständnis dafür. Ich weiß noch, meine Frau war dauermüde, als sie schwanger war. Leg dich schlafen und bitte … mach dir keine Mühe wegen Frühstück. Ich komme ganz gut ohne aus.«

»Das kommt überhaupt nicht in Frage! Wann musst du weg?«

»Am späten Vormittag, um elf, halb zwölf, ist das okay? Ansonsten mach ich mich vorher vom Acker.«

»Nein, alles gut, ich decke noch den Tisch schnell vor, dann schlafen wir aus, und du bekommst ein ordentliches Frühstück, wie es sich gehört. Nur kein Haggis!«

Brian drückte mir einen Kuss auf die Stirn und lächelte breit. Er war eine echte Frohnatur.

***

Schon im Auto war sein Smartphone auf Dauer-Vibration gelaufen, so viele Nachrichten hatte er unterwegs bekommen.

Nun saß Brian auf dem Bett in Gretas Gästezimmer und rief eine nach der anderen ab:

»Du Ratte, du hast es gewusst! Du hast es gewusst!«

»Ich fass es nicht!«

»O mein Gott, Brian, sie bekommt ein Baby! Unser Baby!«

»Ich werde Papa!«

»Wir bekommen ein Baby!«

»Gerade hat mir Clarine eröffnet – sie hat es auch gewusst! Ich bin von Ratten umgeben!«

»Und meine Eltern wissen es auch!«

»Oh, Scheiße, ich wäre der Einzige gewesen, der es nicht gewusst hätte!«

»Ich weiß, du kannst nicht reden, aber schreib zurück, sobald du kannst!«

»Wir bekommen ein Baby!«

Brian lachte sich einen ab. Der gute Ben! War ja klar, dass er ausflippen würde, wenn er das mit dem Baby erfuhr! Er konnte förmlich sehen, wie er wie ein Tiger im Hotelzimmer herumlief.

Befriedigt schrieb er zurück:

»Du hast deswegen noch lange nicht Greta für dich gewonnen!«

»Hat sie im Auto noch was gesagt? Ihr habt doch sicher noch über mich geredet!«

»Sie hat kein Wort über dich verloren. So interessant bist du anscheinend für sie nicht.«

»Echt, Brian, ich dachte, du bist mein bester Freund … und dann so was! Du hast mich voll ins Messer laufen lassen!«

»Genau das Gegenteil ist der Fall! Du wärst voll ins Messer gelaufen! Jetzt weißt du, dass meine Idee die bessere ist. Diese ganzen Zirkusnummern, die du dir ausgedacht hast, das hätte sie nur schockiert. Du willst doch keine Fehlgeburt riskieren!«

»Oh, Mann, du hast recht! Wir müssen es wohl klassisch machen. Also doch der Rosenstrauß.«

»Bleib ruhig, Alter. Rosen beeindrucken Greta wohl kaum. Du musst erst mal checken, wie sie zu dir steht.«

»Hast du jetzt noch was herausgefunden, was mir hilft, oder nicht?«

»Ich habe sie im Auto gefragt, ob sie wieder mit dir zusammen sein wollte, wenn du hier wärst.«

Brian schrieb nichts weiter und stellte sich Ben vor, wie er nun da saß und auf Antwort gierte. Es dauerte ganze zwanzig Sekunden.

»Brian! Und? Jetzt hör auf, so mit mir zu spielen! Du hattest deinen Spaß im Restaurant!«

»Okay. Sie hat Nein gesagt.«

»Was?«

»Ja, Alter, ohne Mist. Sie hat wirklich Nein gesagt.«

Diesmal war es Ben, der länger für eine Antwort brauchte. Dann kam ein zaghaftes:

»Warum?«

»Weil sie Angst hat, dass du nur das Kind und nicht sie willst. Dass du dir mit all deinem Geld das Baby schnappst und dann wieder irgendwohin abhaust.«

***

Am nächsten Morgen sah ich auf die Uhr. Ich hatte tief und fest geschlafen, wie so oft in der letzten Zeit. Die Sonne schien schon zum Fenster herein. Ich schlug die Decke zurück und ging ins Bad. Als ich fertig war, hörte ich schon Geräusche aus dem Gästezimmer.

»Brian?«, rief ich durch die geschlossene Tür. »Ich hole schnell frische Croissants und Brötchen!«

Verschlafen steckte er seinen Rotschopf durch die Tür.

»Soll ich schon mal Kaffee machen, während du weg bist?«

»Nicht nötig, ich habe einen Vollautomaten. Kannst in aller Ruhe duschen, frische Handtücher sind im Bad – ich brauche maximal zwanzig Minuten.«

Als ich wiederkam, tönte Musik durch meine Tür. Ich stockte, als ich das Lied erkannte. Brian ließ Gerry Rafferty laufen. Wehmütig hörte ich die Töne des Saxofons ... ›Moonlight and Gold‹ - wie oft hatte ich den Song mit Ben gehört? Wie oft zusammen gesungen? Es war einer seiner Lieblingssongs von Rafferty. Eine Flut an Erinnerungen wogte in mir hoch, und in Gedanken sah ich wieder die bizarren Highlands, die Touren, die ich mit Ben unternommen hatte, Hand in Hand mit ihm, sah seine glitzernden hellgrauen Augen, sah uns am See sitzen oder vor dem Kaminfeuer … am Strand … oder an den Klippen in Cornwall …

Das Lied hatte eine enorme Wirkung auf mich und Sehnsucht nach diesen sorglosen Tagen loderte auf. Gestern, mit Brian und seiner so jungenhaften Art, da hatte alles so leicht geklungen. Aber es gab Momente, in denen ich Ben schrecklich vermisste und dieser Song … ach, warum hatte er ihn aufgelegt?

Eine Weile stand ich vor der Tür und hörte einfach zu. Es duftete nach Kaffee, das brachte mich wieder zur Besinnung – Brian hatte sicher Hunger! Die Tüten im Arm schloss ich auf und ging in die Küche.

Rafferty hatte zu ›Bajan Moon‹ gewechselt. Die Töne durchdrangen die Räume und Brian saß am Esszimmertisch, die aufgeschlagene Zeitung in der Hand, eine Tasse Kaffee neben sich.

Er saß am Tisch … ja, aber das war doch nicht mein Tisch! Er sah ganz anders aus! Eine Damast-Tischdecke lag darauf und er war vollgeladen mit Rosen, Kristall und allem, was man sich vorstellen konnte. Er bog sich vor Delikatessen, angefangen von Lachs, Käse, Konfitüren, Orangensaft … und einem Kübel Champagner. Es war angerichtet wie in einem Fünfsternehotel – und das alles in zwanzig Minuten? Überhaupt! Dieser Kübel! Ich hatte keinen solchen!

»Brian?«, sagte ich bestürzt. »Ähm … was ist das hier?«

»Na ja«, sagte er. »Nachdem du gestern gesagt hast, dass du kein Haggis hast … habe ich mir gedacht, ich besorge uns mal was Anständiges zum Frühstück.«

Ich lachte verdutzt und öffnete den Mund, aber es kam nichts raus.

»Setz dich doch«, sagte Brian freundlich, als sei ich der Gast. »Schampus darfst du ja leider keinen trinken … aber vielleicht wenigstens zum Anstoßen ein Mini-Schlückchen?«

Ohne auf Antwort zu antworten, legte er die Zeitung weg, entkorkte die Flasche mit einem lauten Plopp und schenkte formvollendet das prickelnde Getränk ein, in Gläser, die ebenfalls nicht mir gehörten. Noch immer völlig irritiert ließ ich meinen Blick über diesen Luxus gleiten.

»Wie hast du das in zwanzig Minuten …«, fing ich an, aber da stand er unvermittelt auf.

»Greta«, eröffnete er mir. »Ich muss gestehen, ich erwarte Gäste. Ich habe die Jungs eingeladen.«

»Du hast die Jungs …? Wie? Alle? Jamie und Finley und … die sind alle in Deutschland?«

Immer ungläubiger starrte ich ihn an, misstrauisch. Was führte er im Schild? Aber er grinste nur zufrieden zurück.

»Brian, deine Story ist absoluter Nonsens. Ich glaube dir kein Wort!«

»Ist auch besser so, Greta«, antwortete er. »Ich wollte dich nur …«

Es klingelte an der Tür.

»Da ist der erste«, murmelte Brian und ich verstand gar nichts mehr.

Er sah mich an mit einem merkwürdigen Blick und mein Herz sackte nach unten.

»Moment mal, Brian!« Ich hielt ihn am Arm fest, als er öffnen wollte. »Du hast aber nicht die McArrans hierher beordert?«

Es klingelte wieder.

»Lass mich öffnen«, sagte Brian. »Bitte, Greta. Vertrau mir.«

Ich ließ seinen Arm los und lehnte mich gegen die Anrichte meiner Küche. Hatte er das wirklich getan? Wollte er mich zu einem Gespräch mit Bens Eltern zwingen? Unterstützte er sie in dem, was sie wollten?

Ich wappnete mich.

»Greta?«, hörte ich Brians Stimme. »Kommst du mal? Hier ist jemand, der dich unbedingt sprechen will.«

Im Abwehrmodus ging ich zur Tür.

Und da stand Ben vor mir. Mein Herz rutschte mir irgendwohin. In die Knie, in den Erdboden, ich weiß nicht, es sackte auf jeden Fall im Sturzflug nach unten.

»So, Freunde, ich gehe dann mal«, verkündete Brian und drückte mir einen Kuss auf den Scheitel. »Wir sehen uns heute Abend … hoffentlich.«

***

Sein Gesicht … seine Augen … ich konnte ihn nur anstarren, konnte es nicht fassen. Und wieder sah er anders aus. Er trug Jeans,

288

ein Hemd, eine Lederjacke. Wäre nicht der Ausdruck in seinem Gesicht gewesen, hätte ich gesagt, er wirkte lässiger, attraktiver denn je.

Meine Knie waren wacklig, ich lehnte mich gegen den Türrahmen. Mit brennenden Augen sah er mich an. Das letzte Mal als ich ihn gesehen hatte, hatte er eine orangefarbene Kutte getragen … ich konnte das kaum mit meiner letzten Erinnerung an ihn in Einklang bringen und brachte kein Wort hervor.

»Greta«, sagte er leise. »Darf ich reinkommen?«

Und als ich immer noch nichts sagen konnte:

»Ich … ich habe gehört, es gibt Frühstück.«

Er lächelte leicht, aber ich stand völlig unter Schock, ich lächelte nicht mit. Mechanisch stieß ich die Tür etwas weiter auf.

Er ging an mir vorbei und drehte sich gleich wieder nach mir um, als ob er sich vergewissern wollte, dass ich ihm auch folgte und nicht davonstürmte.

Oh, Jesus, Maria und Josef! Ben! Ist hier! Was bedeutet das? Er ist hier! Plötzlich, mit Verspätung fing mein Herz zu schlagen an. Laut, schmerzend. Meine Gedanken wirbelten wie ein Sandsturm in meinem Kopf herum und ich verharrte, unfähig zu irgendeiner Bewegung, immer noch an der Tür. Ben stand in der Diele und sah mich an.

»Bist du dafür verantwortlich?«, fragte ich mit einem Nicken zum Tisch hin.

»Können wir … würdest du mit mir reden?«, fragte er vorsichtig zurück.

»Warum bist du nicht in Indien? Wo ist dein Mönchsgewand?«

»Entsorgt. Und auch der linksgestrickte Pulli.«

Seine Worte gar nicht wirklich erfassend, schloss ich, immer noch verwirrt, die Tür.

Die zwei Gläser mit dem Champagner perlten auffordernd vor sich hin, die Sonne schien in den Raum, auf das Kristall, den Damast … es wirkte surreal.

Ben lehnte sich gegen den Küchenblock, sah mich unverwandt an. Ich lehnte mich zitternd an das Fenster - ihm gegenüber. Mir wurde heiß, als ich mir seiner Gegenwart bewusst wurde. Er war tatsächlich hier! Doch meine Bedenken löschten jede aufkommende Freude.

Was wollte er hier? Ich war argwöhnisch, hatte ich doch genug Überraschungen mit ihm erlebt. Oder … hatte Brian gequatscht? Das musste es sein! Brian hatte gequatscht!

Das Blut schoss mir in den Kopf und barsch wollte ich ihn fragen, was er hier wolle, da klingelte es erneut.

Eine ungute Ahnung machte sich in mir breit. Waren das jetzt seine Eltern? Wollten sie mit einem Übergewicht an Stimmen auf mich einreden?

»Und was kommt jetzt?«, fragte ich ihn bissig.

»Keine Ahnung, Greta«, erwiderte er. »Ich …«

Ich warf ihm einen misstrauischen Blick zu und ging öffnen. Torsten stand vor der Tür, auf seinen Stock gestützt. Der Rollstuhl stand neben ihm.

»Gretelchen!«, rief er. »Mein Mädchen! Ich fliege übermorgen nach Goa und du wolltest mir doch noch was für Naresh mitgeben! Ich war gerade in der Ecke und dachte, ich schau mal auf eine Tasse Kaffee vorbei!«

»Torsten!«, stieß ich hervor. »Dich schickt der Himmel! Komm rein! Ich …«

Torsten lächelte befriedigt und tätschelte meine Hand.

»Wusst ich's doch, dass du mich vermisst«, grinste er und kam munter plaudernd herein.

»Das Laserschwert passt übrigens nicht in meinen Koffer, ich fürchte, Naresh muss sich ein eigenes … ach, du liebe Zeit, was ist denn das? Störe ich?«

Er hatte Ben erspäht, der mit verschränkten Armen immer noch am Küchenblock lehnte – und den opulent gedeckten Tisch.

»Gretel! Hab ich etwa deinen Geburtstag vergessen?«

»Nein, Torsten, gar nicht! Aber es ist so gut, dass du da bist! Ich …«

»Wer ist denn das, Gretel?«, unterbrach er mich. »Welchen Adonis hast du denn jetzt am Haken? Hatten wir nicht ausgemacht, dass du mir deine Männer vorstellst, bevor du wieder Dummheiten … o, du liebe Güte! Warte, warte, warte! Sag bloß, das ist Mr. kaputter Gummi!?«

»Ähm … Torsten … ich …«

»Mr. kaputter … was?«, ließ sich Ben vernehmen und warf mir einen interessierten Blick zu. Dann wandte er sich Torsten zu und streckte ihm die Hand hin.

»Sie sind also Torsten«, sagte Ben lächelnd und mit seinen blitzenden Augen. »Angenehm. Ich habe schon viel von Ihnen gehört.«

»Gretel«, sagte Torsten, ohne den Blick von Ben zu nehmen. »Ist das jetzt schmeichelhaft oder beunruhigend, dass der mich kennt?«

»Ich würde sagen, schmeichelhaft«, erwiderte Ben und konnte sich ein Lächeln nicht verkneifen. »Greta hat viel von Ihnen erzählt.«

»Tatsächlich«, erwiderte Torsten. »Dann hat Sie Ihnen bestimmt auch gesagt, was ich von kaputten Gummis und Mönchen halte. Und vor allem, dass das Mädchen unter meinem Schutz steht. Ich bin sozusagen ihr deutscher Papa. Der andere sitzt in Indien und kann nicht immer seinen Job machen.«

»Torsten!«, rief ich. »Ich …«

»Das mit dem Laserschwert überlege ich mir übrigens noch mal«, schnarrte Torsten weiter. »Könnte sein, dass ich es doch hier brauche.«

»Das glaube ich weniger«, sagte Ben.

»Was wollen Sie hier?«, schleuderte Torsten zurück.

»Genau das will ich auch wissen!«, warf ich ein.

Die beiden Männer beäugten sich. Ich war so froh, dass Torsten da war, dass ich das jetzt nicht allein ausfechten musste!

»Sie wissen schon, was Sie da aufgegeben haben, oder?«, feuerte Torsten drauflos. »Und welches Chaos Sie verursacht haben!«

»Ob ich es aufgegeben habe, sei dahingestellt«, erwiderte Ben und in seinen Augen war ein belustigtes Glimmen zu sehen. »Und zwecks Beseitigung des Chaos bin ich hier. Also …«

Seine Augen machten eine klare Bewegung zur Tür hin, klarer ging's nicht und ich dachte:

»Oh no, jetzt hat er Torsten komplett gegen sich aufgebracht! Niemals lässt er sich die Tür weisen!«, und stellte mich auf ein verbales Gewitter ein.

Aber zu meiner endlosen Überraschung grinste Torsten nur, ging einen Schritt weiter auf Ben zu, neigte sich zu dessen Ohr hin und flüsterte laut:

»Versau's nicht!«

Damit wandte er sich zum Gehen.

»Torsten!«, rief ich fassungslos. »Du musst hierbleiben! Ich brauche dich jetzt!«

»Ach, Greta, meine Süße. Diesen Kampf musst du kämpfen. Lass mich wissen, wer gewonnen hat.«

Damit humpelte er zur Tür und fort war er. Bestürzt sah ich ihm nach. Dann wieder auf Ben. Also gut! Dann würde ich das eben alleine ausfechten! Mit glühenden Augen wandte ich mich ihm zu. Ich wollte mich nicht freuen, dass er hier war. Ich wollte nicht, dass er mich ein weiteres Mal enttäuschte. Oder mir klarmachte, dass ich ihm und seinen Eltern das Kind überlassen sollte!

Ich hatte so gut damit leben können, auf ihn zu verzichten, als ich ihn nicht sah … aber jetzt … jetzt stand er vor mir, mit seinen sensiblen Lippen, dem Mund, der mich an allen Stellen meines Körpers geküsst hatte, den Händen, die mich berührt, den Augen, die mich so oft angeblitzt hatten … es war eine Qual, ihn vor mir zu haben und alle Abwehr- und Schutzmechanismen in mir liefen auf Hochtouren. Ich straffte mich.

»Also. Was willst du hier, Ben?«

»Ich schulde dir noch meine Geschichte.«

»Vielleicht will ich sie gar nicht mehr hören!«

»Greta«, sagte er leise. »Ich … ich glaube, ich bin dir so einiges schuldig.«

In seine Augen trat ein Ausdruck, den ich nicht sehen, den ich nicht wahrhaben wollte, weil es zu weh tun würde, wenn ich wieder darauf verzichten müsste.

»Ich fürchte, auch dafür ist es zu spät«, sagte ich finster. »Das Meiste habe ich schon selbst herausgefunden. Auch, wer du bist. Und die Art, wie ich es erfahren musste, war wie immer nicht lustig. Du hast schlechte Angewohnheiten, McArran.«

Seine Augen blitzten, als ich das sagte, und allein das machte mich schwach. Das durfte ich jetzt nicht sein! Ich musste konzentriert bleiben, durfte mich nicht einlullen lassen.

»Ich kann dir genau sagen, wer ich bin!«, antwortete er mit diesen blitzenden Augen und kam einen Schritt auf mich zu. Ich wich einen zurück und blaffte ihn wütend an:

»Das weiß ich auch ohne, dass du es mir sagst! Du bist jemand, der problemlos mit mir Versteck spielt und dauernd irgendwelche Hämmer auf Lager hat! Jemand, dem ich noch nicht einmal eine Whatsapp-Nachricht wert war! Jemand, der mich vor vollendete Tatsachen stellt und mich dann einfach stehen lässt! Du bist jemand, der mich kurz mal festhält und dann … vorbei läuft!«

Getroffen, aber keinesfalls besiegt, schwieg er.

»Vielleicht ist es einfach besser, wenn du gehst«, hörte ich mich sagen.

»Das kannst du vergessen«, knurrte er. »Ich gehe nicht. Und ich bin nicht immer vorbei gelaufen! Das kannst du nicht sagen! Dazu war die Zeit zu intensiv.«

Ich sah nach unten. Das Argument traf mich, machte die Erinnerung an diese Wochen wieder lebendig. Und doch war ich voller Argwohn. Instinktiv legte sich meine Hand schützend auf meinen Bauch.

Ben sah meine Geste, und sein Gesichtsausdruck änderte sich noch einmal: Er wurde sehnsüchtig – was ich mit noch größerem Misstrauen registrierte.

»Warum bist du hier?«, fauchte ich ihn an. »Was willst du wirklich? Wenn du meinst, noch einmal so eine Nummer abziehen zu können, dann hast du dich getäuscht! Und versuche nur ja nicht …«

»Ich bin hier, weil ich dich liebe, Greta«, unterbrach er mich. »Ich bin hier, weil du die Frau bist, mit der ich alt werden möchte, mit der ich mein Leben verbringen will.«

In mir drehte sich alles. Das waren die Worte, die ich mir immer gewünscht hatte und die Wahrheit war: Mein Körper reagierte wie auf Knopfdruck auf Bens Ausstrahlung. Am liebsten hätte ich ihm Lederjacke und Jeans vom Leib gerissen und wäre mit ihm im Schlafzimmer verschwunden. Mein Herz klopfte wie wild, mein Körper stand in Flammen, aber diesen Gefühlen wollte ich auf keinen Fall nachgeben. Mein Mund machte sich selbstständig:

»Und was für ein fieser Trick wird das am Ende?«, fauchte ich und meine Augen sprühten Funken. Diese Reaktion ließ Bens Augen umso mehr blitzen, dieses Glitzern, das ich so liebte, das ich so scharf fand, das ihn so lässig machte.

Mit einem Satz war er bei mir und schob mich gegen die Wand. Seine Wärme, sein Körper, so nah bei mir, machten mich schwach. Ich keuchte, wollte mich befreien, aber er stand dicht vor mir, sah auf mich hinunter, sah mir in die Augen.

»Greta, es gab keinen einzigen Tag im Ashram, überhaupt keinen einzigen Tag, seit ich dich das erste Mal gesehen habe, an dem ich nicht an dich gedacht habe«, flüsterte er. »Ich liebe dich.«

Ich stieß ihn weg und flüchtete hinter die Anrichte. Starrte ihn stumm an. Mein Herz klopfte wie verrückt. Wegen seiner Worte, wegen ihm. Ich wartete immer noch auf das Fallbeil und er sah es mir an. Seine Augen wurden zärtlich.

»Ich liebe dich, Greta. Ich habe dich von der ersten Sekunde an geliebt und es nicht erkannt. Du bist alles, was ich will. Und ich hoffe … hoffe von ganzem Herzen, dass ich es noch rechtzeitig erkannt habe.«

»Was heißt das?«, fragte ich aufgewühlt. »… und … was ist mit deinem Gelübde? Verkohlst du mich gerade wieder, Ben?«

Er wagte sich erneut näher, seine Hand streckte sich aus, fuhr zart über meine Wange, als sei ich ein wildes Tier, das sich erst an ihn gewöhnen müsse - und ein bisschen war es auch so. Diese sanfte Berührung gab mir den Rest. Ich atmete heftig und schlug seine Hand weg. Ben presste die Lippen zusammen, doch seine Augen glitzerten noch immer. In ihnen stand eine feste, unwiderrufliche Entschlossenheit. Und die machte mir Angst.

»Was willst du wirklich?«, fauchte ich erneut und misstrauisch bis zum Anschlag.

Mit gerunzelter Stirn starrte er mich an, verwundert über meine Angst. »Bitte … fahr erst mal runter. Ich habe die Gelübde nicht abgelegt. Ich habe sie nicht abgelegt, weil ich bei dir sein will. Ich musste die ganze Zeit im Kloster an dich denken und … und gestern … gestern saß ich in diesem Lokal … und da …«

»Du warst das!«, schrie ich. »Oh, du hast gelauscht! Wie erbärmlich ist das denn! Warum hast du dich versteckt! Was soll das!?«

»Das war Brians Idee«, verteidigte er sich säuerlich. »Ich wollte dich einfach nur sehen! Und ich habe es kaum ausgehalten noch länger zu warten, aber Brian sagte, er trifft sich mit dir zum Essen, und es wäre doch gut, zu checken, wie du zu mir stehst. Er hat ganz schön mit mir gespielt, dieser fiese Wicht! Oh, Mann, er hat es so genossen, mich auflaufen zu lassen!«

»Was hat Brian dir erzählt?«, hakte ich zutiefst argwöhnisch nach. »Und wann? Ben, sei ehrlich: Weshalb bist du wirklich zurückgekommen?«

»Brian hat mir gar nichts erzählt! Was glaubst du, warum ich gestern so schockiert war! Es hat mich umgeworfen!«

»Und das soll ich dir glauben?«

»Habe ich dich jemals angelogen?«

»Nein, nur ziemlich viel verschwiegen! Und falsche Eindrücke erweckt! Das schafft kein Vertrauen!«

»Greta, ich kann deine Bedenken verstehen, aber ich bin wegen dir zurückgekommen! Nur wegen dir!«

»Und was genau bedeutet das?«, fragte ich misstrauisch.

»Dass ich mit dir zusammen sein will. Für den Rest meines Lebens.«

Diese einfache, klare Ansage verschlug mir die Sprache. Entschlossen wagte er sich einen weiteren Schritt vor.

»Und dann sitze ich gestern Abend in diesem Lokal und höre dich sagen, dass du ein Kind …« Er verschluckte sich fast »Das war … Greta … du … wir …«

Er konnte kaum weiterreden, die Hitze schoss ihm in den Kopf, seine Augen glänzten und er sah auf meinen Bauch. Ich beobachtete ihn, weicher geworden.

»Heißt das … du hast das wirklich vorher nicht gewusst? Ich meine, es hat nichts mit deinem Entschluss zu tun, die Gelübde nicht abzulegen?«

»Nein! Ich bin aus allen Wolken gefallen! Ich hätte Brian umbringen können!«

»Und du bist trotzdem zurückgekommen? Für wie lange?«

»Greta, begreif doch … für immer!«

»Für immer? Du gehst nicht wieder zurück?«, fragte ich und seine Worte drangen endlich in mein Bewusstsein. »Du bist nicht wegen des Babys zurückgekommen? Du hast das nicht gewusst? Du bist wegen mir zurückgekommen? Ich meine … wegen uns?«

»Wegen mir und wegen dir. Wegen uns. Und das mit dem Baby … oh, Gott, wir bekommen ein Baby! Wir …«

Ihm verschlug es die Sprache, er sah mich an, seine Augen waren rot und es war, wie ich es mir immer vorgestellt hatte: Er weinte vor Glück.

»Du bleibst hier …«, murmelte ich mehr zu mir als zu ihm. »Und das ist diesmal keine Jackpot-Finte?«

Sanft umschloss er mein Gesicht mit seinen Händen, bog meinen Kopf zurück. Sah mir intensiv in die Augen.

»Ich weiß nicht, ob ich ein Jackpot bin, Greta«, flüsterte er und schlang seine Arme um mich. »Ich weiß nur, dass du einer für mich bist. Ich liebe dich. Ich will ein Leben mit dir.«

Steif stand ich in seiner Umarmung. Das war alles so unwirklich. Erlebte ich das gerade wirklich?

»Ben«, murmelte ich. »Lass mich los … bitte … fass mich nicht an … ich …«

Das Leuchten in seinen Augen erstarb.

»Greta … warum?«

»Weil … ich …« Ich wurde rot. Mein Blick muss Bände gesprochen haben, denn seine Augen glitzerten befreit und belustigt. Glücklich schlang er erneut seine Arme um mich, fuhr mit beiden Händen durch mein Haar.

»Mir geht es doch genauso«, flüsterte er. »Ich habe es kaum ausgehalten ohne dich … wo ist dein Schlafzimmer?«

»Ist aber noch viel schlimmer geworden, seit ich schwanger bin«, brummte ich entschuldigend. »Und du bleibst wirklich hier, Ben? Wirklich und wahrhaftig?«

Ich spürte die Wärme seiner Hände an meinem Gesicht, den Blick seiner Augen auf mich gerichtet, seinen Atem auf meiner Haut, spürte sein Herz schlagen und sanft senkten sich seine Lippen auf die meinen. Ich schloss die Augen. Mein Inneres explodierte.

»Es gibt so viel Liebe auf der Welt«, hörte ich Jyoti sagen. »So viel Liebe. Die ganze Welt besteht daraus. Vergiss das nie.«

Epilog

»Hunger?«, lächelte ich, als wir uns wieder voneinander lösten.

»Ja, auf dich.«

Fasziniert sah ich ihn an. Ben war vollkommen locker – jeder Ballast war weg und ich erlebte ihn auf diese Weise zum ersten Mal. Das tat unsagbar gut.

»Du weißt schon, dass ich jetzt alles über dich wissen will, McArran«, grinste ich. »Bis ins kleinste Detail! Ich lasse uns schon mal einen Kaffee raus, und du kannst anfangen zu erzählen!«

»Ähm … wolltest du mir nicht dein Schlafzimmer zeigen?«

»Nachdem du so lange damit gewartet hast, kommt es auf die paar Minuten nicht an, oder?«

»Was willst du denn als Erstes wissen?«, schmunzelte er.

»Was aus dem linksgestrickten Pulli geworden ist!«

Er lachte. »O mein Gott, wie habe ich diese Unterhaltungen mit dir vermisst!«

Wir lachten, plauderten, tranken Kaffee, es war genauso wie in Schottland und Ben wirkte traumhaft, weil er glücklich war. Das war ich auch. Es war ein ganz anderes Gefühl, nun mit dieser Sicherheit mit ihm zusammen zu sitzen. Zu wissen, es war keine Auszeit – ein Leben lag vor uns!

»Meinst du, das Zeug hält sich noch ein Weilchen?«, fragte ich nach einer Weile und deutete auf die guten Sachen auf dem Tisch.

»Hast du keinen Hunger mehr?«

»Doch, und wie! Inzwischen bin ich wirklich total ausgehungert!«

Ich neigte mich ihm zu und fingerte an seinem Hemd herum. »Seit Monaten!«

»Tja, was will ich da erst sagen«, meinte er, hob mich kurzerhand hoch und trug mich ins Schlafzimmer.

»Du bist noch immer so leicht«, stellte er fest. »Greta, tu die Sachen runter, ich will den Bauch sehen!«

»Du zuerst!«, murmelte ich und knöpfte seine Jeans auf. »Ich will auch deinen Bauch sehen … und das darunter … ach, Ben! Echt scharf!«

»Wie habe ich das nur diese Monate ohne dich ausgehalten«, gluckste er.

Er umfing mich und küsste mich leidenschaftlich, was die immer die gleiche Wirkung auf uns hatte. Wir fielen aufs Bett und knutschten wie die Teenager.

»Ach herrje«, stöhnte ich. »Das Schicksal wiederholt sich. Jetzt muss sich auch unser Kleines all diese Geräusche anhören.«

Ben lachte so sehr, dass er sich verschluckte. Währenddessen schlüpfte ich aus der Jeans, lehnte mich an das Rückenteil des Bettes und zog mein T-Shirt hoch.

»Voila! Unser Baby!«, strahlte ich. »Man sieht noch nicht viel. Aber es ist da.«

Ben setzte sich zu mir auf die Bettkante. Vorsichtig, sanft strich er über die kleine Wölbung. Es bedurfte keiner Worte. Der Ausdruck in seinem Gesicht sprach Bände und rührte mich zutiefst.

»Ich kann immer noch nicht glauben, dass du hier bist«, sagte ich leise. »Du bist hier. Unser Kind bekommt einen waschechten Papa. Einen, der es liebt.«

Tränen stiegen in meine Augen. Er zog mich an sich und verharrte lange. Und mit dieser Berührung konnte ich alles fühlen, was er nicht sagte.

»Hat Meaney nicht herausgefunden, dass Kinder ganz viel Fürsorge und Berührung brauchen?«, fragte er schließlich und zog zu meiner Freude endlich sein Hemd aus. Ich kniete mich aufs Bett, half ihm, weil ich es nicht erwarten konnte, und drückte mich an seinen Körper. Seine warme Haut berührte die meine und ich schloss meine Augen. Das beste Gefühl der Welt.

***

Wir kamen erst Stunden später wieder aus dem Schlafzimmer, hungrig, aber der Lachs und der Käse sahen gar nicht mehr gut aus.

Da kehrte er zum ersten Mal den McArran raus, den ich noch gar nicht kannte:

»Wir könnten mit meinem Privatjet nach Hamburg fliegen«, meinte er und strich sich über den Bart. »… Brian nehmen wir einfach mit. Und die Jungs könnten wir auch einfliegen lassen. Die freuen sich sicher.«

Und als ich ihn mit offenem Mund anstarrte, fragte er beiläufig.

»Sag mal, waren für deine Hochzeitsreise nicht die Seychellen geplant?«

Ich nickte wortlos und mit noch immer geöffnetem Mund, den Helikopter im Sinn. Hatte er das gerade ernst gemeint?

»Ich habe ein Haus dort«, eröffnete er mir. »Ist ein bisschen größer als die Hütte in den Highlands, aber ... Mylady ... falls du Lust hast, sind wir morgen dort.«

»Ähm ...«, brachte ich heraus. Das war alles.

»Und dann müssen wir uns sowieso jede Menge Immobilien anschauen«, fuhr er fort. »Damit du entscheiden kannst, in welcher du wohnen willst. Ein paar sind wirklich schnucklig, mit Gärten natürlich. Und walled gardens. Weil du das so liebst.«

***

»Mit wem warst du eigentlich in dem Restaurant?«, wollte ich wissen.

»Mit Clarine«.

»Oh, die mag mich nicht!«

»Und wie die dich mag! Wirst mal sehen! Die wird dir nicht von der Seite weichen, wenn wir zu uns fahren! Sie ist total zerknirscht wegen eures ersten Treffens. Ich glaube, sie hat dir sogar ein Bild gemalt – als Entschuldigung.«

»Nicht dein Ernst!«

»Doch, sie war wirklich ganz außer sich. Sie hat eine E-Mail von mir gefunden, die ich an Brian geschrieben hatte und in der stand, wie sehr ich dich liebe. Das war nach deinem Besuch bei uns.«

»Oh, dieser Besuch«, stöhnte ich. »Ich fürchte, ich habe mich bei deinen Eltern nicht gut eingeführt.«

»Ach, Greta, du hast ja keine Ahnung.«

»Aber Clarine wusste doch, dass ich schwanger bin ... sie hat dir nichts verraten?«

»Nein, diese fiese Wiesel!«

Ich grinste. »Geschieht dir echt recht, McArran, wenn ich nur dran denke, wie viel Leuten du Kummer bereitet hast mit deiner Geheimniskrämerei! Und deine Eltern? Wissen sie überhaupt schon, dass du zurück bist?«

»Nein! Das machen wir gemeinsam. Das wird eine mega Überraschung! Clarine bereitet alles vor!«

»Sie wissen noch nicht, dass du ... ach, du liebe Zeit! Das hört sich ganz nach einem Manöver an! Irgendwie erinnert mich das an deine wilde Kindheit? Streiche spielen? Da war doch mal was.«

»Ja, aber wir müssen ähnlich vorsichtig vorgehen wie bei dir. Weil mein Vater doch schon einen Herzinfarkt hatte ... ich hoffe, du spielst mit.«

***

Clarine war auf mich zugestürmt, hatte mich so fest umarmt und mir einen so innigen Kuss auf die Wange gedrückt, dass mir ganz anders geworden war.

»Schwester!«, hatte sie gerufen. »Ich bin dir bis ans Ende meines Lebens dankbar dafür, dass es dich gibt!«

Ich lachte verlegen und leicht unsicher, während Ben schmunzelnd neben uns stand und seine Augen wieder mal blitzten.

»Das ist Clarine«, erklärte er mir. »Der absolute Wirbelsturm. Musst du dich dran gewöhnen.«

»Okay«, brachte ich hervor. »Das lässt sich sicher einrichten.«

Clarine lachte, sie war einfach herzerfrischend, redete, wie ihr der Schnabel gewachsen war, und war der enthusiastischste Mensch unter der Sonne. Wir verstanden uns auf Anhieb und sie nannte mich dauernd Schwester, was für mich ganz seltsam war. Aber immerhin waren wir fast gleich alt und es hörte sich für mich fantastisch an. Dann erläuterte sie mir ihren Plan.

***

»Wir sind Ihnen sehr dankbar, dass Sie sich noch einmal die Zeit für uns genommen haben«, begrüßte mich Lady McArran mit ihrem herzlichen Lächeln und hielt diesmal meine beiden Hände in den ihren. »Es tut uns schrecklich leid, dass es beim ersten Mal so ...«

»Aber ich bitte Sie«, unterbrach ich sie. »Es war nur zu natürlich, wie Sie reagiert haben. Ich kann das wirklich gut verstehen. Wir waren wohl alle überwältigt. Aber ich habe bei all dem tatsächlich vergessen, Ihnen den Umschlag zu geben, den Ben mir für Sie mitgegeben hat. Das tut mir meinerseits sehr leid.«

»Keine Ursache. Das gibt uns Gelegenheit, Sie wiederzusehen. Wie geht es Ihnen? Was macht das Baby?«

»Oh, es wächst und gedeiht!«, sagte ich glücklich. »Ich kann Ihnen gar nicht sagen, wie sehr ich mich darauf freue. Vor allem, weil es Bens Kind ist.«

Lady McArran sah mich bewegt an. Clarine und Brian waren mit anwesend. Brian hatte sich das Schauspiel nicht nehmen lassen wollen, und wie erwartet strahlte er wie ein Honigkuchenpferd. Wir saßen beim Tee, sozusagen die ganze Familie, und ich staunte, wie unbefangen ich sein konnte.

»Ja, das Kind ist ein Teil von Ben«, sagte Lady McArran wehmütig.

»Ich hoffe ja sehr, dass Sie uns erlauben, es zu sehen«, ließ sich Lord McArran vernehmen. »Es gäbe für uns keine größere Freude.«

Nun war ich es, die ihn gerührt ansah.

»Aber natürlich! Ich werde dem Baby ganz sicher nicht seine Großeltern vorenthalten. Im Gegenteil. Wobei das ein wenig der Logistik bedarf. Mein Daddy möchte das Baby ja auch so oft wie möglich sehen. Und der lebt in Indien.«

»Dann fliegen wir eben ab und zu auch dahin«, erklärte Bens Vater und lächelte mich glücklich und warm an. »Das ist schön, dass du das so unkompliziert siehst.«

Es war seltsam … aber ab diesem Moment war ich mir irgendwie sicher, dass das englische »you« eher ein Duzen als ein Siezen war. Es war einfach eine Nuance, ein Empfinden. Es war wie das Ankommen in einer weiteren Familie. Ich lächelte. Erst hatte ich gar keine gehabt – nun gleich drei!

»Und der Umschlag?«, erinnerte mich Bens Mutter.

»Ach ja …«

Ich kramte in meiner Tasche. »Hier bitte. Ben hat damals gesagt, sie mögen ihn bitte gleich aufmachen, wenn Sie ihn haben. Er wollte auch, dass Sie den Brief gemeinsam lesen.«

Lady McArran warf mir einen verwunderten Blick zu und öffnete neugierig den DIN A 5 Umschlag. Clarine fasste unter dem Tisch meine Hand und Brian grinste schon wieder von einer Backe zur anderen. Ich vermutete, er hatte in der Zeit, in der wir hier waren, noch keine Sekunde damit aufgehört.

Im Kuvert befand sich ein kleiner Stapel an Karten, die Lady McArran nun herauszog. Ihr Mann saß neben ihr.

»Liebe Mom, lieber Dad«, stand auf der ersten. »Ich wollte euch noch ein paar Grüße zukommen lassen – und noch ein paar wichtige Dinge, die ich nicht unerwähnt lassen möchte.«

Zweite Karte:

»Das wichtigste zuerst: Ich liebe euch von ganzem Herzen und ich danke Euch für Euer Verständnis in all den Jahren, für alles, was ihr mitgemacht habt, angefangen von meinen Streichen in der Kindheit, über meine Jugendsünden bis hin zu der radikalsten Entscheidung meines Lebens. Es gibt kaum Eltern wie euch, die so etwas mittragen und gutheißen.«

Stille herrschte im Raum. Niemand sagte etwas. Die Karte landete auf dem Tisch neben dem Teller von Lady McArran. Ihr Lächeln war schmerzlich.

Dritte Karte: »Mir ist in den letzten Monaten extrem bewusst geworden, was Familie bedeutet, wie schön es ist, Familie zu haben. Vor allem in der Zeit, die ich vor meiner Reise nach Indien mit Freunden in der Hütte verbrachte, und vor allem wegen einer Person, die mich besonders berührt hat. Und auch, als du, Dad, diesen Herzinfarkt hattest … wurde mir klar, wie sehr ich euch liebe und wie schön es ist, liebevolle Eltern zu haben. Ich bin so froh und dankbar, dass Dad sich wieder erholt hat.«

Immer erstaunter und gerührter legte Lady McArran auch diese Karte auf den Tisch.

Vierte: »Ich habe in den letzten Monaten jemanden kennengelernt, Greta, sie sitzt wahrscheinlich gerade vor euch. Behandelt sie gut. Sie ist die Frau, die ich liebe. Sie wird euch etwas geben. Etwas, das zu euch gehört.«

Ich schloss kurz die Augen, als die vierte Karte auf dem Tisch landete. Lady McArran lächelte mich an.

»Meint er das Baby damit?«, fragte sie mich. »Aber du sagtest doch, dass er nichts davon weiß.«

»Nein, er meinte nicht das Baby«, erwiderte ich. »Es steht auf der letzten Karte, was es ist.«

Fünfte und vorletzte Karte:

»Ich möchte, dass ihr jetzt ganz ruhig bleibt und es gefasst aufnehmt, euch nicht aufregt und vor allem du, Daddy, du musst dich schonen wegen Deines Herzens.«

Sechste Karte: »Ich habe die Gelübde nicht abgelegt. Ich komme zurück.«

Ein Schrei entfuhr Lady McArran, und besorgt schauten Brian, Clarine und ich auf die beiden, vor allem auf Bens Vater, aber er stand ganz ruhig. Sein Gesicht rötete sich allerdings und in seine Augen kam ein Glanz, der einfach überirdisch war.

»Liz!«, rief er und seine Stimme zitterte. Er hatte ihr die Karte aus der Hand genommen und starrte darauf. »Er kommt zurück! O mein Gott, er kommt zurück!«

Lady McArran brach in Tränen aus und die beiden umarmten sich.

»Er kommt wieder! Wir haben unseren Ben zurück! Er kommt wieder!«, schluchzte seine Mom. »Oh, Greta, das haben wir dir zu verdanken!«

Sie löste sich von ihrem Mann und kam auf mich zu, umarmte mich mit einer Kraft, die ich ihr nicht zugetraut hätte. Ihr Gesicht war tränenüberströmt.

»Er kommt wieder nach Hause«, flüsterte sie. »Ich kann es kaum glauben.«

»Es ist auch nicht ganz wahr«, sagte ich.

Sie schob mich ein wenig von sich.

»Was heißt das? Es ist nicht ganz wahr?«

»Na ja, die Wahrheit ist … er ist schon hier.«

Ihre Arme fielen von mir ab, ihre Augen waren riesengroß, wandten sich automatisch zur Tür. Und da stand er. Ben. In voller Größe.

Brian, Clarine und ich standen in einer einzigen Umarmung zusammen. Mit feuchten Augen beobachteten wir, wie seine Mutter auf Ben zustürzte und ihm weinend um den Hals fiel.

Hinter ihm fuhr der Butler mit einem breiten Lächeln einen Teewagen herein, auf dem Champagner stand. Clarine riss ihre Arme hoch und fiel mir um den Hals. Brian drehte die Musikanlage hoch.

Die Party konnte beginnen.

Das Leben konnte beginnen!

***

Alltag.

Ben und ich lagen im Bett zum ersten Mal in seinem Zuhause, in diesem herrschaftlichen Schloss. Für mich war es sehr seltsam, Personal um mich herum zu haben, das einem jeden Wunsch von den Augen ablas. Oder erst Wünsche weckte.

»Möchten Sie Tee? Darf ich Ihnen was bringen? Möchten Sie ein Bad nehmen? Soll ich Ihnen eine Massage organisieren?«

Wirklich … sehr ungewohnt. Was auch ungewohnt war, war nach Herzenslust meine sexuellen Begierden, die mich, seit ich schwanger war, besonders überfielen, ungehindert ausleben zu können.

Glücklich lag ich neben Ben und er streichelte dauernd über meinen Bauch.

»Du bist mir übrigens ganz fremd vorgekommen mit Jeans und Lederjacke«, ließ ich ihn wissen. »Und Lederschuhen!«

»Wie bitte? Heißt das, ich muss mir noch mal so einen Pulli stricken?«

Ich lachte. »Ich fürchte fast, ich vermisse das Stück. Hast du ihn wirklich entsorgt?«

»Er liegt in einer Mülltonne in Indien. Da ist nichts mehr zu retten.«

Ich kicherte. »Ich nehme an, noch nicht mal ein Inder hat Gebrauch für das Ding. Höchstens, wenn er ihn auftrennt. Das Ding gibt ja richtig Wolle, so lang wie der war.«

»Aber gerade das war doch in schottischen Highlands der Kracher«, antwortete er. »Womit sollen wir jetzt unser Kind wärmen?«

»Ich bin gut im Betteln.«

Er lachte und seine Augen waren wie zwei Sterne, als er meinen Bauch küsste.

Leise wiederholte er zum x-ten Mal. »Wir bekommen ein Kind! Ich dachte, ich sterbe, als ich das gehört habe in diesem Restaurant. Im ersten Moment dachte ich, ich hätte mich verhört. Ich wäre am liebsten aufgesprungen und hätte mich da schon zu erkennen gegeben. Greta, wenn ich mir vorstelle, dass ich nie von der Existenz meines Kindes erfahren hätte, wenn ich mein Vorhaben durchgezogen hätte! Du hättest mir nichts gesagt, oder?«

»Niemals.«

Er schluckte. »Und du hast noch nicht mal ein Bild von mir. Du hättest unserem Kind noch nicht mal ein Foto von mir zeigen können!«

»Ich hätte eines von deinen Eltern abgestaubt. Bin mir sicher, dass sie mir eines gegeben hätten.«

»Du und meine Mom … ihr passt übrigens super zusammen.«

»Das ist leicht. Du hast wirklich tolle Eltern«, bestätigte ich und strich ihm über seinen abgemagerten Körper. »Du musst wieder zunehmen, mein Süßer. Kann ich dich bekochen oder bist du künftig von so viel Personal umgeben, dass das nicht mehr geht?«

Neugierig schaute ich ihn an. Ich wollte das wirklich wissen. Wie würde unser Leben in der Zukunft ausschauen? er zog mich an sich.

»Das ist eine Option. Aber vielleicht hast du ja schon gemerkt, dass ich nicht so der Typ bin, der sich von hinten und vorne bedienen lässt. Ich kann zum Beispiel Zwiebeln schneiden. Und stricken.«

Ich lachte. »Ja, das kannst du! Du hast wirklich einen work and travel-Trip in Australien gemacht? Obwohl du vor Geld stinkst?«

»Genau deswegen. Weil ich wissen wollte, wie das ist.«

»Das finde ich klasse. Wenn ich ehrlich bin, habe ich totale Probleme, unser Kind in diesem Reichtum aufwachsen zu lassen. Ich weiß nicht, ob das gut ist.«

Ben richtete sich auf. »Findest du das wirklich?«

»Ja. Ich meine, ich kann das alles noch gar nicht richtig fassen, aber wenn ich höre, wie du über Privatjets und die Seychellen redest, gehe ich mal davon aus, dass finanziell nichts für dich ein Problem wäre. Und irgendwie habe ich Scheu vor so einem Leben. Ich würde gerne unser Kind ganz normal aufwachsen lassen.«

»Da bin ich dabei!«

»Ehrlich? Dann bin ich diejenige, die für unser Baby kocht und Frühstück macht und es zur Schule bringt … und all das schrecklich Schöne, was das Mutterdasein ausmacht? Ich will das nämlich auf gar keinen Fall einer Nanny überlassen. Ich will, dass das Kind deine Einstellung bekommt. Dass es sich nicht über Geld definiert, sondern über sein eigenes Vertrauen. Das Vertrauen zu sich selbst. Wir könnten zum Beispiel bei mir wohnen bleiben … was meinst du?«

Er lachte. Sah mich an mit seinem so zärtlichen Blick.

»Ich dachte, du genießt es, in einem Schloss zu wohnen … wolltest du das nicht? So viel Geld haben, dass du dir ein Schloss leisten kannst? Wir haben nämlich ein paar. Du könntest dir eines aussuchen. Aber wir haben nicht nur Schlösser.«

»Das macht mir gerade ein bisschen Angst.«

»Das heißt, du willst es doch nicht?«

Heftig schüttelte ich mit dem Kopf.

»Nein, ich glaube nicht. Ich will ein normales Leben mit dir und unseren Kindern. Das würde mich glücklich machen. Mehr brauche ich nicht.«

Ben lachte und umschlang mich.

»Alles, was du willst«, flüsterte er in mein Ohr. »Wenn du nur bei mir bleibst … wenn ich nur mein Leben mit dir verbringen kann.«

»Wenn ich nur meins mit dir verbringen kann«, flüsterte ich zurück und schmiegte mich an ihn.

Er nahm mich in den Arm und hielt mich, drückte mich, deckte mich zu, so wie er es in der ersten Nacht in dem Londoner Hotel getan hatte. Fürsorglich, zart, bewusst, voller Liebe. Ich staunte. Dass es so was gab. Dass ich das erleben und spüren durfte! Und mir kam der Gedanke, dass allein dieses Gefühl, diese Geste von ihm, alles Vorangegangene rechtfertigte. Hätte ich gewusst, dass ich das mit ihm erleben würde, hätte ich auf keine Sekunde in meinem Leben verzichtet, wenn sie dazu diente, mich zu dem führen, was nun war.

Ja, es war wahr: Gott hatte mehr Fantasie als wir. Mein Kopf hätte sich all das niemals ausdenken können. Niemals.

Liebe Leserinnen, liebe Leser,

zunächst großen Dank, dass Sie das Buch gekauft und gelesen haben!

Ich hoffe sehr, dass es Ihnen gefallen hat, und würde mich freuen, wenn Sie sich die Mühe machen und eine Rezension bei Amazon verfassen. Es muss nichts Großes sein, aber eine Bewertung hilft nicht nur uns Autoren – sie hilft auch anderen Lesern. Bitte verraten Sie darin nicht die unerwarteten Wendungen … gönnen Sie auch den anderen Lesern die Spannung und eigene Gedankengänge.

Und wer Lust hat, kann gerne meiner Gruppe auf Facebook beitreten. Sie heißt »Let miracles come true«.

Dort finden Sie eine Gruppe, die positive Gedanken und Ideen austauscht, und dort werden auch in unregelmäßigem Abstand Meditationen und interessante Themen angeboten. Falls Sie nicht auf Facebook sind, aber dennoch an Meditationen und anderem teilnehmen möchten, kann ich Sie gerne über meinen Newsletter über anstehende Aktivitäten und Neuigkeiten informieren.

Ganz herzliche Grüße
   Ihre Subina Giuletti

Playlist Herzbauchgefühl/Herzschlagfinale

Die Musik zum Buch!

Leaves, Alle Farben, Synthesia
Falling slowly, Glen Hansard &Marketa Irglova, The Swell Season
Above the Clouds of Pompeii, Bear's Den
When The Stars Go Blue, Haley James Scott
The Only Living Boy In New York, Simon&Garfunkel, Garden State
Sense, Tom Odell - Songs From Another Love - EP
Baby, Warpaint - The Fool
Free, Donavon Frankenreiter
Coal War, Jushua James - Build Me This
The Past and Pending, The Shins - Oh, Inverted World
Perfect (Stripped), One Direction - Perfect - EP
Comes and Goes (in Waves) - Three Flights from Alto Nido
Hamburg Song, Keane - The Best of Keane
Girl in the War, Josh Ritter - The Animal Years
Stealing Cars, James Bay - Chaos and the Calm
After Tonight, Justin Nozuka - Holly
Longshot, Newton Faulkner - Write It On Your Skin
True Love, Tobias Jesso Jr.
Come On Get Higher, Matt Nathanson - Some Mad Hope
Let Her Go, Passenger - Let Her Go - EPStronger, Joe Bel - Hit the Roads
Cucurucu, Nick Mulvey, First Mind
What Happened, Emilie & Odgen - 10000
Jealous Love, Noah Gundersen - Carry the Ghost
Sunset Soon Forgotten, Iron % Wine - Our Endless Numbered Days
England Skies, Shake Shake Go
White Daisy Passing, Rocky Votolato - Makers
Milk Carton Kid, The Milk Carton Kids- Prologue
Open Book, Josè Gonzales - Vestiges & Claws
Not Going Anywhere, Keren Ann
Gerry Rafferty, North and South
Gerry Rafferty, Bajan Moon
Gerry Rafferty, Moonlight and Gold
Gretas Kür - Song: Michael Jackson, Man In The Mirror

Quellennachweis

1 Yoga Vasishta ist ein philosophisches Werk, das den <u>Advaita Vedanta</u> behandelt. Es ist ein poetischer Text in Sanskrit, das dem legendären <u>Valmiki</u>, dem Verfasser des <u>Ramayana</u>, zugeschrieben wird. (Quelle Wikipedia)

2 Bhagavad Gita, eine der zentralen Schriften des Hinduismus in Form eines spirituellen Gedichts. Der vermutlich zwischen dem fünften und dem zweiten vorchristlichen Jahrhundert entstandene Text ist eine Zusammenführung mehrerer Denkschulen des damaligen Indien auf Grundlage der Veden, Upanishaden, des Brahmanismus und vielen anderen.
Arjuna, ein Krieger und Held aus der Mahabaharata, einem Epos; ein großer Schüler, dem der Herr seine Lehren in der Bhagavad Gita wiedergibt.(Quelle Wikipedia)

3 Katie, Byron ; Mitchell, Stephen ; Panster, Andrea: Eintausend Namen für Freude: Leben in Harmonie mit dem Tao. München: Goldmann Verlag, 2013.
4 Vijana bhairava philosophisch-pragmatischer Lehrtext des kaschmirischen tantrischen Schivaismus..
Das *Vijnana Bhairava Tantra* ist einer der als <u>Tantra</u> bezeichneten Haupttexte einer Form des Schivaismus, die sich im Raum Kaschmir herausgebildet hat und dort im 10. und 11. Jh. mit ihren literarischen Vertretern <u>Abhinavagupta</u> und <u>Kshemaraja</u> ihre Blütezeit hatte (Quelle Yoga Vidya)

5 Maitri Upanishad
Die Maitrayana Upanishad (<u>Sanskrit</u>: मैत्र्ॱॴयॄॴअ उपनिॱॴअद् maitrāyaṇa upaniṣad *f.*) auch Maitri Upanishad des schwarzen <u>Yajurveda</u> gehört (laut Deussen) zu den späteren <u>Upanishaden</u> und stellt eine universelle Zusammenfassung der Upanishadgedanken dar. In ihr spiegelt sich die alte Upanishadlehre unter Einbezug des Gedankenguts der <u>Samkhyalehre</u> und des <u>Buddhismus</u> wider. (Quelle Wikipedia)
6 Be Filled with Enthusiasm and Sing God's Glory : A Book of Contemplations. : Syda Foundation, 1996.

Bibliografie

Absturz nach oben, Band 1, Aufbruch
    Absturz nach oben, Band 2 Durchbruch und
    Absturz nach oben, Band 3 Ausbruch - Sammelband
    Try hard to love me
    Before you judge me try hard to love me
    Englische Version von »Try hard to love me«
    Tropfen im Ozean
    Life Chat
    Herzbauchgefühl
    Herzschlagfinale
    Hey Babe! Irgendwann gehörst du mir
    Weil du meine Seele streichelst …
    Die Magie der Liebe
    Moonlight-Radio- auf einer Frequenz mit dir
    Verrat mir deine Träume
    Das Licht in deinem Herzen
    Solange wir zu träumen wagen
    Maisies Garten

Ich freue mich über Zuschriften! Meine Email-Adresse ist: info@subina-giuletti.de

Sie können auch gerne über meine FB-Seite oder meine Homepage Kontakt mit mir aufnehmen. **www.subina-giuletti.de**